Kompendium Behindertenpädagogik

Hrsg. von Heinrich Greving

Sven Jennessen/Reinhard Lelgemann

Körper
Behinderung
Pädagogik

Mit Beiträgen von Christian Walter-Klose, Martina Schlüter, Andrea Dlugosch, Andreas Fröhlich, Volker Daut, Nicole Nordlohne, Petra Stuttkewitz, Barbara Ortland, Karl-Josef Faßbender, Mathias Westecker, Sabine Schäper, Philipp Singer und Dorothee Kienle

Verlag W. Kohlhammer

Dieses Werk einschließlich aller seiner Teile ist urheberrechtlich geschützt. Jede Verwendung außerhalb der engen Grenzen des Urheberrechts ist ohne Zustimmung des Verlags unzulässig und strafbar. Das gilt insbesondere für Vervielfältigungen, Übersetzungen, Mikroverfilmungen und für die Einspeicherung und Verarbeitung in elektronischen Systemen.

Die Wiedergabe von Warenbezeichnungen, Handelsnamen und sonstigen Kennzeichen in diesem Buch berechtigt nicht zu der Annahme, dass diese von jedermann frei benutzt werden dürfen. Vielmehr kann es sich auch dann um eingetragene Warenzeichen oder sonstige geschützte Kennzeichen handeln, wenn sie nicht eigens als solche gekennzeichnet sind.

Es konnten nicht alle Rechtsinhaber von Abbildungen ermittelt werden. Sollte dem Verlag gegenüber der Nachweis der Rechtsinhaberschaft geführt werden, wird das branchenübliche Honorar nachträglich gezahlt.

1. Auflage 2016

Alle Rechte vorbehalten
© W. Kohlhammer GmbH, Stuttgart
Gesamtherstellung: W. Kohlhammer GmbH, Stuttgart

Print:
ISBN 978-3-17-023950-0

E-Book-Formate:
pdf: ISBN 978-3-17-024083-4
epub: ISBN 978-3-17-024084-1
mobi: ISBN 978-3-17-024085-8

Für den Inhalt abgedruckter oder verlinkter Websites ist ausschließlich der jeweilige Betreiber verantwortlich. Die W. Kohlhammer GmbH hat keinen Einfluss auf die verknüpften Seiten und übernimmt hierfür keinerlei Haftung.

Vorwort des Herausgebers

Es existieren zurzeit relativ unterschiedlich strukturierte und gestaltete Lehrwerke zu den verschiedenen Ausprägungen der sog. Behindertenpädagogik, diese sind jedoch häufig recht kategorial orientiert und nehmen aktuelle disziplin- und professionsbezogene Diskurse auf den Feldern der Behindertenhilfe kaum einmal auf. Zudem konzentrieren sich viele dieser Lehrwerke auf das Handlungsfeld der Schule: in diesem und von diesem ausgehend scheint somit ein Großteil der Behindertenpädagogiken stattzufinden.

Die Bände mit dem Reihentitel „Kompendium Behindertenpädagogik" versuchen dieser Situation Abhilfe zu schaffen, da in jeder der geplanten Publikationen alle Ausprägungen einer je spezifischen behindertenpädagogischen Grundlegung sowohl durch die Perspektiven der Disziplin und Profession als auch durch eine organisations- und handlungsfeldbezogene Lebenslauforientierung beschrieben, analysiert und konzeptuell verortet werden. Auf diesem Hintergrund ist auch die Gliederungslogik aller Bände zu verstehen, in welcher die Autorinnen und Autoren ihre Inhalte durch die Perspektiven dieser drei größeren Kapitel (Disziplin – Profession – Organisationen/Handlungsfelder) fokussieren und darstellen.

Im Hinblick auf die Beschreibung der Disziplin wird es jeweils darum gehen, die theoretischen Begründungsmuster einer je spezifischen Behindertenpädagogik darzulegen, diese historisch zu verorten, die begründenden Leitideen und Modelle vorzustellen sowie Aussagen zu jeweiligen ethischen Positionierungen im Kontext dieser Pädagogik einzunehmen bzw. zu formulieren. Auch wenn der Begriff der „Behinderung" zurzeit intensiv diskutiert wird, er zudem nicht in allen Punkten kohärent ist, erscheint er im Rahmen der Gesamtdarstellung der hier zu bearbeitenden Themen als Brücke zwischen den einzelnen Teilbereichen und Problemen nutzbar zu sein. Dennoch wird er in den unterschiedlichen Bänden dieser Reihe, im Hinblick auf die jeweilige Thematik, konkret beschrieben, analysiert und gegebenenfalls kritisiert und modifiziert werden. Die Aussagen der einzelnen Bände stellen folglich auch eine kritische Differenzierung und Weiterentwicklung des Begriffes der „Behinderung" dar. Im Rahmen der Professionsorientierung, also dem zweiten größeren Kapitel des jeweiligen Bandes, werden dann Konzepte, Methoden und Handlungsansätze dargelegt, so wie sie sich im Rahmen dieser Pädagogik, für die jeweils entsprechende Organisation als zielführend erwiesen haben bzw. als relevant erweisen können. In einem letzten größeren Kapitel wird dann die institutionelle Begründung und organisatorische Differenzierung einer je spezifischen Pädagogik erläutert. Hierbei wird auf die lebenslauforientierte Darstellung des pädagogischen Ansatz eingegangen, so dass dieser nicht nur für den Bildungsbereich, sondern auch für weitere behindertenpädagogische Handlungsfelder beschrieben wird. Hierbei unterscheidet die Differenziertheit der Lebenslaufperspektive die verschiedenen pädagogischen Disziplinen, d. h. dass diese in jenen höchst unterschiedlich ausgeprägt ist, wahrgenommen wird und (strukturelle wie inhaltliche) Konsequenzen erforderlich macht.

Einen zentralen weiteren Inhalt bildet der, auch kritisch zu führende, Inklusionsdiskurs: dieser stellt das Querschnittsthema dar, welches in allen drei Unterkapiteln bearbeitet wird – eine innovativ, diffizil und kritisch differenziert dargelegte Positionierung der Inklusion ist folglich das Netz bzw. das Referenzsystem aller Kapitel und Aussagenkomplexe der jeweiligen Bände. Hierbei wird es jedoch, je nach Autorin und Autor und konkretem Thema zu unterschiedlichen Gewichtungen kommen. In der wechselseitigen Durchdringung einer inklusiven Perspektive mit den Themen der Disziplinorientierung, der Professionsbezogenheit und der hierbei relevanten Organisationen und Handlungsfelder leistet demzufolge jeder Band dieser Reihe eine in sich schlüssige und kohärente Gesamtdarstellung des jeweiligen Themenfeldes.

Heinrich Greving

Inhaltsverzeichnis

Vorwort des Herausgebers 5

Einleitung 13

Körper – Behinderung – Pädagogik – eine Einführung 17
Sven Jennessen/Reinhard Lelgemann

I Disziplin

1   Lebenssituationen von Menschen mit körperlichen und mehrfachen Beeinträchtigungen in Gegenwart und Zukunft gestalten – in Kenntnis der historischen Entwicklungen 25
Reinhard Lelgemann

     Vorbemerkung 25
     1.1   Geschichte in Spannungsfeldern 26
     1.2   Zur Sicherung des Bildungsangebotes 26
     Heterogenität des Personenkreises und Spannungen
     zwischen den unterschiedlich beeinträchtigten Gruppen 31
     Eingeschränkte Partizipationsmöglichkeiten in den
     Lebensbereichen Arbeiten und Wohnen 32
     Öffentliche Wahrnehmung körperbehinderter Menschen ... 33
     Fokussierung auf Hilfsmittel und Technik 35
     Unterschiedliche Sozialleistungen für Menschen mit einer
     erworbenen Schädigung 36
     Politische Partizipation körperbehinderter Menschen 37
     Vermeidung menschlichen Lebens mit einer
     Beeinträchtigung 37
     1.3   Perspektiven 38

2   Diversity- und Disability-Studies als Bezugspunkte der Körperbehindertenpädagogik 42
Sven Jennessen

3   Der Körper in der Körperbehindertenpädagogik 49
Sven Jennessen
     3.1   Körper und Leib 49
     3.2   Der differente Körper als Produkt der Gesellschaft 51
     3.3   Der Körper als Produzent von Gesellschaft 55
     3.4   Geschlechtlicher Körper 57

Einwurf: Gesundheit und Krankheit in der Körperbehindertenpädagogik .. 60
Christian Walter-Klose
    Herausforderungen im Verhältnis von Medizin und Pädagogik ... 62
    Krankheitsmodelle und pädagogische Handlungsmöglichkeiten .. 64
    Gesundheitsmodelle und pädagogische Handlungsmöglichkeiten . 69
    Zusammenfassung und Überblick über pädagogische
    Handlungsmöglichkeiten 70

Einwurf: „Weil nicht (mehr) sein kann, was nicht sein darf" –
    Erfahrung von Behinderung trotz inklusiver Zeiten?! 76
Philipp Singer/Dorothee Kienle
    Problemskizze 76
    Inklusion und die Erfahrung des (Körper-)Behindert-Seins 78
    Inklusion und intersubjektive Erfahrungen mit Behinderten 83
    Fazit und Ausblick 90

4 Ethik und Körperbehindertenpädagogik 95
Sven Jennessen
    4.1   Ethik und (Sonder-)Pädagogik 96
    4.2   Selbstbestimmung – Inklusion – Ethik – Körperbehinderung 98
    4.3   Anerkennung – Care – Körperbehinderung 100
    4.4   Technik – Orthesen – Körperbehinderung 102
    4.5   Körperbehinderung – Lebensanfang – Lebensende 106

Einwurf: Ethische Fragen am Lebensanfang 112
Martina Schlüter
    Vorbemerkung 112
    Zusammenfassung der Erkenntnisse für den Themenbereich
    Pränataldiagnostik und Ethik 118

5 Aufträge und Perspektiven für die Wissenschaft 120
Sven Jennessen
    5.1   Leiblichkeit und Sozialität des Körpers 120
    5.2   Interdisziplinarität 121
    5.3   Heterogenität der Personengruppe 121
    5.4   Spezifität im Inklusionsdiskurs 122

II Profession

Einwurf: Professionalisierung in der Sonderpädagogik. Koordinaten-
    systeme (sonder-)pädagogischer Professionalisierung   127
Andrea Dlugosch

1	**Zur Bedeutung der Professionalität in der Körperbehindertenpädagogik**	136
	Reinhard Lelgemann	
	1.1 Zum Selbstverständnis der in der Körperbehindertenpädagogik Tätigen	137
	1.2 Zum Gedanken der „Anwaltschaft für" Menschen mit körperlichen und mehrfachen Beeinträchtigungen	138
	1.3 Selbsthilfebewegung und professionelles Selbstverständnis ..	140
	1.4 Sorge und Fürsorge – Elemente eines professionellen Selbstverständnisses?	141
	1.5 Beteiligung am gesellschaftlichen Diskurs	143
2	**Handlungsfelder und Tätigkeitsprofile**	146
	Reinhard Lelgemann	
	2.1 Pädagogische Einrichtungen	146
	2.2 Wohnen	150
	2.3 Arbeitsbereiche	152
3	**Spezifische Kompetenzen und Fachwissen**	156
	Reinhard Lelgemann	

Einwurf: Pädagogische Kompetenzen im Umgang mit schwer und mehrfach beeinträchtigten Kindern und Jugendlichen 162
Andreas Fröhlich
Haltung, Kompetenz, Technik in der Pädagogik – eine unzertrennbare Einheit 162
Kompetenzen 164
Haltung, Kompetenz, Technik 167

Einwurf: Veränderte Perspektiven durch sich verändernde Krankheitsverläufe bei Muskeldystrophie Duchenne – Konsequenzen für die Körperbehindertenpädagogik 169
Volker Daut
Veränderungen im Leben und in den Krankheitsverläufen von Menschen mit Muskeldystrophie Duchenne 169
Mögliche Belastungen 172
Konsequenzen und Forderungen 174

4	**Perspektiven für Wissenschaft und Praxis**	180
	Reinhard Lelgemann	
III	**Lebensphasen und Lebenssituationen**	
1	Institutionen und De-Institutionalisierung	185
	Sven Jennessen	

2	Lebensphase Kindheit	193
	Sven Jennessen	
	2.1 Personale und familiäre Situation	193
	2.2 Frühförderung	199
	2.3 Inklusion und frühe Förderung	203

Einwurf: Erfahrungen mit Institutionen und Hilfen 207
Nicole Nordlohne

Einwurf: Die Zeit der Einschulung 212
Petra Stuttkewitz

3	Kinder und Jugendliche mit einer körperlichen oder mehrfachen Beeinträchtigung – zwischen exkludierenden, exklusiven und inklusiven Lebenssituationen	215
	Reinhard Lelgemann	
	3.1 Zur schulischen Situation	217
	3.2 Zur Bedeutung der Eltern	219
	3.3 Freizeitangebote	219
	3.4 Möglichkeiten der Mit- oder auch Selbstbestimmung	220
	3.5 Leben in einer Gemeinde	220
	3.6 Zur Bedeutung kommunikativer Aspekte	221
	3.7 Weitere Aspekte	222
	Fazit	223

Einwurf: Sexualität – eine lebenslange Lernaufgabe 226
Barbara Ortland
    Sexualität bei Menschen mit Behinderung als Tabu? 227
    Behinderungsspezifische Themen 228
    Eigene Attraktivität/Auseinandersetzung mit der eigenen
    Behinderung 228
    Einfinden in Geschlechterrolle/Liebeserfahrungen 229
    Pflege 231
    Abschluss 232

4	Das eigene Leben gestalten – Erwachsensein	234
	Reinhard Lelgemann	
	4.1 Wohnen	235
	4.2 Universelles Design	240
	4.3 Soziales Leben	241
	4.4 Erfahrungen im medizinischen Bereich	243
	4.5 Arbeit und Beschäftigung, Ausbildung und Studium	244
	4.6 Perspektiven	248

Einwurf: Persönliches Budget 251
Karl-Josef Faßbender

Einwurf: Menschen mit körperlichen und mehrfachen Beeinträchtigungen im Alltag begleiten – selbstbestimmt leben mit Behinderung in Hamburg 259
Mathias Westecker

Einwurf: Das Alter(n) als Lebensphase erleben und gestalten 265
Sabine Schäper
    Altern mit einer körperlichen Beeinträchtigung: Chancen und
    Herausforderungen einer neuen Lebensphase 265
    Gesundheitsrisiken und medizinische Versorgung 267
    Biographische und psychosoziale Aspekte 269
    Sozialrechtliche Rahmungen für die Sicherstellung von
    Teilhabechancen bis zum Lebensende 270
    Von der Förderplanung zur Teilhabeplanung: Anforderungen
    an die professionelle Begleitung von Menschen mit Behinderungen
    im Alter 272

5   **Palliative Care für Menschen mit Körperbehinderung** 276
    Sven Jennessen
    5.1   Palliative Care 277
    5.2   Palliative Care für Kinder und Jugendliche 278
    5.3   Pädiatrische Palliativversorgung 280
    5.4   Kinder- und Jugendhospizarbeit 281
    5.5   Palliative Care für Erwachsene 283

6   **Perspektiven für Wissenschaft und Praxis** 288
    Reinhard Lelgemann

AutorInnenverzeichnis 290

Einleitung

Dieses Buch ist unserer Freundin und ehemaligen Kollegin, Frau Dr. Martina Schlüter, gewidmet. Sie starb im Spätsommer 2013, mitten in den vorbereitenden Gesprächen zu diesem Buch, plötzlich, für uns alle unerwartet und nur schwer begreifbar. In unseren Planungsgesprächen hatte sie nachdrücklich darauf bestanden, dass dieses Buch grundsätzliche Fragen ansprechen muss, die über die traditionellen Reflexionen und medizinorientierten Zugänge innerhalb der Körperbehindertenpädagogik hinausgehen sollten. Gerade Martina hat in ihrer über mehr als zwei Jahrzehnte dauernden Tätigkeit für die Fachrichtung Körperbehindertenpädagogik an der Universität zu Köln immer wieder gefordert, dass diese es auch als ihren pädagogischen Auftrag zu begreifen habe, politisch zu denken und politisch zu agieren. Ihre eigenen wissenschaftlichen Auseinandersetzungen mit gesellschaftlichen und ethischen Fragestellungen spiegeln diese Position wider, die innerhalb des Faches durchaus umstritten war und immer noch ist.

In Bezug auf das nun vorliegende Buch waren wir uns einig, dass wir, ähnlich unserem 2010 erschienenen Buch „Leben mit Körperbehinderung. Perspektiven der Inklusion", Fachwissenschaftlerinnen und Fachwissenschaftlern, ebenso aber Menschen mit einer körperlichen Beeinträchtigung und deren Angehörigen ein Publikationsforum bieten wollen. Reflektiert werden sollten Themen, die sich mit den eher traditionellen (körperbehinderten-)pädagogischen Aufgabenfeldern, aber auch darüber hinaus mit den aktuellen Themen der sonderpädagogischen Diskussion beschäftigen und dabei dezidiert auch aus der Sicht von Menschen mit einer körperlichen und mehrfachen Beeinträchtigung betrachtet werden sollten, auch und gerade wenn diese in den fachrichtungsspezifischen Diskussionen bisher nicht aufgegriffen wurden. Das Ergebnis liegt nun vor Ihnen und ist Martina, Frau Dr. Martina Schlüter, gewidmet.

Wer sie kannte, kann sich vorstellen, dass unsere Diskussionen auch Gespräche unter Freunden waren, in persönlichem Rahmen bei Kaffee und Brötchen, vor allem aber Wein und Zigaretten, geraucht auf dem Balkon. Martina hat ein intensives Leben gelebt, mutig, fordernd und genießend. Martina war eine beeindruckende Persönlichkeit mit einem sehr eigenen Kopf und häufig kompromissloser Haltung – die Deutlichkeit ihrer Aussagen ging manchmal sehr nahe – und doch eine gute Freundin und eine Begleiterin vieler Studierender, die mit ihr eine mütterliche und gleichzeitig fordernde Dozentin verloren haben. Martina hat mit ihrer Beeinträchtigung – und in früheren Zeiten hätte man gesagt, *trotz* ihrer Beeinträchtigung – ein erfülltes Leben geführt: ein Leben mit ihrem Partner, sehr verbunden mit ihrer Heimatgemeinde und ihren Eltern, ein Leben mit den Kollegen und ihren Studierenden, in ihrem Veedel (wer an sie denkt, sieht sie auf dem dreirädrigen Fahrrad, mit dem sie zur Uni fuhr und im Stadtteil unterwegs war) und mit ihren Freundinnen und Freunden, denen sie langjährig und intensiv verbunden war. Martina, wir denken an Dich und bedauern, dass Du viel zu früh sterben musstest.

Dieses Buch folgt dem Aufbau der Reihe, wie sie Prof. Dr. Heinrich Greving als Reihenherausgeber entwickelt hat, differenziert dies aber doch anders aus. Durch die Turbulenzen, die der Tod unserer Mitautorin bewirkte, und durch weitere erschwerende Entwicklungen auf Seiten der beiden Autoren verschob sich der ursprünglich geplante Erscheinungstermin leider gravierend. Das nun vorliegende Buch konnte nur publiziert werden, weil wir auf die Unterstützung zahlreicher Autorinnen und Autoren bauen konnten, die uns frühzeitig und verbindlich die hier vorliegenden Artikel zur Verfügung stellten. Hierfür und für die Bereitschaft des Reihenherausgebers, in diesem Band ein wenig von der Systematik der Reihe abzuweichen, bedanken wir uns herzlich.

Unser Buch diskutiert, wie bereits angesprochen, aktuelle Fragen der Körperbehindertenpädagogik in den Teilgebieten Disziplin, Profession sowie Lebensphasen und Lebenssituationen. Neben grundlegenden Artikeln der beiden herausgebenden Autoren finden sich Beiträge von Fachwissenschaftlerinnen und Fachwissenschaftlern, persönliche und fachliche Einwürfe von Menschen mit einer körperlichen Beeinträchtigung sowie Angehörigen im Feld der Körperbehindertenpädagogik, die aktuelle Perspektiven diskutieren und thematisch vertiefen oder derzeit noch neue, eher ungewöhnliche Themenfelder ansprechen. Der hier publizierte Text mit Auszügen aus von Martina Schlüter veröffentlichten Schriften, insb. ihrem Entwurf für eine Habilitationsschrift, wurde von Sven Jennessen zusammengestellt.

Der Leserin wird vielleicht auffallen, dass der schulische Bereich in dieser Publikation in thematisch umfassenderen Erörterungen einbezogen wird. Diese Entscheidung hat auch uns im Vorfeld beschäftigt, doch wir haben uns aus zwei Gründen für diese Vorgehensweise entschieden:

- Einerseits liegen zum schulischen Bereich, der traditionell den Schwerpunkt der meisten Publikationen in der Körperbehindertenpädagogik ausmacht, zahlreiche Schriften vor, die auch aktuelle Entwicklungen diskutieren (verwiesen sei hier auf Lelgemann 2010; Haupt 2013; Bergeest, Boenisch & Daut 2015; Lelgemann, Singer & Walter-Klose 2015).
- Andererseits möchten wir mit diesem Buch den Fokus ganz bewusst erweitern. Dies haben wir sowohl im Sinne einer zahlreiche Lebensphasen und Lebensperspektiven umfassenden als auch in einer Sichtweise, die grundlegende Fragen der Disziplin und des professionellen Verständnisses in allen Tätigkeitsfeldern aufgreift, umzusetzen versucht.

Wir würden uns freuen, wenn wir mit diesem Band unser Fachgebiet, die Körperbehindertenpädagogik, stärken, indem wir grundlegende Fragen der Theorie und Praxis aus unterschiedlichen, teilweise auch gegensätzlichen Perspektiven erörtern. Hierzu dienen auch und vor allem die unterschiedlichen „Einwürfe" einzelner AutorInnen, die einleitend, ergänzend, erweiternd oder auch anderen Aussagen des Buches widersprechend gestaltet sind. Nur im Rahmen einer kritischen Diskussion und Weiterentwicklung in Wissenschaft, Lehre und Praxis kann unser Fachgebiet einen Beitrag zur Entwicklung immer vielfältigerer Lebensperspektiven leisten, die zunehmend mehr Wahlmöglichkeiten eröffnen und gleichzeitig beste persönliche Entwicklungsmöglichkeiten dauerhaft sichern.

Landau und Würzburg im August 2016

Prof. Dr. Sven Jennessen und Prof. Dr. Reinhard Lelgemann
Universität Koblenz-Landau und Universität Würzburg

KÖRPER – BEHINDERUNG – PÄDAGOGIK – EINE EINFÜHRUNG

Sven Jennessen/Reinhard Lelgemann

Körperbehindertenpädagogik als pädagogische Disziplin befindet sich in einem kontinuierlichen Wandel, der von ihrer Entstehung bis zu ihrer aktuellen Situation unterschiedliche Phasen und (Dis-)Kontinuitäten beinhaltet (vgl. hierzu den nachfolgenden Beitrag von Lelgemann). Die derzeit eher prekäre universitäre Situation des Faches durch die Abstufung und Umwidmung von Professuren an bundesdeutschen Universitäten geht einher mit aktuellen bildungspolitischen Diskussionen und Entwicklungen, die als Herausforderungen verstanden werden sollten, über Fragen der Weiterentwicklung des Fachgebiets in Theorie, Forschung und Praxis nachzudenken (vgl. Lelgemann 2015, 623). Letztendlich steht die Disziplin somit vor einer originär wissenschaftlichen Aufgabe: der reflexiven Selbstverständigung des Faches in Abhängigkeit von historisch und gesellschaftlich relevanten Kontextfaktoren. Diese Kontextfaktoren sind derzeit stark geprägt von der rechtlich verankerten politischen Forderung nach Inklusion. „Die Erziehungswissenschaft als Forschungs- und Ausbildungsdisziplin steht angesichts dieser Situation vor der Aufgaben, Stellung zu den bildungspolitischen, konzeptionellen und praktischen Fragen zu beziehen, die sich im Kontext von Inklusion stellen. Anderseits ist die Forderung nach Inklusion in die erziehungswissenschaftliche Fachdebatte einzuordnen [...]" (Hascher & Kessl 2015, 5). Ohne die Begriffsdiskussion an dieser Stelle führen zu können, sei lediglich auf die kontroverse und diffuse Verwendung des Inklusionsterminus verwiesen und nachfolgend von einem weiten Inklusionsverständnis auszugehen, das sich nicht nur auf Kinder mit Förderbedarf bezieht, sondern Menschen aller Altersstufen und unterschiedlichster Heterogenitätsdimensionen impliziert. Den genannten, mit dem Inklusionsanspruch konnotierten Aufgaben sind auch sämtliche erziehungswissenschaftliche Teildisziplinen verpflichtet. In der Sonderpädagogik wird in der Diskussion um die wissenschaftliche Einordnung des Inklusionsanspruches häufig auf die Aspekte der De- und Umkategorisierung Bezug genommen. Hierbei geht es letztlich immer um die Frage einer adäquaten Berücksichtigung von Spezifik in einer Pädagogik, die die Heterogenität ihrer AdressatInnen als grundlegende Tatsache begreift und – und hier ist Erziehungswissenschaft immer auch normativ – eben diesen Sachverhalt als Bereicherung für Lehr-, Lern-, aber auch Lebensprozesse interpretiert.

In Anlehnung an Ainscow und Miles (2009) benennen Lindmeier und Lütje-Klose (2015) neben weiteren Schlüsselelementen für Inklusion die „partikuläre Hervorhebung derjenigen Gruppen von Lernenden, für die Exklusion, Marginalisierung und Unterachievement ein besonderes Risiko darstellen" (ebd., 10), als Bestandteil dieses Prozesses. „Es geht darum, Verantwortung und Aufmerksamkeit für diese Lernenden sicherzustellen, um ihre Präsenz, ihre Partizipation und ihren Erfolg im allgemeinen Erziehungssystem zu gewährleisten" (ebd.). Dieses für die Schulpädagogik formulierte Postulat behält für sämtliche menschlichen Lebensbereiche und Lebensphasen seine Gültigkeit. Sind Menschen von besonderen Exklusionsrisiken bedroht, bedarf es einer genauen Analyse ihrer individuellen Ausgangsbedingungen und der exkludierenden Praktiken und Barrieren. Inklusion und die Benennung besonderer Bedürfnisse stellen deshalb keinen Widerspruch dar. Im Gegenteil: Erst durch die Identifikation individueller Ausgangslagen in der Wechselwirkung mit interpersonellen, gesellschaftlichen und institutionellen Barrieren können Bedingungen für Teilhabe an wirklich allen gesellschaftlichen Vollzügen geschaffen werden. Prengel (2007, 56) weist auf die Notwendigkeit der Präzisierung eines Tertium Comparationis im Kontext von Verschiedenheit hin, da ohne diesen sämtliche Gleichheits- und Differenzaussagen über humane Beziehungen pauschal und unsinnig werden. Für die hier diskutierte Dimension Körperbehinderung bedeutet dies beispielsweise, „spezifische Bedingungen inklusiven schulischen Lernens körperbehinderter Kinder und Jugendlicher zu konkretisieren, um daraus gleiche und verschiedene Anforderungen an schulische Lebens- und Lernprozesse abzuleiten" (Jennessen 2010, 123). Das Wissen um spezifische Bedingungen des Lernens und Lebens von Menschen mit Körperbehinderungen ist originär körperbehindertenpädagogisch und somit fundamental für die Disziplin Körperbehindertenpädagogik. Eine kooperierende und unterstützende Haltung gegenüber körperbehinderten Menschen sowie die Fähigkeit, aus diesem Wissen adäquates pädagogisches Handeln abzuleiten, sind Kennzeichen körperbehindertenpädagogischer Kompetenz.

Für die Spezifizierung des Kriteriums „körperliche Differenz" bleibt jedoch zu konstatieren, dass dieses als Merkmal für Exklusionsprozesse in Interdependenz und Wechselwirkung mit anderen Heterogenitätsdimensionen betrachtet und analysiert werden muss, um seine potentiellen Auswirkungen auf den Grad der individuellen Teilhabe zu erfassen (Intersektionalität). So sind Menschen mit Körperbehinderung beispielsweise immer auch Männer und Frauen, haben ein bestimmtes Alter, einen spezifischen sozio-ökonomischen und Bildungsstatus und eine bestimmte Ethnizität. Eine analytische Auseinandersetzung mit Ungleichheits- und Marginalisierungsprozessen bei differenter Körperlichkeit sollte immer auch diese Dimensionen in den Blick nehmen, wobei sowohl der soziale Status (vgl. z. B. Jennessen, Kastirke & Kotthaus 2012) als auch die Visibilität und die Schwere der Behinderung (vgl. z. B. Lelgemann et al. 2012) als Auslöser für Exklusionspraktiken gelten, die sich im Bezug auf Frauen mit Behinderung noch verschärfen (vgl. BMBF 2012).

Aus den bisherigen Ausführungen ist abzuleiten, dass sich die Körperbehindertenpädagogik in ihrem disziplinären Kern an einem aktuellen Verständnis von Körperbehinderung zu orientieren hat, das die unterschiedlichen in der Internationalen Classification of Functioning, Disability and Health (ICF) (DIMDI 2005) benannten Ebenen berücksichtigt:

Zum einen ist die körperlich-motorische Grundbedingung des Individuums zu beachten. Relevant im Kontext von Behinderung ist diese dann, wenn die Körperfunktionen und Körperstrukturen nicht einer – lediglich informell festgelegten, tradierten – Norm entsprechen. Auch wenn alle Menschen im Hinblick auf ihre Körperlichkeit unterschiedlich sind, ist das Maß der gesellschaftlich geduldeten Verschiedenheit genormt. „Die Menschen, die außerhalb dieser Norm liegen, werden, oftmals mit einer differenzierten Ursache belegbar, als ‚geschädigt', gerne auch als ‚krank' bezeichnet" (Schlüter 2010, 15). Hierbei ist unter Zuhilfenahme des salutogenetischen Konzeptes Antonovskys von einem Gesundheits-Krankheits-Kontinuum auszugehen (vgl. Antonovsky 1997; vgl. auch den Beitrag von Walter-Klose in diesem Band). So ist kein Mensch jemals nur gesund und selbst sterbende Menschen verfügen noch über gesunde Körperfunktionen. Dementsprechend scheint die rein individuelle Ebene nicht ausreichend, um den Marker zu benennen, der letztendlich den Unterschied zwischen Körperbehinderung und Norm ausmacht. Dennoch sind auf der Ebene des Individuums sowohl die Prozesse der Selbstwahrnehmung (vgl. hierzu auch den Beitrag von Kienle und Singer in diesem Band) als auch der Fremdwahrnehmung sowie die Wechselwirkungen zwischen diesen Ebenen relevant. So kann ein Mensch sich durchaus in seiner körperlichen Verfasstheit und seinem körperlichen Erleben als different und im Vergleich zu seinen Mitmenschen als eingeschränkt oder behindert erleben und dieses Erleben im Spiegel der anderen wieder und bestärkt finden. Andere körperbehinderte Menschen empfinden ihre Differenz als Teil ihrer Identität, ohne dass diese negativ konnotiert sei.

Diese Perspektive muss demnach um die in der ICF benannten Ebenen der gesellschaftlichen Dimensionen und Strukturen erweitert werden, die die Möglichkeiten der Aktivität und Partizipation fokussieren. In einem sozialwissenschaftlichen Verständnis von Behinderung wird davon ausgegangen, dass diese in Interaktionen verortet ist: „Behinderungen können situativ oder kontinuierlich auftreten. Überdauernde Formen, die wiederholt zu Ausschluss – häufig der gleichen Personen(gruppen) – führen, können sich zu Erfahrungen verdichten, die wiederum weiteren Handlungen zugrunde liegen. Behinderung wird dabei in Relation zu kontextuellen Erwartungen [...] verstanden" (Sturm 2015, 26). Diese kontextuellen Erwartungen lassen sich beispielsweise im Bildungssektor an der Norm des Leistungsprinzips festmachen. Für sämtliche außerschulischen, gesellschaftlich relevanten Bereiche kann diese Erwartung sich darin zeigen, alle zur Verfügung stehenden Strukturen nutzen zu können, die für Menschen, deren körperliche Verfasstheit auf dem Kontinuum nahe an der Norm der Gesundheit angesiedelt ist, (scheinbar) problemlos zugänglich sind. Hinzu kommen historisch gewachsene und kulturell geprägte Bilder von Körpern und ihren Abweichungen und die mit diesen einhergehenden interaktiven Marginalisierungsprozesse. Die Ausgestaltung der gesellschaftlichen Bedingungen ist neben den eher auf der sozialpsychologischen Ebene angesiedelten interpersonellen Exklusionspraktiken ausschlaggebend für die Behinderung und die Teilhabe körperlich differenter Menschen. Konkret:

> „Dies können Bordsteine sein, die das Leben schwer oder leicht machen, wenn sie abgeflacht sind, die (Nicht-)Zugänglichkeit öffentlicher Verkehrsmittel, das Vorhandensein und die Akzeptanz bzw. Nutzung unterstützter Kommunikationsmittel, das Vorhandensein notwendiger therapeutischer Angebote, die gesetzlichen Rahmenbedingungen oder die Struktur der Bildungsangebote einer Gesellschaft." (Lelgemann 2015, 624)

Auf der Grundlage dieses sowohl die individuellen als auch die interpersonellen und gesellschaftlichen Bedingungen berücksichtigenden Verständnisses von Behinderung und Körper soll in Anlehnung an die Definitionen von Leyendecker (2005) und Lelgemann (2015) Körperbehinderung wie folgt definiert werden:

> *Körperbehinderung* bezeichnet ein komplexes Phänomen, bei dem die Wechselwirkungen zwischen der individuellen körperlich-motorischen Verfasstheit eines Menschen, seinen anderen personalen sowie interpersonellen, institutionellen und gesellschaftlichen Bedingungen die Durchführung von Aktivitäten und Partizipation an sämtlichen gesellschaftlichen Bezügen erschweren.

Literatur

Ainscow, M./Miles, S. (2009): Developing inclusive education systems: How can we move policies forward? URL: http://www.ibe.unesco.org/fileadmin/user_upload/COPs/News_documents/2009/0907Beirut/DevelopingInclusive_education_Systems.pdf (Letzter Zugriff: 07.01.2016)

Antonovsky, A. (1997): Salutogenese. Zur Entmystifizierung von Gesundheit. Tübingen.

Bundesministerium für Familie, Senioren, Frauen und Jugend (Hrsg.) (2012): Lebenssituation und Belastungen von Frauen mit Beeinträchtigungen und Behinderungen in Deutschland. Meckenheim.

DIMDI (2005): ICF – Internationale Klassifikation der Funktionsfähigkeit, Behinderung und Gesundheit. Neu-Isenburg.

Hascher, T./Kessl, F. (2015): Inklusion – eine erziehungswissenschaftliche Perspektive. In: Erziehungswissenschaft 51, 26. Jg., 5–6.

Jennessen, S. (2010): Spezifik in einer Pädagogik der Vielfalt – Schulische Inklusion körperbehinderter Kinder und Jugendlicher. In: Jennessen, S./Lelgemann, R./Ortland, B./Schlüter, M. (Hrsg.): Leben mit Körperbehinderung – Perspektiven der Inklusion. Stuttgart. 120–134.

Jennessen, S./Kastirke, N./Kotthaus, J. (2012): Diskriminierung im Bildungsbereich. Eine Bestandsaufnahme unter besonderer Berücksichtigung der Merkmale des Allgemeinen Gleichbehandlungsgesetzes (AGG). Expertise im Auftrag der Antidiskriminierungsstelle des Bundes. Berlin.

Lelgemann, R. et al. (2012): Qualitätsbedingungen schulischer Inklusion für Kinder und Jugendliche mit dem Förderschwerpunkt Körperliche und motorische Entwicklung. URL: http://www.uni-wuerzburg.de/fileadmin/06040400/downloads/Forschung/Zusammenfassung_Forschungsprojekt_schulische_Inklusion.pdf (Letzter Zugriff: 06.10.2015)

Lelgemann, R. (2015): Körperbehindertenpädagogik – Vorschläge für eine Weiterentwicklung in Theorie und Praxis. In: Zeitschrift für Heilpädagogik 66, 2015, 623–634.

Leyendecker, C. (2005): Motorische Behinderungen. Grundlagen, Zusammenhänge und Förderungsmöglichkeiten. Stuttgart.

Lindmeier, C./Lütje-Klose, B. (2015): Inklusion als Querschnittsaufgabe in der Erziehungswissenschaft. In: Erziehungswissenschaft 51, 26. Jg., 7–16.

Prengel, A. (2007): Diversity Education – Grundlagen und Probleme der Pädagogik der Vielfalt. In: Krell, G./Riedmüller, B./Sieben, B./Vinz, D. (Hrsg.): Diversity Studies. Frankfurt a. M. 49–68.

Schlüter, M. (2010): Körperbehinderung und Inklusion im Speziellen. In: Jennessen, S./Lelgemann, R./Ortland, B./Schlüter, M. (Hrsg.): Leben mit Körperbehinderung – Perspektiven der Inklusion. Stuttgart. 15–32.

Sturm, T. (2015): Inklusion: Kritik und Herausforderung des schulischen Leistungsprinzips. In: Erziehungswissenschaft 51, 26. Jg., 25–32.

I DISZIPLIN

1 LEBENSSITUATIONEN VON MENSCHEN MIT KÖRPERLICHEN UND MEHRFACHEN BEEINTRÄCHTIGUNGEN IN GEGENWART UND ZUKUNFT GESTALTEN – IN KENNTNIS DER HISTORISCHEN ENTWICKLUNGEN

Reinhard Lelgemann

Vorbemerkung

In einer Zeit, in der ohne Unterbrechung hunderte von Informationen auf uns einwirken und ebenso rasch vergessen werden, stellt sich durchaus die Frage, welche Bedeutung die Kenntnis historischer Entwicklungen für die Gegenwart der eigenen professionellen Tätigkeit haben kann; weitergehend für die Gestaltung von Handlungsmöglichkeiten von Menschen mit körperlichen und mehrfachen Beeinträchtigungen. Derartige Reflexionen können sich dabei sowohl aus einem spezifischen, ebenso aber häufig wohl aus einem eher allgemeinen Interesse ergeben. Ein spezifisches Interesse liegt dann vor, wenn historischen Reflexionen Bedeutung für Fragestellungen im professionellen Kontext gegeben wird, die für die Gegenwart bzw. die nahe Zukunft relevant sind. Beispiele hierfür sind z. B. konzeptionelle Überlegungen zur Gestaltung der pädagogischen Zusammenarbeit mit Schülern mit sehr schweren Beeinträchtigungen oder Planungen zur Weiterentwicklung eines Einrichtungsträgers von Angeboten für Menschen mit Beeinträchtigungen (vgl. Schmuhl & Winkler 2010). Wesentlich häufiger aber wird es ein eher unspezifisches Interesse im Rahmen der eigenen Ausbildung sein, welches z. B. der beruflichen Selbstvergewisserung dient.

Sicherlich wäre es vermessen, durch die Beschäftigung mit historischen Entwicklungen konkrete Entscheidungshilfen für aktuelle Anliegen zu erwarten. Doch hofft der Autor, dass historische Reflexionen für die historischen Hintergründe weitergehender Entwicklungen und möglicher Strategien, in die Professionelle als Handelnde eingebunden sind, sensibilisieren. Dies ist vermeintlich wenig, doch aus Sicht des Autors genug, um einen erneuten Versuch zu wagen, einige Stränge der Geschichte der Körperbehindertenpädagogik zu verfolgen. Die Darstellung stellt angesichts der Kürze des Beitrages eine durchaus subjektive Auswahl der Fragestellungen dar, die dennoch anstrebt, wesentliche und aktuell relevante Kernthemen zu reflektieren. Der Artikel orientiert sich im ersten Teil am 1999 erschienenen Beitrag von Hans Weiß zu zentralen Aspekten einer Geschichte der Körperbehindertenpädagogik. Bergeest in der ersten Auflage seines Kompendiums zur Körperbehindertenpädagogik (2000), vor allem aber Stadler und Wilken (2003) gebührt das Verdienst, die großen Leitlinien einer Geschichte der Körperbehindertenpädagogik in den letzten Jahren differenziert und kenntnisreich dargestellt zu haben. Zudem liegen inzwischen einzelne Studien zu Teilaspekten des Fachgebietes und naheliegender Gebiete vor, auf die hier nur verwiesen werden kann (z. B. Bösl 2009; Fuchs 2001; Musenberg 2003).

1.1 Geschichte in Spannungsfeldern

Weiß hat in seinem 1999 erschienen Artikel Spannungsfelder einer historischen Betrachtung innerhalb des Fachgebietes benannt, die auch noch heute, fast 20 Jahre später, von Bedeutung sind. Als solche benennt er:

- die Herausforderung der Entwicklung und Ausgestaltung institutionell-professioneller Angebote
- die Diskussion und konkrete Entwicklung von Heim- und Tagesschulen
- das Verhältnis „separater" und „integrativer" Formen der Erziehung und Bildung von Schülerinnen und Schülern mit Körperbehinderungen
- die Frage der Kooperation mit den Eltern der Schülerinnen und Schüler
- die Herausforderung der uneingeschränkten Einbeziehung von Schülerinnen und Schülern mit sehr schweren, mehrfachen und sog. schwersten Behinderungen in schulische Bildungsprozesse als permanent zu sichernde Aufgabe
- die didaktische Herausforderung der Verbindung von Unterricht, Pflege und Therapie
- die kritische Auseinandersetzung mit utilitaristischem Denken
- die Frage der Einbeziehung von Schülerinnen und Schülern mit weiteren Beeinträchtigungen (Schülerinnen und Schülern mit Förderbedarf im Bereich Lernen oder kognitive Entwicklung, Sehen und Hören)
- das Verhältnis von Medizin (Therapie) und Pädagogik, Didaktik und Erziehung

Auch wenn seine Systematik stark am schulischen Bereich orientiert ist, so erscheint dies berechtigt, denn Körperbehindertenpädagogik hat sich im historischen Kontext immer deutlich über dieses Aufgabenfeld definiert. Viele der hier zu Grunde liegenden Herausforderungen sind auch für die Gegenwart relevant und zudem eng miteinander verknüpft. Die Ausgestaltung der konkreten pädagogisch-strukturellen Angebote steht z. B. gegenwärtig in direkter Beziehung zur Frage der weiteren Entwicklung integrativer bzw. inklusiver oder spezialisierter Bildungsangebote. Gerade in diesem Kontext stellt sich erneut die Frage der Bedeutung bzw. Sicherung therapeutischer und pflegerischer Elemente für ein unterstützendes Bildungsangebot oder die Frage der Einbeziehung von Schülerinnen und Schülern mit sehr schweren Beeinträchtigungen in die weiteren bildungspolitischen Entwicklungen.

1.2 Zur Sicherung des Bildungsangebotes

Die hier durch die Impulse von Weiß angesprochenen Aspekte der historischen Entwicklung können an dieser Stelle nicht vertieft behandelt werden. Hier muss auf die bereits genannten Publikationen sowie aktuelle Veröffentlichungen im didaktisch-methodischen Kontext verwiesen werden (z. B. Bergeest, Boenisch & Daut 2015; Lelgemann 2010).

Grundlegend lassen sich die hier nur grob skizzierten historischen Entwicklungen überdies aus gerechtigkeitsphilosophischer Perspektive reflektieren. Insbesondere Philosophinnen wie Martha Nussbaum (2010), noch deutlicher aber Eva Kittay (2006), stellen die Frage, ob die starke Orientierung der Gerechtigkeitsphilosophie und vieler staatlicher Verfassungen am unausgesprochenen Grundgedanken fähiger, nicht gesundheitlich eingeschränkter Menschen, wie sie sich im ersten Entwurf von Rawls (1979) findet, nicht dazu führt, dass weniger begabte, gesundheitlich eingeschränkte Menschen und ihre Angehörigen, vor allem also die Mütter, in solch einer Gesellschaft strukturell benachteiligt werden. Auf der Basis ihrer kritischen Anfragen entwickeln sie ein Gerechtigkeitsmodell, welches staatlichen Strukturen die Verantwortung dafür gibt, Voraussetzungen zu schaffen, auf deren Basis ein möglichst gutes Leben aller Menschen möglich wird. Hierbei soll insbesondere berücksichtigt werden, dass alle Menschen als hilflose, zu pflegende Wesen geboren werden, alle Menschen Abhängigkeitssituationen auch in ihrem weiteren Leben zeitlich begrenzt erfahren, manche auch ein Leben lang, und zudem alle Menschen im hohen Alter erneut fürsorge- und pflegebedürftig sein werden und pflegender Angehöriger bedürfen. Auf der Grundlage der von Weiß vorgeschlagenen Themenfelder und mit Hilfe der Überlegungen von Nussbaum und Kittay lassen sich so Kriterien ableiten, mit denen historische und aktuelle Entwicklungen der Körperbehindertenpädagogik systematisch analysiert und kritisch betrachtet werden können.

Mit Bezug auf die Entstehung und Gestaltung von Bildungsangeboten für Schülerinnen und Schüler mit körperlichen oder mehrfachen bzw. schwersten Beeinträchtigungen können z. B. folgende Leitfragen untersucht werden:

- Hatte und hat der Staat eine Verpflichtung, Menschen mit einer Beeinträchtigung ein Bildungsangebot zu ermöglichen oder sollte er dies privaten Initiativen oder den Familienangehörigen überlassen?
- Reicht es, wenn diese Schülergruppe formal dem allgemeinen Bildungssystem angehört, oder sind spezifische Unterstützungsleistungen notwendig?
- Sollen in dieses Angebot auch Personengruppen einbezogen werden, die absehbar keinen produktiven Beitrag leisten können?

Diese ethischen Fragestellungen sind gleichermaßen für die Gegenwart als auch historisch bedeutsam. Im 19. und 20. Jahrhundert sahen staatliche Strukturen und deren Institutionenvertreter ihre zentrale Aufgabe in der Sicherung der Funktionsfähigkeit des nationalen Staatengebildes. Hierzu gehörte die Sicherung der Produktivität und der Leistungsfähigkeit des eigenen Staates, seiner Verteidigungsfähigkeit und damit der nationalen Souveränität. Entscheidungen in vielen anderen Handlungsbereichen, seien dies die Gesundheitsfürsorge, die öffentlichen Verkehrswege, ebenso aber das komplette Bildungswesen, waren diesen Grundaufgaben untergeordnet und wurden erst im Verlaufe der historischen Entwicklung als bedeutsam erachtet. Es bestand ein breites bürgerliches Grundverständnis, dass trotz aller praktischen Erschwernisse die Familien als

Fundament der Gesellschaft galten und für ihr eigenes Wohlergehen und damit auch das Wohl der Kinder selbst verantwortlich waren. Kaum jemanden interessierte, wenn in der Produktion im 18. und 19. Jahrhundert zunehmend Kinder eingesetzt wurden, solange nicht die staatliche Verteidigungsfähigkeit eingeschränkt war. Ebenso interessierten Krankheit und damit auch Behinderung der arbeitenden Bevölkerung erst, als ihre Bedeutung für die Funktionsfähigkeit der Verteidigung und schließlich der Wirtschaft begriffen wurde. Bildung sollte, sobald ihre Bedeutung überhaupt anerkannt wurde, Produktivität sichern und war damit in den konkreten städtischen und dörflichen Lebenssituationen weit entfernt von einem humboldtschen Bildungsverständnis.

Diese Welt erschien vermutlich den meisten Menschen gerecht, war aber noch weit davon entfernt, eine Gerechtigkeitsstruktur zu realisieren, wie sie Rawls (1979 und revidiert 2006) in seiner gerechtigkeitsphilosophischen Konzeption in den siebziger Jahren des letzten Jahrhunderts entwickelte. Er beschrieb das Modell einer gerechten Welt, die so gestaltet sein sollte, dass es gleichgültig wäre, in welcher Familie ein Mensch geboren würde. Staatliche Strukturen sollten es gleich geborenen, wenn auch sehr individuellen Personen ermöglichen, ihr Glück zu finden. Die Geschichte des zwanzigsten Jahrhunderts führte in vielen industrialisierten Staaten für viele Bürger durchaus zu einer derartigen Lebenssituation. Doch war auch diese Entwicklung keine „natürlich" vorgegebene, sondern eine, die durch starke gesellschaftliche Veränderungen, nicht zuletzt die Demokratisierung und eine deutliche Stärkung der Arbeitnehmerrechte, erzwungen wurde und auch aktuell immer wieder neu ausgehandelt werden muss.

So können die zunehmend bessere Bildung in städtischen und ländlichen Bereichen, die Stärkung der Frauenrechte und ihre Einbeziehung in alle Bildungsbereiche als Beispiele für solch eine deutlich gerechtere Entwicklung bezeichnet werden. Staatliche Bildungsangebote für Menschen mit Beeinträchtigungen entwickelten sich allerdings erst viel später, da ihr Nutzen lange bezweifelt wurde. Nicht zuletzt kann durch eine derart knappe historische Skizze nur angedeutet werden, welche besondere Leistung in diesen historischen Kontexten die Einrichtung von Bildungsangeboten darstellte, die im damaligen gesellschaftlichen Grundverständnis eigentlich nicht notwendig erschienen und von Seiten des Staates oftmals nicht unterstützt wurden. Dies gilt für die erste arbeitsorientierte Einrichtung eines Edlen von Kurz in München ebenso wie für zahlreiche weitere Gründungen im neunzehnten und beginnenden zwanzigsten Jahrhundert, wie z. B. das Potsdamer Oberlinhaus, welches als erste Einrichtung nicht nur männliche Schüler mit Beeinträchtigungen aufnahm, bei denen eine spätere produktive Tätigkeit zu erwarten war, sondern auch Mädchen ein Bildungsangebot eröffnete sowie ebenso jungen Menschen mit schwereren Beeinträchtigungen. Auf diesem Hintergrund erscheint auch die Entwicklung des Oskar-Helene-Heims als herausragende Leistung, übernahm hier doch erstmalig der preußische Staat von Anfang an Verantwortung für die Errichtung und fortlaufende Finanzierung der Einrichtung. Die Entwicklung des Förderschulwesens allgemein und in diesem Rahmen auch die Entwicklung schulischer Bildungsangebote für körperbehinderte Schülerinnen und Schüler galten in den zwanziger Jahren des letzten Jahrhunderts europaweit als mustergültig. Nicht einbezogen wurden aber, bis auf wenige Ausnahmen, Menschen mit sehr schweren Beeinträchtigungen, wozu in der damaligen Zeit auch durchaus Personen mit einer schweren Tetraspastik gehörten.

Wie wenig gesichert diese bescheidenen Angebote waren, zeigte sich nicht zuletzt im Nationalsozialismus, in dem Förderschulen und Heime für körperbehinderte junge und ältere Menschen geschlossen wurden, bestehende Einrichtungen oftmals ein ausgeprägt utilitaristisches und deshalb reduktionistisches pädagogisches Verständnis entwickelten und sich Mitglieder einer Behindertengruppe gegenüber stärker beeinträchtigten Personen abgrenzten bzw. sich von diesen distanzierten, indem sie auf die eigene Nützlichkeit verwiesen (vgl. Wilken 2004b). Die Entwicklung von Bildungsangeboten für Menschen mit körperlichen und mehrfachen Beeinträchtigungen war zudem in beiden deutschen Staaten der Nachkriegszeit keine Selbstverständlichkeit. Diesseits und jenseits der Grenze entstanden Schulen für körperlich beeinträchtigte Schülerinnen und Schüler erst zum Ende der fünfziger Jahre, also zehn bis fünfzehn Jahre nach Kriegsende, in der Bundesrepublik Deutschland überdies zumeist auf Elterninitiative. In beiden Staaten wurden selbst körperlich beeinträchtigte Schüler mit stärkeren Lernproblemen nur in geringem Umfang aufgenommen. Sehr schwer beeinträchtigte Schüler wurden in der DDR als nicht bildungsfähig angesehen und den Eltern oder christlichen Einrichtungen überlassen. In der Bundesrepublik setzte sich erst Ende der siebziger Jahre die Erkenntnis durch, dass auch Schüler mit komplexen Beeinträchtigungen ein Bildungsrecht haben und nicht dauerhaft vom Schulbesuch befreit werden dürfen. Allerdings galten in beiden Bildungssystemen Angebote der Therapie und der Pflege als selbstverständliche unterstützende Elemente des Bildungsangebotes in Schulen für Körperbehinderte, auch wenn diese im Einzelnen unterschiedlich realisiert wurden (vgl. Hardt et al. 2008).

Die Entwicklung des Bildungsangebotes für Menschen mit einer körperlichen oder mehrfachen Beeinträchtigung kann historisch und für einige Regionen der Welt als gelungener Prozess der Eröffnung von Bildungschancen betrachtet werden; ebenso aber auch als Prozess, der in seiner aktuellen Entwicklung immer wieder neu kritisch reflektiert werden muss. Hier ergeben sich z. B. Fragen danach, wie das Bildungsrecht mehrfachbehinderter und besonders beeinträchtigter Schülerinnen und Schüler gesichert wird, welche Aufgaben das Bildungssystem übernimmt und welche es an Eltern delegiert, insbesondere auch in den Bereichen Therapie, Pflege und Mobilität.

Eine historische Betrachtung der Situation körper- und mehrfachbehinderter Menschen würde aber zu kurz greifen, wäre sie vor allem am schulischen Bildungsbereich orientiert. So hatte bereits der Perl-Bund, der wohl erste Selbsthilfeverband körperbehinderter Menschen, seinen Mitgliedern eine berufsvorbereitende Beratung ermöglicht (vgl. Wilken 2004b, 264), eigene Betriebe gegründet und sich in die damaligen gesellschaftlichen Debatten eingebracht (vgl. ebd., 265). Historische Reflexionen erfordern zudem, die jeweiligen gesellschaftlichen Entwicklungen einzubeziehen. Wiederum in Thesen, die anschließend erläutert werden, soll dies hier in einigen Bereichen geschehen:

- *Heterogenität des Personenkreises und Spannungen zwischen den unterschiedlich beeinträchtigten Gruppen:* Wenn von einer Gruppe „der" Menschen mit körperlichen und mehrfachen Beeinträchtigungen gesprochen wird, so ist dies historisch und in der Gegenwart immer als Hilfskonstrukt zu verstehen. Die Lebenssituationen von Menschen mit unterschiedlichen körperlichen Beeinträchtigungen unterscheiden sich sehr stark und dies führte im historischen Rahmen zu großen Spannungen zwischen schwerer behinderten Menschen, sogenannten Siechen, und leichter körperlich beeinträchtigten Menschen. Dieses Spannungsverhältnis muss bis in die Gegenwart bedacht werden, auch wenn es nicht mehr öffentlich betont wird.
- *Eingeschränkte Partizipationsmöglichkeiten in den Lebensbereichen Arbeiten und Wohnen:* Den eigenen Lebensunterhalt durch Arbeit zu verdienen und individuell gewünschte Wohnmöglichkeiten zu verwirklichen, sind Kennzeichen gesellschaftlicher Partizipation und haben sowohl Menschen mit einer körperlichen Beeinträchtigung wie auch die Institutionen der sogenannten Behindertenhilfe immer schon beschäftigt. In beiden Handlungsfeldern werden bis in die Gegenwart hinein gruppenbezogene Arbeits- und Wohnformen auf Seiten der Kostenträger präferiert. Erst in den letzten Jahren entwickeln sich zunehmende Alternativmöglichkeiten, deren Einrichtung und Finanzierung aber immer noch nicht selbstverständlich sind.
- *Öffentliche Wahrnehmung körper- und mehrfachbehinderter Menschen:* Die öffentliche Wahrnehmung körper- und mehrfachbehinderter Menschen ist historisch geprägt durch die Wahrnehmung von Hilflosigkeit und Hilfebedürftigkeit, durch Fokussierung auf Leiden oder eingeschränkte Partizipationsmöglichkeiten, immer wieder aber auch durch Betonung des „Ungewöhnlichen und Exotischen" (vgl. Bosse 2014). Bildliche und weitere mediale Darstellungen inszenierten über viele Jahrhunderte hinweg Menschen mit einer körperlichen Beeinträchtigung als verängstigend oder erschreckend sowie in der Zeit des Nationalsozialismus als sozial ausnutzend. Erst in den letzten Jahren scheint es hier zu einer deutlichen Veränderung der medialen Präsentation zu kommen.
- *Fokussierung auf Hilfsmittel und Technik:* In der öffentlichen Wahrnehmung, ebenso in der aktuellen bildungspolitischen Diskussion, überwiegt immer wieder die rein motorische Perspektive einer körperlichen Beeinträchtigung, die durch Hilfsmittel behoben werden kann bzw. könnte. Der Aspekt der technischen Hilfsmittel ist für körperbehinderte Menschen durchaus bedeutsam. Während aber z. B. in Folge des Contergan-Skandals Hilfsmittel zwangsverordnet wurden, die bei den Betroffenen oftmals auf Ablehnung stießen, der Rollstuhl, oder in früheren Zeiten ein Rollwagen, in der Öffentlichkeit Sinnbild der Abhängigkeit waren, hat sich diese Einschätzung inzwischen deutlich verändert. Von vielen Menschen mit einer körperlichen Beeinträchtigung wird der Rollstuhl als Möglichkeit der Mobilität wahrgenommen und in einer breiten Öffentlichkeit werden hochentwickelte Hilfsmittel bzw. Prothesen inzwischen sogar als Möglichkeit wahrgenommen, Körperbehinderung „rückgängig" zu machen oder prothetische, weil leistungssteigernde Hilfsmittel sogar für nicht körperlich beeinträchtigte Menschen diskutiert. Es besteht

die Gefahr, dass weitere bedeutsame Probleme von Menschen mit einer körperlichen oder mehrfachen Beeinträchtigung, wie Wahrnehmungs- oder auch Lernschwierigkeiten, um nur zwei Bereiche zu nennen, oftmals nicht zur Kenntnis genommen werden.
- *Unterschiedliche Sozialleistungen für Menschen mit einer erworbenen Schädigung:* Die historisch bedeutenden Unterschiede in der Unterstützung sogenannter Kriegskrüppel oder Zivilgeschädigter wurden erst Mitte der 1980er Jahre überwunden. Heute sind eher Unterschiede in der Versorgung von Menschen, die durch einen Arbeitsunfall eine körperliche Beeinträchtigung erworben haben, Menschen, die eine solche Schädigung im Freizeitbereich erwarben oder die von Geburt an behindert sind, relevant.
- *Politische Partizipation körperbehinderter Menschen:* Ein Blick in die Geschichte zeigt, dass in den politischen Gremien bis in die 1980er Jahre hinein noch vor allem über Menschen mit einer körperlichen Beeinträchtigung gesprochen wurde. Dies hat sich in den letzten Jahrzehnten deutlich gewandelt. Viele Menschen mit körperlichen Beeinträchtigungen beteiligen sich aktiv in öffentlichen Diskussionen und Entscheidungsprozessen, bis hin zu überstaatlichen Einrichtungen.
- *Vermeidung menschlichen Lebens mit einer Beeinträchtigung:* Mit jedem neuen vorgeburtlichen Diagnoseinstrument stellt sich die Frage, wie die Gesellschaft damit umgeht, ob es nahegelegt und durch Kostenerstattungen leicht gemacht wird, eine solche selektierende Diagnostik anzuwenden. Schlüter (2011) verwies darauf, dass die Anwendung derartiger Verfahren jungen Eltern die Möglichkeit gibt, sich bewusst für ein Kind mit einer Beeinträchtigung zu entscheiden, ebenso aber für die vorzeitige Beendigung der Schwangerschaft. Möglichkeiten der zielgerichteten Diagnostik, der seit Jahren betriebenen Spätabtreibung oder auch der fortlaufenden Diskussionen des begleiteten Suizids, wie er in den Niederlanden und Belgien auch bei Kindern möglich ist, signalisieren eine zunehmende gesellschaftliche Offenheit für derartige Entwicklungen. Zudem leben wir in einer Welt, die einerseits immer mehr Möglichkeiten der medizinischen Heilung verspricht, andererseits aber auch erwartet, dass Menschen sich in höchstem Maße in ihrem Beruf einbringen, sich optimal „vermarkten" und die hohen Anforderungen der Familie, Erziehung und des Berufes erfolgreich bewältigen. So wird nahegelegt, dass ein Kind mit einer Behinderung vor allem eine Belastung darstellt.

Im Folgenden werden diese kurzen Thesen in ihrer historischen Bedeutung für die Gegenwart noch einmal differenzierter erörtert.

Heterogenität des Personenkreises und Spannungen zwischen den unterschiedlich beeinträchtigten Gruppen

Am Beispiel des Otto-Perl-Bundes lässt sich aufzeigen, dass dessen zahlreiche Initiativen zur Partizipation nicht davor bewahrten, sich von schwerer behinderten Menschen abzugrenzen (vgl. Wilken 2004b). Ausdrücklich lässt sich dies bei Otto Perl selbst belegen, der im Jahr 1936 in einem Schreiben an Adolf Hitler vorschlug, die finanziellen Mittel, welche für die Versorgung des Personenkreises der Siechen genutzt wurden, doch besser in der Rehabilitation der damals so genannten Krüppel zu investieren. Ebenso sperrten sich noch in den 1960er Jahren zahlreiche Bildungseinrichtungen, schwerer körperlich beeinträchtigte Menschen in ihre Einrichtungen aufzunehmen. Als schwerer behindert konnte schon ein Mensch mit einer ausgeprägten Tetraspastik gelten und selbst in den 1960er Jahren war es keine Selbstverständlichkeit, dass Schulen für Körperbehinderte lern- und geistig beeinträchtigte junge Menschen aufnahmen. Das von Ursula Haupt und vor allem Andreas Fröhlich Ende der 1970er Jahre realisierte Forschungsprojekt zur Bildungsfähigkeit schwerstbehinderter Menschen führte erst in den 1980er Jahren dazu, dass auch diese Gruppe in allen Förderschulen aufgenommen wurde. Dies gilt auch für die Gruppe der nicht sprachlich kommunizierenden Menschen, die in den ersten Jahren häufiger darüber berichteten, dass sie im persönlichen Kontakt immer wieder Erfahrungen der Abwertung machten und nicht angemessene Bildungsangebote erhielten. Eine Einbeziehung der Gruppe der sehr schwer behinderten Menschen in öffentliche Stellungnahmen im Kontext der UN-Behindertenrechtskonvention findet erst seit kurzem statt und belegt damit, wie wichtig die selbstkritische Diskussion aller Beteiligten und Gruppen in bildungspolitischen ebenso wie sonderpädagogischen Kontexten ist, um wirklich allen Personen politische Partizipation zu ermöglichen.

Eingeschränkte Partizipationsmöglichkeiten in den Lebensbereichen Arbeiten und Wohnen

Aus historischer Perspektive kann kaum beurteilt werden, in welchem Maße Menschen mit körperlichen und mehrfachen Beeinträchtigungen von gesellschaftlich anerkannter Arbeit ausgeschlossen oder an dieser beteiligt waren. Historisch verbürgte Beispiele beruflicher Tätigkeit sind etwa Stefan Farffler, ein Uhrmacher aus Altdorf, der ein handbetriebenes rollstuhlähnliches Fahrzeug entwickelte, oder Thomas Schweicker, ein armloser Kunstschreiber aus Schwäbisch Hall. In einigen wenigen figürlichen Darstellungen aus ägyptischer Zeit finden sich Darstellungen körperlich beeinträchtigter Menschen, die ebenfalls als Schreiber tätig waren. Auch die Darstellungen kleinwüchsiger Menschen als Harlekine und Unterhalter an fürstlichen Höfen lassen auf eine anerkannte Tätigkeit schließen. Es ist aber davon auszugehen, dass diese Beispiele eher Ausnahmen darstellen. In vielen Fällen werden Menschen mit körperlichen und mehrfachen Beeinträchtigungen in den Familien mitgearbeitet oder als Bettler zum Einkommen der Familie beigetragen haben.

In der Gestalt von Gefängnissen und Irrenhäusern entwickelten sich schließlich Einrichtungen, die dem öffentlichen Elend, sprich behinderten, chronisch kranken, verarmten, allein lebenden und ebenso auch kriminellen Personen Einhalt gebieten sollten. Dort entstand die Notwendigkeit, den Insassen eine Beschäftigung anzubieten (vgl. Sierck 1992). Gefängnisse und Irrenhäuser der damaligen Zeit müssen als totale Institutionen im Sinne Goffmans (1973) bezeichnet werden. Zu sagen, dass in ihnen gewohnt, gearbeitet und im weitesten Sinne gelebt wurde, ist bei genauerer Betrachtung mehr als euphemistisch. Häufig war es ein Vegetieren und Verwalten menschlichen Elends auf einem Niveau, welches in keiner Weise menschenwürdig war. Erst vor etwa 130 Jahren entstanden Einrichtungen (z. B. das Oberlinhaus), die Menschen mit körperlichen und mehrfachen Beeinträchtigungen gleichzeitig Schutz und die Möglichkeit boten, an einem Bildungsprozess teilzunehmen, sich an einfachen Arbeiten zu beteiligen sowie soziale Kontakte zu knüpfen. Gleichzeitig aber waren sie in aller Regel doch so organisiert, dass das eigene Leben in sehr hohem Maße fremdbestimmt war durch festgelegte Tages-, Wochen- und Jahresrhythmen. Ein individuelles oder privates Leben angesichts des Lebens in Gruppenschlafräumen und in ständiger Öffentlichkeit war so nicht möglich. Alle Abläufe des alltäglichen Lebens richteten sich nach den Organisationsvorgaben der Einrichtung und der dortigen Mitarbeiter aus. Die Forderung nach normalisierten Lebensbedingungen, wie sie in den siebziger Jahren erhoben wurde, war deshalb ein großer gesellschaftlicher Fortschritt, denn sie beinhaltete die Forderung, gesellschaftlich vergleichbare Lebensbedingungen für alle Bereiche des privaten und öffentlichen Lebens von Menschen mit Behinderungen in Einrichtungen zu ermöglichen. Beck (1996) hat in einem der letzten zu diesem Paradigma publizierten Artikel denn auch deutlich gemacht, dass das Verständnis von Normalität sich ebenso weiterentwickelt wie die Gesellschaft und heute eher individuell gestaltete Lebensbedingungen ermöglichen will, die das Leben allein, in einer Partnerschaft oder in einer Wohngemeinschaft ebenso umfassen wie das Leben in einem Wohnheim oder einer Komplexeinrichtung.

Die Mitte bis Ende der 1980er Jahre entwickelten Unterstützungssysteme für eine Arbeit oder Tätigkeit auf dem allgemeinen Arbeitsmarkt, z. B. die Integrationsfachdienste oder die Bereitstellung vielfältiger Wohnformen, sind deshalb – aus historischer Betrachtung – bedeutende Schritte hin zu individuelleren Lebensformen bzw. Wahlmöglichkeiten, die in vielen Regionen immer noch keine Selbstverständlichkeit darstellen. Hinzuweisen ist z. B. darauf, dass durch die Arbeit der Integrationsfachdienste schwerer beeinträchtigte Menschen derzeit kaum erreicht werden. So bleibt die Eröffnung vielfältiger Arbeits- und Wohnmöglichkeiten auch in der Gegenwart ein Auftrag, der kontinuierlicher Aufmerksamkeit bedarf.

Öffentliche Wahrnehmung körperbehinderter Menschen

Aus historischer Perspektive überwog über Jahrhunderte hinweg sicherlich die Wahrnehmung körper- und mehrfachbehinderter Menschen als Personen, die sowohl außerhalb der menschlichen Gesellschaft leben, die dieser Gesellschaft zur Last fallen, die betrügen, mit dem Teufel im Bunde stehen, die für ihr früheres schlechtes Leben bestraft wurden oder nur durch ihre Präsenz schon Unheil verbreiten und eine Gefahr für schwangere Frauen darstellten. Für kriegsversehrte Krüppel galt diese Sichtweise allerdings weniger (vgl. Bergeest et al. 2015, 81). Ebenso galten behinderte Menschen als exotisch und außergewöhnlich und verdienten ihren Lebensunterhalt auf Jahrmärkten bzw. wurden hierfür auch missbraucht, wie im Falle epilepsiekranker Menschen, die in Zirkusbuden gegen Gebühr betrachtet werden konnten bzw. über die man sich bei Besuchen in Irrenanstalten als Wochenendvergnügen belustigte. Ein weiteres Beispiel für das Fortbestehen dieser ambivalenten gesellschaftlichen Haltung gegenüber Menschen mit Behinderung stellt die Zurschaustellung kleinwüchsiger Personen dar, wie sie noch bis Mitte der 1990er Jahre in einem rheinland-pfälzischen Freizeitpark stattfand (vgl. Krause 2013) oder erneut im Jahr 2010 aus der Volksrepublik China berichtet wurde. Der Besitzer eines Freizeitparks, in dem nur kleinwüchsige Darsteller tätig sind, legitimierte diesen als sinnvolles Arbeitsangebot und als schützende Hilfe in einer eher ablehnenden Gesellschaft (vgl. Grzanna 2010).

Die nationalsozialistische Darstellung behinderter Menschen betonte durchgängig die Kosten, die diese Gruppe verursacht, sowie die Last, die die Versorgung dieses Personenkreises für die Gesellschaft insgesamt darstellt, und versuchte, die Ermordung behinderter Menschen als selbst gewünschte Befreiung (auch der Familien) aus einer leidvollen Lebenssituation medial zu vermitteln.

In der Nachkriegszeit wurde einerseits das Leid der kriegsversehrten und aus Gefangenschaft heimkehrenden Männer, die auch körperlich beeinträchtigt waren, thematisiert, ohne deren Traumatisierungen tatsächlich zu begreifen, andererseits aber wurden Kinder und Jugendliche mit Beeinträchtigungen kaum wahrgenommen oder immer noch versteckt. Dies änderte sich in Folge zahlreicher medizinischer Kampagnen, z. B. zur Bekämpfung der Kinderlähmung und deutlich mit der Aktion Sorgenkind. Während aber die medizinischen Kampagnen mit der Furcht vor einer Beeinträchtigung operierten, veränderte die Werbung der Aktion Mensch den Blick auf Kinder und Jugendliche, die zwar als Sorgenkinder begriffen wurden, damit aber erstmalig als zu umsorgende öffentlich wahrgenommen wurden.

Eine selbstbewusste Darstellung behinderter Menschen in den Medien, wie sie sich heute bereits in zahlreichen Beispielen findet, entwickelte sich erstmalig in den 1980er Jahren, in denen Menschen mit Körperbehinderung und die von ihnen gegründeten Verbände, wie z. B. der CeBeeF, für einen barrierefreien Nahverkehr oder die rechtliche Gleichstellung eintraten (Mürner & Sierck 2009). In den 1980er und 1990er Jahren wurde die Situation von Menschen mit Behinderungen zunehmend in der Öffentlichkeit dokumentarisch und literarisch thematisiert und Menschen mit Behinderung brachten sich selbst immer stärker ein. Eine vor allem auf Vorurteilen basierende öffentliche Darstellung, die oftmals auch ein geradezu voyeuristisches Interesse bediente, wurde zunehmend von einer realistischeren Darstellung abgelöst. Dies gilt, obwohl im Rahmen der Paralympics 2012, in deren Vermarktung leistungsstarke Menschen mit Behinderungen gar als „Super-Humans" bezeichnet wurden, schon fast wieder ein Fremdheit unterstützendes Element eingesetzt wurde, wie es in der Geschichte im Rahmen von Jahrmarktauftritten zu finden war.

Gegenwärtig erleben wir eine immer größer werdende Präsenz von Menschen mit Behinderung oder einer körperlichen Beeinträchtigung in den Medien. Personen wie z. B. Raul Krauthausen, Anastasia Umrik oder viele andere präsentieren sich selbstbewusst, gestalten die öffentliche Diskussion mit und beteiligen sich

durch zahlreiche konkrete Initiativen an der Verbesserung ihrer Lebensbedingungen.
   Kritisch anzumerken bleibt, dass die Gruppe der sehr schwer beeinträchtigten Menschen, die insbesondere auch signifikante Veränderungen im Gesicht aufweisen, bis heute selbst in der Werbung der Aktion Mensch oder in qualitativ hochwertigen Spielfilmen kaum vorkommt. Scheinbar hat sich unsere Gesellschaft weiterentwickelt, weiß aber immer noch nicht, wie dieser Personenkreis einbezogen werden kann. Allerdings setzt die Schwere der Beeinträchtigung einer würdevollen Darstellung, zu der der Mensch eben auch zustimmen muss, Grenzen, wie sie auch bei Menschen mit einer schweren Krankheit und Demenz gelten.

Fokussierung auf Hilfsmittel und Technik

Hilfsmittel und technische Hilfsmittel können unterschiedlicher Natur sein. In der Gegenwart werden sie vor allem positiv bewertet; seien dies einfache kommunikative Hilfsmittel oder elektronische Kommunikationssysteme, seien dies technisch oder vom Material her anspruchsvolle Prothesen, die einen Ausgleich fehlender Glieder oder sogar eine bessere Funktionsfähigkeit als z. B. mit den normalen menschlichen Beinen im Sport ermöglichen. Inzwischen gilt es nicht mehr als Eingeständnis eigener Hilfsbedürftigkeit, wenn Menschen mit einer körperlichen Beeinträchtigung Hilfsmittel beantragen und in der Öffentlichkeit nutzen. In aller Regel fühlen sich mobilitätseingeschränkte Menschen nicht an den Rollstuhl gefesselt, sondern erleben ihn als Möglichkeit, sich selbstständig, ggf. auch mit Hilfe eines Motors, fortzubewegen. Sogenannte Exoskelette werden für Menschen mit einer erworbenen Querschnittslähmung beworben, als würden sie die ursprüngliche Bewegungsfähigkeit wiederherstellen, und der inzwischen selbstverständliche Rollatoren-Gebrauch ist weit vom verschmähten Einsatz früherer Jahre entfernt. So positiv diese Entwicklung ist, so muss mit Dederich (vgl. 2013, 140f.) doch auch darauf aufmerksam gemacht werden, dass noch genauer geschaut werden muss, welche Bedeutung diese technischen Hilfsmittel, die z. B. im Fall von mit Nervenbahnen verbundenen Prothesen oder dem unter der Kopfhaut eingesetzten Cochlea-Implantats auch eine Bedeutung für die Wahrnehmung der eigenen körperlichen oder besser leiblichen Wahrnehmung besitzen, für Menschen mit Beeinträchtigungen haben.
   Ein Blick in die Geschichte kann darauf aufmerksam machen, dass öffentlich gebrauchte Hilfsmittel zwar durchaus als Hilfen durch körperlich beeinträchtigte Menschen erlebt wurden, diese aber immer auch eine gesellschaftliche Stigmatisierung ermöglichten. Ja, dass gerade auch Kinder im Fall des Contergan-Skandals zum Einsatz technisch unausgereifter Prothesen gezwungen wurden, ohne dass sie diese akzeptiert oder einen Nutzen für sie gehabt hätten (vgl. Bösl 2009). Sehr wohl aber hatten sie eine Funktion für die Angehörigen, die sich davon erhofften, fehlende Gliedmaßen ersetzen zu können und Behinderung damit vielleicht auch ungeschehen erscheinen zu lassen. Auch für den Einsatz prothetischer Technik, unabhängig davon, ob dies eine Unterarmgehstütze aus

Holz oder eine Hightech-Prothese aus Carbon ist, gilt, dass durch ihren Einsatz ein Stigmatisierungsprozess ebenso ausgelöst werden kann wie die Signalisierung erfolgreicher gesellschaftlicher Teilhabe. Eine durchaus ebenfalls nicht neue Entwicklung stellt die Nutzung technischer Unterstützungssysteme oder von Prothesen zur Leistungssteigerung von Menschen mit einer körperlichen Beeinträchtigung dar. Einerseits dient Technik immer auch der Verbesserung der Lebensbedingungen bzw. der Lebensqualität der Menschen im Allgemeinen, andererseits erscheint es irritierend, wenn Leichtathleten allein mit Unterstützung unterschiedlich gebauter Beinprothesen ihre Leistungen steigern und in Konkurrenz mit nicht körperlich beeinträchtigten Menschen treten und diese übertrumpfen. Hier werden grundlegende gesellschaftsphilosophische Fragen angesprochen, die hier nicht vertieft werden können und weit von den alltäglichen Anforderungen der meisten Menschen mit einer körperlichen oder mehrfachen Beeinträchtigung entfernt sind.

Zu bedenken ist weiterhin, dass, obwohl zahlreiche Sinnesschädigungen und körperliche Beeinträchtigungen durch technische Hilfsmittel kompensiert werden können, die Erfahrungen der eigenen leiblichen Realität von Beeinträchtigung und Abhängigkeit auch von noch so moderner Technik nicht aufhebbar erscheinen.

Unterschiedliche Sozialleistungen für Menschen mit einer erworbenen Schädigung

Wer die historische Entwicklung der Unterstützungs- und Bildungsangebote für Menschen mit einer körperlichen oder mehrfachen Beeinträchtigung betrachtet, wird feststellen, dass fast alle Gesellschaften behinderte Menschen unabhängig vom Grad einer Beeinträchtigung unterschiedlich behandelt haben. So finden sich unterschiedliche Versorgungssysteme zwischen im Krieg geschädigten und von Geburt an beeinträchtigten Menschen schon in frühen Gesellschaften. Immer waren kriegsbedingt geschädigte Personen besser versorgt und stärker geachtet. Schließlich wurde ihre Beeinträchtigung als im Dienste der Gemeinschaft erworben wahrgenommen. Dies setzte sich bis in die Geschichte der Bundesrepublik Deutschland fort. Erst in den achtziger Jahren des letzten Jahrhunderts änderte sich dies. Unterschiede finden sich auch im Ausmaß der Rehabilitationsleistungen für Menschen, die körperliche Beeinträchtigungen im Rahmen ihrer beruflichen Arbeitstätigkeit und im Privathaushalt erworben haben, obwohl die meisten Arbeitsunfälle in Privathaushalten stattfinden. Kinder und Jugendliche mit körperlichen oder mehrfachen Beeinträchtigungen von Geburt an wurden erst vor gut 100 Jahren eine Zielgruppe der Bildungspolitik und Sozialpolitik. Durch alle Kulturen und Gesellschaften hindurch lassen sich zudem unterschiedliche Behandlungen von Kindern und Jugendlichen mit einer körperlichen oder mehrfachen Beeinträchtigung aus wohlhabenden und armen Elternhäusern finden.

Alle diese Unterschiede sind historisch erklärbar und, obwohl schwer nachvollziehbar, auch in modernen Gesellschaften zu finden. Deshalb sollte differenziert beobachtet und analysiert werden, welche Differenzen zwischen den jeweils verfügbaren Bildungs- oder Rehabilitationsangeboten und den konkret persönlich verfügbaren Möglichkeiten unterschiedlicher Personengruppen gegeben sind. Eine gerechte demokratische Gesellschaft darf sich keine durch das System produzierten größeren Differenzen erlauben.

Politische Partizipation körperbehinderter Menschen

Historisch betrachtet waren Menschen mit einer stärkeren körperlichen Beeinträchtigung zumeist, wenn nicht immer, Objekte der Fürsorge. Zudem wurden sie z. B. innerhalb der preußischen Sozialgesetzgebung lange überhaupt nicht berücksichtigt. Erst vor etwa 100 Jahren wurden sie zu einer Zielgruppe fürsorgerischer Bemühungen und es entsprach dem Zeitgeist, dass jeder, der öffentliche Hilfen in Anspruch nahm, z. B. sein Wahlrecht verlor. Das Bild des Almosenempfängers, selbst wenn dieser ein Kriegskrüppel war oder als Mitglied der christlichen Gemeinschaft angesehen wurde, war über viele Jahre dem eines Kindes vergleichbar, das ebenso keine Rechte hatte und erst mit dem Eintritt in die produktive Arbeitsphase langsam eine begrenzte rechtliche Stellung erwarb.

Die Demokratieentwicklung der letzten fünfzig Jahre hat Bedingungen geschaffen, in denen sich zahlreiche Gruppen endlich aktiv in gesellschaftliche Prozesse einbringen konnten. Dies gilt auch für den Kreis der vornehmlich körperbehinderten Menschen, die zudem höhere Bildungsabschlüsse erwarben. Sie sind inzwischen in den parlamentarischen und außerparlamentarischen Gremien vertreten und gestalten die sie betreffende, ebenso wie die allgemeine Gesetzgebung genauso mit wie alle anderen Bürgerinnen und Bürger. Mitwirkungsstrukturen in den Arbeits- und Wohninstitutionen sind seit etwa dreißig Jahren verankert und werden zunehmend mit Leben gefüllt. Pädagogische Angebote wie die Leichte Sprache werden in Zukunft sicherlich eine immer größere Bedeutung haben (vgl. Lebenshilfe Bremen 2013). Während Personen, die nicht sprachlich kommunizieren, noch in den 1990er Jahren nur in geringem Maße Bildung und Partizipationsmöglichkeiten, selbst in Einrichtungen wie der Werkstatt für behinderte Menschen, wahrnehmen konnten (vgl. Lelgemann 1999), haben sich in den letzten Jahren nicht nur dort, sondern auch in weiteren Kreisen unterstützt kommunizierende Menschen gefunden, die sich in öffentliche Diskurse einbringen und diese mitgestalten. Dies ist aber immer noch keine Selbstverständlichkeit und erfordert auch zukünftig eine Unterstützung und Begleitung unterstützt kommunizierender oder schwerer beeinträchtigter Menschen, gerade auch in öffentlichen Gremien und auf allen Ebenen, von der Gemeinde-, über die Landes- bis hin zur Bundespolitik.

Vermeidung menschlichen Lebens mit einer Beeinträchtigung

Ein weit über die Körperbehindertenpädagogik hinaus seit einigen Jahren breit diskutiertes Thema ist das der Wertschätzung von Menschen mit einer Beeinträchtigung oder chronischen Erkrankung zu Beginn des Lebens, also bereits während und kurz nach der Zeugung, bei einem Zustand schwerer chronischer Erkrankung und zum Lebensende hin. Wertet eine Gesellschaft Menschen mit einer schweren Beeinträchtigung ab, versucht sie behindertes Leben zu verhindern, legt sie dies zumindest nahe oder verweigert den betroffenen Familien gegenüber eine gesellschaftliche Verantwortung? All diese Fragen verweisen darauf, dass hier nicht nur im engeren Sinne ethische Fragen im Kontext von Menschen mit einer chronischen Erkrankung oder schweren Beeinträchtigung angesprochen sind, sondern grundsätzliche Fragen der gesellschaftlichen Strukturen und der dominanten Haltungen. Verstehen sich Gesellschaften z. B. so, dass der einzelne alleine in der Verantwortung steht, sein Leben und das seiner Familie zu organisieren? Oder schreibt eine Gesellschaft autoritär vor, was als gesund, krank, schön, ungestaltet oder wehrhaft gilt und deshalb ein oder kein Lebensrecht hat, wie es in vielen historischen Gesellschaften, unabhängig davon, ob diese sich als kapitalistisch oder kommunistisch verstanden haben, zu finden ist?

Derartige Grundhaltungen haben deshalb nicht nur Relevanz für die Einstellung schwerer behinderten Menschen gegenüber, sondern auch gegenüber alten Menschen. Sie prägen in allen Kulturen auch die Haltungen der Menschen gegenüber einem eigenen Kind mit Behinderung bzw. Menschen mit Behinderungen in allen Lebensphasen. Wie human eine Gesellschaft ist, zeigt sich wesentlich nicht daran, wie sie mit ihren Kindern umgeht, denn diese sind Träger vieler Wünsche, Erwartungen und Hoffnungen, oder am Umgang mit kranken Menschen, solange hier die Hoffnung besteht, sie wieder in die relevanten gesellschaftlichen Prozesse einbeziehen zu können, sondern am Umgang mit Menschen, die in vielfältiger Weise beeinträchtigt sein können, denn sie sind häufig nicht utilitaristisch zu inkludieren und bleiben eine Herausforderung für jede Gesellschaft, wie sich an zahlreichen historischen Beispielen darstellen lässt.

1.3 Perspektiven

Die hier vorgelegte Darstellung gibt Hinweise, verweist auf weitere Quellen und muss doch sehr knapp gehalten bleiben. Was ist bzw. kann dennoch aus derartigen historischen Erörterungen, aus der Beschäftigung mit der Geschichte gelernt werden, besser: Wofür kann eine historische Perspektive sensibilisieren? Jede Beantwortung dieser Frage ist persönlich geprägt und so verstehen sich die nun folgenden Ausführungen wiederum als Thesen, die hoffentlich die weitere Diskussion und das Interesse der Leserin und des Lesers anregen bzw. wecken:

- Da Körperbehindertenpädagogik derzeit in ihrem bildungspolitischen Kontext (Anzahl der integrativen/inklusiven und spezialisierten Angebotsstrukturen, Entwicklung der Schülerschaft) wesentlich durch landespolitische und regionale Entwicklungen geprägt wird, können bildungspolitische Entwicklungen zunehmend öffentlich diskutiert werden. So bieten sich Chancen der Beteiligung für alle Interessierten, die genutzt werden sollten.

- Körperbehindertenpädagogik wurde in den letzten 60 Jahren sicherlich vor allem als schulbezogenes, institutionsbasiertes Angebot realisiert. In Zukunft sollten körperbehindertenpädagogische Angebote über den Schulbereich hinaus in alle gesellschaftlichen Bereiche, wie sie in der UN-Behindertenrechtskonvention benannt werden, eingebracht und berücksichtigt werden.
- Menschen mit einer körperlichen Beeinträchtigung bringen sich gegenwärtig deutlich in die aktuellen Diskussionen und Entwicklungen ein. Dies gilt auch für ihre Angehörigen. Zukünftig wird weiterhin darauf geachtet werden müssen, dass unterschiedliche Gruppen ihre Interessen vertreten können und auch diejenigen über Partizipationsmöglichkeiten verfügen, die sich derzeit nicht selbst vertreten können (bei aller Sensibilität für paternalistische Strukturen).
- Menschen mit einer körperlichen oder mehrfachen Beeinträchtigung eröffnen sich seit einigen Jahren zahlreiche neue Perspektiven der Lebensgestaltung, die auch zu einer veränderten Wahrnehmung der Personengruppe in unserer Gesellschaft führen könnte. Da aber eine körperliche Beeinträchtigung keine Konstruktion, sondern leibliche Realität eines jeden Menschen in dieser Situation ist, sind auch zukünftig Unterstützungsleistungen individueller und gesellschaftlicher Art notwendig. In diesem Feld Tätige sollten deshalb darauf achten, wie über die Möglichkeiten des Einsatzes von Therapien und technischer bzw. personeller Unterstützungssysteme diskutiert wird, und gemeinsam mit engagierten Menschen für die Absicherung dieser Unterstützungssysteme in allen Lebensbereichen eintreten.
- Die Handlungs- und Wahlmöglichkeiten für Menschen mit einer körperlichen und mehrfachen Beeinträchtigung in unserer Gesellschaft haben in den letzten Jahren zugenommen. Dies ist eine positive Entwicklung. Die Beteiligung an inklusiven beruflichen Bildungsprozessen ist gerade für Menschen mit einer mehrfachen Beeinträchtigung aber immer noch ein großes Problem. Selbst wenn akzeptiert wird, dass die Anforderungen an Berufstätige seit Jahren steigen und Tätigkeiten für mehrfachbehinderte Menschen abgenommen haben, so zeigen zahlreiche Initiativen, dass die Einrichtung von Arbeitsplätzen für mehrfachbehinderte Menschen durchaus möglich ist. Allerdings beziehen sich viele dieser Projekte noch auf Menschen, die ihre Hände zielgerichtet einsetzen können. Es wird deshalb zukünftig bedeutsam sein, vielfältige Arbeitsangebote für Menschen mit körperlichen, vor allem aber mehrfachen Beeinträchtigungen zu entwickeln, die möglichst inklusiv realisiert werden.
- Die gesellschaftlichen Leitideen der Selbstbestimmung und individuellen Freiheit werden sicherlich vielen Menschen mit einer körperlichen Beeinträchtigung neue Entfaltungsmöglichkeiten eröffnen und den Kreis derjenigen erweitern, die sich innerhalb unserer Gesellschaft entfalten können. Der Personenkreis mit einer mehrfachen oder sehr schweren Beeinträchtigung wird allerdings bestehen bleiben und auch zukünftig eine nicht paternalistisch gelebte, fürsorgende Aufmerksamkeit seitens der Gesellschaft, ihrer Institutionen und verantwortlicher Einzelner benötigen. Dies gilt insbesondere auch in

Lebensphasen, in denen sich Angehörige nicht mehr engagiert einbringen können.
- Selbst in einer Situation, in der die meisten Forderungen der UN-Behindertenrechtserklärung erfüllt wären und personelle und technische Unterstützungssysteme ausgereift sein sollten, bleibt die Situation bestehen, dass eine erhebliche körperliche Beeinträchtigung die Lebenssituation, den Alltag und die ganz nahen, leibbezogenen Aktivitätsmöglichkeiten deutlich beeinflussen, behindern und erschweren kann und doch gleichzeitig Bestandteil des eigenen Lebens ist. Es wird deshalb auch in Zukunft von Bedeutung sein, fachliche Begleitung erhalten zu können, wenn diese gewünscht wird.
- … und auch wenn all dies in unserer mitteleuropäischen Gesellschaft einmal so gestaltet werden könnte, dass ein Leben mit einer schweren körperlichen Beeinträchtigung ebenso viele Handlungsoptionen aufweist wie das anderer Bürgerinnen und Bürger, ist darauf hinzuweisen, dass diese historisch gewachsenen Optionen selbst in vielen Staaten Europas und der Welt noch keine Selbstverständlichkeiten sind und in Phasen finanzieller Schwierigkeiten, auch in Europa, immer wieder neu gesichert werden müssen.

Literatur

Beck, I. (1996): „Norm, Identität, Interaktion: zur theoretischen Rekonstruktion und Begründung eines pädagogischen und sozialen Reformprozesses". In: Beck, I., Düe, W./ Wieland, H. (Hrsg.) (1996): Normalisierung: Behindertenpädagogische und sozialpolitische Perspektiven eines Reformkonzeptes, Heidelberg. 19–43.
Bergeest, H. (2000): Körperbehindertenpädagogik. Bad Heilbrunn.
Bergeest, H./Boenisch, J./Daut, V. (2015): Körperbehindertenpädagogik. Grundlagen – Förderung – Inklusion. Bad Heilbrunn.
Bösl, E. (2009): Politiken der Normalisierung: zur Geschichte der Behindertenpolitik in der Bundesrepublik Deutschland. Bielefeld.
Bosse, I. (2014): Menschen mit Behinderung in den Medien – Mittendrin oder außen vor? Online verfügbar unter: http://www.bpb.de/gesellschaft/medien/medienpolitik/172759/¬menschen-mit-behinderung-in-den-medien?p=all (Zugriff am 29.05.2015)
Dederich, M. (2013): Philosophie in der Heil- und Sonderpädagogik. Stuttgart.
Fuchs, P. (2001): Körperbehinderte zwischen Selbstaufgabe und Emanzipation: Selbsthilfe – Integration – Aussonderung. Neuwied.
Goffman, E. (1973): Asyle. Über die soziale Situation psychiatrischer Patienten und anderer Insassen. Frankfurt a. M.
Grzanna, M. (2010): Im Land der kleinen Menschen. Erschienen in Süddeutscher Zeitung. http://www.sueddeutsche.de/wirtschaft/china-im-land-der-kleinen-menschen-1.991341 (Zugriff am 06.06.2015)
Hardt, K./Rummel, M. K./Lelgemann, R. (2008): Die Schule für Körperbehinderte – Geschichte und Gegenwart aus der Perspektive ehemaliger Schulleiter In: ZfH. 59. 268–277.
Kittay, E. F. (2006): Die Suche nach einer bescheideneren Philosophie: Mentalen Beeinträchtigungen begegnen – herausfinden, was wichtig ist. Berlin.
Krause, T. (2013): Besuch in der Kleinstadt. Erschienen in Süddeutscher Zeitung Magazin. 13. http://sz-magazin.sueddeutsche.de/texte/anzeigen/40121/ (Zugriff am 06.06.2015)
Lebenshilfe Bremen (2013): Leichte Sprache – Die Bilder. Bremen.

Lelgemann, R. (1999): Gestaltungsprozesse im Bereich beruflicher Rehabilitation für Menschen mit sehr schweren Körperbehinderungen als Herausforderung der Werkstätten für Behinderte und Tagesförderstätten. Aachen.

Lelgemann, R. (2010): Körperbehindertenpädagogik. Didaktik und Unterricht. Stuttgart.

Mürner, C./Sierck, U. (2009): Krüppelzeitung. Brisanz der Behindertenbewegung. Neu-Ulm.

Musenberg, O. (2002): Der Körperbehindertenpädagoge Hans Würtz (1875–1958). Eine kritische Würdigung des psychologischen und pädagogischen Konzeptes vor dem Hintergrund seiner Biographie. Hamburg.

Nussbaum, M. (2010): Die Grenzen der Gerechtigkeit: Behinderung, Nationalität und Spezieszugehörigkeit. Frankfurt a. M.

Rawls, J. (1979): Eine Theorie der Gerechtigkeit. Frankfurt a. M.

Rawls, J. (2006): Gerechtigkeit als Fairneß. Frankfurt a. M.

Schmuhl, H./Winkler, U. (2010): Gewalt in der Körperbehindertenhilfe. Das Johanna-Helenen-Heim in Volmarstein von 1947 bis 1967, Bielefeld.

Sierck, U. (1992): Arbeit ist die beste Medizin. Zur Geschichte der Rehabilitationspolitik. Hamburg.

Stadler, H./Wilken, U. (2004): Pädagogik bei Körperbehinderung. Band 4 der Studientexte zur Geschichte der Behindertenpädagogik. Weinheim.

Weiß, H. (1999): Konstitutionsprozesse der Körperbehindertenpädagogik und ihre Bedeutung für heutige Diskussionsthemen des Faches. In: Bergeest, H./Hansen, G. (Hrsg.): Theorien der Körperbehindertenpädagogik. Heilbrunn. 75–99.

Wilken, U. (2004a): Innere Mission und „Krüppelfürsorge" als evangelische Diakonie. In: Stadler, H./Wilken, U. (2004): Pädagogik bei Körperbehinderung. Band 4 der Studientexte zur Geschichte der Behindertenpädagogik. Weinheim. 82–149.

Wilken, U. (2004b): Selbsthilfevereinigungen der Körperbehinderten. In: Stadler, H./Wilken, U. (2004): Pädagogik bei Körperbehinderung. Band 4 der Studientexte zur Geschichte der Behindertenpädagogik. Weinheim. 249–292.

2 DIVERSITY- UND DISABILITY-STUDIES ALS BEZUGSPUNKTE DER KÖRPERBEHINDERTEN-PÄDAGOGIK

Sven Jennessen

Steht die Körperbehindertenpädagogik in der Tradition einer engen fachlichen Kooperation mit den Fachdisziplinen Medizin und Therapiewissenschaften sowie im Zuge ihrer Akademisierung auch mit den Pflegewissenschaften, sind die thematischen und fachlichen Bezugspunkte zu den Diversity- und Disability-Studies bislang kaum theoretisch bearbeitet. Aus diesem Grund verstehe ich die nachfolgenden Aussagen als Initiation eines Diskurses, der der Weiterführung und Vertiefung bedarf.

Unter dem Dach der *Diversity Studies* findet sich eine Vielzahl unterschiedlichster Themen und Forschungsschwerpunkte, die sich aus verschiedenen Perspektiven mit Aspekten von Vorurteilen, Ungleichheiten, Benachteiligung, Antidiskriminierung, Minderheiten, aber auch Gleichbehandlung, Teilhabe und Gleichstellung auseinandersetzen. Hierbei ist die Liste möglicher Diversity-Dimensionen lang, beinhaltet aber nahezu durchgängig die Aspekte Gender, Nationalität, Alter, Kultur, Religion, Behinderung und Ethnizität. Trotz der zunehmenden Bedeutung diversitärer Lebensformen liegen bislang keine theoretischen Entwürfe vor, die ohne hierarchische Differenzierungen auskommen. So wird die Norm einer Gesellschaft durch eine als dominant zu bezeichnende Gruppe festgelegt. Hierbei ist die Feststellung relevant, dass diese sogenannte dominante Gruppe statistisch nicht einmal in der Mehrheit sein muss. „Sie besetzt aber die entscheidenden Positionen und prägt die Kultur einer Organisation – oder übertragen auf die gesellschaftspolitische Ebene: die Leitkultur eines Landes beziehungsweise einer Mehrheitsgesellschaft" (Krell et al. 2007, 10). In der Übertragung auf das Phänomen Körperbehinderung bedeutet dies, dass die dominante gesellschaftliche Gruppe ohne Körperbehinderung lebt und dieses Kriterium als ein Maßstab fungiert, nachdem abweichende oder gar defizitäre Zuschreibungen erfolgen (vgl. Jennessen 2010). Für sämtliche gesellschaftliche Bereiche beinhaltet diese Norm auch die Rechtfertigung sozialer Ungleichheit und/oder die Erwartung der Anpassung der dominierten Gruppen – für Bildungsprozesse beispielsweise im Sinne zielgleichen Unterrichts an Schulen. Die Diversity Studies zielen darauf ab, „Ausgrenzungen und Diskriminierungen gegenzusteuern, die Qualifikationen und Potenziale der vielfältigen Menschen zu maximieren und ihr Zusammenleben reibungsloser zu gestalten" (Krell et al. 2007, 14). Soll im Kontext der Diversity-Studies eine Fokussierung auf spezifische Diversitätsmerkmale erfolgen, um allgemeine Feststellungen zu Ungleichheit und ihren Konsequenzen zu konkretisieren, bedarf es der Präzisierung eines Tertium Comparationis, da ohne diesen sämtliche Gleichheits- und Differenzaussagen über humane Beziehungen pauschal und unsinnig werden (vgl. Prengel 2007, 56). Für die hier diskutierte Dimension körperliche und motorische Entwicklung bedeutet dies, spezifische Bedingungen des Lebens körperbehinderter Menschen zu konkretisieren, um daraus gleiche *und* verschiedene Anforderungen an gesellschaftliche Teilhabeprozesse abzuleiten. Im Fokus steht demnach der Körper, der jedoch – entsprechend den Ausführungen im folgenden Kapitel 3 – nicht als rein individuelles (psychisches, leibbezogenes), sondern zudem soziologisches Phänomen verstanden wird. Dieser ist auch Gegenstand der Disability-Studies – allerdings in einer, wie die nachfolgenden Aussagen zeigen, anderen Weise als im Fach Körperbehindertenpädagogik.

Erstaunlicherweise finden sich in den beiden wissenschaftlichen Disziplinen Disability Studies und Körperbehindertenpädagogik, in denen der menschliche Körper einen zentralen Aspekt im jeweiligen Diskurs einnimmt, bislang kaum Ansätze gegenseitiger Bezugnahme – und seien es auch Bemühungen der Abgrenzung und/oder fachlicher wie methodischer Kritik. Ein Blick in die Mehrzahl der körperbehindertenpädagogisch zu verortenden (Grundlagen-)Werke zeigt, dass die Diskussion des Verhältnisses des Faches zu den Disability Studies bislang kaum geführt wurde. In den Disability Studies lassen sich vereinzelt Aussagen zur Begründung dieser neuen Wissenschaftsperspektive in Abgrenzung zu den Rehabilitationswissenschaften und der Sonderpädagogik finden (z. B. Dederich 2007, 51f.). Um einen Vergleich der jeweiligen Diskurse und Fachkulturen vornehmen zu können, müssen die vorherrschenden disziplinären Zugänge zu den Phänomenen Behinderung und Körperbehinderung bzw. die des Körpers als Differenzmerkmal jeweils im Verhältnis zueinander skizziert werden, um daraus grundsätzliche Unterschiede sowie eventuelle Gemeinsamkeiten ableiten und Empfehlungen für transdisziplinäre Perspektiven generieren zu können.

Basaler Ausgangspunkt der Auseinandersetzung mit dem Phänomen Behinderung in den Disability Studies ist zunächst die Feststellung, dass der vorherrschende wissenschaftliche Blick ein standortgebundener bzw. eingeschränkter ist: „Der auf Problemlösung fixierte Ansatz kann die Komplexität von ‚Behinderung' nicht hinreichend erfassen; er verschleiert, dass die verkörperten Erscheinungen, die wir heutzutage mir der unspezifischen Sammelkategorie ‚Behinderung' bezeichnen, nicht aus der Welt geschafft werden können" (Waldschmidt & Schneider 2007, 10). Hierbei wird von einem Verständnis ausgegangen, nach dem vor allem durch alles aktuell und zukünftig medizinisch und technisch Machbare der einzelne Mensch seine jeweilige Körperausstattung als abweichend und behindert erfährt. Hierzu heißt es bei Waldschmidt und Schneider (ebd.): „Im Grunde ist Behinderung nicht die Ausnahme, die es zu kurieren gilt, sondern die Regel, die in ihren vielfältigen Erscheinungsweisen zunächst einfach zu akzeptieren wäre." Einem sozialwissenschaftlichen Modell von Behinderung verpflichtet, steht nicht die Schädigung an sich im Zentrum der Auseinandersetzung, sondern die sozialen Prozesse, die dazu beitragen, dass diese Schädigung mit einer Benachteiligung des behinderten Menschen einhergeht. Hier lassen sich durchaus erste Differenzen zu einem lange in der Körperbehindertenpädagogik vorherrschenden Verständnis ausmachen. Auch wenn die Auswirkungen von Schädigungen auf interaktive Prozesse von Individuum und Gesellschaft – sowohl im Bezug auf ihre einzelnen Mitglieder (ohne Schädigung) als auch auf die unterschiedlichen für die Lebensvollzüge relevanten Ebenen –

durchaus bedacht und diskutiert werden, wird der körperlichen Schädigung als scheinbar unhinterfragbarem und vorrangig medizinischem Faktum im Diskurs eine hohe Bedeutung zugeschrieben. In sämtlichen Grundlagenwerken der Körperbehindertenpädagogik werden einzelne Erscheinungsformen körperlicher Behinderungen differenziert hinsichtlich ihrer physiologisch-medizinischen Merkmale und potentiellen Auswirkungen auf die verschiedenen Entwicklungsbereiche dargestellt. Diese sollen jeweils als Grundlage pädagogischer Förderung und Intervention gelten. Auf die Bedeutung des Körpers wird im folgenden Abschnitt dieses Kapitels vertiefend eingegangen.

Als grundlegendes Ziel einer sich selbst interdisziplinär verstehenden Forschungs- und Wissenschaftsperspektive formulieren die Disability Studies das Anliegen, den Behinderungsdiskurs durch die Beteiligung bislang kaum berücksichtigter Disziplinen zu erweitern. „Sie untersuchen, wie, unter welchen Bedingungen und mit welchen Folgen Deutungsmuster, Theorien und Modelle von körperlicher, geistiger, wahrnehmungs- und verhaltensbezogener, moralischer und kultureller Abweichung, von Abnormität, Andersheit und Fremdheit entstehen [...]" (Dederich 2007, 19). Diese subjektorientierte Forschungsperspektive hat zum Ziel „die Bedeutung von Behinderung in ihren lebensweltlichen, biographischen und leiblichen Dimensionen zu untersuchen" (Pfahl & Köbsell 2014, 554). Über die Rekonstruktion von Sozialisationserfahrungen über die gesamte Lebensspanne können biographisch bedeutsame Aspekte wie Selbst- und Fremdbestimmung, Trauer und Bewältigung im Leben von Frauen und Männern mit Behinderung erfasst werden. Hierbei unterscheidet sich der Diskurs in die Priorisierung eines sozialen Modells, das vor allem in Großbritannien diskutiert wird und Behinderung vorrangig unter dem Aspekt der sozialen Konstruktion von Behinderung begreift und Behinderung als soziale Unterdrückung diskutiert. Der stärker transdisziplinäre amerikanische Diskurs berücksichtigt hingegen explizit geistes- und kulturwissenschaftliche Perspektiven, wobei „stärkeres Gewicht auf längerfristigen kulturellen Prozessen, dem historischen Wandel von gesellschaftlichen (etwa wissenschaftlichen) Diskursen und Praxen" (Dederich 2007, 27) liegt. Gemeinsam sind diesen unterschiedlichen inhaltlichen Strängen drei grundlegende Zielrichtungen:

1. Die Fokussierung des Gegenstandes Behinderung durch ein anspruchsvolles Forschungsprogramm, das verschiedene disziplinäre Zugänge bündelt und somit ein eigenes Profil erhält, in dem Behinderung als relevantes und eigenständiges Thema Beachtung erfährt.
2. Die Entwicklung und Etablierung eines Gegengewichts zu den anwendungsorientierten Disziplinen, die sich traditionellerweise mit Behinderung beschäftigen (z. B. Medizin, Rehabilitationswissenschaften, Sonderpädagogik). Dies soll auch eine thematische Perspektive auf Gesellschaft und gesellschaftliche Prozesse eröffnen, die über Behinderung hinausgehende Erkenntnisse generiert. Behinderung kann so als erkenntnisleitendes Moment für die Analyse der Mehrheitsgesellschaft nutzbar gemacht werden (vgl. Waldschmidt & Schneider 2007, 15).

3. Die aktive Rolle von Forscherinnen und Forschern mit Behinderung als Expertinnen und Experten für gesellschaftliche Zuschreibungs- und Marginalisierungsprozesse. Hier ist eine enge Verknüpfung mit der Selbstbestimmt-Leben-Bewegung beobachtbar, wie sie auch im Titel des Buches „Nichts über uns – ohne uns" von Hermes und Rohrmann (2006) programmatisch zum Ausdruck kommt. Die Ansätze der emanzipatorischen Selbstbestimmt-Leben-Bewegung gelten als Ursprung der Disability Studies (vgl. auch Pfahl & Köbsell 2014). Die Frage, ob Forschung und Theorieentwicklung ausschließlich von Menschen mit Behinderung betrieben werden darf und sollte, ist nicht unumstritten. Zunehmend melden sich in der deutschen Diskussion Stimmen zu Wort, die die Perspektive der Disability Studies auch ohne eine eigene Behinderung des bzw. der Forschenden für denkbar und sogar wichtig betrachten. Auch in der Körperbehindertenpädagogik sind in den letzten Jahren Arbeiten entstanden, die explizit von Autorinnen und Autoren mit und ohne Körperbehinderung aus Wissenschaft, pädagogischer Praxis oder auf dem Hintergrund eigener Lebenserfahrungen publiziert sind (z. B. Schlüter & Fassbender 2006; Jennessen 2008; Jennessen, Lelgemann, Ortland & Schlüter 2010). Eine differenzierte Diskussion über die Frage der Bedeutung eigener behinderter Lebenserfahrung für den wissenschaftlichen Diskurs steht jedoch noch aus.

Zudem wird in den Disability Studies lediglich zum Teil selbstkritisch angemerkt, dass diejenigen vergessen oder vernachlässigt werden, die selbst nicht wissenschaftlich tätig sind/sein können – z. B. Menschen mit geistigen und/oder komplexen Behinderungen (vgl. z. B. Dederich 2007, 55). Hier lässt sich ein weiterer Unterschied zur Perspektive der Körperbehindertenpädagogik ausmachen, die sich immer auch in advokatorischer Funktion für Menschen definiert hat, die keine Möglichkeit haben, selbst umfassend für ihre Interessen einzutreten. Aus dieser letztgenannten Zielrichtung wird jedoch auch das unmittelbare politische bzw. gesellschaftskritische Anliegen der Disability Studies deutlich: „Wissenschaftliches und gesellschaftlich-politisches Engagement sollen nach den Vorstellungen der meisten Vertreterinnen und Vertreter der Disability Studies eine untrennbare Einheit bilden" (ebd., 18), die als Programmatik den Rahmen für Empowerment-Prozesse bildet. Zur Umsetzung dieses Anspruchs erfolgt eine konsequente Konzentration auf nicht neutrale Forschungsansätze und die Ablehnung von Neutralität als Kriterium von Wissenschaftlichkeit. Auch wenn sich in der Körperbehindertenpädagogik eine Vielzahl von Positionen und Anregungen finden lassen, die die Fremdbestimmung des klassischen Rehabilitationsansatzes in Frage stellen und deutlich kritisieren, verharrt sie damit bislang meist auf einer individuumbezogenen Ebene: Entweder wird die Professionalität der Körperbehindertenpädagoginnen im Kontext von Ressourcenorientierung, Autonomie und Selbstbestimmung diskutiert oder aber an körperbehinderte Menschen selbst werden Forderungen zur Selbstermächtigung adressiert. Eine sozial- und kulturkritische Perspektive gepaart mit eindeutigen sozialpolitischen Forderungen lässt sich in der Körperbehindertenpädagogik bislang kaum finden. Körperbehindertenpädagogik war und ist in der Regel unpolitisch. Zumindest gilt diese

Feststellung für die explizite Ausrichtung des Faches. Inwiefern eine Wissenschaftsdisziplin, die sich mit Menschen in häufig marginalisierten Lebenssituationen beschäftigt, ohne ein zumindest implizites politisches Selbstverständnis bestehen kann, darf bezweifelt werden. Dies mag neben anderen inhaltlich abweichenden Positionen die zentrale Differenz zu den Disability Studies sein.

Auf die Diskussion über Fragen von Wertfreiheit in der Wissenschaftstheorie soll an dieser Stelle lediglich verwiesen werden. So ist die These der Wertfreiheit aus unterschiedlichen Perspektiven dahingehend kritisiert worden, dass sich Wissenschaften gar nicht anders als wertgebunden denken lassen (vgl. z.B. bereits Feyerabend 1975). Zudem sind alle Wissenschaften kontextgebunden und somit in ihren jeweiligen kulturellen Rahmen eingebettet, was auch in einem wertegebundenen Sprachduktus zum Ausdruck kommt.

Markus Dederich (2007) – selbst Sonderpädagoge – diskutiert auch das Verhältnis der Disability Studies zur Sonderpädagogik. Hier wird vor allem der Aspekt thematisiert, dass die Sonderpädagogik selbst ein System geschaffen hat, das durch seine Institutionen zur Marginalisierung und Besonderung von Menschen mit Behinderung beigetragen hat – und immer noch beiträgt. Zudem ist der Fokus der Sonderpädagogik immer ein pädagogischer gewesen – hat also vor allem den Bereich der Begleitung, Förderung, Therapie und Unterstützung bearbeitet. Auch wenn in jüngeren Arbeiten die Berücksichtigung von Kontextfaktoren gravierend an Bedeutung gewonnen hat, sieht Dederich hier den Grund für eine stark individuumzentrierte Ausrichtung des Faches und die Vernachlässigung gesellschaftskritischer und politischer Aspekte. Dies ist in Frage zu stellen. Auch und gerade die Pädagogik und somit auch die Körperbehindertenpädagogik haben kritisch Bedingungen von Pädagogik auf allen Systemebenen zu beleuchten, zu analysieren und Weiterentwicklungen unter der Prämisse größtmöglicher Teilhabe zu initiieren. Dies als nicht primär pädagogische Aufgabe zu verstehen, entspricht einem reduzierten Verständnis von Pädagogik.

Offen ist jedoch, warum die Körperbehindertenpädagogik de facto stark individuumbezogen verortet ist. Es ist zu vermuten, dass die historisch bedingte fachliche Nähe zur Medizin – hier vor allem zur Orthopädie – mit ihrer ausschließlich pathologisch-individualisierten Perspektive maßgeblich den Fokus der Körperbehindertenpädagogik geprägt hat und ihn zum Teil heute noch gravierend beeinflusst. Systemische und gesellschaftskritische Perspektiven auf das Phänomen Körperbehinderung werden nicht selten mit der Begründung beiseite geschoben, entscheidend sei, für den einzelnen Menschen möglichst optimale Lebensbedingungen zu gestalten, wofür die jeweilige (medizinische) Ausgangslage des Individuums zunächst der dezidierten Betrachtung bedürfe. Hier liegt jedoch nur scheinbar ein Widerspruch vor: Das Wissen um individuelle Ausgangslagen und damit einhergehende Bedarfe und Bedürfnisse rechtfertigt nicht die gedanklich-theoretische Ausklammerung einer gesellschafts- und kulturkritischen Perspektive, die dazu verhilft, auch die Individualität eingebettet in gesellschaftliche Erwartungen, Reaktionen, Barrieren und kulturelle Kontexte zu begreifen. Am Beispiel der Aussage von Ursula Haupt zur Frage des schulischen Bildungsortes von Kindern und Jugendlichen mit Körperbehinderung lässt sich dies exemplarisch verdeutlichen: So postuliert diese: „Die beste Schule für ein bestimmtes

Kind ist dadurch gekennzeichnet, dass sie ihm die Förderung gibt, die es braucht" (Haupt 2003, 44). Dieser auf das einzelne Kind und die einzelne Schule gerichtete Blick verhindert eine systemische und somit inklusive Perspektive auf die Lebenssituation körperbehinderter Kinder und Jugendlicher. So geht es bei Bildungsprozessen um mehr als um Förderung. Es geht um uneingeschränkte Teilhabe. Hierbei müssen sämtliche Lebensbereiche Berücksichtigung finden, für die Schule eine wichtige Türöffner-Funktion durch Partizipation am Leben in der lernenden Gemeinschaft aller haben kann. Fragt die Körperbehindertenpädagogik einzig nach dem richtigen Ort, an dem das betroffene Individuum Bildungsprozesse vollziehen kann, und lässt bei der Suche nach Antworten auf diese Frage weiterführende Aspekte außen vor, die sich sowohl auf den gesellschaftlichen Umgang mit dem Phänomen Behinderung und seine Entsprechung in Gesetzgebung, Schulsystemgestaltung, räumlichen und gedanklichen Barrieren sowie individuellen Einstellungen und Haltungen als auch auf die grundsätzlichen Teilhabebedürfnisse, -wünsche und -rechte eines Menschen mit Körperbehinderung und seiner Familie beziehen, wird sie immer nur situative und somit lediglich individualisierte Erkenntnisse liefern können. Eine grundsätzlich kultur- und gesellschaftskritische Perspektive, die der Dekonstruktion behindernder Verhältnisse Rechnung trägt und überindividuelle Erkenntnisse zu generieren hilft, wird mit dieser eingeschränkten Perspektive verhindert.

Literatur

Dederich, M. (2007): Körper, Kultur und Behinderung. Eine Einführung in die Disability Studies. Bielefeld.
Feyerabend, P. (1975): Wider den Methodenzwang. Frankfurt a. M.
Haupt, U. (2003[3]): Körperbehinderte Kinder verstehen lernen. Auf dem Weg zu einer anderen Diagnostik und Förderung. Düsseldorf.
Hermes, G./Rohrmann, E. (Hrsg.) (2006): Nichts über uns – ohne uns. Disability Studies als neuer Ansatz emanzipatorischer und interdisziplinärer Forschung über Behinderung. Neu-Ulm.
Jennessen, S. (Hrsg.) (2008): Leben geht weiter. Neue Perspektiven der sozialen Rehabilitation körperbehinderter Menschen im Lebenslauf. Weinheim.
Jennessen, S. (2010): Spezifik in einer Pädagogik der Vielfalt – Schulische Inklusion körperbehinderter Kinder und Jugendlicher. In: Jennessen, S./Lelgemann, R./Ortland, B./Schlüter, M. (Hrsg.): Leben mit Körperbehinderung – Perspektiven der Inklusion. Stuttgart. 120–134.
Jennessen, S./Lelgemann, R./Ortland, B./Schlüter, M. (Hrsg.) (2010): Leben mit Körperbehinderung – Perspektiven der Inklusion. Stuttgart.
Krell, G./Riedmüller, B./Sieben, B./Vinz, D. (2007): Einleitung – Diversity Studies als integrierende Forschungsrichtung. In: Krell, G./Riedmüller, B./Sieben, B./Vinz, D. (Hrsg.): Diversity Studies. Frankfurt a. M. 7–16.
Pfahl, L./Köbsell, S. (2014): Was sind eigentlich Disability Studies? Wechselspiel von Beeinträchtigung und Barrieren. In: Forschung & Lehre 7/2014. 554–555.
Prengel, A. (2007): Diversity Education – Grundlagen und Probleme der Pädagogik der Vielfalt. In: Krell, G./Riedmüller, B./Sieben, B./Vinz, D. (Hrsg.): Diversity Studies. Frankfurt a. M. 49–68.
Schlüter, M./Fassbender, K.-J. (Hrsg.) (2007): Körperbehinderte Menschen in ihrer pflegerischen Abhängigkeit – Theoretische Fundierungen und praktische Erfahrungen. Bad Heilbrunn.

Waldschmidt, A./Schneider, W. (2007): Disability Studies und Soziologie der Behinderung. Kultursoziologische Grenzgänge – eine Einführung. In: Waldschmidt, A./Schneider, W. (Hrsg.): Disability Studies, Kultursoziologie und Soziologie der Behinderung. Bielefeld. 9–30.

3 DER KÖRPER IN DER KÖRPERBEHINDERTEN-PÄDAGOGIK

Sven Jennessen

Der Körper hat in unserer Gesellschaft eine bis dato nicht gekannte Bedeutung erlangt. „Als ausgestellter, gestaltbarer und gestalteter, verfug- und verführbarer begegnet er uns täglich im Übermaß. Das Präsentieren und Zurichten von Körpern gehört zu den Punkten, an denen gesellschaftliche Praktiken sichtbar und spürbar werden" (Alloa et al. 2012, 1). Auch wissenschaftlich ist der Körper in den vergangenen Jahrzehnten zunehmend in den Blick des Interesses gelangt. Die seit Anfang der 1990er Jahre konstatierbare Wende hin zum menschlichen Körper wird als *somatic turn*, *corporeal turn* oder *body turn* (vgl. Gugutzer 2006) bezeichnet, wobei sich zunehmend die Bezeichnung *body turn* durchzusetzen scheint. Beteiligte Disziplinen an dieser Auseinandersetzung mit dem menschlichen Körper sind die Geschichtswissenschaft, die Kultur- und Sozialanthropologie, die Politikwissenschaft, die Theater- und Sportwissenschaft und in besonders dynamischer Weise die Soziologie (vgl. einführend Gugutzer 2013).

Erstaunlicherweise ist die Körperbehindertenpädagogik an diesem *turn*, dieser Wende zu einem wissenschaftlichen Diskurs über das Phänomen der menschlichen Grundbedingung, seines körperlichen Seins in der Welt nicht beteiligt. Irritiert zunächst, dass sich auch die Allgemeine Pädagogik in den entsprechenden Fachbeiträgen nur sehr punktuell Gehör verschafft, so stellt sich die Tatsache umso erstaunlicher dar, dass die Disziplin, die schon bereits aufgrund ihrer Terminologie die Nähe zu körperlichen Phänomenen aufweist, diesen Diskurs nicht nur nicht mitprägt, sondern in diesem schlichtweg nicht vorkommt. So wird in der Definition von Körperbehinderung scheinbar unhinterfragt von einer Ontologie und Bestimmtheit des Körpers ausgegangen, die dann als Ausgangslage für die Auseinandersetzung mit seiner Schädigung oder Abweichung dienen. Im nachfolgenden Abschnitt soll der Anstoß gegeben werden für eine Auseinandersetzung mit dem Phänomen des Körpers, durch den die Anschlussfähigkeit des Faches an die bestehenden Diskurse herzustellen versucht wird.

3.1 Körper und Leib

Was verstehen wir unter dem Begriff Körper? Gibt es *den* Körper überhaupt oder kann es generell immer nur um *die* Körper (in ihrer je eigenen Individualität) gehen, da diese personengebunden und somit je einzigartig sind?

Grundlage der aktuellen Diskurse über Körper sind weitgehend die philosophisch-anthropologischen Ausführungen Helmuth Plessners, der das Verhältnis des Menschen zu seinem Körper in einer Zweiheit fasste: Der Mensch *ist* sein Körper, und er *hat* seinen Körper (vgl. Plessner 1975). „Der Mensch ist die Zweiheit von Sein und Haben" (Gugutzer 2013, 146). Plessner geht davon aus, dass diese beiden Seiten nicht voneinander getrennt betrachtet werden, sondern gemeinsam eine Einheit aus zwei komplementären Seiten bilden – ähnlich wie die „zwei Seiten einer Medaille" (ebd.) –, die permanent gelebt werden (müssen).

„Mit dieser Doppelrolle muss sich jeder vom Tage seiner Geburt abfinden. Jedes Lernen: zu greifen und die Sehdistanzen den Greifleistungen anzupassen, zu stehen, zu laufen usw. vollzieht sich auf Grund und im Rahmen dieser Doppelrolle. Der Rahmen wird nie gesprengt. Ein Mensch ist immer zugleich Leib (Kopf, Rumpf, Extremitäten mit allem, was darin ist) – auch wenn er von seiner irgendwie ‚darin' seienden Seele überzeugt ist – und hat diesen Leib als diesen Körper." (Plessner 1982, 238)

Robert Gugutzer (2006) präzisiert und konkretisiert die Ausführungen Plessners. Die organische Ausstattung des Menschen und die dadurch gegebene Bindung an räumlich-zeitliche Gegenwart kennzeichnen die eine Seite des Körpers: das Körpersein. „Körperhaben bezeichnet demgegenüber die humanspezifische Fähigkeit, sich selbst zum Gegenstand zu werden, sich zu verobjektivieren, zu reflektieren und so das physisch bedingte Gebundensein an das Hier-Jetzt hinter sich zu lassen" (ebd., 30). Hitzler und Honer (2012, 357) konstatieren, dass der Mensch sein Leib *sei*, noch ehe er seinen Körper *habe*: „Die Wahrnehmung des Körpers, das Wissen vom Körper basiert konstitutionslogisch auf dem Erleben des Leibes. Leib sein (nicht etwa: Körper haben) ist nicht nur Voraussetzung meines Erlebens, Leib sein ist meinem Erleben vielmehr unabdingbar (präreflexiv) mitgegeben: Ich wende mich der Welt mit meinem Körper zu." Um diese Doppelheit und die Vorrangstellung der personalistischen gegenüber der naturalistischen Einstellung auszudrücken, wird zum Teil auch der Begriff des „Leibkörpers" verwendet (vgl. z. B. Friesacher 2011).

Dieses duale Verständnis von Körperlichkeit ist hoch anschlussfähig an die in Kapitel 1 vorgenommene begriffliche Auseinandersetzung mit dem Phänomen Körperbehinderung. Auch hier wurde auf der Grundlage des allgemeinen Behinderungsverständnisses der ICF davon ausgegangen, dass sowohl die personale Seite (das Körpersein – die Körperstrukturen) als auch die Umweltfaktoren die Analyse von Partizipation und Aktivität des Individuums beeinflussen. Letztere weist eine inhaltlich hohe Affinität zu dem Aspekt des Körperhabens auf, da sich dieser über die subjektive Seite des Körperseins bzw. -erlebens hinaus auch durch die Distanzierungsfähigkeit von eben diesem Körper auszeichnet.

Abraham (2013, 137) spricht davon, dass es „körperbezogene Realitäten gibt, die sich *erst* ereignen (auch ohne unser Zutun) und *dann* deutbar werden". Somit entwickelt der Körper im Spiegel der anderen sein identitätsstiftendes Potential. Der Körper – und zwar jeder Körper und somit auch der differente Körper – steht für das Verhältnis des Individuums zu sich selbst und zu den anderen (Gesellschaft). Schnell stellt hierzu fest: „Die leibliche Existenz geschieht unter den Augen der Anderen und deren Zugriff auf mich, d. h. auf meinen Leib. Den Zugriff kann ich als Zärtlichkeit, Körperverletzung oder Blickkontakt erleben. In jedem Fall bin ich der Welt ungeschützt ausgesetzt" (2004, 14f.). Zwar liegen auch in der Körperbehindertenpädagogik vereinzelte Analysen zu Fragen von

Körper und Identität vor (z. B. Kampmeier 1997), jedoch weitgehend ohne Körper auch als gesellschaftliches Phänomen zu begreifen – und damit auch Behinderung auf dieser Folie zu analysieren und zu verstehen. Körper werden erst so zu diskursiven Körpern – so Foucault. Für die Sonder- und Körperbehindertenpädagogik beinhaltet diese Perspektive die Chance, den Blick stärker auf die Interpretation des anderen, des differenten Körpers zu lenken. So wie Pfahl (2011) dies für das Konstrukt Lernbehinderung herausgearbeitet hat, sollte die Körperbehindertenpädagogik die diskursiven Zuschreibungen des Merkmals „*Differenter Körper*" beleuchten, um so neben der leiblichen Erfahrung (vgl. den Beitrag von Kienle und Singer in diesem Band) auch die Subjektivierungsprozesse im Kontext eines abweichenden Körpers zu erfassen und zu verstehen. Ein solcher differenzierter Zugang zum Körper würde auch nicht Gefahr laufen, die körperliche Realität des Individuums zu leugnen, wie es radikal-konstruktivistischen Theorieansätzen zum Teil vorgeworfen wird. In einer nicht ausschließlichen Betrachtung des Körpers als „agens", sondern auch als „reagens" (Abraham 2013, 137) werden auch die machtspezifischen Dynamiken zwischen Gesellschaft und Körper offengelegt: dass der Körper „zum Opfer sozialer Verhältnisse werden kann, dass er leidet und dass wir leiden können, weil wir Körper *sind*" (ebd.).

Auf der Grundlage dieses Körperverständnisses hat Gugutzer (2006) den Körper sowohl als Produkt als auch als Produzent von Gesellschaft analysiert und in verschiedene soziologisch relevante Dimensionen weiter ausdifferenziert. Die so entstandene, fachlich überzeugende Systematik soll an dieser durch die potentiellen Spezifika differenter Körper inhaltlich ergänzt werden. Hierbei wird Differenz in Anlehnung an die eingangs formulierte Definition von Körperbehinderung als Abweichung von der Norm unbeeinträchtigter Körper verstanden, wohlwissend, dass diese Terminologie immer eine relative sein muss. Der Begriff der Differenz ist hinsichtlich der unverwechselbaren Einzigartigkeit eines jeden menschlichen Körpers zum einen zwar irritierend, zum anderen verdeutlicht er aber auch, dass alle in diesem fachlichen Kontext zu treffenden Aussagen im Einzelfall kaum oder auch gar nicht zutreffen können. Für die Analyse differenzbezogener Körperlichkeiten im gesellschaftlichen Kontext sollen dennoch potentiell bedeutsame Themen und Zugänge eröffnet werden, die überindividuell überprüfbar und diskursiv erörterbar sind. Hierbei geht es zunächst weniger darum, Erkenntnisse zu den einzelnen Dimensionen zusammenzutragen, sondern Fragestellungen zu formulieren, die einen vertiefenden analytischen Blick auf die Körper als Produkte und Produzenten von Gesellschaft ermöglichen sollen.

3.2 Der differente Körper als Produkt der Gesellschaft

Die zentrale Frage der den Körper als Produkt der Gesellschaft analysierenden Perspektive zielt auf die *Formung des Körpers* durch die Gesellschaft, also seine Vergesellschaftung, ab. Hierbei stehen vor allem gesellschaftliche Macht- und Herrschaftsstrukturen als bestimmende Faktoren im Fokus der Auseinandersetzung, die wiederum unterschiedliche Perspektiven beinhalten: Die Zivilisierung körperlicher Verhaltensweisen und emotionaler Äußerungen (Elias 1976), die Machttechniken gesellschaftlicher Institutionen (Foucault 1976) und die Abhängigkeit körperlicher Fähigkeiten, Fertigkeiten und Vorlieben als Ergebnis der sozialen Herkunftsklasse, dessen sichtbarer Effekt ein klassenspezifischer körperlicher Habitus sei (Bourdieu 1982; vgl. zusammenfassend Gugutzer 2006, 14). Auch die für die Körperbehindertenpädagogik zunehmend relevanter werdende Frage der Körpermanipulation durch die Reproduktionstechnologie, aber auch durch Möglichkeiten der operativ-medizinischen Umformung des Körpers und seiner Funktionen sind Bestandteile dieses Analysezugangs. Für differente Körper lassen sich hierzu exemplarisch folgende Fragen formulieren:

- Wie wirken gesellschaftliche Erwartungen der Körperkontrolle auf Menschen, die in ihren physischen Kontrollmöglichkeiten eingeschränkt sind?
- Wie wirken gesellschaftliche Erwartungen der Körperkontrolle, wenn Menschen differente Formen des Körperausdrucks und der Bewegung performieren?
- Wie wird (gesellschaftlich) mit den Grenzen körperlicher Disziplinierung bei differenten Körpern umgegangen?
- Welche Prägungen zeigen institutionelle Prozesse bei Menschen, die (aktuell immer noch) in besonderer Weise auf die Assistenz in Institutionen der Förderung, der Begleitung, der Bildung, des Arbeitens und des Wohnens angewiesen sind?
- Wie zeigt sich herkunftsbezogener Habitus bei differenter Körperlichkeit?
- Hat differente Körperlichkeit Auswirkungen auf den herkunftsbezogenen Habitus?

Im Kontext der Dimension des *Körperdiskurses* steht vor allem die Frage im Mittelpunkt, wie der Körper diskursiv hervorgebracht wird. Durch die Auseinandersetzung mit dieser Frage lassen sich Denk- und Deutungsmuster aufdecken, die in der Regel auch Normen und Hierarchien widerspiegeln. Für differente Körper wäre hier zu fragen:

- Welche Normen über Körper werden in Körperdiskursen transportiert?
- Wie werden Deutungen vom Körper und seinen Abweichungen diskursiv begründet und bewertet?

Die in der soziologischen Systemtheorie verortete Dimension der *Körperumwelt* begreift diese als soziale Systeme umgebend und erst dann als relevant, wenn Körperpraktiken thematisiert werden. Dies bedeutet auch, dass Körper nie gesamtgesellschaftlich, sondern lediglich in subsystemischen Kommunikationen relevant werden. Für differente Körper könnte hier die zentrale Frage lauten:

- In welchen gesellschaftlichen Subsystemen und in welcher Form werden differente Körper durch die Kommunikation über diese relevant?

Wie oben bereits angedeutet, ist die Frage nach dem, was der Körper als Ausdruck von Klassenzugehörigkeit repräsentiert, vor allem von Bourdieu diskutiert worden. „Der menschliche Körper ist immer auch nicht-intendierter Träger von

Zeichen und Zuschreibungen, die auf die soziale Herkunft, auf soziale Zugehörigkeiten und Machtverhältnisse verweisen" (Gugutzer 2006, 15). Daneben stellt sich aber auch die Frage, wie körperliche Verhaltens- und Erscheinungsweisen als *Zeichenträger* für Identitäten stehen, mit denen Stigmatisierungen verbunden sein können. So haben sowohl die Stigmatheorie Goffmans (2002) als auch ihre Weiterentwicklung und identitätsspezifische Akzentuierung durch Frey (1983) dazu beigetragen, „die Mühen betroffener körperbehinderter Menschen zu einem Ausgleich zwischen ihren gespürten Bedürfnissen und den Anforderungen ihrer Umwelt zu gelangen" (Bergeest 1999, 236), zu analysieren und zu verstehen. Dem zu Grunde liegen Prozesse der Stereotypisierung, die „unter bestimmten Umständen automatisch aktiviert werden, ein Prozess den wir weder kontrollieren noch verhindern können" (Aronson et al. 2008, 426). Für die Analyse der Repräsentation differenter Körper wäre somit zu fragen:

- Welche sozialen und individuellen Dimensionen symbolisiert der differente Körper?
- Welche Stigmatisierungen erfolgen aufgrund der Repräsentation eines differenten Körpers?

Als letzte Dimension gilt die Frage nach der *Leiberfahrung* des Menschen. Diese in der Körpersoziologie eher wenig repräsentierte Perspektive ist gerade für die Körperbehindertenpädagogik, die, wie oben bereits erläutert, lange einen stark Individuum bezogenen Zugang zu körperlicher Abweichung fokussiert hat, von großer Bedeutung. Zudem ist auch die Leiberfahrung nicht losgelöst von gesellschaftlichen Kontexten zu verstehen, sondern geradezu untrennbar mit diesen verschränkt:

> „*Ich weiß um den Leib, um meinen Leib, als einem Körper durch Rückschlüsse von anderen Körpern (z. B. durch Beobachtung) auf meinen eigenen Körper bzw. durch Mitteilungen anderer (z. B. durch Mediziner) über meinen Körper. Ich habe meinen Leib als Körper – wie andere Körper, Dinge, Objekte: von einem Standpunkt außerhalb dieses Körpers (vom Standpunkt des und der anderen aus).*" (Hitzler & Honer 2012, 357)

Das leibliche Spüren durch die Anderen und vor allem die Frage, wie wir uns spüren, hat somit auch immer eine kulturspezifische Dimension und ist auf das Engste verflochten mit gesellschafts- und kulturbedingten Vorstellungen, Normen und Präferenzen in Bezug auf Körper. Für den differenten Körper wäre somit beispielsweise zu fragen:

- Wie prägen kulturspezifische Körpererwartungen das Erleben des eigenen Körpers?
- Wie wird der differente Körper im Kontext dieser Erwartungen vom Individuum erlebt?

Auf der Grundlage dieser Überlegungen soll Tabelle 1 um die spezifischen Themen körperbehinderter Menschen erweitert werden.

Tab. 1.: Der Körper als Produkt der Gesellschaft (Erweiterung von Gugutzer 2006, 17)

Analytische Dimensionen der Soziologie des Körpers	Körperformung	Körperdiskurs	Körperumwelt	Körperrepräsentationen	Leiberfahrung
Fragestellungen	Wie wirkt Gesellschaft auf den Körper ein?	Wie wird der Körper diskursiv hervorgebracht?	Wie wird der Körper kommuniziert?	Was symbolisiert der Körper?	Wie wird der Körper gespürt?
Forschungsthemen	Der Körper als Objekt von • Strukturen • Institutionen • Technologien	Der Körper als Objekt von • Wissensformen • Deutungsmustern	Der Körper als Thema von • subsystemischen Kommunikationen	Der Körper als Träger von • Zeichen • Zuschreibungen	Der Körper als Ort von • Leiberfahrungen
Forschungsthemen im Kontext differenter Körper	• Erwartungswidrige Körperkontrolle und Körperausdruck • Grenzen körperlicher Disziplinierung • Wirkung institutioneller Prozesse • Habitus und differente Körperlichkeit	• Normen über differente Körper • Diskursive Begründungen von Deutungen differenter Körper	• Der differente Körper als Thema subsystemischer Kommunikation	• Symbolisierungen durch den differenten Körper • Stigmatisierungen aufgrund des differenten Körpers	• Prägung und Erleben des differenten Körpers im Kontext kulturspezifischer Erwartungen

3.3 Der Körper als Produzent von Gesellschaft

Auch für die komplementäre Perspektive des Körpers als Produzent von Gesellschaft sollen an dieser Stelle einige Fragen in Bezug auf den differenten Körper gestellt werden. „Der Körper wird in dieser Perspektive zum Gegenstand soziologischer Forschung in der Hinsicht, dass untersucht wird, wie körperliche Praktiken zur Herstellung, Stabilisierung und zum Wandel sozialer Ordnungen beitragen" (Gugutzer 2006, 17).

Die erste der drei hier vorgenommenen Perspektiven fragt nach den *Körperroutinen*, also den gewohnheitsmäßig eingesetzten Handlungsformen des Menschen, die letztendlich dazu führen, dass durch diese soziale Ordnungen hergestellt werden. Das (körperliche) Verhalten der Menschen folgt somit weitgehend den Vorgaben, die sich die Menschen selbst durch ihr Handeln geben und im alltäglichen Tun immer weiter verfestigen. In Bezug auf Menschen mit differenten Körpern, die ja ebenfalls individuell routiniert Handelnde sind, sei somit beispielhaft zu fragen:

- Inwieweit unterscheiden sich die Körperroutinen differenter Körper von denen anderer?
- Welche Wirkungen haben differente Körperroutinen auf die soziale Situation des Einzelnen?
- Welche Wirkungen haben differente Körperroutinen auf die normativ geprägte Wahrnehmung des gewohnheitsmäßigen Handelns?

Die Dimension der *Körperinszenierungen* geht vor allem der Frage nach, wie der Körper präsentiert wird und wie durch diese Präsentation soziale Wirklichkeit erzeugt wird. Hierbei kommt der Selbstdarstellung des Einzelnen eine hohe Bedeutung zu, wenn diese im Sinne Goffmans darauf abzielt, ihr „Bestes Selbst" darzustellen. Aus der Perspektive differenter Körper sei gefragt:

- (Wie) Unterscheidet sich die Körperpräsentation differenter Körper von der anderer Körper?
- Welche Wirkung hat die Inszenierung differenter Körper im Sinne der Gestaltung sozialer Wirklichkeit?

Die letzte Analysedimension kann für eine Disziplin als besonders relevant betrachtet werden, die sich mit Formen von Körperlichkeit beschäftigt, die in ihren Strukturen und Aktivitäten als abweichend bezeichnet werden können. Hier geht es im Kern darum, die Kontrollierbarkeit des Körpers und somit auch den Soziologie-typischen Rationalismus in Frage zu stellen. So wird davon ausgegangen, dass es *vorreflexive Körperpraktiken* gibt, durch welche der Körper „hier eigenwillig agiert, das körperliche Handeln einen eigenen Sinn hat bzw. dieser Eigensinn ist" (Gugutzer 2006, 19). Dieses potentielle Widerstands- und Machtpotential des Körpers kann in besonderer Weise für den differenten Körper angenommen werden, da dieser – je nach Differenzausprägung, medizinischer Diagnose, erworbener oder angeborener Differenz – quasi dieses Merkmal existentiell für sich in Anspruch nehmen kann. Der differente Körper *ist* nicht so, wie es von ihm erwartet wird. Und diese Funktion kann sich sowohl auf die visiblen Bereiche des Körpers (der differente Körper *sieht anders aus*) als auch auf die Körperfunktionen (der differente Körper *funktioniert* anders) beziehen. Wird der körperliche Eigensinn in der Körpersoziologie vornehmlich unter dem Aspekt des situativ Widerständigen betrachtet, stellt der dauerhaft differente und somit dauerhaft eigensinnige Körper dies in Frage. Denn: „Ein wichtiges Charakteristikum des Leibes ist seine Permanenz" (Schnell 2004, 10). Diese Feststellung trifft auch auf den Körper zu, der ja unmittelbar mit dem Leib-Sein verknüpft ist und allenfalls in der subjektiven Bewertung durch den Körper-Habenden variabel zu sein scheint. Dies bedeutet, dass dem Körpereigensinn im Kontext differenter Körper eine besondere Bedeutung zukommt, aus der sich folgende Fragen exemplarisch ableiten lassen:

- Welches Widerstands- und Machtpotential birgt der dauerhaft eigensinnige, da differente Körper?
- Wie gestalten permanent differente Körper soziale Wirklichkeit?

Die Forschungsthemen im Kontext differenter Körper sollen auch die Gesellschaft produzierenden Dimensionen der Körpersoziologie in Tabelle 2 ausdifferenzieren.

Tab. 2: Der Körper als Produzent von Gesellschaft (Erweiterung von Gugutzer 2006, 20)

Analytische Dimensionen der Soziologie des Körpers	Körperpraxis		
	Körperroutinen	Körperinszenierungen	Körpereigensinn
Fragestellungen	Wie handelt der Körper gewohnheitsmäßig?	Wie wird der Körper präsentiert?	Wie handelt der Körper vorreflexiv?
Forschungsthemen	Der Körper als Medium für • Routine- und Gewohnheitshandlungen	Der Körper als Medium für • Selbstdarstellung • Performativität	Der Körper als Subjekt von • eigensinnigem Handeln
Forschungsthemen im Kontext differenter Körper	• Unterschiede in den Körperroutinen differenter Körper • Wirkungen differenter Körperroutinen auf den Handelnden und auf die Wahrnehmung gewohnheitsmäßigen Handelns	• Unterschiede in der Körperpräsentation differenter Körper • Wirkungen der Inszenierung differenter Körper auf soziale Wirklichkeit	• Widerstands- und Machtpotentiale differenter Körper • Gestaltung sozialer Wirklichkeit durch permanent eigensinnige Körper

Fassen wir die verschiedenen Analyseebenen, Zugänge und subjektiven Zuschreibungen zusammen, geht es letztendlich um die Frage, „wie (mit welchen symbolischen und materialen Praktiken), warum (mit welchen Legitimationen) und wann (in welchen historischen Epochen ebenso wie in Alltagssituationen) eine körperliche Differenz zwischen Menschen zu einer Behinderung des einen in Relation zur Normalität des anderen wird" (Gugutzer & Schneider 2007, 47).

3.4 Geschlechtlicher Körper

In der Auseinandersetzung mit Fragen des Körpers, seinen Abweichungen und den Wechselwirkungen, die der Tatsache geschuldet sind, dass dieser als Produzent und Produkt von Gesellschaft gilt, bedarf ein Faktum der besonderen Erwähnung: Menschen, die Leib sind und einen Körper haben, sind Frauen und Männer, die Leib sind und einen Körper haben. Für die Theorie und Praxis der Körperbehindertenpädagogik bedeutet dies, zur Kenntnis zu nehmen, dass Menschen mit Körperbehinderungen Frauen und Männer mit Körperbehinderungen sind. Diese existentielle Tatsache wird in der Auseinandersetzung mit der spezifischen Situation des Lebens mit einer körperlichen Beeinträchtigung bislang nur äußerst marginal berücksichtigt. Mühsam und erst in jüngster Vergangenheit findet die Erkenntnis, dass *alle* Menschen über eine Geschlechtlichkeit mit all ihrer Konsequenz verfügen, auch im wissenschaftlichen Diskurs über besondere Sozialisations- und Lebensbedingungen behinderter Menschen Berücksichtigung.

Hierbei ist die Kategorisierung in das biologische Geschlecht (sex) und das soziale Geschlecht (gender) eine elementare, wenn auch nicht unumstrittene Grundannahme. So wird zunehmend auch in Frage gestellt, ob nicht auch das biologische Geschlecht sozial konstruiert und somit als nicht unhinterfragt hinzunehmen sei. Letztendlich findet sich in diesem Dualismus jedoch auch die der Systematik von Leib und Körper immanente Struktur wieder: Untrennbar miteinander verwoben sind die eigene, individuelle Ebene des Seins und die Ebene der Wahrnehmung dieses Seins durch den Spiegel, die Erwartungen und die kulturellen Vorgaben der Anderen. Eine theoretische Auseinandersetzung mit Körpern, die auch gesellschaftliche Zuschreibungen explizit berücksichtigt, kommt nicht umhin, diese auch als männlich, weiblich oder transgender zu begreifen. Diese bislang wissenschaftlich nur wenig beleuchtete Perspektive eröffnet auch Referenzen zu Macht- und Hierarchietheorien und ihren Wirkungen auf Körper und körperliches Sein. Sie entspricht dadurch einem intersektionalen Verständnis von Differenzmerkmalen, da dieses die Wechselwirkungen der Spezifika einzelner Merkmale zueinander denkt und somit dazu beiträgt, Pauschalisierungen zu vermeiden und differenzierte Zugänge zu besonderen Lebenssituationen zu eröffnen. So konnte beispielsweise in der Studie des BMFSFJ von (2012) herausgestellt werden, dass gerade Frauen mit Behinderung in besonders ausgeprägter Weise diskriminierenden Erfahrungen und struktureller Gewalt ausgeliefert sind. Die Kategorien *Behinderung* und *Frau* sind somit als vulnerable Merkmalskombination eindeutig identifiziert und bedürfen in Theorie und Praxis der Körperbehindertenpädagogik somit der expliziten Bearbeitung. Raab weist zu Recht darauf hin, dass die hieraus abzuleitenden intersektionalen Zugänge Behinderung und Geschlecht zwar als soziokulturelle Konstrukte verstehen, die „darin eingelassene heteronormative Ordnung der Geschlechterdifferenz [...] analytisch jedoch nicht erfasst wird. Als Folge bleibt der Zusammenhang zwischen Behinderung, Heteronormativität und Geschlecht unreflektiert" (Raab 2007, 138). Sie plädiert aus diesem Grund für eine Ergänzung intersektionaler Zugänge durch die Perspektive der Queer Studies, was nicht nur für den hier skizzierten Bereich des Gender Care eine beachtliche inhaltliche Weiterentwicklung der Perspektiven zur Folge hätte.

Der geschlechtliche Körper hat somit Relevanz in allen Lebensbereichen des Menschen. Überall begegnen sich Menschen in ihrer Geschlechtlichkeit und werden als Frauen und Männer wahrgenommen. Diese Wahrnehmung ist in Bezug auf körperbehinderte Menschen nicht selten durch einen geschlechtslosen Blick ersetzt, was wiederum erhebliche Folgen auf Fragen der Identität, der PartnerInnenwahl, des Kinderwunsches etc. haben kann (vgl. auch den Beitrag von Ortland in diesem Band).

Für Menschen, die aufgrund einer Körperbehinderung und/oder chronischen Erkrankung dauerhaft pflegeabhängig sind, ist der Bereich der Gender Care von hoher Relevanz. Ziel der wissenschaftlichen und pragmatischen Auseinandersetzung in diesem Bereich „ist nicht die Manifestierung von Rollenklischees durch die Überbetonung von Geschlechterdichotomien, sondern die Sensibilisierung für genderspezifische Merkmale von Pflegesituationen und eine dadurch erst mögliche Berücksichtigung individueller Bedürfnisse von Männern und Frauen" (Jennessen 2007, 158f.). Eine gendersensible Pflege kann nur im Sinne einer Verständigungsorientierung im realen Diskurs erfolgen. Pflegende und Pflegebedürftige sind zugleich Wissende und Nicht-Wissende, da sie auf der einen Seite über pflegerisches Regelwissen und auf der anderen Seite über das Wissen der subjektiven Betroffenheit verfügen. Dieses muss kommuniziert werden, um Pflegesituationen zu ermöglichen, in denen die Geschlechtlichkeit der Beteiligten nicht negiert wird, sondern als Bedingung von Pflege akzeptiert und somit Bedarfen sowie Bedürfnissen, aber auch Grenzen und Gefahren grenzverletzenden Verhaltens Raum gegeben werden kann.

Literatur

Abraham, A. (2013): Der Körper als Speicher von Erfahrung. Anmerkungen zu übersehenen Tiefendimensionen von Leiblichkeit und Identität. In: Gugutzer, R. (Hrsg.) (2006): body turn. Perspektiven der Soziologie des Körpers und des Sports. Bielefeld. 119–140.
Alloa, E./Bedorf, T./Grüny, C./Klass, T. N. (2012): Leiblichkeit. Tübingen.
Aronson, E./Wilson, T. D./Akert, R. M. (2008[6]): Sozialpsychologie. München.
Bergeest, H. (1999): Sozialisation körperbehinderter Menschen. In: Bergeest, H./Hansen, G. (Hrsg.): Theorien der Körperbehindertenpädagogik. Bad Heilbrunn. 215–240.
Bourdieu, P. (1982): Die feinen Unterschiede. Kritik der gesellschaftlichen Urteilskraft. Frankfurt a. M.

Bundesministerium für Familie, Senioren, Frauen und Jugend (Hrsg.) (2012): Lebenssituation und Belastungen von Frauen mit Beeinträchtigungen und Behinderungen in Deutschland. Kurzfassung. Meckenheim.
Elias, N. (1976): Über den Prozess der Zivilisation. Frankfurt a. M.
Foucault, M. (1976). Überwachen und Strafen. Die Geburt des Gefängnisses. Frankfurt a. M.
Frey, H. (1983): Stigma und Identität. Weinheim.
Friesacher, H. (2011): Anerkennung und Leiblichkeit. Zwei konstitutive Elemente einer mehrdimensionalen Gerechtigkeitskonzeption in der Pflege. In: Dederich, M./Schnell, M. (Hrsg.): Anerkennung und Gerechtigkeit in Heilpädagogik, Pflegewissenschaft und Medizin. Bielefeld. 77–106.
Goffman, E. (2002[16]): Stigma. Über Techniken der Bewältigung beschädigter Identität. Frankfurt a. M.
Gugutzer, R. (Hrsg.) (2006): body turn. Perspektiven der Soziologie des Körpers und des Sports. Bielefeld.
Gugutzer, R. (2013[4]): Soziologie des Körpers. Bielefeld.
Gugutzer, R./Schneider, W. (2007): Der „behinderte Körper" in den Disability Studies. Eine körpersoziologische Grundlegung. In: Waldschmidt, A./Schneider, W. (Hrsg.): Disability Studies, Kultursoziologie und Soziologie der Behinderung. Wiesbaden. 31–54.
Hitzler, R./Honer, A. (2012[2]): Körperkontrolle. Formen des sozialen Umgangs mit physischen Befindlichkeiten. In: Schroer, M. (Hrsg.): Soziologie des Körpers. Frankfurt a. M. 356–370.
Jennessen, S. (2007): Gender Care und Körperbehinderung. Aspekte einer geschlechtersensiblen Pflege von dauerhaft pflegeabhängigen Frauen und Männern. In: Schlüter, M./Fassbender, K.-J. (Hrsg.): Körperbehinderte Menschen in ihrer pflegerischen Abhängigkeit – Theoretische Fundierungen und praktische Erfahrungen. Bad Heilbrunn. 158–176.
Kampmeier, A. (1997): Körperliche Behinderung: Auswirkungen auf das Körperbild und das Selbstbild des Menschen. Eine vergleichende Untersuchung zum Körper- und Selbstbild körperbehinderter und nichtbehinderter Menschen. Dortmund.
Pfahl, L. (2011): Techniken der Behinderung. Bielefeld.
Plessner, H. (1975): Die Stufen des Organischen und der Mensch. Berlin/New York.
Plessner, H. (1982): Lachen und Weinen. Eine Untersuchung der Grenzen menschlichen Verhaltens. In: Plessner, H. (Hrsg.): Gesammelte Schriften VII. Frankfurt a. M. 201–387.
Raab, H. (2007): Intersektionalität in den Disability Studies. Zur Interdependenz von Behinderung, Heteronormativität und Geschlecht. In: Waldschmidt, A./Schneider, W. (Hrsg.): Disability Studies, Kultursoziologie und Soziologie der Behinderung. Wiesbaden. 127–150.
Schnell, M. (2004): Leib, Körper, Maschine im Zeichen des bedürftigen Menschen. In: Schnell, M. (Hrsg.): Leib. Körper. Maschine. Interdisziplinäre Studien über den bedürftigen Menschen. Düsseldorf. 9–24.

EINWURF: GESUNDHEIT UND KRANKHEIT IN DER KÖRPERBEHINDERTENPÄDAGOGIK

Christian Walter-Klose

Die Themen Gesundheit und Krankheit gehören zur Körperbehindertenpädagogik wie kaum zu einer anderen pädagogischen Fachdisziplin. So wird beispielsweise erst bei der Analyse schulischer Erfahrungen von Kindern mit Körperbehinderung im inklusiven Unterricht deutlich, dass alltägliche Gesundheitsprobleme und medizinische Therapien zu Herausforderungen für den Schulalltag werden und Kooperation zu gesundheitsbezogenen Fragen mit Eltern, Ärzten und Therapeuten zum Alltag in inklusiven Schulen gehören (Walter-Klose 2012) – Aspekte, die bislang in der Diskussion um Inklusion weitestgehend vernachlässigt wurden. Menschen mit Körperbehinderungen und chronischen Krankheiten dagegen sind darauf angewiesen, dass Pädagogen sich mit Fragen der Gesundheit, Rehabilitation, Pflege und Therapie auseinandersetzen, dass mit anderen gesundheitsbezogenen Diensten kooperiert wird und spezifische Kompetenzen in diesen Bereichen vorgehalten werden (Bergeest, Boenisch & Daut 2015; Hedderich & Tscheke 2013; Jennessen 2010; Lelgemann 2010).

Während die allgemeine Schule einerseits den Umgang mit akuten Erkrankungen oder ansteckenden Kinderkrankheiten gewöhnt ist – gut 80 % der Schülerinnen und Schüler erkranken im Laufe eines Schuljahres beispielsweise an Husten, Schnupfen oder an Magen-Darm-Infektionen (Kamtsiuris, Atzpodien, Ellert, Schlack & Schlaud 2007) –, fällt es ihr auf der anderen Seite schwer, gesundheitsbezogene, medizinische oder therapeutische Behandlungserfordernisse bei chronischen Krankheiten oder Körperbehinderungen in den Schulalltag zu integrieren (z. B. Walter-Klose 2012). Dies ist erstaunlich, denn eine Vielzahl von Schülerinnen und Schülern aller Klassenstufen haben neben akuten Erkrankungen auch langdauernde und chronische Gesundheitsprobleme. So beschreiben beispielsweise Scheidt-Nave und Kollegen, dass 38 % der Kinder und Jugendlichen im Alter von 0–17 Jahren laut Aussagen ihrer Eltern eine längerdauernde Einschränkung der Gesundheit (wie z. B. Migräne, Asthma, Diabetes oder Epilepsie) haben und 10 % von ihnen auf spezifische medizinische, psychologische und therapeutische Versorgungsmaßnahmen angewiesen sind (Scheidt-Nave, Ellert, Thyen & Schlaud 2008). Auch Petermann und Noeker gehen davon aus, dass 10–15 % aller Kinder und Jugendlichen ein Gesundheitsproblem haben, das als chronische Krankheit klassifiziert werden kann (Petermann & Noeker 2013, 538) und umfassende Anpassungen im Alltag der Kinder erforderlich macht.

Der Gesundheitszustand eines Kindes hat Auswirkungen auf den Alltag in Schule, Familie und Freizeit. So zeigt der Blick auf Menschen mit körperlichen Beeinträchtigungen oder chronischen Krankheiten, dass vielen Kindern die Konzentration und das Lernen schwerfällt. Mühlig, Breuker und Petermann (2002) beschreiben neben Auswirkungen des Gesundheitszustandes auf das Aufmerksamkeits- und Lernverhalten auch negative Einflüsse auf das Wohlbefinden, das

Freizeitverhalten sowie die Lust, sich mit Freunden zu treffen. Schmerzen können zu negativer Verstimmung und Depression führen (ebd.) oder wichtige Quellen von Bestätigung, Anerkennung, positivem Befinden und Ausgleich wie z. B. Sport stehen nicht zur Verfügung (vgl. Plante & Rodin 1990), so dass kompensatorische Erfahrungsfelder eröffnet werden müssen.

Es wird deutlich, dass neben diesen Einflüssen, die in der Schule erkannt und berücksichtigt werden müssen, auch die Perspektive der Präventionsarbeit und Gesundheitsförderung eine neue Bedeutung in der Schule bekommt, um die Entwicklung von Kindern mit chronischen Krankheiten positiv zu unterstützen. Erhardt und Kollegen beispielsweise fanden in der bereits erwähnten KiGGS-Studie in diesem Zusammenhang heraus, dass 20,6 % der Kinder und Jugendlichen mit chronischen Gesundheitsproblemen psychische Auffälligkeiten zeigten – verglichen mit ihren Mitschülern war die Auftretenshäufigkeit um das Dreifache erhöht (Erhart, Weimann, Bullinger, Schulte-Markwort & Ravens-Sieberer 2011). Sarimski (2005, 83f.) berichtet ebenfalls eine erhöhte Prävalenz von emotionalen und Verhaltensstörungen bei Kindern mit Cerebralparese oder Spina bifida, die er auf herausfordernde Sozialisationsbedingungen zurückführt (Sarimski 2005, 77ff.): So erleben Kinder mit körperlichen Beeinträchtigungen häufig zusätzliche Belastungen wie Ausgrenzungen und Diskriminierung im Alltag (vgl. auch Fries 2005) sowie Interaktionen, die von einem hohen Maß an sozialer Abhängigkeit und Fremdbestimmung gekennzeichnet sind. Auch können Erschwernisse in der frühkindlichen Interaktion zwischen den Kindern und ihren Eltern auftreten und zu unsicheren Bindungserfahrungen führen. Netkes (2015, 296) beschreibt die Gefahr der Entwicklung von depressiven Anpassungsreaktionen im Zusammenhang mit erworbenen Querschnittslähmungen und Pinquart einen möglichen negativen Einfluss von Behandlungen, z. B. Medikamentengabe bei einer Epilepsie, auf das Nervensystem und die Psyche (Pinquart 2013, 50). Er kommt beim Vergleich der psychischen Gesundheit von Kindern mit und ohne chronische Krankheiten zu dem Schluss, dass chronisch erkrankte Kinder mit höherer Wahrscheinlichkeit körperliche Beschwerden, Aufmerksamkeitsprobleme, soziale Probleme und vor allem internalisierende Probleme wie Ängstlichkeit und Depressivität zeigen als gesunde Kinder, wobei er betont, dass dies nicht für alle Kinder mit chronischen Krankheiten zutrifft und die „Behauptung, dass nur in einem gesunden Körper ein gesunder Geist stecken würde" als völlig unzutreffend zu bewerten ist (ebd., 62f.).

Ein letztes Argument für eine stärkere Berücksichtigung von Krankheit und Gesundheit in der Pädagogik schließt an die Überlegungen zur Förderung der Gesundheit an. So wird beispielsweise in der Ottawa-Charta, die im Rahmen der ersten internationalen Konferenz zur Gesundheitsförderung verabschiedet wurde, deutlich dazu aufgerufen, die Gesundheit der Gesellschaft aktiv zu fördern. Als wesentliche Bausteine der Gesundheitsförderung gelten dabei die Förderung der persönlichen und sozialen Kompetenzen, damit Menschen aktiv Einfluss auf ihre Gesundheit und ihre Lebensumwelt ausüben können (WHO 1986, 4), sowie das Schaffen gesundheitsförderlicher Lebenswelten (ebd., 3). So will die Gesundheitsförderung

„den Menschen helfen, mehr Einfluss auf ihre eigene Gesundheit und ihre Lebenswelt auszuüben, und will ihnen zugleich ermöglichen, Veränderungen in ihrem Lebensalltag zu treffen, die ihrer Gesundheit zu gute kommen. Es gilt dabei, Menschen zu lebenslangem Lernen zu befähigen, und ihnen zu helfen, mit den verschiedenen Phasen ihres Lebens sowie eventuellen chronischen Erkrankungen und Behinderungen umgehen zu können." (ebd., 4)

Es wird deutlich – Gesundheit und ihre Förderung sind pädagogische Themen und pädagogische Maßnahmen erhalten eine gesundheitsbezogene Dimension.

Herausforderungen im Verhältnis von Medizin und Pädagogik

Auch wenn Gesundheitsförderung sowie der Umgang mit körperlichen Beeinträchtigungen und chronischen Erkrankungen ein Themengebiet der Körperbehindertenpädagogik sind, ist das Verhältnis von Medizin und Pädagogik sowie der Umgang mit den Themen Behinderung, Krankheit und Gesundheit in der Pädagogik nicht unproblematisch.

Ein erstes Problem betrifft beispielsweise die Verwendung der Begriffe Krankheit und Behinderung, die sowohl in unserem alltäglichen Sprachgebrauch als auch in der Wissenschaft nicht sonderlich trennscharf ist, denn viele Menschen mit chronischen Krankheiten wie z. B. Heuschnupfen, Neurodermitis oder einer Schilddrüsenerkrankung würden sich nicht als behindert beschreiben. Auf der anderen Seite fühlt sich die Körper*behinderten*pädagogik auch für diesen Personenkreis verantwortlich – vor allen Dingen, wenn die Folgen einer chronischen Krankheit das Individuum in seiner Entwicklung und seinen Aktivitäts- und Partizipationsmöglichkeiten beinträchtigen. Leyendecker schreibt beispielsweise in seiner vielzitierten Definition, dass eine Person als körperbehindert gilt, „die infolge einer Schädigung des Stütz- und Bewegungssystems, einer anderen organischen Schädigung oder einer chronischen Krankheit so in ihren Verhaltensmöglichkeiten beeinträchtigt ist, dass die Selbstverwirklichung in sozialer Interaktion erschwert ist" (Leyendecker 2000, 22).

Auch wenn sich hier andeutet, dass eine Behinderung als Folge einer körperlichen Beeinträchtigung zu sehen ist, ist – aus wissenschaftlicher Sicht – die Abgrenzung zwischen Krankheit und Behinderung nicht ganz so einfach, da beide Begriffe eine große gemeinsame Schnittmenge haben. So geht mit dem Begriff der Krankheit eine Vorstellung einer „Störung der Lebensvorgänge in Organen oder im gesamten Organismus mit der Folge von subjektiv empfundenen beziehungsweise objektiv feststellbaren körperlichen, geistigen beziehungsweise seelischen Veränderungen" (Pschyrembel 1994, 824) einher, doch lässt sich all dies auch unter den Begriff der Behinderung fassen, wie er beispielsweise mit der Internationalen Klassifikation der Funktionsfähigkeit, Behinderung und Gesundheit ICF der Weltgesundheitsorganisation in die Fachwelt eingebracht wird. Wenn hier beispielsweise eine negative Auswirkung eines Gesundheitsproblems auf die Körperstrukturen und Körperfunktionen als Behinderung verstanden wird, ist dies dem oben zitierten Krankheitsbegriff sehr ähnlich. Die wesentliche

Unterscheidung liegt in der Betrachtung der Auswirkungen eines Gesundheitsproblems auf die Aktivitäts- und Teilhabemöglichkeiten vor dem Hintergrund der aktuellen Lebensbedingungen, in der ICF werden sie personen- und umweltbezogene Kontextfaktoren benannt. So betont Schuntermann (2005, 30f.), dass mit diesem Verständnis von Behinderung dem Phänomen Rechnung getragen werden kann, dass für eine Person die Folge einer körperlichen Schädigung, beispielsweise der Ausschluss aus dem Erwerbsleben, größer sein kann als die zugrundeliegende Krankheit. Auch können Beeinträchtigungen der Aktivitäten oder Teilhabe bestehen bleiben, wenn eine Krankheit ausgeheilt ist – beispielsweise durch Stigmatisierungen nach einer psychiatrischen Erkrankung (ebd.).

Zusammengenommen lässt sich im Hinblick auf die Definition von Krankheit und Behinderung feststellen, dass im Krankheitskonzept eher eine Fokussierung auf die unmittelbaren Symptome von Krankheiten, ihre Entstehung und ihren Verlauf sowie ihre Heilung und Behandlung erfolgt, während beim Behinderungskonzept eher die individuellen Folgen einer Schädigung, die Störungen oder Beeinträchtigung körperlicher Funktionen, Strukturen, Aktivitäten und Teilhabemöglichkeiten im Fokus stehen.

Neben definitorischen Schwierigkeiten entsteht für die Körperbehindertenpädagogik bei der Begegnung mit einer auf Heilung ausgerichteten Medizin ein weiteres Problem, auf das Bergeest, Boenisch und Daut (2015, 90) aufmerksam machen und das an dieser Stelle kurz angesprochen werden soll. Die Autoren weisen darauf hin, dass eine eher medizinisch orientierte Perspektive dazu führen kann, dass die Themen Gesundung und Rehabilitation in den Vordergrund der Betrachtung geraten. Sie empfehlen einerseits, dass die Körperbehindertenpädagogik vom medizinischen Modell Abstand gewinnen müsse, „um nicht in die ‚Gesundungs- und Wiederherstellungsfalle'" zu geraten, um vielmehr auf die sonderpädagogischen „Förderbedürfnisse zur Emanzipation und Selbstverwirklichung bei körperlicher Schädigung" (ebd.) zu fokussieren. Dennoch ist es laut Aussage von Bergeest und Kollegen auf der anderen Seite wichtig, die körperliche Entwicklung und das Krankheitsgeschehen im Blick zu behalten, da sie die Lebenssituation des einzelnen Menschen beeinflussen.

Für den Alltag von Menschen mit Behinderung spielen beide Dimensionen eine Rolle. Nimmt man beispielsweise eine Querschnittslähmung im Zusammenhang mit einem Unfall, steht in der Regel zunächst die Rehabilitation im Vordergrund, die „den koordinierten Einsatz medizinischer, sozialer, beruflicher, pädagogischer und technischer Maßnahmen sowie Einflussnahmen auf das physische und soziale Umfeld zur Funktionsverbesserung zum Erreichen einer größtmöglichen Eigenaktivität zur weitest gehenden Partizipation in allen Lebensbereichen [umfasst], damit der Betroffene in seiner Lebensgestaltung so frei wie möglich wird" (WHO 1981, 9). Das Ziel der Heilung, die Minderung von Einschränkungen oder die Linderung von Symptomen stehen im Zentrum aller Bemühungen, während die Perspektive des „sich Arrangierens" mit der Beeinträchtigung, des Akzeptierens des Status Quo zunächst vernachlässigt wird. Diese Dimension bekommt im Laufe des Rehabilitationsprozesses zunehmend ihre Bedeutung, wenn es um das Leben unter den erschwerenden Bedingungen der Körperbehinderung geht. Mäder (2015) stellt aus diesem Grund die Bedeutung der

Kommunikation über die Ziele der Rehabilitation in den Vordergrund, eine Empfehlung, die auch für die Pädagogik wichtig ist und notwendige Transparenz schafft. Bleiben nämlich die Tendenzen zur Verbesserung und zur Akzeptanz des Status Quo unreflektiert und intransparent nebeneinander stehen, kann eine für die Pädagogik problematische zwischenmenschliche Situation entstehen, so dass einem Menschen mit Behinderung die Haltung begegnet: Bleib so, wie du bist – aber es wäre schön, wenn du ein anderer werden könntest.

Krankheitsmodelle und pädagogische Handlungsmöglichkeiten

Eine Pädagogik, die den gesundheitsbezogenen Bedürfnissen der Menschen gerecht werden will, muss sich mit den Disziplinen der Medizin und klinischen Psychologie bzw. der Gesundheitspsychologie auseinandersetzen, um nicht nur die Inklusion und Partizipation vom Menschen mit chronischen Krankheiten und körperlichen Beeinträchtigungen zu ermöglichen, sondern auf Basis des Verständnisses der Entstehung von Gesundheit und Krankheit pädagogische Handlungsmöglichkeiten abzuleiten.

Mit der Frage, wie Krankheiten entstehen und mit welchen Modellen sie beschrieben werden können, beschäftigt sich die Ätiologie als Fachrichtung der Medizin und Psychologie. Im Rahmen dieser Fachdisziplin werden Prozesse untersucht und beschrieben, die zur Entstehung von Krankheiten führen – dies wird als Pathogenese bezeichnet. Während in früheren Modellen zur Krankheitsentstehung vor allem medizinische Modelle herangezogen wurden, bei denen davon ausgegangen wurde, dass ein spezifischer schädigender Einfluss (z. B. Bakterien, Viren, Verletzungen oder genetische Dispositionen) dazu führt, dass eine Krankheit ausbricht, wird die Krankheitsentstehung heute als mehrdimensionaler Prozess verstanden, an dem biologische Einflussgrößen ebenso beteiligt sind wie psychologische oder soziale Faktoren. Mit dieser komplexen Sichtweise kann die Bedeutung von psychologischen Merkmalen, wie. z. B. Verhaltensweisen, Lebensstil oder Persönlichkeit, ebenso auf die Entstehung und den Verlauf von Krankheiten berücksichtigt werden wie der Einfluss von Eltern, Freunden und Partnern sowie weiteren Variablen des sozioökonomischen Umfeldes.

Dem biopsychosozialen Paradigma lassen sich allgemeine und krankheitsspezifische Modelle der Pathogenese zuordnen, bei denen – je nach Erkenntnislage – eine unterschiedliche Gewichtung von biologischen, psychologischen oder sozialen Faktoren vorgenommen wird. Als wesentliche allgemeine Modelle der Krankheitsgenese werden im Folgenden das Risiko-Schutzfaktoren-Modell, das Vulnerabilitäts-Stress-Modell und das Belastungs-Bewältigungs-Modell vorgestellt und ausgeführt, welche Implikationen die Modelle für die Pädagogik haben.

Das Risiko-Schutzfaktoren-Modell geht davon aus, dass es bestimmte, mit Hilfe empirischer Studien nachgewiesene Faktoren gibt, die das Risiko einer Krankheit erhöhen oder reduzieren. Risikofaktoren sind in diesem Sinne keine

Ursachen von Krankheiten, sondern Einflussgrößen, die die Wahrscheinlichkeit einer Erkrankung erhöhen. Sie lassen sich in interne bzw. personenbezogene Faktoren und externe, umweltbezogene Risikofaktoren unterscheiden (z. B. Petermann & Resch 2013, 60f.). Rauchen als interner Risikofaktor erhöht in diesem Sinne die Wahrscheinlichkeit für Tumor- oder Herzerkrankungen (Knoll, Scholz & Rieckmann 2011, 185) ebenso wie eine genetische Veranlagung das Risiko einer Herzerkrankung erhöhen kann (ebd.). Im Rahmen des Modells wird davon ausgegangen, dass sich das Gefährdungspotential und das Risiko zu erkranken durch ein Aufsummieren von Risikofaktoren erhöht: Je mehr Risikofaktoren eine Person ausgesetzt ist, desto höher ist die Wahrscheinlichkeit, dass sie eine Krankheit bekommt (Petermann & Resch 2013, 60f.). Den Risikofaktoren gegenübergestellt sind Schutzfaktoren. Dies sind Faktoren, die die Wahrscheinlichkeit zu erkranken reduzieren. Auch sie lassen sich in interne und externe Schutzfaktoren unterteilen. Eine Auswahl von Risiko- und Schutzfaktoren ist in Tabelle 1 dargestellt.

Tab. 1.: Risiko- und Schutzfaktoren für die kindliche Entwicklung (Petermann & Winkel 2005, 112f.; Leyendecker 2006; Zander 2010; Helbig-Lang & Petermann 2009)

		Risikofaktoren	Schutzfaktoren
Interne	biologische	• Chromosomenschäden • Geburtskomplikationen • Frühgeburt • Stoffwechselerkrankungen • Infektionen • früher Eintritt einer Körperschädigung • Hirnschädigung	• weibliches Geschlecht • ausgeglichenes Temperament
Interne	psychologische	• niedrige Intelligenz • kognitive Defizite • Aufmerksamkeitsstörung • geringe soziale Kompetenz • negative Selbstwertschätzung • psychosoziale Probleme und Belastungen	• intellektuelle Fähigkeiten, Problemlösefähigkeiten • positives Selbstkonzept • Selbstregulationsfähigkeit • soziale Kompetenz • sichere Bindung • aktives Bewältigungsverhalten
Externe	soziale/umweltbezogene	• Armut • Drogenkonsum der Mutter • psychische Erkrankungen der Eltern • Vernachlässigung, Misshandlung • Traumatisierung • soziale Isolation • beengte Wohnverhältnisse	• unterstützende Familie • familiärer Zusammenhalt • hohes Bildungsniveau • hoher sozioökonomischer Status • positive Kontakte zu gleichaltrigen • wertschätzendes Klima in der Schule • Religion

Für pädagogisches Handeln sind vor allem die Faktoren relevant, die pädagogisch beeinflussbar sind. Hat ein Kind beispielsweise aufgrund einer genetischen Disposition ein höheres Risiko, an einer Depression zu erkranken, man spricht hier von einer Vulnerabilität, ist es wichtig, interne und externe Risikofaktoren zu reduzieren und Schutzfaktoren aufzubauen und zu stärken – damit, so ließe sich vereinfacht sagen, die Anzahl der Schutzfaktoren die Risikofaktoren übertrifft (vgl. Petermann & Damm 2009, 31ff.). Der Aufbau von Problemlöse- und Stressbewältigungsfähigkeiten sowie das Bemühen um eine gute Klassengemeinschaft können in diesem Sinne das Risiko für die Entwicklung psychischer Krankheiten reduzieren. Aufgrund der erhöhten Anzahl an Risikofaktoren für Krankheiten und häufig einer erhöhten Belastung aufgrund organischer und psychosozialer Einflüsse gewinnt der Aufbau von Schutzfaktoren für Menschen mit Körperbehinderung eine besondere Bedeutung.

Wenn auch mit dem Risiko-Schutzfaktoren-Modell beschrieben werden kann, warum einzelne Personen eine höhere Wahrscheinlichkeit für Erkrankungen haben können als andere, beantwortet es nicht die Frage, wie es zum Ausbruch einer Erkrankung kommt. Hier setzt das Vulnerabilitäts-Stress-Modell an. Es baut auf den Überlegungen zu Risiko- und Schutzfaktoren auf und erklärt, warum Krankheiten gerade im Zusammenhang mit besonderen Stress- und Belastungssituationen erstmalig auftreten.

In diesem Modell wird davon ausgegangen, dass eine Person aufgrund des Vorliegens interner und externer Risikofaktoren eine erhöhte Vulnerabilität, eine Verletzbarkeit, für eine Erkrankung hat, beispielsweise wenn in der Familie eine Veranlagung für eine spezifische Krankheit vererbt wurde. Erlebt diese Person nun ein (subjektiv) hohes Ausmaß an Stress, kann dies bei ihr zum Ausbruch der Krankheit führen. Andere Personen, die ebenfalls gleich viel Stress erleben, aber keine erhöhte Vulnerabilität haben, bleiben dagegen gesund (vgl. Wittchen & Hoyer 2011, 20ff.). Zur Verdeutlichung dieses Ansatzes wird häufig das Modell eines Fasses gewählt. Aufgrund einer Vulnerabilität ist dieses Fass von Person 1 bereits gefüllt, während das Fass von Person 2 vollkommen leer ist. Kommen nun viele oder sehr starke Belastungen hinzu wird dieses Fass voller und voller, bis es später – vielleicht aufgrund eines kleines zusätzlichen Stressfaktors – zum Überlaufen gebracht wird und die Krankheit ausbricht.

Mit Hilfe dieses Modells kann man beschreiben, warum gerade in besonders stressreichen Situationen, wie z.B. in der Pubertät, in Zeiten der Ablösung vom Elternhaus, beim Verlassen einer vertrauten Umgebung, bei vielen Jugendlichen erstmalig psychische Störungen auftreten – manchmal ausgelöst durch kleine zusätzliche Stressoren. Das Modell verweist darauf, Kinder und Jugendliche zu unterstützen, mit Belastungen wie Diskriminierungen und Schmerzen umzugehen, und die Umwelt derart zu gestalten, dass unnötige Belastungen vermieden werden. Denken Sie beispielsweise an Menschen mit Autismus, die einen hohen Wunsch verspüren, dass ihre Umwelt konstant und für sie vorhersehbar bleibt. Für sie kann das Leben stressfreier sein, wenn es den Bezugspersonen gelingt, das angemessene Ausmaß an Struktur und Gleichförmigkeit sicherzustellen.

Für die Entstehung von Krankheiten haben stress- und belastungsbezogene Modelle in den letzten Jahrzehnten zunehmend an Bedeutung gewonnen. Die Auseinandersetzung mit der schädigenden Wirkung von Stress (z. B. Faller 2010, 23ff.) und dem Umgang damit bietet eine dritte Perspektive auf Krankheit und die Ableitung pädagogischer Handlungsmöglichkeiten. Neben dem Blick auf stressreiche und kritische Lebensereignisse und deren pathogene Wirkung (z. B. Faltermeier 2005, 85ff.) ist das Modell von Lazarus zum Stressgeschehen für die Sonderpädagogik besonders relevant. In seinem Modell geht Lazarus davon aus, dass Stress ein transaktionales Geschehen ist, und meint damit, dass ein körpereigener oder ein externer Reiz erst dann ein Stressgeschehen auslöst, wenn das Individuum den Reiz als bedrohlich bewertet. Eine zweite Bewertung betrifft die Frage, inwiefern das Individuum einschätzt, mit eigenen Ressourcen Kontrolle über die stressreiche Situation gewinnen zu können und damit den Stress zu bewältigen. Nach dem Einsatz von Stressbewältigungsstrategien überprüft das Individuum den Erfolg seiner Handlungen und ob Belastungen erfolgreich reduziert werden konnten (Lazarus & Folkman 1984).

Die Bedeutung einer stress- und belastungsbezogenen Sichtweise wurde von Fries (2005) und Leyendecker (2006) für die Körperbehindertenpädagogik herausgearbeitet. Fries (2005) beispielsweise befragte Menschen mit Körperbehinderung zu ihren Erfahrungen mit Ausgrenzung und fand, dass die Befragten immer wieder Belastungen aufgrund von Diskriminierung erlebten. Zur Verbesserung der Situation für Menschen mit Körperbehinderung schlägt er deswegen neben Maßnahmen zum Abbau negativer Einstellungen auf Seiten der MitbürgerInnen vor, Bewältigungskompetenzen und das Selbstbewusstsein von Menschen mit Behinderung zu stärken.

Auch im Zusammenhang mit chronischen Erkrankungen steht die Belastung der Betroffenen im Fokus der Wissenschaftler. Petermann, Noeker und Bode (1987) beispielsweise beschreiben ähnlich wie Warschburger (2009) eine Vielzahl von belastenden Situationen, denen Kinder und Jugendliche mit chronischen Krankheiten ausgesetzt sind und die sie zu bewältigen haben. Beispielhaft können hier Arztbesuche, Krankenhausaufenthalte, Abhängigkeiten von medizinischen Apparaturen, Schmerzen aber auch Sorgen um die Zukunft und das eigene Leben genannt werden (Petermann, Noeker & Boede 1987, 32f.). Richtet man den Blick auf einzelne Krankheitsbilder (vgl. von Hagen & Schwarz 2009; Petermann & Noeker 2013), werden störungsspezifische Belastungsmomente deutlich. Salewski beispielsweise (2004, 29f.) befragte 55 Jugendliche mit Neurodermitis, die zwischen 13 und 20 Jahren alt waren, und fand, dass jeweils 45 % der Befragten Schlafstörungen und ein Gefühl der körperlichen Schwäche berichteten. 76,4 % gaben eine erhöhte Reizbarkeit und 52,8 % ein mangelndes Selbstwertgefühl an. Wenigstens ein Drittel der Befragten in ihrer Studie berichteten Erfahrungen von Ablehnung, Hänseleien oder mussten sich mit der Angst der Mitbürger vor Ansteckung auseinandersetzen.

Neben kindbezogenen Belastungsfaktoren hat eine chronische Erkrankung häufig auch Auswirkungen auf die Eltern und das Familienleben. Neben dem Miterleben der Belastungen und Bewältigungsbemühungen der Kinder berichten Eltern von mehr Stress in der Elternrolle, aber auch mehr Angst und Depressivität als Eltern von gesunden Kindern. Besonders auffallend ist, dass familienbezogene Aktivitäten in diesen Familien deutlich reduziert sind (Teubert & Pinquart 2013).

Im Kontext von Inklusion zeigen empirische Befunde, dass Kinder und Jugendliche mit körperlichen Beeinträchtigungen sowie ihre Eltern häufig durch den Schulbesuch ihrer Kinder belastet werden – vor allem aufgrund unzureichender Anpassung der Schule an die schul- und gesundheitsbezogenen Bedürfnisse der Kinder (Walter-Klose 2015). Dies wirkt sich negativ auf die Schulleistung aus (Walter-Klose 2012, 369f.) und kann, wenn die Belastung zu stark wird, zu Unzufriedenheit und Wechsel von einer allgemeinen Schule an eine Förderschule führen (Lelgemann et al. 2012). Vor dem Hintergrund des Belastungs-Bewältigungs-Modells sind auch gesundheitsbezogene Probleme zu erwarten. Ähnlich wie bei den Schülerinnen und Schülern zeigen empirische Befunde, dass Passungsprobleme der Schule zu Belastungen von Eltern führen und durch diese kompensiert werden müssen (ebd.; Haupt & Wieczorek 2012; Walter-Klose 2015). Im Hinblick auf die gesundheitsbezogenen Bedürfnisse ihrer Kinder beispielsweise fungieren sie als Brücke zum Gesundheitssystem und geben Informationen von Ärzten und Therapeuten an die Schule weiter. Sie leiten das schulische Personal in Pflege und Handling an, übernehmen pflegerische und medizinische Handlungen und kommen in Krisen und Notfällen in die Schule. Uhrlau (2006) beschreibt, dass durch die Zusicherung der Eltern, diese Handlungen zu übernehmen, für viele der von ihr untersuchten Schülerinnen mit Körperbehinderung ein integrativer Unterricht erst möglich wurde.

Für die Pädagogik ergibt sich aus dem Belastungs-Bewältigungs-Modell eine Vielzahl pädagogischer Handlungsmöglichkeiten. Neben der bereits erwähnten Strategie, die Umwelt derart anzupassen, dass Belastungen für die Beteiligten reduziert werden und wirksame Stressverarbeitungsstrategien geübt werden, fordert die Belastungs-Bewältigungs-Perspektive die Beteiligten auf, den Blick auf das subjektive Erleben des Einzelnen zu legen. Die Kinder und Jugendliche mit Körperbehinderung benötigen in der Schule mehr Zeit für Gespräche über ihre Situation und ihren Gesundheitszustand (vgl. Walter-Klose 2012, 349f.). Auch können Entspannungsverfahren wie die progressive Muskelentspannung nach Jacobson oder das autogene Training in akuten Stresssituationen entlastend wirken – gerade für Kinder mit Cerebralparese, bei denen sich der Muskeltonus und die Spastik in Anspannungssituationen erhöht. Befunde zur Bedeutung der sozialen Unterstützung für die Reduktion von Stress und Anspannung (Faller 2010, 43) verweisen auf den positiven Einfluss eines angenehmen sozialen Klimas in pädagogischen Gruppen und Klassen. Auch sind neben der von Fries (2005) erwähnten Stärkung des Selbstwertgefühls die Stärkung der Selbstwirksamkeit sowie der Überzeugung, mit eigenem Handeln Stressreize effektiv bewältigen zu können (Bandura 1977), als pädagogische Aufgaben hervorzuheben. Hier bekommt handlungsorientierter Unterricht eine besondere Bedeutung (vgl. Lelgemann 2010).

Gesundheitsmodelle und pädagogische Handlungsmöglichkeiten

Wechselt man die Perspektive und richtet den Blick von Krankheit hin auf die Gesundheit, steht die Frage, was der Mensch benötigt um gesund zu bleiben bzw. gesund zu werden, im Fokus der Betrachtung. Gesundheit ist dabei mehr als das Gegenteil von Krankheit. Nach den Vorstellungen der Weltgesundheitsorganisation WHO aus dem Jahr 1948 beispielsweise ist Gesundheit „der Zustand des völligen körperlichen, psychischen und sozialen Wohlbefindens und nicht nur das Freisein von Krankheit und Gebrechen" (WHO 1948). Wenn auch diese Definition aufgrund ihrer utopisch anmutenden Zielvorstellung des „vollständigen Wohlbefindens", einer zu stark subjektiv ausgerichteten Beurteilung von Gesundheit und einer zu statisch erscheinenden Polarisierung von gesund und krank kritisiert wurde (z. B. Hurrelmann 2010, 118), macht sie doch deutlich: Gesundheit ist mehrdimensional und hat eine stark subjektive Dimension, die mit einem Gefühl des Wohlbefindens einhergeht – einem für den Menschen wichtigen Grundbedürfnis (Grawe 2004).

Betrachtet man Modelle zur Gesundheit des Menschen, findet man – ausgehend vom Risiko-Schutz-Faktorenmodell – das dem Vulnerabilitätskonzept gegenübergestellte Konzept der Resilienz als zentralen internen Schutzfaktor. Resilienz wird als das Gegenteil der Vulnerabilität verstanden und lässt sich mit Widerstandsfähigkeit gegenüber belastenden Umständen übersetzen (Petermann & Noeker 2013, 65f.). Aufgrund der Tatsache, dass Resilienz in der Interaktion mit der Umwelt erworben wird (ebd.), ist die Förderung der Resilienz Ausgangspunkt vieler pädagogischer Maßnahmen und Angebote (z. B. Opp & Fingerle 2007; Steinebach & Gharabaghi 2013), in denen Ressourcen für die Lebensbewältigung gefördert und bewusst gemacht werden (z. B. Schwab & Fingerle 2013).

Die Idee der Resilienz findet sich auch – unter der Bezeichnung generalisierte Widerstandsressourcen – im Salutogenese-Modell von Antonovsky (1987, 1997) wieder. Der Pathogenese gegenübergestellt interessiert sich Antonovsky für Faktoren, die für Entstehung von Gesundheit von Bedeutung sind. Ähnlich wie auch bei den Modellen der Pathogenese sieht Antonovsky die Bewältigung von Stress als wichtig für die Entstehung von Krankheit an, wobei Krankheit für ihn nur ein Pol auf einem Krankheits-Gesundheits-Kontinuum ist: Der Mensch kann sich gleichzeitig krank und gesund fühlen und eine Einschätzung seines aktuellen Gesundheitszustand zwischen den Polen krank und gesund vornehmen. Er erlebt sich dabei umso gesünder, je erfolgreicher es ihm gelingt, Belastungen und Stress zu bewältigen. Die generalisierten Widerstandsressourcen sind für ihn – im Sinne von personen- und umgebungsbezogenen Schutzfaktoren – Ressourcen für die erfolgreiche Bewältigung von Belastungssituationen. Besonders wichtig für Stressbewältigung und Gesundheit sieht Antonovsky das Kohärenzgefühl an, dass er als eine globale Orientierung versteht, die ausdrückt,

„in welchem Maße man ein durchgehendes, überdauerndes und dennoch dynamisches Gefühl der Zuversicht hat, dass (1) die Ereignisse der inneren und

äußeren Umwelt im Laufe des Lebens strukturiert, vorhersehbar und erklärbar sind; (2) die Ressourcen verfügbar sind, um den durch diese Ereignisse gestellten Anforderungen gerecht zu werden; und (3) diese Anforderungen als Herausforderungen zu verstehen sind, die es wert sind, sich dafür einzusetzen und zu engagieren." (Antonovsky 1997, 36)

Das Modell von Antonovsky hat in der Gesundheitsforschung einen besonderen Stellenwert erlangt, da es sowohl die pathogenetische Sichtweise integriert als auch mit Hinzunahme des Resilienz- und Stressbewältigungskonzeptes sowie des Kohärenzgefühls wichtige, pädagogisch beeinflussbare Dimensionen in ihrer Bedeutung für Gesundheit in den Vordergrund stellt. Theis-Scholz (2007) fordert in diesem Zusammenhang mit Bezug auf Antonovsky einen Unterricht, der das Kohärenzgefühl der Schülerinnen und Schüler stärkt, indem er vorhersehbar und durchschaubar erlebt werden kann, bedeutsame, schwierige und bewältigbare Herausforderungen beinhaltet und das Vertrauen vermittelt, Probleme und Aufgabenstellungen meistern zu können (ebd., 270). Im Zusammenhang mit chronischen Krankheiten und körperlichen Beeinträchtigungen werden so neben der Förderung von Selbstwirksamkeit vor allem die Dimensionen Orientierung und subjektiver Lebenssinn für die Gesundheitsförderung wichtig. Es geht dabei nicht darum, in jeder Krankheit einen Sinn zu sehen, sondern ein Sinn im Leben mit der Krankheit zu finden.

Ein letztes salutogenetisches Modell, das an dieser Stelle kurz angesprochen werden soll, ist das Grundbedürfnismodell, das mit Grawe (2004) sowie Borg-Laufs und Dittrich (2010) für die klinische Psychologie wieder aktiviert wurde. Anders als bei den Überlegungen Maslows mit einer hierarchisch, in Form einer Pyramide angeordneten Abfolge von Grundbedürfnissen (Maslow 1970) wird in den neueren Ansätzen davon ausgegangen, dass es vier Grundbedürfnisse gibt, die gleichermaßen nach Erfüllung streben und Wohlbefinden und psychische Gesundheit beeinflussen. Dies sind das Bedürfnis nach Lustgewinn und Unlustvermeidung, das Bedürfnis nach Orientierung und Kontrolle, das Bedürfnis nach Selbstwertschutz und Selbstwerterhöhung sowie das Bedürfnis nach Bindung (Grawe 2004). In diesem Sinne erhöht sich die Lebenszufriedenheit, die Lebensqualität eines Menschen sowie seine Gesundheit, wenn er eine sichere Bindung zu relevanten Bezugsperson erlebt, erfährt, dass er als Mensch wertvoll ist, und in einer Umgebung lebt, die ihm Orientierung verspricht und positive, lustvolle Erfahrungen ermöglicht. Aus pädagogischer Sicht werden die Strukturierung und Rhythmisierung von Tagesabläufen vor diesem Hintergrund ebenso gesundheitswirksam wie das Vermitteln, dass das Gegenüber ein einzigartiger und wertvoller Mensch ist.

Zusammenfassung und Überblick über pädagogische Handlungsmöglichkeiten

Pädagogisches Handeln hat Wirkungen und Nebenwirkungen, die besonders bei Kindern mit körperlichen Beeinträchtigungen und chronischen Krankheiten im

Hinblick auf den Einfluss auf Gesundheit und Krankheit zu reflektieren sind. Es kann aktiv die Gesundheit beeinflussen und Bedingungen schaffen, die die Gesundheit fördern, oder auf der anderen Seite krankmachende Prozesse unterstützen. Doch dies ist nicht die einzige Analogie der Pädagogik zu Medizin und klinischer Psychologie. Das Wissen um die jeweils anderen Disziplinen ermöglicht den Menschen mit umfassendem Unterstützungsbedarf besser gerecht zu werden.

Im vorliegenden Artikel wurden Modelle der Gesundheits- und Krankheitslehre skizziert und Implikationen für mögliche pädagogische Handlungen aufgezeigt. Gesundheitsförderung, wie sie beispielsweise in der Charta von Ottawa gefordert ist, bedeutet dabei nicht, dass die Pädagogik und auch die Schule eine neue, zusätzliche Aufgabe bekommt. Pädagogische Gesundheitsförderung bedeutet, sich über die Prozesse der Entstehung von Gesundheit und Krankheit sowie über die krankheits- und gesundheitsfördernden Wirkungen pädagogischer Maßnahmen bewusst zu werden und die Themen Gesundheit und Krankheit als Lebenswirklichkeit der Menschen wahr- und ernst zu nehmen.

Kinder, Jugendliche und Erwachsene mit körperlichen Beeinträchtigungen und chronischen Krankheiten bringen allerdings weiterhin auch spezifische gesundheitsbezogene, medizinische und therapeutische Bedürfnisse mit in die pädagogischen Einrichtungen, so dass neben allgemeinen pädagogischen Maßnahmen der Gesundheitsförderung auch spezifisches sonderpädagogisches Knowhow bedeutsam wird (vgl. Bergeest, Boenisch & Daut 2015; Lelgemann 2006; Hedderich & Tscheke 2013). Liegt beispielsweise aufgrund einer körperlichen Beeinträchtigung eine erhöhte Vulnerabilität zur Entwicklung von Krankheiten vor, sind Maßnahmen der Bewältigung von Belastungen unerlässlich. Eine dritte Perspektive beinhaltet den Blick auf spezifische Maßnahmen bei spezifischen chronischen Erkrankungen wie z. B. Asthma, Migräne oder Neurodermitis, den Umgang mit progredienten und lebensverkürzenden Erkrankungen (Daut 2005; Jennessen 2014) oder das Thema Tumorerkrankungen in der Schule (Schroeder et al. 2000).

Tabelle 2 fasst die drei gesundheitsfördernden Wirkmöglichkeiten von Pädagogik zusammen, wobei von Ebene 1 bis Ebene 3 zunehmend mehr spezialisiertes Fachwissen zur Gesundheitsförderung notwendig ist und umfassendere Kooperationen mit anderen Fachdisziplinen der Medizin, Therapie und Pflege erforderlich werden.

Hinsichtlich der Zusammenarbeit mit anderen gesundheitsbezogenen Fachdisziplinen braucht sich die Pädagogik nicht zu verstecken – sie sollte sich über ihr gesundheitsförderliches Potential bewusst sein, aber auch gleichzeitig ihre Grenzen im interdisziplinären Verbund und in der Kooperation mit Ärzten, Therapeuten und klinischen Psychologen reflektieren (vgl. Lelgemann 2006). Ärztliche Behandlungen, therapeutische Interventionen im Zusammenhang mit spezifischen Krankheiten (Noeker 2013) sowie familienbezogene Interventionen aufgrund der spezifischen Belastungssituation der Kinder und Jugendlichen (z. B. Salewski 2004; Rattay, Lampert, Neuhauser & Ellert 2012; Warschburger 2013) ergänzen im Einzelfall die Versorgung für Menschen mit körperlichen Beeinträchtigungen und tragen zusammen mit der Pädagogik zur gesundheitlichen

Entwicklung von Kindern, Jugendlichen und Erwachsenen mit Körperbehinderung und chronischen Krankheiten bei.

Tab. 2: Drei pädagogische Handlungsebenen zur Förderung der Gesundheit bei chronischen Krankheiten

allgemeine Maßnahmen der pädagogischen Gesundheitsförderung	• Maßnahmen der Gesundheitsförderung (z. B. Bewegung, Ernährung) • Gestaltung einer „gesunden Schule" (z. B. Wicki & Bürgisser, 2008; Faltermeiner, 2010) • Aufbau von Schutzfaktoren (z. B. positives Klassenklima, Stärkung des Selbstbewusstseins und des Gefühls der Selbstwirksamkeit, Förderung sozialer Kompetenzen) • Abbau zusätzlicher Belastungsfaktoren (z. B. Klärung bei Konflikten) • Beachtung der Grundbedürfnisse (Orientierung, Selbstwert, Lust und Bindung/Beziehung)
spezifische sonderpädagogische Maßnahmen im Zusammenhang mit Körperbehinderung und Krankheit	• Fach- und Methodenwissen über die Entstehung von Krankheit und Gesundheit (z. B. Krause & Mayer, 2012) • Optimierung der Anpassung der Schule an die Schülerinnen und Schüler mit Beeinträchtigung (z. B. Ruhepausen) • Diagnostik • Reflexion kindlicher Vorstellungen von Krankheit und Gesundheit • individuelle Gespräche mit den Kindern und Jugendlichen zum Gesundheitszustand • Empowerment • Kooperation mit Eltern, Therapeuten und Ärzten • Aufbau von Unterstützungsnetzwerken
spezifische sonderpädagogische Maßnahmen bei einzelnen Krankheitsbildern	• Anpassungen des Unterrichts und Maßnahmen bei spezifischen Erkrankungen (z. B. Tumorerkrankungen, Rheuma, Diabetes) • Interventionen im Zusammenhang mit spezifischen Erkrankungen • pflegerische und therapeutische Maßnahmen im pädagogischen Seetting

Literatur

Antonovsky, A. (1987): Unraveling the mystery of Health. London. (Deutsche Ausgabe: Antonovsky, A. (1997). Salutogenese. Zur Entmystifizierung der Gesundheit. Tübingen).

Bandura, A. (1977): Self efficacy. Toward a unifying theory of behavior change. Psychological Review 84, 191–215.

Bergeest, H./Boenisch, J./Daut, V. (2015): Körperbehindertenpädagogik. Grundlagen – Förderung – Inklusion. Bad Heilbrunn.

Borg-Laufs, M./Dittrich, K. (2010): Die Befriedigung psychischer Grundbedürfnisse als Ziel psychosozialer Arbeit. In: Borg-Laufs, M./Dittrich, K. (Hrsg.): Psychische Grundbedürfnisse in Kindheit und Jugend. Perspektiven für Soziale Arbeit und Psychotherapie. Tübingen. 7–22.

Daut, V. (2005): Leben mit Duchenne Muskeldystrophie. Bad Heilbrunn.
Erhart, M./Weimann, A./Bullinger, M./Schulte-Markwort, M./Ravens-Sieberer, U. (2011): Psychische Komorbidität bei chronisch somatischen Erkrankungen im Kindes- und Jugendalter. Bundesgesundheitsblatt – Gesundheitsforschung – Gesundheitsschutz, 54(1), 66–74.
Faller H. (2010): Psychobiologische Modelle. In: H. Faller & H. Lang (Hrsg.): Medizinische Psychologie und Soziologie. Heidelberg. 23–30.
Faltermeier, T. (2005): Gesundheitspsychologie. Stuttgart.
Fries, A. (2005): Einstellungen und Verhalten gegenüber körperbehinderten Menschen – aus der Sicht und im Erleben der Betroffenen. Oberhausen.
Grawe, K. (2004): Neuropsychotherapie. Göttingen.
Hagen, C. v./Schwarz, H. P. (2009): Psychische Entwicklung bei chronischer Krankheit im Kindes- und Jugendalter. Stuttgart.
Haupt, U./Wieczorek, M. (2012): Schülerinnen und Schüler mit cerebralen Bewegungsstörungen – Eltern berichten über Erfahrungen mit der Schule ihrer Kinder. Düsseldorf.
Hedderich, I./Tscheke, J. (2013): Auswirkungen chronischer körperlicher Erkrankungen auf Schule und Unterricht. In: Pinquart, M. (Hrsg.): Wenn Kinder und Jugendliche körperlich chronisch krank sind. Heidelberg. 119–133.
Helbig-Lang, S./Petermann, F. (2009): Ressourcenorientierung und Salutotherapie in der Kindheit und Jugend. In: Linden, M./Weig, W. (Hrsg.): Salutotherapie in Prävention und Rehabilitation. Köln. 31–44.
Hurrelmann, K. (2010): Gesundheitssoziologie. Eine Einführung in sozialwissenschaftliche Theorien von Krankheitsprävention und Gesundheitsförderung. Weinheim.
Jennessen, S. (2010): Spezifik in einer Pädagogik der Vielfalt – Schulische Inklusion körperbehinderter Kinder und Jugendlicher. In: Jennessen, S./Lelgemann, R./Ortland, B./Schlüter, M. (Hrsg.): Leben mit Körperbehinderung – Perspektiven der Inklusion. Stuttgart: Kohlhammer. 120–134.
Jennessen, S. (2014): Junge Menschen in dauerhaft fragilen Gesundheitssituation und mit lebensverkürzenden Erkrankungen – mitten im Leben? In: Maier-Michalitsch, N./Grunick, G. (Hrsg.): Leben bis zuletzt – Sterben, Tod und Trauer. Düsseldorf 21–33.
Kamtsiuris, P./Atzpodien, K./Ellert, U./Schlack, R./Schlaud, M. (2007): Prävalenz von somatischen Erkrankungen bei Kindern und Jugendlichen in Deutschland. Ergebnisse des Kinder- und Jugendgesundheitssurveys (KiGGS). Bundesgesundheitsblatt – Gesundheitsforschung – Gesundheitsschutz 50(5/6). 686–700.
Knoll, N./Scholz, U./Rieckmann, N. (2011): Einführung Gesundheitspsychologie. München.
Krause, C./Mayer, C.-H. (2012): Gesundheitsressourcen erkennen und fördern. Training für pädagogische Fachkräfte. Göttingen.
Lazarus, R. S./Folkman, S. (1984): Stress, appraisal, and coping. New York.
Lelgemann, R. (2006): Pädagogik bei Krankheit. In: Hansen, G./Stein, R. (Hrsg.): Kompendium Sonderpädagogik. Bad Heilbrunn.
Lelgemann, R. (2010): Körperbehindertenpädagogik. Didaktik und Unterricht. Stuttgart.
Lelgemann, R./Lübbeke, J./Singer, P./Walter-Klose, C. (2012): Forschungsbericht. Qualitätsbedingungen schulischer Inklusion im Förderschwerpunkt körperliche und Motorische Entwicklung. Im Internet unter http://www.uni-wuerzburg.de/fileadmin/06040400/downloads/Forschung/Forschungsbericht_uni_wuerzburg_fertig.pdf (Zugriff am 13.02.2014)
Leyendecker, C. (2000): Geschädigter Körper, behindertes Selbst oder: „In erster Linie bin ich Mensch". In: Kallenbach, K. (Hrsg.): Körperbehinderungen. Schädigungsaspekte, psychosoziale Auswirkungen und pädagogisch-rehabilitative Maßnahmen. Bad Heilbrunn. 13–53.
Leyendecker, C. (2006): „Normalerweise bin ich nicht behindert?!" Entwicklung des Selbstkonzepts und Coping-Prozesse im Leben mit einer körperlichen Schädigung. In: Ortland,

B. (Hrsg.): Die eigene Behinderung im Fokus. Theoretische Fundierungen und Wege der inhaltlichen Auseinandersetzung. Bad Heilbrunn. 12–30.
Mäder, M. (2015): Zielsetzungen in der Rehabilitation. In: Strubreither, W./Neikes, M./Stirnimann, D./Eisenhuth, J./Schulz, B./Lude, P. (Hrsg.): Klinische Psychologie bei Querschnittlähmung. Wien. 15–20.
Maslow, A. H. (1970): Motivation and personality. New York.
Mühlig, S./Breuker, D./Petermann, F. (2002): Schmerz. In: Petermann, F. (Hrsg.): Lehrbuch der Klinischen Kinderpsychologie und -psychotherapie. Göttingen. 587–621.
Netkes, M. (2015): Komorbidität zwischen Querschnittlähmung und Psyche. In: Strubreither, W./Neikes, M./Stirnimann, D./Eisenhuth, J./Schulz, B./Lude, P. (Hrsg.): Klinische Psychologie bei Querschnittlähmung. Wien. 295–300.
Noeker, M. (2013): Kindzentrierte Interventionen bei chronischen Erkrankungen. In: Pinquart, M. (Hrsg.): Wenn Kinder und Jugendliche körperlich chronisch krank sind. Heidelberg. 151–165.
Noeker, M./Petermann, F. (2013): Chronisch-körperliche Erkrankungen. In: Petermann, F. (Hrsg.): Lehrbuch der klinischen Kinderpsychologie. Göttingen. 535–552.
Opp, G./Fingerle, M. (2007): Was Kinder stärkt. Erziehung zwischen Risiko und Resilienz. München.
Petermann, F./Noeker, M./Bode, U. (1987): Psychologie chronischer Krankheiten im Kindes- und Jugendalter. München.
Petermann, F./Damm, F. (2009): Entwicklungspsychopathologie. In: Schneider, S./Margraf, J. (Hrsg.): Lehrbuch der Verhaltenstherapie. Band 3: Störungen im Kindes- und Jugendalter. Heidelberg. 23–41.
Petermann, F./Resch, F. (2013): Entwicklungspsychopathologie. In: Petermann, F. (Hrsg.): Lehrbuch der klinischen Kinderpsychologie. Göttingen. 57–76.
Petermann, F./Noeker, M. (2013): Chronisch-körperliche Erkrankungen. In: Petermann, F. (Hrsg.): Lehrbuch der klinischen Kinderpsychologie. Göttingen. 535–552.
Petermann, F./Winkel, S. (2005): Gesundheitspsychologe des Kindes- und Jugendalters. In: Schwarzer, R. (Hrsg.): Gesundheitspsychologie. Göttingen. 109–129.
Pinquart, M. (2013): Auswirkungen chronischer Erkrankungen auf die psychische Gesundheit von Kindern und Jugendlichen. In: Pinquart, M. (Hrsg.): Wenn Kinder und Jugendliche körperlich chronisch krank sind. Heidelberg. 50–65.
Plante, T. G./Rodin, J. (1990): Physical fitness and enhanced psychological health. Current Psychology: Research & Review 9, 1. 3–24
Pschyrembel, W. (1994): Klinisches Wörterbuch. Berlin.
Rattay, P./Lampert, T./Neuhauser, H./Ellert, U. (2012): Bedeutung der familialen Lebenswelt für die Gesundheit von Kindern und Jugendlichen Ergebnisse des Kinder- und Jugendgesundheitssurveys (KiGGS). Zeitschrift für Erziehungswissenschaft 15. 145–170.
Salewski, C. (2004): Chronisch kranke Jugendliche. Belastung, Bewältigung und psychosoziale Hilfen. München.
Sarimski, K. (2005): Psychische Störungen bei behinderten Kindern und Jugendlichen. Göttingen.
Scheidt-Nave, C./Ellert, U./Thyen, U./Schlaud, M. (2008): Versorgungsbedarf chronisch kranker Kinder und Jugendlicher. Bundesgesundheitsblatt – Gesundheitsforschung – Gesundheitsschutz 51(6). 592–601.
Schroeder, J./Hiller-Ketterer, I./Häcker, W./Klemm, M./Böpple, E. (2000): „Liebe Klasse, ich habe Krebs!". Pädagogische Begleitung lebensbedrohlich erkrankter Kinder und Jugendlicher. Tübingen.
Schuntermann, M. F. (2005): Einführung in die ICF. Grundkurs – Übungen – offene Fragen. Landsberg/Lech.

Schwab, S./Fingerle, M. (2013): Resilienz, Ressourcenorientierung und Inklusion. In: Schwab, S./Gebhardt, M./Ederer-Fick, E. M./Gasteiger-Klicpera, B. (Hrsg.): Theorien, Konzepte und Anwendungsfelder der inklusiven Pädagogik. Wien. 97–108.
Seiffge-Krenke, I. (2013): Stressbewältigung und Krankheitsmanagement bei chronischer Krankheit in Kindheit und Adoleszenz. In: Pinquart, M. (Hrsg.): Wenn Kinder und Jugendliche körperlich chronisch krank sind. Heidelberg. 34–48.
Steinebach, C./Gharabaghi, K. (2013): Resilienzförderung im Jugendalter. Heidelberg.
Teubert, D./Pinquart, M. (2013): Belastungen der Eltern chronisch körperlich kranker Kinder. In: Pinquart, M. (Hrsg.): Wenn Kinder und Jugendliche körperlich chronisch krank sind. Heidelberg. 83–99.
Theis-Scholz, M. (2007): Das Konzept der Resilienz und der Salutogenese und seine Implikationen für den Unterricht. Zeitschrift für Heilpädagogik (7). 265–273.
Uhrlau, K. (2006): „Es war eine harte Schule". Menschen mit Körperschädigungen ziehen Bilanz aus ihrer Schulzeit in der Allgemeinen Schule; eine qualitative Studie auf systemtheoretischer Basis als Beitrag zu einer Individuum bezogenen Schulentwicklung. Oldenburg: Carl-von-Ossietzky-Univ., Diz.
Walter-Klose, C. (2012): Kinder und Jugendliche mit Körperbehinderung im gemeinsamen Unterricht. Befunde aus nationaler und internationaler Bildungsforschung und ihre Bedeutung für Inklusion und Schulentwicklung. Oberhausen.
Walter-Klose, C. (2015): Empirische Befunde zum gemeinsamen Lernen und ihre Bedeutung für die Schulentwicklung. In: Lelgemann, R./Singer, P./Walter-Klose, C. (Hrsg.): Inklusion im Förderschwerpunkt körperliche und motorische Entwicklung. Stuttgart. 111–148.
Warschburger, P. (2009): Belastungserleben und Bewältigungsanforderungen. In: v. Hagen, C./Schwarz, H. P. (Hrsg.): Psychische Entwicklung bei chronischer Krankheit im Kindes- und Jugendalter. Stuttgart. 27–38.
Warschburger, P. (2013): Familienbezogene Interventionen und Elternarbeit. In: Pinquart, M. (Hrsg.): Wenn Kinder und Jugendliche körperlich chronisch krank sind. Heidelberg. 167–183.
Warschburger, P./Wiedebusch, S. (2009): Chronische Erkrankungen. In: Lohaus, A./Domsch, H. (Hrsg.): Psychologische Förder und Interventionsprogramme für das Kindes- und Jugendalter. Heidelberg. 241–255.
Wicki, W./Bürgisser, T. (2008): Praxishandbuch Gesunde Schule. Gesundheitsförderung verstehen, planen und umsetzen. Bern.
Wittchen, H.-U./Hoyer, J. (2011): Was ist Klinische Psychologie? Definitionen, Konzepte und Modelle. In: Wittchen, H.-U./Hoyer, J. (Hrsg.): Klinische Psychologie & Psychotherapie. Heidelberg. 4–25.
WHO World Health Organisation (1948): Preamble to the Constitution of the World Health Organization as adopted by the International Health Conference, New York, 19-22 June, 1946; signed on 22 July 1946 by the representatives of 61 States (Official Records of the World Health Organization, no. 2, p. 100) and entered into force on 7 April 1948.
WHO World Health Organisation (1981): Disability prevention and rehabilitation. Technical Report Series 668. Geneva: World Health Organization.
WHO World Health Organisation (1986): Ottawa-Charta zur Gesundheitsförderung. Genf: World Health Organization.
Zander, M. (2010): Armes Kind – starkes Kind? Die Chance der Resilienz. Wiesbaden.

EINWURF: „WEIL NICHT (MEHR) SEIN KANN, WAS NICHT SEIN DARF" – ERFAHRUNG VON BEHINDERUNG TROTZ INKLUSIVER ZEITEN?!

Philipp Singer/Dorothee Kienle

Problemskizze

„Es ist normal, verschieden zu sein", „Heterogenität ist Normalität – und dies gilt heute mehr denn je!" (Hinz 2002, 357). Diese plakativen wie gleichsam appellativen Slogans bringen die Zielperspektive pädagogisch-inklusiven Handelns, Denkens und Wahrnehmens auf den Punkt. Heterogenität wird zur neuen Normalität ausgerufen, Behinderungen werden nur noch als eine Dimension von Verschiedenheit neben anderen betrachtet (vgl. u. a. Hinz 2006, 98). Noch mehr: Eine gruppenbezogene Verschiedenheit soll es zugunsten der individuellen Verschiedenheit nicht mehr geben, auch Behinderte werden „nicht mehr als eindeutig abgrenzbare Gruppe gesehen" (Hinz 2003, 332). Mit dieser von der inklusiven Pädagogik vorgetragenen Kritik an der Zwei-Gruppen-Theorie verbindet sich die Hoffnung, jegliche kategorialen Zuordnungen wie „behindert – nichtbehindert", „ausländisch – deutsch", „weiblich – männlich" aufgrund ihrer diskriminierenden Wirkung zu überwinden (vgl. u. a. Hinz 2004, 60). Behinderungen treten unter dieser Perspektive nur noch als ein soziales Kategorisierungsprodukt hervor, das für die Betroffenen als problematisch angesehen wird und daher zum Verschwinden gebracht werden soll. Die einzig zulässige Wahrnehmungs- und Beurteilungskategorie ist dem pädagogisch-inklusiven Denken zufolge die der individuellen Verschiedenheit aller Menschen.

Doch ist es wirklich so einfach, wie uns die inklusive Pädagogik glauben machen will? Die folgenden Ausführungen nehmen diesen Grundgedanken, wie er für den deutschsprachigen Raum vor allem von Andreas Hinz konsequent ausformuliert wurde, ernst. Intention ist also nicht, den pädagogischen Inklusionsbegriff als ungeklärten Begriff vorauszusetzen, um von hier aus zu spezifischen Interpretationen zu gelangen, wie dies heutzutage im Diskurs um Inklusion häufig üblich geworden zu sein scheint. Dieser diskursive Vorgang der Begriffsverwässerung verunmöglicht neben einer offenen Diskussion über die Grundannahmen des pädagogischen Inklusionsbegriffes und die mit ihm einhergehenden anthropologischen und disziplinären Konsequenzen auch die Anschlussfähigkeit des wissenschaftlichen Diskurses um Inklusion. Stattdessen wird den Ausführungen der skizzierte Grundgedanke des pädagogischen Inklusionsbegriffes zu Grunde gelegt und von hier aus nach den Erfahrungsweisen einer (Körper-)Behinderung gefragt.

Konsequenterweise würde die Grundannahme des pädagogischen Inklusionsbegriffes nach Hinz zur Folge haben, dass sich beispielsweise ein Körperbehinderter nicht mehr als behindert erfahren dürfte, da die Kategorie der „Behinderung" im inklusiven Denken überwunden wäre (vgl. ebd.). Aber auch für den Nichtbehinderten würde diese Zielperspektive gravierende Veränderungen für die Begegnung mit Behinderten bedeuten. Natürlich kann es nicht um eine defizitäre oder abwertende Sichtweise auf Behinderung gehen. Nichtsdestotrotz müssten dieser Logik zufolge die kognitiven Denkschemata, was als normal gilt oder angesehen wird, radikal überwunden werden. Bereits der Erfolg dieses Unterfangens ist anzuzweifeln. Noch fragwürdiger scheint dieser Versuch vor dem Hintergrund zu werden, dass zur Realisierung der Zielperspektive der „Normalität der Verschiedenheit" die zutiefst leiblich inkorporierten und präreflexiven Raster der Wahrnehmung völlig zum Verschwinden gebracht werden müssten.

Was bedeuten derartige Vorstellungen und Handlungsanweisungen für Körperbehinderte? Was bedeuten sie für die Begegnung zwischen Nichtbehinderten und Behinderten? Diese Fragen sind auch deswegen so entscheidend, da der pädagogisch-inklusive Ansatz auf eine alle Menschen anerkennende und wertschätzende Haltung abzielt, die sich letztlich nur in diesen konkreten Begegnungen realisieren kann. Doch wird mit der inklusiven Sichtweise eine Haltung möglich, die über eine formale oder formaljuristische Anerkennung hinausgeht? Allein solche Fragen aufzuwerfen und über sie nachzudenken, ist mit den Prämissen inklusiven Denkens nicht mehr möglich. Denn genuines Interesse dieses Ansatzes ist geradezu die Überwindung dieser kategorialen Zuordnungen. Fragen nach der Bedeutung einer Behinderung, sowohl für den Behinderten selbst als auch für den Nichtbehinderten, lassen sich aus dieser Perspektive nicht nur nicht mehr stellen, sondern müssen einer inklusiven Denkweise als diffamierend oder gar diskriminierend erscheinen.

Im Anschluss an diese Ausgangsüberlegungen wird daher der skizzenhafte Versuch unternommen, den pädagogisch-inklusiven Grundgedanken aus zwei Perspektiven zu hinterfragen: Aus der Sicht einer Betroffenen stellt sich die Frage, was derartige Aussagen für Körperbehinderte selbst bedeuten können (Dorothee Kienle). Werden sie der Erfahrung, körperbehindert zu sein, gerecht? Oder werden hierdurch nicht Erfahrungen, die ein Körperbehinderter mit sich selbst, mit anderen und der Welt macht, auf subtile Weise nivelliert und ignoriert? Anschließend wird das inklusive Paradigma der „Normalität der Verschiedenheit" aus der Sicht eines Nichtbehinderten in seiner Bedeutung für die Wahrnehmung von und Begegnung mit Behinderten aus einer phänomenologischen Blickrichtung hinterfragt (Philipp Singer). Bewegen sich Begegnungen zwischen Menschen wirklich nur im Rahmen und im Modus normativer und moralischer Kategorien? Oder sind Begegnungen zwischen Behinderten und Nichtbehinderten auch und vor allem (wieder) als ein Geschehen der (Fremd-)Erfahrung zu thematisieren, um die Problematik erstens vor dem Hintergrund ihres empirischen Verweisungszusammenhanges oder überhaupt erst wieder zu reflektieren, damit sich zweitens eine Haltung entwickeln kann, die der Erfahrung gerechter wird?

Diese Überlegungen zum ambivalenten Gegenstand der Körperbehinderung aus der Sichtweise einer Behinderten und eines Nichtbehinderten sind zugleich der Versuch eines Verständigungsprozesses, um einen Umgang mit und einen

Zugang zu der jeweils anderen Perspektive zu finden, die uns notwendigerweise immer auch ein Stück verschlossen bleibt. Einen solchen Verständigungsprozess weiterhin einzugehen und anzuregen und ihn nicht aufgrund inklusiver Theoreme aufzugeben, sehen die Autoren gleichsam als eine immanente Aufgabe der Disziplin der Körperbehindertenpädagogik an. Abschließend werden daher Perspektiven für die Theorie und Praxis der Körperbehindertenpädagogik angedeutet, die sich aus diesen grundlegenden Überlegungen ergeben.

Inklusion und die Erfahrung des (Körper-)Behindert-Seins

Die Bedeutung von Inklusion für das Erleben (Körper-)Behinderter ist so weitreichend wie das Leben selbst. Daher sind wir vielleicht sogar verpflichtet, den Versuch, dieses Erleben zu erfassen, zu unterlassen, um nicht einseitig und damit verfälschend oder in letzter Konsequenz gar diskriminierend zu sein. Da in inklusiver Sicht alles individuell und einzigartig ist, so deute ich das nun ganz persönlich für mich auch als Möglichkeit, meine ganz individuelle Perspektive hier darzulegen. Ein Phänomen – wie das der Behinderung – zu beschreiben, gelingt letztlich immer nur über individuelle Perspektiven, die sich vielleicht zu einem großen Ganzen ergeben, das natürlich nie vollständig ist, aber vielleicht auch zeigt, dass es auch nie nur individuell ist.

Als ich mich zum ersten Mal mit meinem Kollegen Philipp über Inklusion unterhalten habe, hat er mir gesagt, dass er damit eine moralische Verpflichtung verbindet, die Nichtbehinderte überfordern kann und dadurch eventuell gerade zum Gegenteil führt: dazu, dass Nichtbehinderte in der Konsequenz Kontakt zu Behinderten vermeiden, weil sie sich im Kontakt „richtig" verhalten müssen, sich auf Behinderte einlassen müssen, sich ganz selbstverständlich und „normal" ihnen gegenüber verhalten müssen, obwohl hierbei von spezifischen Erfahrungen auszugehen ist.

Ich war erst mal irritiert, weil ich nicht verstehe, warum Menschen wie ich – Menschen mit Behinderung genannt – normal behandelt werden sollen. Ich bilde mir ein, noch nie „normal" behandelt worden zu sein, ich fürchte, ich wäre fast beleidigt, wenn man mich einfach „normal" behandeln würde. Ich bin schließlich was Besonderes. Arroganz lässt grüßen, ich weiß, aber ganz ernsthaft: Was bleibt denn von mir, wenn nicht dieses Besondere? Ja, das ist eine sehr irritierende Frage, da ich mich sicher nicht nur über meine Behinderung definiere. Ich bilde mir allerdings ein, mich ausschließlich durch, mit und vielleicht sogar über meine Behinderung zu definieren: Denn eine andere Möglichkeit habe ich nicht. Ich kann meine Behinderung nicht einfach in einen Schrank schließen und sagen, so und jetzt definiere ich den Rest von mir unabhängig von meiner Behinderung. Ich bin als ganzer Mensch behindert, ja selbst mein Denken ist behindert: Ich meine damit, dass ich nicht anders als eine Behinderte denken kann. Ich kann mir, selbst mit noch so großem Bemühen, nicht vorstellen, wie es ist, nichtbehindert zu sein, genauso wenig wie ich mir anmaßen kann, mir vorzustellen, wie es ist, geistig behindert oder blind zu sein. Daher kann ich auch keinen Teil nichtbehindert betrachten, weder mein Aussehen, meine Außenwirkung noch mein Denken und damit auch weder mich noch mein Leben. Und in meiner Welt bedeutet das, etwas Besonderes zu sein. Denn ich lebe hauptsächlich unter Nichtbehinderten und da ist es etwas Besonderes, behindert zu sein. Daher erwarte ich auch (natürlich, weil ich es gewohnt bin), dass ich besonders angeschaut und besonders behandelt werde. Es tut gut, wenn mich alle besonders lieb anschauen etc. Vielleicht käme es mir komisch vor, wenn ich anders aufgewachsen wäre, vielleicht ist das das Ziel von Inklusion: Dass ich dieses Besonders-Sein nicht mehr brauche, dass ich mich dann auch wohlfühle, wenn ich bin wie alle, nur eben wie jeder mit seinen individuellen Bedürfnissen. Ich möchte aber nicht in meiner Verschiedenheit Millionen anderen Verschiedenheiten gegenüberstehen. Ich kann mir das leider nicht vorstellen, denn es bleibt für mich die täglich erfahrene Tatsache, dass alle anderen etwas gemeinsam haben, das ich nicht habe: Fast alle anderen laufen und ich nicht. Allein, wenn ich nur im Rollstuhl sitzen würde und die Behinderung sonst keinerlei Auswirkung hätte, selbst dann würde ich mich deutlich von den anderen unterscheiden. Selbst dann hätte ich ständig eine andere Perspektive, solange die anderen stehen. Diese Differenz wird es immer geben. Auf mich wirkt ein Hund anders als auf jemanden, der steht. Mein Leben ist sozusagen von unten nach oben.

Aber damit – mit dieser anderen körperlichen Perspektive – ist es nicht getan. Sondern es ist wesentlich mehr: Es ist ein ganzes Leben in einem, mit einem, durch einen behinderten Körper. Ich bin nicht Dorothee mit einem behinderten Körper, ich bin die behinderte Dorothee. Ich bin natürlich nicht nur mein Körper, aber immer auch. Was das heißt? Das heißt für mich, dass der Alltag für mich etwas ganz anderes bedeutet als für meinen Co-Autor Philipp. Deswegen ist mein Alltag nicht weniger wert, aber er *bedeutet* für mich etwas anderes. Und das ist für mich der entscheidende Punkt: Eine Körperbehinderung betrifft mich, sie ist immer mit dabei, ich kann sie nicht zwischendurch ablegen, ich bin sie, sie prägt das, was ich wahrnehme und wie ich es wahrnehme. Nicht nur die Behinderung bedeutet mir etwas – sie bedeutet mir sogar viel –, sondern durch sie sind auch alle anderen Aspekte meines Lebens (Mitmenschen, Welt, ich selbst) in ihrer Bedeutung geprägt. Für mich bedeuten einige Dinge etwas ganz anderes als für Philipp. Und das liegt nicht nur daran, dass Dorothee und Philipp jeweils individuell sind. Sondern es liegt eben *auch* daran, dass Dorothee körperbehindert ist und Philipp nicht.

Ich will damit nicht behaupten, dass Körperbehinderte bestimmte Dinge gleich erleben. Und auch behaupte ich nicht, dass alle Nichtbehinderten Dinge gleich erleben. Na also – dann ist ja doch alles individuell? Nein, da möchte ich vehement widersprechen, denn erstens glaube ich, dass es gemeinsam geteilte Erfahrungen unter Körperbehinderten gibt, und zweitens – und das ist entscheidend – bin ich ja nur die, die ich bin, aufgrund der Begegnungen, die ich hatte und habe, aufgrund der Welt, die existiert. Ich bin nicht einfach individuell, ich bin die, die auf andere antwortet. Ich antworte zum Beispiel auf die Inklusionsforderungen mit Protest: Ich will nicht einfach eingeschlossen werden, lieber integriert, dann bin ich wenigstens noch was Besonderes – eben im Vergleich zu den anderen.

Und das sagt diejenige, die vor ein paar Jahren noch lauthals protestiert hätte, wenn jemand gesagt hätte: „Du bist richtig behindert und nicht einfach nur ein Rolli". Tja und jetzt protestiere ich, wenn jemand sagt: „Du bist ja gar nicht richtig behindert, dein Körper ist nur nichtdurchschnittlich". Ich bin sogar dafür, eine Körperbehinderung zunächst als etwas Negatives zu bewerten: Ja, es ist nicht sehr vorteilhaft, dass ich nicht laufen kann, dass ich weniger Kraft habe etc. Wenn das negativ sein darf, dann darf ich auch entsprechende Schwierigkeiten als negativ bewerten und muss nicht mich dafür als negativ bewerten! Denn ich bin *in meiner Erfahrung* tief mit diesen Defiziten verknüpft. Mir kann noch so sehr jeder helfen, einen Spaziergang in verwilderter Natur zu absolvieren, ich *erfahre*, dass ich eben nicht wie die anderen über den Bach springen kann, sondern sie mich irgendwie gemeinsam hinübertragen (und wir im Bedarfsfall alle zusammen baden gehen). Da kann mir keiner erklären: „Du bist individuell, aber wir sind alle individuell". Ja, schon klar, nur die anderen Zehn können einfach mal schnell springen, ich nicht – da lässt sich eine gewisse Differenz nicht leugnen. Wenn ich das aber einordnen kann, wenn klar ist: „Hey ja, das ist blöd, aber das schaffen wir gemeinsam, Du hast halt die Behinderung, wir nicht", dann ist eine Kategorie da, etwas, in das ich das Ganze einordnen kann, das ich nutzen kann, um mich selbst einzuordnen. Ich habe dieses Defizit und ein Stück weit bin ich eben auch dieses Defizit im Vergleich zu anderen. Das ist tief verwurzelt und ich brauche es, um stimmig zu meinen Erlebnissen leben zu können. Und ich erwarte automatisch, dass auch andere das so sehen.

Ich fände es höchst irritierend, wenn mich andere zum Beispiel nicht mehr anstarren dürfen, weil es nach den aktuellen moralischen Maßstäben als diskriminierend gilt und sie deshalb ein „unechtes" Verhalten zeigen. Ich starre auch – ich starre auch Menschen an, die anders sind, als ich es kenne. Ich spreche nicht von einem böswilligen Anstarren, sondern von einem zunächst irritierten, überraschten Anschauen, das neugierig ist, das einsortiert, was ich da sehe, weil ich das brauche, um mich orientieren zu können. Und ich finde es auch vollkommen in Ordnung, wenn der andere zunächst überfordert ist, wenn er nicht weiß, wie er mir helfen kann oder ob er fragen soll, ob er mir helfen kann. Das zeugt für mich sogar von Respekt: Denn der andere erkennt, dass er anders ist als ich. Der andere ahnt, dass ich andere Bedürfnisse habe, dass ich vielleicht Gesten, Handlungen und Worte anders wahrnehme als er, weil sie zum Beispiel von mir körperlich anders wahrgenommen werden. Vielleicht habe ich Schmerzen in meinen Händen, sodass es mir wehtun würde, wenn er mir die Hand zur Begrüßung gibt, vielleicht kann ich meine Hand nicht ausstrecken und es wäre mir unangenehm, sie ihm im Gegenzug nicht entgegenstrecken zu können. Vielleicht wäre es mir überhaupt unangenehm, Hilfe in Anspruch zu nehmen oder überhaupt so auszusehen, als ob ich Hilfe brauche, dann würde mir der andere mit seinem Hilfeangebot eine Situation schaffen, die mir unangenehm ist. Genauso aber derjenige, der mir keine Hilfe anbietet. Vielleicht denkt er, es wäre mir unangenehm, erst um Hilfe bitten zu müssen. Ich halte es für respektvoll, dass der andere mich für anders hält, denn ich bin es. Und Unsicherheit bei dem anderen ist mir ganz persönlich sehr viel lieber als Sicherheit, die ausstrahlt, als ob der andere genau wüsste, wie es Menschen wie mir geht. Oder Sicherheit, die darin gründet, dass wir alle individuell sind und es damit – so erlebe ich das zumindest – keine Handlungskonzepte mehr gibt. Denn wie soll ich mich dem anderen gegenüber verhalten, wenn doch jeder komplett anders ist? Wenn ich dagegen „die Behinderte" bin und Behinderung als etwas wahrgenommen wird, das diesen Menschen einschränkt und dafür sorgt, dass er es im Leben an einigen Stellen schwerer hat, und daher die Nichtbehinderten diesen unterstützen möchten – hey, was kann ich denn mehr wollen? Das ist mir sehr viel lieber als Menschen, die die moralische Verpflichtung auferlegt bekommen haben, mich als normal zu betrachten.

Das heißt nicht, dass ich nicht teilhaben will, klar will ich das, aber nicht normal. Darum bin ich froh, wenn ich als nicht normal betrachtet werde. Ich bin froh, weil es meiner erlebten Erfahrung entspricht, dem, wie ich mich selbst wahrnehme, und dem, wie ich mich in Begegnungen mit Nichtbehinderten erlebe. Und ich bin froh, weil mich alles andere – so zumindest meine Angst – überfordern würde. Und das war meine zweite Irritation im Gespräch mit Philipp: Warum seid nur ihr Nichtbehinderten von Inklusion überfordert? Ich bin es auch! Ich will nicht eingeschlossen werden!

Ich will nicht eingeschlossen werden in die Welt aller. Die Begegnung mit so manchen Nichtbehinderten will ich überhaupt nicht! Nicht, weil es keine netten Menschen wären, sondern weil sie mich so sehr mit mir Fremdem und mich Überforderndem konfrontieren, dass ich mich darin gefährdet sehe. Das ist jetzt eventuell zu stark formuliert, ich versuche es an einem Beispiel: Wenn ich Menschen begegne, die – wie sagt man so schön – „voll im Leben stehen", die 60 Stunden pro Woche arbeiten, sonntags mit ihrer Familie Gleitschirmfliegen gehen und in den paar Stunden, die dann noch übrig bleiben, mit Freunden zur Weinprobe gehen, um dann in ihrem Urlaub durch die Welt zu reisen, dann erschrecke ich. Denn dann sehe ich ein Spiegelbild von mir (einen Menschen), der so viel mehr erlebt, so viel mehr macht und doch nichts anderes ist als ich: ein Mensch. Ich erkenne mich vielleicht sogar in dem anderen wieder – eben als Mensch mit Wünschen, als Mensch, der auch gerne so viel mehr sehen möchte, so viel mehr noch leisten möchte, Ideen umsetzen, eine Familie möchte. Doch ich erlebe den anderen auch als fremd, denn er hat ein so ganz anderes Leben als ich, ganz andere Möglichkeiten, ganz andere Werte und Prioritäten. Das irritiert mich nicht bloß, sondern das trifft mich, da es plötzlich nicht mehr nur ferne, fast nicht spürbare Wünsche, sondern plötzlich für Menschen machbare Dinge sind – aber mir nicht, weil ich fremd bin, weil ich anders bin. Das erschreckt mich, zeigt mir, was mir als Mensch fehlt, dass ich vielleicht sogar in diesem Sinne ein unvollständiger Mensch bin. Etwas, was dann den anderen wieder irritiert, was ihn erschreckt: dass auch das Menschsein bedeuten kann oder eben unvollständiges Menschsein? Das erschreckt, wenn plötzlich – gerade in Bezug auf Schwerstmehrfachbehinderte – Aspekte, Lebensvollzüge, die völlig selbstverständlich zum eigenen Leben, ja zum menschlichen Leben überhaupt gehören, nicht mehr dazugehören – das lässt Fragen aufkommen wie: „Bin ich dann noch Mensch?". Diese Frage darf man moralisch nicht stellen, aber man stellt sie sich. Denn Menschsein, das bedeutet das, was man täglich selbst erlebt und was man mit anderen erlebt. Und dann, wenn man andere – zum Beispiel den 60-Stunden-gleitschirmfliegenden-Weinprobe-Urlauber – erlebt, gerät das eigene Leben in Frage. Es gerät in Frage, ob man tatsächlich sein komplettes Menschsein verwirklicht, wenn man dies alles nicht hat, wenn man Teile nicht lebt, die für den Großteil der Bevölkerung völlig selbstverständlich dazugehören, ohne die der Großteil nicht glücklich wäre (oder das zumindest denkt) – und damit stellt man sich, auch wenn man es nicht zugibt, manchmal ganz heimlich selbst als Mensch in Frage.

Und darin – in diesen Begegnungen, in diesen divergenten Welten – soll ich eingeschlossen werden? Nicht mit mir! Ich möchte mich davon zurückziehen können, wenn es mich überfordert, wenn es mich zu sehr an mir und meinem Lebensvollzug zweifeln lässt oder Traurigkeit hinterlässt. Das heißt nicht, dass das nicht auch gute Prozesse sein können. Aber es gibt nun mal Grenzen, die mir meine Behinderung setzt, und ich kann nur innerhalb dieser Grenzen leben. Ich möchte meine Grenzen akzeptieren und möchte innerhalb dieser Grenzen leben und bin damit größtenteils auch glücklich, aber eben nur, wenn ich nicht eingeschlossen werde, sondern auch freiwillig in meine Grenzen zurück kann, wenn ich das möchte. Warum sollte ich mich tagtäglich zwischen Menschen bewegen, die ein ganz anderes Leben führen? Warum kann ich dorthin nicht nur zu Besuch kommen und zwar auch nur dann, wenn ich das möchte? Schließt mich nicht ein, schließt mich aber bitte auch nicht aus! Vielleicht ist es das, was ich mir *aktuell* wünsche. Seht mich nicht als normal, schmeißt mich aber auch nicht raus, weil ich nicht normal bin. Seid aber auch ehrlich, wenn es Bereiche gibt, in denen ihr diese Nicht-Normalität nicht wollt. Ich will euch Normale ja auch nicht in allen Bereichen.

Das ist allerdings meine aktuelle Sicht! Ich möchte das betont wissen, weil ich auch schon eine ganz andere Sicht hatte und ich nicht weiß, wie sich meine Sicht weiterentwickeln wird. Ich wollte früher, dass mich alle anderen als normal sehen, mir keine besonderen Konditionen zustehen. Mit dem Fortschreiten der Einschränkungen und vermutlich auch dem zunehmenden Beschäftigen mit diesen Fragen hat sich das verändert. Dennoch, wenn ich das im Rückblick betrachte, war es für mich schon immer selbstverständlich, dass ich als etwas Besonderes gesehen werde – mir war nur früher nicht klar, dass das an der Behinderung lag. Und ich hatte das Glück, dass es schon immer für alle klar war, dass meine Einschränkungen eben durch außen ausgeglichen werden müssen. Daher gehörte auch das zu meinem selbstverständlichen Erleben. Ich wollte nur sonst nicht besonders behandelt werden; in den Dingen, die ich wie andere machen kann, wollte ich es auch so machen müssen wie andere und hier keine Sonderbehandlung bekommen. Genau darin sehe ich zwischenzeitlich allerdings einen Unterschied: Ich bin immer behindert, egal was ich tue oder in welcher Situation ich gerade bin, ich kann mein Behindert-Sein nicht ablegen. Ich bin für andere so lange nichtbehindert, wie sie nicht wissen oder sehen, dass ich behindert bin, aber selbst in dieser Zeit bleibe ich für mich in meinem Denken, Handeln und Wahrnehmen behindert. Das soll nicht heißen, dass ich deswegen immer eine Sonderbehandlung benötige oder möchte, ganz im Gegenteil, ich denke, dass es sogar wichtig ist, Bereiche zu haben, in denen ich mich sozusagen messen kann, in denen ich diesem Gefühl nahekommen möchte, so wie die anderen zu sein, zum Beispiel beim Arbeiten. Trotzdem wird auch das immer vom Behindert-Sein begleitet, weil ich es nicht abschütteln kann und weil auch der Andere, der darum weiß, es nicht abschütteln kann. Es ist eben etwas, das immer mit dabei ist. Und was für mich ganz augenfällig ist, auch die moralischen Forderungen sind hier immer mit dabei. Wenn es zum Beispiel darum geht, gemeinsam im Arbeitsteam ein Projekt zu meistern, bei dem sehr lange Arbeitstage geleistet werden müssen: Wenn hier jemand mit Behinderung sagt, dass er einen so langen Arbeitstag nicht schafft, wird das sehr schnell ohne Nachfrage akzeptiert, weil man sich sonst auch als diskriminierend empfindet. Dabei hat der Behinderte eventuell gar kein größeres Problem als alle anderen auch. Aber das kann von außen eben nicht beurteilt werden, daher herrscht hier größere Vorsicht. Und vielleicht herrscht auch größere Vorsicht, weil nicht unterschieden wird: Es kann doch sein, dass meine Leistung geringer ist als die eines anderen, es kann auch sein, dass die Leistung weniger wert ist als die eines anderen; meine Leistung beim Tische-Aufstellen für das Seminar ist zum Beispiel so was von viel geringer als die von Philipp, aber deswegen bin ich als Mensch nicht weniger wert! Genau diese Angst herrscht aber meines Erachtens: Dass der Mensch weniger wert ist, wenn er weniger leistet oder/und nicht an allem normal teilhaben darf oder kann. Wenn nach Teilhabemöglichkeiten für Menschen gesucht wird, die das nicht möchten oder können, hat deren Zurückgezogenheit doch nichts mit ihrem Wert zu tun. Ich muss keine besondere oder auch nur durchschnittliche Leistung bringen oder mich selbst so verwirklichen, wie es als für den Menschen wichtig angesehen wird, um einen Wert zu haben. Ohne diese Angst, dass Menschen mit begrenzter Teilhabe ein weniger wertvolles Leben haben, könnte man eventuell ohne diesen Zwang Türen öffnen, die sich aus ehrlichen Begegnungen heraus öffnen, die sich öffnen, weil Interessen bestehen und Anknüpfungspunkte tatsächlich entstanden sind und nicht erst hergestellt werden müssen.

Das heißt nicht, dass sich um Teilhabe nicht bemüht werden muss. Aber es heißt auch nicht, dass ich normal oder in meiner Verschiedenheit normal bin. Normal ist doch deshalb nicht zwangsläufig gut und nicht normal schlecht. Ein Genie ist auch nicht normal und für das jeweilige Fach dennoch gut! Und trotzdem muss nicht jeder Mensch ein Genie sein und nicht jeder Behinderte irgendetwas besonders gut können oder an allem teilhaben. Ich bleibe im Moment lieber nicht normal, ohne Genie zu sein, sondern einfach nur behindert.

Inklusion und intersubjektive Erfahrungen mit Behinderten

Die vorangehenden Überlegungen zum Behindert-Sein werfen viele Fragen und Aspekte auf, die so aus einer inklusiven Perspektive nicht mehr thematisiert werden können, die aber im Leben eines Körperbehinderten als empirische Vorkommnisse hervortreten und damit auch eine Bedeutung für ihn erlangen. Im Mittelpunkt der folgenden, phänomenologisch orientierten Überlegungen wird das inklusive Paradigma der „Normalität der Verschiedenheit" nun in erster Linie in seiner Bedeutung für Begegnungen mit Behinderten aus der Sicht Nichtbehinderter hinterfragt. Es stellt sich also die Frage, wie der pädagogisch-inklusive Ansatz die intersubjektiven Anerkennungsprozesse, die seinen eigentlichen Kernbereich ausmachen, in den Blick kommt und ob ihm die Einnahme auch dieser Perspektive überhaupt noch möglich ist.

Von (Fremd-)Erfahrungen zwischen Behinderten und Nichtbehinderten, also genau denjenigen Momenten, in denen sich die Verwirklichung inklusiver Ansprüche im konkreten Handeln zu zeigen hat, ist im Diskurs der Inklusion nur noch insofern die Rede, als dass diese lediglich als normativ-moralisches Problem der Anerkennung des anderen bzw. des Behinderten reflektiert werden. Begegnungen zwischen Behinderten und Nichtbehinderten geraten im Zuge des pädagogischen Inklusionsdiskurses nur noch aus Sicht moralischer Normen oder normativer Appelle an den Nichtbehinderten – im Sinne von einzuhaltenden Verhaltensregeln – in den Blick. Möglichst umfassend geteilten Normen und Werten kommt für das soziale und politische Zusammenleben unzweifelhaft eine enorme Bedeutung zu. Letztlich verstellt diese einseitige und von den konkreten Erfahrungen abstrahierende Sichtweise aber den Blick auf die mit diesen Erfahrungen einhergehenden Ansprüche. Hierdurch kommt es gleichsam zu einer Verkennung der spezifischen Phänomenstruktur intersubjektiver Begegnungen zwischen Behinderten und Nichtbehinderten. Die als universell gültig verstandenen Theoreme der „Normalität der Verschiedenheit" und der „egalitären Differenz" lassen nur noch allgemeine moralische Forderungen wie die der Anerkennung des allgemeinen anderen zu, sie ermöglichen keine spezifischen Antworten mehr, die das Phänomen der Behinderung erfordern würde und die ihm in seinem empirischen Bedeutungs- und Erfahrungsgehalt möglichst gerecht werden könnten.

Haben Erfahrungen mit anderen Menschen aber nicht grundsätzlich immer auch den Charakter von Widerfahrnissen, über die wir – entgegen allen moralischen Forderungen – selbst nicht völlig frei verfügen können, indem sie uns mit der Fremdheit des anderen und damit immer auch mit der eigenen Fremdheit konfrontieren? Wenn es zutrifft, dass die Fremdheit in intersubjektiv geteilten Erfahrungshorizonten umso größer wird, desto eher vertraute Wahrnehmungs-, Denk- und Handlungsmuster brüchig werden (vgl. u. a. Waldenfels 1997), gewinnt dieser Gedanke für die Begegnung zwischen Behinderten und Nichtbehinderten an Kontur und Schärfe.

So wurde im ersten Teil der Überlegungen bereits deutlich, dass bestimmte Erfahrungshorizonte Nichtbehinderter für den Körperbehinderten fremd sein können, weil ihm bestimmte Möglichkeitsräume dieser Erfahrungen aufgrund seiner Behinderung verschlossen bleiben, zum Beispiel, weil er oder sie im Rollstuhl sitzt. Die Bedeutung dieser Tatsache kann unterschiedlich erfahren werden, angefangen von einer gleichgültigen, einer akzeptierenden oder auch einer resignierenden Haltung dieser Tatsache gegenüber bis hin zu enormen Kompensationsbemühungen oder dem Auftauchen existentieller Fragen. Der gemeinsame Boden all dieser unterschiedlichen Umgangsweisen mit der eigenen (Körper-)Behinderung ist, in Anschluss an die vorangehenden Überlegungen, eine *andere* Perspektive auf die Welt, sich selbst und andere, insofern sich sämtliche Erfahrungen innerhalb dieser Verhältnisse immer *in* den Maßstäben der eigenen Behinderung vollziehen. Weiterhin ist ihnen gemeinsam, dass bestimmte, mit der Leiblichkeit des Menschen einhergehende Möglichkeiten durch die Ordnung des eigenen Lebens als Wirklichkeiten ausgeschlossen bleiben, zum Beispiel als Rollstuhlfahrer über einen Bach zu springen. Dass uns Möglichkeiten immer auch verschlossen bleiben, indem andere zu Wirklichkeiten gerinnen, ist eine elementare Tatsache menschlichen Lebens, die es anzuerkennen gilt. Denn nur so kann eine ehrliche Reflexion über die eigenen und fremden Lebensvollzüge einsetzen.

Wie verhält sich nun die These, dass die Fremdheit in intersubjektiv geteilten Erfahrungshorizonten umso größer wird, desto eher vertraute Wahrnehmungs-, Denk- und Handlungsmuster brüchig werden, vor dem Hintergrund der Begegnung Nichtbehinderter mit Behinderten? Begegnungen mit Behinderten können, wie alle anderen Fremderfahrungen im zwischenmenschlichen Bereich, auf sehr unterschiedliche Art und Weise verlaufen. Ob eine Behinderung dabei überhaupt Einfluss auf die Begegnung und die Wahrnehmung und Beurteilung dieser nimmt, hängt neben den bisher gemachten Erfahrungen mit Behinderten sicherlich auch stark von der Sichtbarkeit einer Behinderung ab und vor allem davon, welche gängigen Muster unserer Denk-, Handlungs- und Wahrnehmungsschemata hier möglicherweise in Frage und auf die Probe gestellt werden. Die große Heterogenität an möglichen Behinderungsformen macht allgemeine Aussagen über Begegnungen mit Behinderten so gut wie unmöglich (vgl. auch Meyer-Drawe 1993). Dennoch ist denjenigen Behinderungen, die sich ins Aufmerksamkeits- und Wahrnehmungsfeld drängen, gemeinsam, dass sie – trotz aller inklusiven Beschwörungen – auf spezifische Art und Weise auffällig werden, indem hier etwas von etwas Bestimmtem abweicht, ohne dass dieser Vorgang eine Frage des Wollens oder Könnens wäre und ohne dass dieser Wahrnehmungsvorgang bereits einer Wertung unterliegen würde.

So können Begegnungen mit Behinderten grundsätzlich im Bereich der alltäglichen oder normalen Fremdheit verbleiben, indem sie nicht weiter auffallen und alles seinen gewohnten Lauf nimmt. Als Steigerungsgrad der alltäglichen Fremdheit führt Waldenfels die strukturelle Fremdheit an. Sie tritt immer dann hervor, wenn etwas gewissermaßen aus dem Rahmen fällt, der gewohnte Gang der Dinge also unterbrochen wird: „Die Normalität kann jederzeit zusammenbrechen" (Waldenfels 2002, 242). Waldenfels verweist in diesem Kontext beispielsweise auf die „fremde Sprache, die wir nicht verstehen, das fremde Ritual oder selbst nur der Ausdruck eines Lächelns, dessen Sinn und Funktion uns verschlossen bleibt" (Waldenfels 1997, 36). Insbesondere Begegnungen mit körperlich oder schwerer Behinderten lassen sich unter diesen Gesichtspunkten üblicherweise dem Bereich der strukturellen Fremdheit zuordnen. Eingespielte Formen der Kommunikation und Interaktion werden hier nicht nur auf die Probe gestellt, sondern können in hohem Maße brüchig werden, wie dies die folgende Schilderung beispielhaft vor Augen führt:

„Was ich im Heim und in der Schule antraf, war für mich die Verkörperung einer ‚unheilen' Welt. In den schreienden, verkrüppelten, sich schlagenden Kindern konnte ich beinahe keinen Menschen mehr erkennen. Ich verurteilte

mich selbst wegen dieser Gedanken, aber das Verhalten der Kinder befremdete mich so sehr, dass sie mir eher ‚tierisch' als ‚menschlich' erschienen. Ich klammerte mich zu dieser Zeit daran, dass sie menschliche Namen hatten; das allein half mir, sie als Menschen sehen zu können." (Pfeffer 1987, 260)

Das Beispiel verweist augenscheinlich auf eine enorme Unruhe beim nichtbehinderten Erzähler, auf eine gesteigerte Form der Fremderfahrung, die insbesondere in Begegnungen mit Menschen, in denen die gewohnten Muster der Interaktion versagen, hervortreten kann. Diese Begegnungen können unter anderem auch deswegen so beunruhigen, „weil der Andere nicht nur anders [oder verschieden; P.S.], sondern auch fremd ist" (Meyer-Drawe 1993, 29). Dies habe vor allem damit zu tun, dass „sich die Register unserer Erfahrungen in unterschiedlichem Ausmaß und allzu oft nur sehr wenig überschneiden" (ebd.). Wenn mit Waldenfels weiter anzunehmen ist, dass häufig bereits „Blicke, Gesten oder Gerüche [genügen], um eine Fremdheitssphäre zu erzeugen" (Waldenfels 2006, 121f.), wird deutlich, welch gesteigerte Form der Fremderfahrung in diesen Begegnungen auftreten kann. Allerdings kann es so etwas wie eine absolute oder völlige Form der Fremdheit nicht geben. Waldenfels verdeutlicht dies am Beispiel der Sprache: „So fremd eine Sprache auch sein mag, sie ist niemals völlig fremd; denn zumindest unterscheiden sich Sprachlaute von Naturlauten. Ich sehe oder höre Jemanden sprechen oder sogar zu mir sprechen, das besagt: ich habe es mit Ausdrucksgestalten, selbst mit Spuren einer Lautsymbolik zu tun, die nicht aus einer ganz anderen Welt kommen" (Waldenfels 1987, 180). Die Erfahrung des Fremden zeigt dabei „von vornherein eine *Ambivalenz*; sie erscheint als verlockend und bedrohlich zugleich und kann sich bis zu einem *horror alieni* steigern. Bedrohlich ist sie, da das Fremde dem Eigenen Konkurrenz macht, es zu überwältigen droht; verlockend ist sie, da das Fremde Möglichkeiten wachruft, die durch die Ordnungen des eigenen Lebens mehr oder weniger ausgeschlossen sind" (Waldenfels 1997, 44). Das Fremde ist demnach auch nicht ungefährlich, „es droht uns von uns selbst zu entfremden" (Waldenfels 2006, 7). Die „Erfahrung des Fremden [...] schlägt um in ein Fremdwerden der Erfahrung und in ein Sich-Fremdwerden dessen, der die Erfahrung macht" (Waldenfels 1997, 10). Wichtig hierbei zu erkennen ist, dass die Fremdheit im phänomenologischen Sinn keinen Mangel oder kein Übel anzeigt, sondern sie ist uns stets Bedingung der Möglichkeit eines reflexiven und zugewandten Verhältnisses zu uns selbst, anderen und der Welt. Wir müssen uns selbst und anderen notwendigerweise mehr oder weniger fremd bleiben, um uns überhaupt antwortend einander und uns selbst zuwenden zu können.

Was bedeuten diese knappen Ausführungen zur Fremdheit für die beiden hier aufgeworfenen Perspektiven? Kommt der Fremdheit für Behinderte und Nichtbehinderte beide Male dieselbe Bedeutung zu, handelt es sich also um symmetrisch austauschbare Perspektiven, wie der pädagogisch-inklusive Ansatz glauben machen will? Wie gesehen, können die potentiell vorhandenen Möglichkeiten eines Nichtbehinderten aus der Sicht einer Körperbehinderten grundsätzlich als verlockend erscheinen, so zum Beispiel hinsichtlich bestimmter sportlicher Aktivitäten, bestimmter Arbeitsleistungen oder sei es nur das eigenständige Springen über einen Bach. Diese, durch die eigene Leiblichkeit ausgeschlossenen Möglichkeiten können allerdings auch als bedrohlich erlebt werden, nämlich dann, wenn sie unter Maßgabe der eigenen leiblichen Möglichkeiten und Wirklichkeiten als überfordernd eingeschätzt oder als nicht umsetzbar beurteilt werden und nicht erfahrbar sind. Allgemein gesprochen bleiben auch dem Nichtbehinderten bestimmte Möglichkeitsräume eines zum Beispiel im Rollstuhl sitzenden Menschen verschlossen, sie sind auch ihm fremd, da ihm die unmittelbare Erfahrung des Körperbehindert-Seins und dessen genuine Bedeutung für das eigene Leben versagt bleibt. Doch verhält es sich hier ebenso, dass diese Möglichkeiten als verlockend und bedrohlich zugleich auftreten, die Perspektiven also symmetrisch oder austauschbar sind? Wie verhält sich die Fremdheit in diesen Begegnungen für den Nichtbehinderten?

Begegnungen mit Behinderten künden häufig von einer unspezifischen Unruhe. Ihren sichtbaren Ausdruck findet die durch die Fremdheit hervorgerufene Unruhe häufig im Phänomen des Anstarrens von Behinderten. Ihre Steigerung erfährt sie in Hilflosigkeit, Verlegenheit, Angst, Abscheu bis hin zu Ekelgefühlen und hochgradiger Erregtheit (vgl. Cloerkes 1997, 80f.), den von Cloerkes sogenannten originären Reaktionen. Von diesen Reaktionen ist im Diskurs der pädagogischen Inklusion verständlicherweise keine Rede mehr. Dies hat nicht nur damit zu tun, dass ihre Thematisierung gegen das inklusive Mainstreaming verstoßen würde, sondern weil eine derartige Thematisierung den eigenen Prämissen dieses Ansatzes zuwiderlaufen würde, getreu dem Motto: „Weil nicht sein kann, was nicht sein darf".

Abstand vom inklusiven Zeitgeist einnehmend, wird auch und gerade anhand der Begegnungen mit schwerer Behinderten offensichtlich, dass das Fremdartige seine provokative Kraft nur dort voll entfaltet, „wo es dem Eigenartigen so nahe ruckt, dass es als *mögliche* Eigenart und Abwandlung des Eigenen erscheint" (Waldenfels 1987, 180). Zugleich wird das Verlockende und Bedrohliche „um so größer, je näher das Fremdartige rückt" (ebd.). „*In den schreienden, verkrüppelten, sich schlagenden Kindern konnte ich beinahe keinen Menschen mehr erkennen*" – auch wenn, wie hier, das Fremdartige zuweilen bis ins Unermessliche anzuwachsen scheint, von einer absoluten oder totalen Fremdheit kann auch hier keine Rede sein. Seine provokative Kraft kann das Fremdartige auch hier nur ausspielen, da eine Behinderung potentiell immer als *mögliche* Eigenart und Abwandlung des Eigenen auftritt. Warum aber wird das Fremdartige hier so oft als Bedrohung wahrgenommen und nicht auch als verlockend, wie dies aus der Perspektive einer Behinderten auf Möglichkeitsräume Nichtbehinderter deutlich wurde?

Ein Grund hierfür könnte darin liegen, „dass die Fremdheit, die uns im anderen begegnet, um so tiefere Spuren bei uns hinterlässt, je mehr dieses Fremde an verkannte, verdrängte, geopferte Eigenheiten rührt" (Waldenfels 2006, 120). In der neuzeitlichen Deutung des Menschen von sich hat der Körper zu funktionieren, Attraktivität wird zur Metapher von Kompetenz und der geistige Zustand muss formalen Anforderungen genügen. Nicht mehr der gelebte Leib steht im Vordergrund, sondern modellierte Idealzustände bestimmen die Wahrnehmung von sich und den anderen. Diese zunehmenden Versuche einer Verfügbarmachung der Wirklichkeit entspringen dabei, so eine mögliche Deutung, dem Wunsch, „den Leib zu beherrschen, um nicht selbst in seine Knechtschaft zu geraten" (Meyer-Drawe 2001, 13). Alles, was hierbei das Ideal des ästhetisch perfekt modellierten und funktionsfähigen Körpers in Frage stellt, erscheint als anstößig, als Verletzung dieser implizit fungierenden Normen: „Das Tragische am Behindertsein – man verletzt Normen, ohne unmoralisch zu sein" (Rösner 2002, 315). Es ist offensichtlich so, dass Begegnungen mit körperlich oder schwerer Behinderten potentielle und verdrängte Eigenheiten (wieder) hervortreten lassen. Sie stellen allesamt keine ersehnten Bereiche dar, sondern erscheinen dem neuzeitlichen Subjekt vielmehr als Demütigung seiner selbst. Das auf das Eigene verweisende Fremde führt dem Subjekt hier auf dramatische Art und Weise die Vergeblichkeit des Versuches vor Augen, die Kontingenz seiner leiblichen Integrität aus dem Leben verbannen zu wollen. Körperliche (aber gerade auch geistige) Behinderungen entziehen sich unserer Verfügbarkeit, sie kollidieren mit einer Ordnung, die den Glauben an die eigene Verfügbarkeit als absolut gesetzt hat. Das, was diesem Prozess der Verfügbarmachung „widersteht oder ihn stört und vereitelt, erhält den Charakter eines zu vermeidenden oder zu vermindernden *Übels*" (Waldenfels 1990, 126). Unter dieser einseitigen Perspektive, Fremdes lediglich als etwas zu betrachten, das nur von außen kommt – so, als wäre es vom Eigenen unabhängig – muss es „sich ausweisen wie ein Eindringling. Es wird einer Bewertung und Beurteilung unterzogen. Ihm wird eine alltägliche, moralische, politische, religiöse, kulturelle und auch gedankliche Quarantäne zugemutet" (Waldenfels 2006, 7).

Ordnungen, die durch das eigene Leben ein- und ausgeschlossen sind, erlangen also für den Behinderten und den Nichtbehinderten eine jeweils andere Bedeutung. Behinderte erfahren die Welt der Nichtbehinderten anders als Nichtbehinderte die der Behinderten. Dies stellt keine Wertung dar, sondern die Anerkennung der Tatsache, dass uns bestimmte Erfahrungen nur innerhalb der Ordnungen des eigenen Lebens möglich und zugänglich sind. Die Annahme der „Normalität der Verschiedenheit" verkennt dieses grundsätzlich asymmetrische Verhältnis, indem hier Ungleiches unumwunden gleich gesetzt wird: „Denn was gleichgesetzt ist, ist *nur* gleichgesetzt, es *ist nicht gleich*" (Waldenfels 1990, 185). Die Verkennung oder Leugnung dieses asymmetrischen Verhältnisses hat allerdings weitreichende Konsequenzen, sie bedeutet einen Verlust an Zugangs- und Verständigungsmöglichkeiten zur jeweils anderen sowie zur eigenen Perspektive. Denn wenn es einfach normal wäre, verschieden zu sein, wenn uns also nichts mehr fremd wäre: Worin bestünde dann noch der Anlass, sich um ein Verstehen anderer und eigener Perspektiven zu bemühen? Ausgeschlossen erscheint dann zum Beispiel die Notwendigkeit, sich mit der eigenen leiblichen Unverfügbarkeit auseinanderzusetzen, was als Konsequenz zu einer veränderten Sichtweise auf Behinderungen führen könnte, insofern eine Behinderung als inhärente Möglichkeit leiblichen Daseins erkannt und anerkannt würde. Ebenso ausgeschlossen wäre dann eine Reflexion über das eigene Behindert-Sein und die sich daraus ergebenden Konsequenzen. Das Denken der „Normalität der Verschiedenheit" führt letztlich dazu, real gegebene Einschränkungen und die damit verbundenen Erfahrungen unter dem Deckmantel der Gleichheit der Verschiedenheit zu ignorieren, zumindest aber nicht mehr thematisierbar zu machen. Das notwendige Bemühen darum, die jeweils andere Perspektive und deren Erfahrungshorizonte verstehen zu wollen, wäre damit eingestellt, wir hätten uns wortwörtlich nichts mehr zu sagen.

Es erscheint vor dem Hintergrund der Überlegungen zur Fremdheit auf den ersten Blick verständlich, wenn die inklusive Pädagogik über den Weg der „Normalität der Verschiedenheit" zu einer Vermeidung von Fremdheit und Andersartigkeit gelangen möchte. Allerdings zeigen die Überlegungen, dass dieser Weg dem skizzierten Geschehen nicht gerecht wird und, entgegen den intendierten Erwartungen, sogar zu gegenläufigen Entwicklungen führen könnte. Kann der Weg hin zu dem Ziel der Wertschätzung und Anerkennung Behinderter wirklich allein darin bestehen, Normalitätsvorstellungen außer Kraft zu setzen, ohne die Spezifik dieser hier skizzierten Prozesse zu berücksichtigen? So ließe sich beispielsweise danach fragen, ob migrationsbedingte Fremdheit tatsächlich dieselben Antworten evoziert wie Begegnungen mit körperlich oder geistig Behinderten? Das Postulat der „Normalität der Verschiedenheit" verschleiert die spezifische Erfahrung von Fremdheit in Begegnungen mit Behinderten nicht nur, es zielt geradezu darauf ab, der empirischen Wahrnehmung von Andersartigkeit und Fremdheit zugunsten der Verschiedenheit durch moralisierende und normative Appelle einen Riegel vorzuschieben. In der Konsequenz könnte diese Verschleierungstaktik jedoch zu einem immensen Handlungsdruck seitens Nichtbehinderter führen, dem diese womöglich nicht gewachsen sind oder aufgrund leiblich inkorporierter Wahrnehmungsprozesse gar nicht gewachsen sein können. Dann nämlich, wenn sich in der konkreten Interaktion eine Kluft zwischen Anspruch und Wirklichkeit, normativem Appell und empirischer Erfahrung auftut (vgl. hierzu auch Singer 2015). Folge dieses widersprüchlichen und hochemotionalen Dilemmas könnte sein, dass Begegnungen mit Behinderten von vornherein vermieden werden, um diesem Konflikt zu entgehen.

Eine andere Haltung gegenüber Behinderten einzunehmen erfordert daher, nicht einfach auf moralische Weise den Duktus der „Normalität der Verschiedenheit" zu bedienen und seine Anerkennung einzufordern. Vielmehr nötigen die skizzierten Überlegungen zu einem anderen Umgang mit der unausweichlichen Fremdheit, die im Eigenen beginnt und uns mit der Unverfügbarkeit über die eigene leibliche Existenz konfrontiert. Um die Problematik der Anerkennung des anderen als ein zwischenleibliches Geschehen der Erfahrung und damit in ihrer lebensweltlichen Bedeutung zu erschließen und zu begreifen, ist ein Denken notwendig, das nicht in der normativen Kategorie der Verschiedenheit verharrt, sondern die Fremdheit zum Ausgangspunkt der Überlegungen macht.

Weiterhin stellt sich die grundsätzliche Frage nach der Erfolgsaussicht und der Sinnhaftigkeit, die Normalität so weit bekämpfen zu wollen, dass es nur noch individuelle Verschiedenheit gäbe. Auch Kuhlmann weist vor dem Hintergrund seiner eigenen Behinderung darauf hin, dass es so etwas wie eine physische Normalität gibt, „deren *Normativität* nicht auf sozialen Mechanismen basiert" (Kuhlmann 2011, 177) und die Rede über Behinderung jeglichen „Realitätsgehalt verliert, wenn geleugnet wird, dass es in vielen Fällen der Körper ist, der die Betroffenen „behindert" – der sie herabzieht und ihre Intentionen durchkreuzt, indem die Ausübung bestimmter Funktionen unmöglich gemacht oder das Gesamtbefinden in Mitleidenschaft gezogen wird" (ebd., 174). Die Grenze zwischen „behindert" und „nichtbehindert" beliebig zu setzen, würde nicht nur eine Leugnung der notwendigen und unausweichlichen Prozesse der Normalisierung bedeuten, sondern auch das leibliche Dasein und die Erfahrungsweisen derjenigen Menschen in Frage stellen, die sich selbst, die anderen und die Welt stets *in* und nicht nur *mit* ihrer Behinderung erfahren, wie dies ausführlich im ersten Teil der Überlegungen beschrieben wurde. So verwehrt sich auch Kuhlmann gegen die Perspektive der Inklusion, Behinderungen lediglich als soziales Konstrukt zu verstehen: „*Dass* aber Personen die Erfahrung machen, dass sie nicht nur einen Körper ‚haben', sondern ein Leib ‚sind', wird man kaum als ‚diskursiven Effekt' begreifen können. Ebenso wenig wird man sagen können, nachhaltig negative Erfahrungen mit physischer Beeinträchtigung bestünden aus *nichts anderem* als jenen abwertenden Deutungsmustern, die den Betroffenen von außen aufgenötigt werden" (ebd., 179). Die „ominöse Rede von Behinderung als ‚Effekt von Diskursen und Praktiken'" habe jedenfalls „mit der Selbsterfahrung vieler Betroffener wohl nichts gemein" (Kuhlmann 2002, 292).

Fazit und Ausblick

Der pädagogisch-inklusive Ansatz vertritt mit dem Ziel der Anerkennung und Wertschätzung aller Menschen weltweit ein Anliegen, das nicht in Frage zu stellen ist und in der UN-Behindertenrechtskonvention seine menschenrechtliche Verankerung findet. Sein kritisches Potential findet dieser Ansatz insbesondere darin, dass er bestehende gesellschaftliche Um- und Missstände, wie beispielsweise Diskriminierungen und Ausgrenzungen aus dem öffentlichen Leben oder aus der Arbeitswelt, anprangert und deren Veränderung herbeiführen möchte, sodass alle Menschen umfassend an der Gesellschaft teilhaben können. Nicht weiter eingegangen werden kann hier darauf, dass dabei das Gesellschaftsbild, also das, „worein" alle Menschen von vornherein einbezogen sein sollen, völlig unklar bleibt, denn auch eine inklusive Gesellschaft kommt nicht ohne Maßstäbe aus, was sie als erstrebenswert ansieht und was nicht. Denn andernfalls, also ohne die Existenz bestimmter Vorstellungen von Normalität und deren kontinuierlichen Reflexion, kann das menschliche Zusammenleben schnell ins Unmenschliche und Verhängnisvolle umschlagen.

Im Mittelpunkt dieser Überlegungen steht vielmehr die Infragestellung des Weges hin zu diesem Ziel, der im pädagogisch-inklusiven Ansatz über das Theorem der „Normalität der Verschiedenheit" zur Überwindung von Fremdheit führen soll. Existentielle Fragen zum Phänomen der (Körper-)Behinderung, wie sie hier skizziert wurden, lassen sich mit dieser rein normativen Sichtweise nicht mehr stellen. Anstatt über ihre Bedeutung nachzudenken, sollen sie durch normative Appelle zum Verschwinden gebracht werden. Diese Ignoranz gegenüber den Erfahrungen Behinderter wie Nichtbehinderter birgt – erstens – die Gefahr, von Betroffenen als despektierlich erlebt zu werden, insofern sie ihr Leben kei-

neswegs nur und vorwiegend nicht im Modus des „Behindert-Werdens", sondern auch in den leiblichen Vollzügen des „Behindert-Seins" erfahren.
Zweitens birgt die Ignoranz gegenüber den Erfahrungen Nichtbehinderter mit Behinderten bzw. die Perspektive der „Normalität der Verschiedenheit" die Gefahr, dass die einseitig normativen Appelle möglicherweise zum Gegenteil dessen führen, was intendiert war, indem sie eine zusätzliche Verunsicherung seitens Nichtbehinderter bewirken können. Zudem verunmöglicht die Kategorie der Verschiedenheit als alleiniger Referenzpunkt der Überlegungen eine offene und ehrliche Haltung gegenüber eigenen Ängsten wie die der eigenen Unverfügbarkeit über das leibliche Dasein. Soll dieser Diskurs zu einer veränderten Haltung auch gegenüber Behinderten führen, reicht es dann tatsächlich aus, eine Haltung zu fordern, die in vergleichender Hinsicht lediglich die Anerkennung und Wertschätzung eines allgemein anderen im Blick hat? Oder müssten nicht vielmehr die spezifischen und je situativ auftretenden Kontext- und Wirkfaktoren Berücksichtigung erfahren, die in Begegnungen mit „bestimmten" Behinderungsformen virulent werden können? In Zeiten des inklusiven Mainstreamings mag eine solche Fragestellung zwar verwundern, denn sie muss vor dem Hintergrund der inklusiven Prämissen als rückständig erscheinen. Ein Grund hierfür liegt aber nicht nur darin, dass eine derartige Reflexion aufgrund der Ablehnung kategorialer Zuordnungen nicht mehr als zeitgemäß erscheint, sondern diese Perspektive kann in der Logik inklusiven Denkens ebenso wenig mehr eingenommen werden wie die Perspektive des Behindert-Seins. Die normative Umklammerung dieser Erfahrungen bedeutet allerdings noch lange nicht, dass es beide Perspektiven und die mit ihnen verbundenen Erfahrungen nicht mehr gibt.
Die Überlegungen verweisen auf das *Erfahren* von (Körper-)Behinderung, von Fremdheit, Irritation, Unsicherheit und auf das Streben nach Verständigung. Diese Erfahrungen und die sich daraus ergebenden grundsätzlichen und spezifischen Fragen müssen notwendigerweise und ständig neu reflektiert werden, um diesen de facto bestehenden Erfahrungen die notwendige Aufmerksamkeit zukommen zu lassen. Nur eine solche bewusste Wahrnehmung und Reflexion tagtäglicher Erfahrungen kann eine gegenseitige Anerkennung und Verständigungsprozesse auf ehrliche Weise und langfristig ermöglichen. Dies würde jedoch die Annahme nicht nur *unterschiedlicher* Perspektiven voraussetzen, die anschließend verglichen und gleichgesetzt werden können, sondern eines grundlegenden asymmetrischen Verhältnisses, das die Fremdheit des Anderen und des Eigenen zum Ausgangspunkt der Überlegungen nimmt. Wenn es nur noch normal sein soll, verschieden zu sein, dann kann keine Reflexion über die Unzugänglichkeiten anderer und fremder Perspektiven mehr einsetzen, womit aber zugleich das Band der Verständigung abgerissen wäre. Wir machen nicht nur „unterschiedliche" Erfahrungen, die auf einer normativen Ebene verglichen und gleichgesetzt werden können, sondern wir bleiben uns selbst und dem Anderen notgedrungen immer auch fremd. Die Aussage „wir sind alle verschieden und darin gleich" ist, bezogen auf den konkreten leiblichen Umgang miteinander, letztlich eine Nullaussage, es gibt dann keine uns fremden Perspektiven mehr. Diese Aussage verschleiert darüber hinaus das konstitutiv asymmetrische Verhältnis, die spezifi-

schen *Erfahrungen* von (Körper-)Behinderten wie Nichtbehinderten, wodurch in der Konsequenz eine offene und ehrliche Reflexion über eigene und fremde Möglichkeiten und Wirklichkeiten ausbleibt. Damit aber verschließen sich letztlich sowohl Zugangsmöglichkeiten und Reflexionsräume zum eigenen „Behindert-Sein" als auch Wege zu einer anderen Haltung gegenüber Behinderten, die beim Eigenen ansetzt und sich der Fremdheit des eigenen Selbst bewusst wird.

Um diese Reflexionsprozesse sowie das Band der Verständigung nicht zugunsten eines diffusen allgemeinen Ganzen abreißen zu lassen, ist die Einsicht notwendig, dass wir stets mit uns fremden, unzugänglichen und letztlich unvergleichbaren Perspektiven konfrontiert sind. Diese Einsicht impliziert, Fremdheit auszuhalten, anstatt sie zu überwinden zu trachten, sowie sich ihrer Ursachen möglichst bewusst zu werden, die „im eigenen Haus" beginnen. Sie impliziert ein Bemühen um ein gegenseitiges Verständnis, ohne dass dieses je völlig zu erlangen ist. Von der Fremdheit auszugehen bedeutet zugleich die Anerkennung der Tatsache des potentiellen Scheiterns von Interaktionen, die durch sie allerdings erst möglich werden. Nicht zuletzt nimmt diese Sichtweise die konkreten Erfahrungen ernst und sucht nach Antworten, die den anderen nicht vorschnell im Zeichen der Allgemeinheit aufgehen lassen, sondern ihn zuallererst in seiner Singularität wahrzunehmen versuchen. Angezeigt ist damit das Wagnis, sich den Ansprüchen der Erfahrung grundsätzlich offen gegenüber zu zeigen, sich ihnen auszusetzen und nicht bereits im Vorhinein gesollten Wahrnehmungsvorschriften zu folgen, wie dies dem pädagogisch-inklusiven Ansatz vorschwebt.

Drittens und abschließend ist nach den Konsequenzen dieser Überlegungen für die pädagogische Praxis und die wissenschaftliche Disziplin der Körperbehindertenpädagogik zu fragen. Wenn Erfahrungen leiblich gemacht werden, zeigt dann nicht gerade eine Körperbehinderung, was damit möglicherweise gemeint ist: Dass Körper und Geist nicht zu trennen sind, sondern dass es ein „Zwischen" gibt – den Leib – und dass gerade deswegen Lernen, Erfahrung, Denken, Bewerten – ja, Leben – *immer* auch eine körperliche Dimension haben. Damit ist eine Körperbehinderung etwas, das mein Leben betrifft, das meinem Leben Bedeutung gibt. Und dann wäre es eine wesentliche Aufgabe sowohl der pädagogischen Praxis als auch der Körperbehindertenpädagogik als einer wissenschaftlichen Disziplin, genau darüber zu reflektieren und danach zu fragen, welche Bedeutungen Körperbehinderte wo erfahren, *wenn* es darum gehen soll, sie in ihrem So-Sein, aber eben auch in ihrer Begegnung mit der nichtbehinderten Welt zu unterstützen. Denn wenn ich als nichtbehinderter Körperbehindertenpädagoge, dessen Erfahrungen in bestimmten Hinsichten andere Bedeutungen haben, diese Bedeutungen nicht zumindest erfragt habe, dann hieße das, dass ich eben doch zu dem führe, was ich selbst kenne. Eine Körperbehinderung bedeutet in jedem Fall, dass etwas anders ist, dass das Leben in all seinen leiblichen Vollzügen eine andere Bedeutung hat als für den Nicht-Körperbehinderten. Für die Körperbehindertenpädagogik als Praxis und Wissenschaft stellt sich damit die Frage, ob sie entweder in ihrer Perspektive verhaftet bleibt und den Körperbehinderten, in seinen Stärken stützend und seine Schwächen kompensierend, zur Normalität führen will oder ob sie sich auch darauf einlässt, dieses andere Leben nach seiner Bedeutung zu erfragen, Dissonanzen zuzulassen und letztendlich (schmerzlich) zu akzeptieren, dass es immer fremd bleiben wird, auch wenn Momente gemeinsamen Verstehens und gemeinsam geteilte Erfahrungen möglich werden. Anstelle eines Umgangs, der den anderen – zum Beispiel durch einseitige intentionale (Förder-)Strategien – vorwiegend unter Maßstäben der nichtbehinderten Normalität wahrnimmt und ihn durch ein völliges Verstehen-Wollen letztlich verkennt, oder eines Umgangs, der spezifische Erfahrungen und hieraus resultierende Anforderungen an die pädagogische Praxis gar nicht mehr benennt und den anderen hierdurch ebenso verkennt, bietet sich ein Handeln, ein Agieren auf der Grenze an, das sich auf die konkreten Ansprüche des fremden anderen einlässt, ohne ihn zu vereinnahmen oder ihn im Status des allgemeinen anderen zu belassen.

Die Körperbehindertenpädagogik als eine wissenschaftliche Disziplin sollte sich auf ehrliche Weise die Frage vorlegen, ob sie sich einem (gesellschaftspolitischen) Diskurs anschließen will, der sich diesen Perspektiven und den mit ihnen verbundenen Fragen versperrt, oder ob sie sich der Kaschierung realer Erfahrungsweisen entschieden entgegenstellt. Im ersten Fall bliebe die Frage nach ihrem genuinen disziplinären Gegenstand. Im zweiten Fall käme es darauf an, auch weiterhin spezifische Fragen zu stellen, die das Phänomen der Körperbehinderung aufwirft, weil, um den Erfahrungen möglichst gerecht zu werden, auch weiterhin sein muss, was nicht mehr sein darf. Dann aber ist die Disziplin der Körperbehindertenpädagogik dazu angehalten, das Paradigma der pädagogischen Inklusion in seinen Konsequenzen kritisch zu hinterfragen und eine offene Diskussion über die Konsequenzen für das eigene Fachgebiet zu führen. Die Suche nach Antworten und das Bemühen um Verständigung sollten allerdings nicht dazu führen, die Fremdheit des anderen vorschnell durch intentionale Strategien bändigen und die Kluft zwischen Eigenem und Fremdem damit schließen zu wollen. Ein Weg, der dies vermeiden könnte, bestünde darin, Körperbehinderungen als Möglichkeit des leiblichen Zur-Welt-Seins anzuerkennen und eine Reflexion über die mit der Leiblichkeit des Menschen einhergehenden Möglichkeiten und Unmöglichkeiten einzugehen. Im Sinne dieser und der vorangehenden Überlegungen sei daher mit den Worten Kuhlmanns geschlossen, die in Zeiten der pädagogischen Inklusion gerade für die Disziplin der Körperbehindertenpädagogik von unmittelbarer Relevanz sind:

„Auch die habituelle Feststellung, dass es tatsächlich nicht normal ist, wenn jemand nicht gehen, nicht hören, keine Lernfortschritte machen kann, wird man nicht unterbinden können. Indem man solche elementaren Unterscheidungen zwischen Normalität und Abweichung leugnet oder kaschiert, wird man sicher nicht dazu beitragen, dass man zivilisiert mit ihnen umgeht. Dass Menschen auf körperliche Entstellung oder auf gestörtes Verhalten verunsichert, verängstigt, womöglich mit Abscheu reagieren, muss man realistischer Weise in Rechnung stellen. Erst dann ist es überhaupt möglich, sich solcher Gefühle bewusst zu werden und sie, wo nicht zu überwinden, so doch partiell außer Kraft zu setzen und den ersten Schritt hin auf jenen Abgrund hin zu tun, der uns zunächst von dem Anderen zu trennen scheint. Die Tatsache, dass andere als andersartig wahrgenommen werden, muss also nicht zwangs-

läufig zum Ausschluss führen. Mehr noch: Diese Wahrnehmung kann sogar die notwendige Voraussetzung für moralisches Engagement darstellen. Nur wo man zur Kenntnis nimmt, dass Individuen und Gruppen tatsächlich besondere Defizite und Bedürfnisse haben, kann Unterstützung mobilisiert werden." *(Kuhlmann 2002, 294)*

Literatur

Cloerkes, G. (1997): Soziologie der Behinderten. Eine Einführung. Heidelberg.
Hinz, A. (2002): „Von der Integration zur Inklusion – terminologisches Spiel oder konzeptionelle Weiterentwicklung?" In: Zeitschrift für Heilpädagogik 9. 354–361.
Hinz, A. (2003): Die Debatte um Integration und Inklusion – Grundlage für aktuelle Kontroversen in Behindertenpolitik und Sonderpädagogik!? In: Sonderpädagogische Förderung 4. 330–347.
Hinz, A. (2004): Vom sonderpädagogischen Verständnis der Integration zum integrationspädagogischen Verständnis der Inklusion!? In: Schnell, I./Sander, A. (Hrsg.): Inklusive Pädagogik. Bad Heilbrunn. 41–74.
Hinz, A. (2006): Inklusion. In: Antor, G./Bleidick, U. (Hrsg.): Handlexikon der Behindertenpädagogik. Schlüsselbegriffe aus Theorie und Praxis. Stuttgart. 97–99.
Kuhlmann, A. (2002): Normalität als Affront. Ein Kulturkampf im Namen von Behinderten gegen die Herrschaft der Üblichkeiten. In: Rösner, H.-U. (Hrsg.) (2014): Behindert sein – behindert werden. Texte zu einer dekonstruktiven Ethik der Anerkennung behinderter Menschen. Bielefeld. 290–304.
Kuhlmann, A. (2011): An den Grenzen unserer Lebensform. Texte zur Bioethik und Anthropologie. Frankfurt a. M./New York.
Meyer-Drawe, K. (1993): Der Beitrag einer Phänomenologie der Intersubjektivität zu Konzeptionen integrativen Unterrichts. Eine Rede für Jakob Muth. In: Gehrmann, P./Hüwe, B. (Hrsg.): Forschungsprofile der Integration von Behinderten: Bochumer Symposium 1992. Essen. 28–33.
Meyer-Drawe, K. (2001): Der schöne Körper. Gefangener oder Gefängnis. In: der blaue reiter. Journal für Philosophie. Schön sein. 12 Jg. 12–15.
Pfeffer, W. (1987): Zur Entwicklung des Erziehers in der Erziehung bei schwerer geistiger Behinderung. In: Adam, G./Hußlein, E./Pfeffer, W. (Hrsg.): Erziehen als Beruf: Festschrift für Andreas Möckel zum 60. Geburtstag. Würzburg. 257–268.
Rösner, H.-U. (2002): Jenseits normalisierender Anerkennung. Reflexionen zum Verhältnis von Macht und Behindertsein. Frankfurt a. M./New York.
Singer, P. (2015): Theoretischer Anspruch und praktische Wirklichkeit des inklusiven Ansatzes im pädagogischen Diskurs. Zu Konsequenzen der normativen Einseitigkeit und des Umgangs mit Fremdheit. In: Lelgemann, R./Singer, P./Walter-Klose, C. (Hrsg.): Inklusion im Förderschwerpunkt körperliche und motorische Entwicklung. Stuttgart. 41–84.
Waldenfels, B. (1987): Ordnung im Zwielicht. Frankfurt a. M.
Waldenfels, B. (1990): Der Stachel des Fremden. Frankfurt a. M.
Waldenfels, B. (1997): Topographie des Fremden. Studien zur Phänomenologie des Fremden 1. Frankfurt a. M.
Waldenfels, B. (2002): Bruchlinien der Erfahrung. Phänomenologie. Psychoanalyse. Phänomenotechnik. Frankfurt a. M.
Waldenfels, B. (2006): Grundmotive einer Phänomenologie des Fremden. Frankfurt a. M.

4 ETHIK UND KÖRPERBEHINDERTENPÄDAGOGIK

Sven Jennessen

Der Frage der ethischen Dimensionen der Körperbehindertenpädagogik sollen einführend ein paar grundlegende Skizzierungen zu Ethik und Moral sowie ihrer Bedeutung für die Erziehungswissenschaft vorangestellt werden, bevor die körperbehindertenpädagogischen Spezifika näher beleuchtet werden.

Ganz elementar kann Ethik definiert werden als „Philosophische Reflexion auf Moral" (Düwell 2006, 2) oder „Nachdenken über Moral" (Jakobs 2010, 116). Hierbei ist Ethik von den zentralen Fragen geleitet: „Was soll ich tun? […] Was ist ein gutes Leben – und wie kann es gelingen bzw. verwirklicht werden? […]" (ebd.) und ist zudem als „jeweils kulturell und historisch vorherrschende Lebenspraxis bzw. [als] die Gesamtheit aller im zwischenmenschlichen Raum gegebenen Handlungsorientierungen und Spielregeln zu verstehen" (ebd.). Papenkort formuliert die ethische Fragestellung folgendermaßen: „Ethik gibt, sucht und überprüft Antworten auf die Frage, wie der Mensch sein Leben führen soll" (2009, 61).

Wie die oben zitierten Definitionen zeigen, gilt als grundlegend mit dem Ethikbegriff verbunden der Begriff der Moral, der wiederum eine deutliche inhaltliche Konnotation mit dem Wertebegriff aufweist. Ohne an dieser Stelle eine dezidierte Begriffsdiskussion führen zu können, sei Moral hier verstanden als die „Gesamtheit der Regeln, die zur Realisierung der Werte oder zum Wohl der Menschen beiträgt, bzw. man kann auch sagen, dass die moralischen Regeln, wenn sie angewendet werden, die Menschen, die vom Handeln anderer betroffen sind, schützen sollen" (Horster 2012, 24). Moral sind also letztendlich die Spielregeln und Handlungsorientierungen, die die Lebenspraxis einer Gesellschaft zu einem bestimmten Zeitpunkt regeln. Im Unterschied und in Ergänzung hierzu steht die Werthaltung des Menschen, die auf die Frage nach dem guten Leben mit außermoralischen – nicht unmoralischen – Empfehlungen reagiert. „Das Gute empfiehlt sie, vor dem Übel warnt sie. Ihre Empfehlungen orientieren sich am praktisch Möglichen (Realismus) und gründen sich auf eigene Einsicht und auf Lebenserfahrung (Subjektivität)" (Papenkort 2009, 62).

Aus diesen einleitenden terminologischen Skizzierungen lässt sich die Bedeutung von Ethik für die Fragen ableiten, mit denen sich die Sonder- respektive Körperbehindertenpädagogik zentral beschäftigt: Neben den grundsätzlichen Fragen des Verhältnisses von Ethik und Pädagogik geht es im Spezifischen um Aspekte der Anerkennung, der Gerechtigkeit und der Inklusion im Kontext von menschlichen Lebenssituationen, die in besonderer Weise von Exklusion und Marginalisierung gekennzeichnet sind. Diese werfen eine Vielzahl von Fragen auf, wie mit diesen besonderen Grenzsituationen, Wertevorstellungen von und Ansprüchen an ein „gutes Leben" und Entscheidungen in existentiellen Lebenslagen bestmöglich umzugehen ist. Hierbei sind anthropologische Aspekte zur Frage nach der Person oder dem Menschsein ebenso (mit) zu denken wie spezifi-

96　Disziplin

sche Aspekte der Beziehungsverhältnisse der Menschen in ihrer Ungleichheit zueinander. Die für die Reflexion dieser Fragen zu führenden Diskurse sind unabdingbarer und elementarer Bestandteil der Disziplin Körperbehindertenpädagogik, wobei dieser vorzuwerfen wäre, dass die Beteiligung an diesen Diskursen eher verhalten erfolgt. Allenfalls immanent, d. h. in einzelnen Fachbeiträgen und Diskursanteilen durch ihre inhaltlichen Zielsetzungen ersichtlich, lassen sich ethische Positionen identifizieren. Eine Beteiligung an zentralen gesellschaftlichen und politischen Debatten um ethische Fragen findet in der Körperbehindertenpädagogik jedoch lediglich themenspezifisch durch einzelne FachvertreterInnen statt, nicht jedoch durch dezidierte Positionen der Community.

4.1　Ethik und (Sonder-)Pädagogik

Konkretisieren wir die einführenden Skizzierungen für den Bereich der Pädagogik, so lassen sich nach Jacobs (2010) in den gängigen ethisch-pädagogischen Konzepten zumindest zwei konsensuale Merkmale feststellen:

- „Die Unverzichtbarkeit ethischer Zielvorgaben für eine Theorie der Erziehung [...]" mit dem Ziel des selbstständigen, seiner Freiheit mächtigen Menschen
- Die Funktion des Pädagogen bzw. der Pädagogin als UnterstützerIn des Entwicklungs- und Reifeprozesses des zu Erziehenden (vgl. Jacobs 2010, 117)

Hierbei ist Selbstbestimmung jedoch nicht an komplexe kognitive Kompetenzen gebunden, sondern im pädagogischen Sinne an dem Ziel ausgerichtet, „Menschen dabei zu unterstützen, ihre Kompetenzen des Verstehens, Bewertens und Praktizierens zu erweitern und zu differenzieren" (Zirfas 2012, 80). Dies ist – wie im Folgenden noch auszuführen sein wird – gerade im Hinblick auf die ethische Begründung und Reflexion einer Pädagogik, die die Erziehung und Bildung von Menschen mit (schweren) Behinderungen thematisiert, als grundlegende Feststellung zu postulieren. Zudem ist im Rahmen pädagogischer Ethik immer von einem Doppelaspekt auszugehen: der ethischen Vermittelbarkeit der Pädagogik und der pädagogischen Vermittlung der Ethik – also der gewissermaßen fachdidaktische Anteil der Ethik. Daneben ist für Pädagogik aus ethischer Perspektive eben das Verhältnis von Pädagogik und Ethik zu hinterfragen. Deshalb ist „eine Reflexion und Begründung ihrer grundlegenden Voraussetzungen und Annahmen im Rahmen einer pädagogischen Ethik erforderlich" (Kuhn 2012, 47). Als weiteres zu reflektierendes Kernelement von Pädagogik gilt die Asymmetrie, die der pädagogischen Beziehung immanent ist und die als Machtstruktur ethisch hinterfragt und gerechtfertigt werden muss.

Diese Grundannahmen zum Verhältnis von Pädagogik und Ethik gelten für alle pädagogischen Disziplinen. Sie erfahren zudem je nach Lebensphase, Handlungsfeld und pädagogischem Auftrag Ausdifferenzierungen, Spezifizierungen und Akzentuierungen, die jeweils spezifische Herausforderungen für die Theorie und Praxis der jeweiligen Disziplin beinhalten. Für die Sonderpädagogik haben

Moser und Horster (2012) historische Entwicklungslinien spezifischer ethischer Themen skizziert. Zu diesen zählen:

- *Mitte 19. Jahrhundert:* „Fragen des pädagogischen Settings und des gesellschaftlichen Umgangs"
- *Ende 19. Jahrhundert:* Nächstenliebe und Aussonderung vor dem Hintergrund sozialdarwinistischen Gedankenguts sowie eines psychiatrisch ausgerichteten Konzepts der Kinderfehllehre
- *Beginn 20. Jahrhundert:* Moralische Erziehung für verwahrloste Kinder (Hilfsschulpädagogik) – „Behinderung als Moralproblem" (Moser & Horster 2012, 15)
- *Bis in die 60er Jahre des 20. Jahrhunderts:* „Nächstenliebe, aber auch die Sicherung normativer Erwartungen" (ebd., 16)
- *70er Jahre des 20. Jahrhunderts:* Beginn der Debatte um die „Frage nach dem sozialen Ausschluss durch Sonderbehandlungen" (ebd.)
- *80er Jahre des 20. Jahrhunderts:* Auf der Grundlage der Thesen des Bioethikers Peter Singer Debatte um Fragen von Lebens- und Bildungsrecht, gesellschaftliche Integration, Gleichheit und Differenz sowie das Verhältnis von Selbst- und Fremdbestimmung
- *Seit den 90er Jahren des 20. Jahrhunderts:* Diskurs über Selbstbestimmung und Teilhabe im Kontext von Recht, Soziologie, Ethik und Pädagogik

Moser und Horster (2012, 17) kritisieren, dass die durchaus dynamische Entwicklung ethischer Fragestellungen in der Sonderpädagogik weitgehend ohne Referenz auf und Anbindung an die philosophischen Diskurse geführt wurden und werden. Allerdings ist festzustellen, dass sich eine Vielzahl von disziplinär mehr oder weniger eindeutig sonderpädagogisch zu verortenden AutorInnen durchaus auf (Sozial-)Ethiker unterschiedlichster Couleur wie Kittay oder Nussbaum beziehen und somit zumindest von einem Transfer allgemeinphilosophischer Theorie in die Themenfelder der Sonderpädagogik ausgegangen werden kann.

Die nachfolgende Liste ethisch relevanter, aktueller Themen der Sonderpädagogik ist ebenfalls von Moser und Horster (2012, 18) vorgelegt und wird im Weiteren in Bezug auf einige für die Körperbehindertenpädagogik zentralen Themenaspekte ergänzt und ausdifferenziert:

- die dekonstruktivistisch formulierte Auseinandersetzung mit dem Behinderungsbegriff
- eine Bestandsaufnahme der Moralphilosophie und der Angewandten Ethik
- eine aktuelle, interdisziplinäre Anthropologie
- eine zeitgemäße, philosophische Bestimmung des Personbegriffs
- sozialphilosophische und sozialpsychologische Bestimmungen des Anerkennungsverhältnisses
- Studien über Exklusions- und Stigmatisierungsprozesse
- Thematisierungen der Menschenwürde und der Menschenrechte in aktuellen rechtsphilosophischen Debatten
- gerechtigkeitsphilosophische Konzepte, einschließlich der Berücksichtigung von Care-Ethiken

4.2 Selbstbestimmung – Inklusion – Ethik – Körperbehinderung

Wie oben bereits ausgeführt, ist die Debatte über Selbstbestimmung auf der Grundlage der amerikanischen Independent Living-Bewegung seit den 90er Jahren des vergangenen Jahrhunderts zentral für sämtliche wissenschaftliche, aber auch praktische Überlegungen in der Sonder- respektive der Körperbehindertenpädagogik. Was Selbstbestimmung ist und meint, lässt sich jedoch nur schwer von den Begriffen der Freiheit, Autonomie, Selbstverantwortung, des Empowerments oder auch der Unabhängigkeit abgrenzen. „Selbstbestimmung ist zu einem Schlagwort in der Behindertenarbeit geworden. Dabei ist die Bedeutung von Selbstbestimmung nicht eindeutig definiert. Sie reicht von einer normativen Forderung nach Unabhängigkeit von Helfern […], Institutionen und Organisationen bis hin zu Versuchen, Selbstbestimmung als grundlegendes theoretisches Konzept zu verstehen" (Kulig & Theunissen 2006, 237).

Während die Empowerment-Diskussion jedoch stark bürgerrechtlich geprägt und als Selbstbefähigung des Menschen im Sinne der Aneignung politischer Macht zu verstehen ist, hat der Selbstbestimmungsbegriff eine stärker humanistisch-individualistische Prägung (vgl. Fornefeld 2009, 184). Diese Perspektive findet sich auch in der Definition Fornefelds wieder, die beschreibt, dass Selbstbestimmung von ihrer Wortgeschichte her auf ein einzelnes Wesen verweist, „das sich erkennt, indem es sich definiert und sich selbst gestaltet" (ebd.), und Selbstbestimmung somit „ein Leben lang Arbeit an sich selbst (ist)" (ebd., 187). Für die sonder- und körperbehindertenpädagogische Diskussion sind anthropologische, pädagogische, politische und auch ethische Aspekte im Kontext von Selbstbestimmung zu reflektieren.

Zentrales Thema der Selbstbestimmung von Menschen mit Körperbehinderungen war auf der Grundlage der Aufklärungsphilosophie und des Kerngedankens des Vernunftvermögens lange die Verwehrung selbstbestimmter Bildung und eines selbstbestimmten Lebens, da Menschen mit (schweren) Behinderungen die dafür erforderlichen vernunftbezogenen Fähigkeiten eben scheinbar nicht zur Verfügung stehen. Erst auf der Grundlage der oben angedeuteten internationalen Entwicklungen rückten die individuellen Bedarfe, Wünsche und auch Fähigkeiten des Individuums stärker in den Fokus der wissenschaftlichen Diskussion, aber auch die (Neu-)Gestaltung von Institutionen sowie sozialpolitischer Rahmenbedingungen, z. B. auch in die aktuellen Vorbereitungen des Teilhabegesetzes. Diese Weiterentwicklung ist innerhalb der Körperbehindertenpädagogik zunächst unstrittig und trotz der terminologischen Unschärfen und divergierenden Auslegungen des Selbstbestimmungsbegriffs selbst, in Bezug auf ihre Intention konsensualer Bestandteil aller Entwicklungen. Der Grund für diese weitgehende Übereinstimmung mag vielleicht gerade der eher vage und unpräzise Begriff sein, dessen Befürwortung nicht zwangsläufig zu fundamentalen strukturellen Veränderungen in Theorie und Praxis führen muss, da sich Selbstbestimmung scheinbar auch immer innerhalb der gegebenen Rahmenbedingungen umsetzen lässt. Dies gilt wiederum sowohl für die wissenschaftlichen Diskurse, die ihre theoretischen Weiterentwicklungen entlang des Selbstbestimmungsbegriffs führen können. Eine Ausnahme bilden hier die Disability Studies, die die wissenschaftliche Mitwirkung von Menschen mit Behinderung explizit in ihrer Programmatik etabliert haben. Dies gilt aber auch für die Lebensgestaltung von Menschen mit Behinderung innerhalb der bestehenden Strukturen, wenn diese allenfalls soweit verändert und weiterentwickelt werden bzw. wurden, wie es aus organisationsspezifischer und individueller Sicht ohne existentielle Reibung möglich schien. Erst durch die Rechtsverbindlichkeit der UN-Konvention zur Gleichstellung von Menschen mit Behinderung steht die Forderung nach Selbstbestimmung auf einem juristischen Fundament, das die Umsetzung von Teilhabe als Ausdruck von Selbstbestimmung auch über bisher gedachte Grenzen des Möglichen hinweg nicht nur forciert, sondern menschenrechtlich verbindlich verankert. Dennoch werden mit dem Selbstbestimmungsparadigma auch kritische Aspekte konnotiert, von denen Brachmann folgende drei zusammenfasst:

- *„Die nachmoderne Gesellschaft der Gegenwart erlegt ihren Mitgliedern Selbstbestimmung als Pflichtprogramm auf. Damit wird aus der Freiheit von Zwang, Entmündigung und Bevormundung erneut Zwang, nämlich der zur Selbstermächtigung. [...]*
- *Selbstbestimmung als Konsequenz der Individualisierungsprozesse ermöglicht Menschen mit Behinderungen einerseits Emanzipation. Andererseits wird auch die Kehrseite des Konzeptes Selbstbestimmung [...] deutlich: Jeder ist unter dem Postulat von Gleichheit, Gerechtigkeit und Normalisierung für das Gelingen der eigenen Biografie selbst verantwortlich – ebenso allerdings für deren Scheitern, selbst wenn es sich um eine unterstützte Lebensbewältigung, z. B. durch Assistenz, handelt. [...]*
- *Eine allzu einseitige Ausrichtung am Begriff der Selbstbestimmung birgt die Gefahr, die weiterhin bestehenden, offenen oder verdeckten Abhängigkeiten behinderter Menschen zu übersehen."* (Brachmann 2011, 96f.)

Zu letztgenanntem Aspekt stellt Jennessen im Hinblick auf die Forderung nach Inklusion im Kontext der Selbstbestimmungsdebatte fest: „Deklariert Inklusion den Aspekt der Selbstbestimmung in sozialer Teilhabe zum alleinigen Merkmal ihres Gelingens, verlieren wir unter Umständen Menschen aus dem Blick, die für die Verwirklichung ihrer Menschenrechte auf unterstützende Begleitung und Assistenz angewiesen sind" (2014, 27f.). Den Personenkreis der Menschen mit schweren Behinderungen gilt es dennoch und gerade aufgrund der besonderen Herausforderungen, die die Maßgabe der Selbstbestimmung impliziert, in den thematischen Diskursen zu berücksichtigen. Dieser Personenkreis ist somit der Bezugspunkt, an dem sich die konsequente Umsetzung des Selbstbestimmungsparadigmas messen und reflektieren lässt. Dabei muss davon ausgegangen werden, dass das Exklusionsrisiko steigt, je stärker ein Mensch in seiner körperlichen Bedingtheit und seinen Aktivitäten eingeschränkt ist. Im Kontext der hier geführten Diskussion über ethische Aspekte der Körperbehindertenpädagogik muss demnach die Frage gestellt werden, wann Exklusion *ethisch* relevant ist. Dederich und Schnell (2011) haben hierzu drei Kriterien formuliert. Ethisch bedeutsam wird Exklusion,

- „wenn eine Verletzung von Menschen bzw. Personen vorliegt,
- bei Missachtung und Verletzung von Würde,
- wenn Menschen dadurch geschädigt werden, dass ausgeschlossene Möglichkeiten nicht angemessen kompensiert oder auf andere Weise bzw. an anderer Stelle realisiert werden können" (ebd., 12).

Diese Kategorien können bei der Analyse von Exklusionspraktiken hilfreich sein, bei denen keine selbstbestimmte Entscheidung gegen Teilhabe vorliegt – auch wenn die Frage nach der Angemessenheit von Kompensationsmöglichkeiten keinen eindeutigen und somit verbindlichen Indikator darstellt. Hier ist es erforderlich, subjektive Bemessungsmaßstäbe zu verlassen und die in der UN-Konvention rechtlich bindend formulierten Zielsetzungen zugrunde zu legen. „Für den Bereich Schule würde dies beispielsweise bedeuten, dass die Beschulung an einer Förderschule aufgrund nicht zur Verfügung stehender inklusiver Bildungsangebote keine angemessene Kompensation der Erfüllung des Bildungsauftrags darstellt, da durch diese das Recht auf Teilhabe an *gemeinsamem* Lernen umgangen wird" (Jennessen 2014, 28).

Gilt Teilhabe an allen gesellschaftlichen Bezügen als ein Menschrecht und besitzt somit Gültigkeit für *alle* Menschen, bedeutet dies auch, dass menschliche Lebensthemen, Wünsche und Bedürfnisse sowie deren Verwirklichung nicht an die Schwere einer Behinderung oder eine möglicherweise reduzierte Lebenserwartung gekoppelt werden dürfen.

Fornefeld verweist zu Recht darauf, dass Selbstbestimmung und Autonomie für Menschen mit Behinderung nur dann eine Errungenschaft bleiben, „wenn sie nicht den ökonomischen Interessen von Sozialpolitik geopfert werden" (Fornefeld 2009, 187). Um dies zu verhindern, muss die Auseinandersetzung über Selbstbestimmung immer auch im Kontext einer Ethik der Anerkennung geführt werden, worauf im nachfolgenden Abschnitt einzugehen wäre.

4.3 Anerkennung – Care – Körperbehinderung

Jeder Mensch ist auf die Anerkennung durch andere angewiesen. „Man wird anerkannt, wenn man zugleich andere anerkennt. Anerkennung gibt es auf gesellschaftlicher Ebene wie im Privatleben nur im wechselseitigen Verhältnis" (Horster 2009, 153). Axel Honneth (1992) hat ein Konzept der Anerkennung entwickelt, das derzeit als die wichtigste Grundlage für spezifische Ausarbeitungen und Spezifizierungen in der Sonderpädagogik gilt. Dieses bildet das theoretische Fundament für eine Ethik, die davon ausgeht, dass Menschen ihre Anerkennung nicht nur dann erlangen, wenn sie alle moralischen Pflichten einer Gemeinschaft erfüllen. Vielmehr steht dem Menschen die Anerkennung seiner selbst durch das Menschsein an sich zu. Zu diesem Menschsein gehört auch sein Wissen um die eigene Begrenztheit. Diese Begrenztheit kann durchaus auch als humanes Recht bezeichnet werden, und zwar für alle Menschen unabhängig vom Grad ihrer interpersonellen Abhängigkeiten. Menschen als Mitglieder der menschlichen Gemeinschaft haben demnach unabhängig vom Grad ihrer jeweiligen Möglichkeiten der Autonomie einen Anspruch auf uneingeschränktes Menschsein. Hinzu kommt eine weitere ethische Prämisse, die sich aus dem leiblichen Dasein des Menschen ableiten lässt: Die Leiblichkeit als anthropologisches Grundphänomen lässt einen Ausschluss aus dem Kreis des Humanen grundsätzlich nicht zu. Tabelle 1 fasst das Konzept Honneths schlüssig zusammen.

Tab. 1: Das Honnethsche Konzept der Anerkennung (Horster 2009, 154)

Anerkennungsweise		
Emotionale Zuwendung	Kognitive Achtung	Soziale Wertschätzung
Anerkennungsformen		
Primärbeziehung (Liebe/Freundschaft)	Rechtsverhältnisse (Normen/Rechte)	Wertgemeinschaft
Praktische Selbstbeziehung		
Selbstvertrauen	Selbstachtung	Selbstschätzung
Missachtungsformen		
Misshandlung (Folter/Vergewaltigung)	Ausschließung (Exklusion)	Beleidigung (Entwürdigung)

Auf Grundlage oben genannter Exklusionsrisiken von Menschen mit schwerster Behinderung bedarf die Auseinandersetzung mit Selbstbestimmung und Anerkennung einer Care-Ethik als wichtige theoretische Fundierung, die die Beziehungen der Menschen untereinander, die Fürsorge, Verantwortung und Aufmerksamkeit für den anderen in den Mittelpunkt ihrer Überlegungen stellt und den Blick öffnet für Notwendigkeiten begleitender Unterstützung und Assistenz (vgl. Jennessen & Wagner 2012). Als theoretischer Hauptbezugspunkt in der aktuellen Sonder- und Inklusionspädagogik fungieren derzeit die Arbeiten von Kittay (2004). Diese geht davon aus, dass die Beziehungen zwischen Menschen immer ungleich, asymmetrisch und abhängig gegeben sind. Dies hat zur Folge, dass sich Menschen *immer* in einem Netzwerk wechselseitiger Abhängigkeiten befinden. Dies impliziert die Notwendigkeit, Verantwortung für den anderen zu übernehmen, und zwar unabhängig von dessen Eigenschaften und Fähigkeiten. Diese grundlegende, ethisch fundierte gegenseitige Verantwortung des Menschen bedeutet, dass es für Fragen im Kontext von Menschen mit schwersten Behinderungen keiner „Sonderethik" bedarf, sondern dass die mit diesem Personenkreis akzentuierten ethischen Fragen im allgemeinen ethischen Diskurs aufgehen (vgl. Jennessen 2014).

Geben die Ausführungen Kittays zur Bedeutung gegenseitiger Abhängigkeiten der Menschen voneinander den ethischen Rahmen vor, versucht Michael Wunder (2010) mit dem Begriff der Achtsamkeit eine inhaltliche Ausgestaltung dieses Rahmens, der für die Körperbehindertenpädagogik hochinteressant ist. Er definiert Achtsamkeit als „Grundhaltung, die Verbundenheit der Menschen miteinander zu erkennen, einen an den Bedürfnissen orientierten Kontakt aufzunehmen und eine sorgende Aktivität gerade bei Ungleichheit der Kommunikationspartner zu gewährleisten" (ebd. 2010, 33). Auch wenn nach Kittay davon ausgegangen werden kann, dass menschliches Dasein sich immer in Asymmetrie zum anderen vollzieht, greift Wunder mit dieser Begrifflichkeit Ungleichheiten zwischen den Menschen auf, die aus spezifischen Abhängigkeiten und Unterstützungsbedarfen entstehen und die Ungleichheitsverhältnisse in besonderer Weise akzentuieren. Knüpfen wir an die oben dargestellten besonderen Herausforderungen an selbstbestimmtes Leben bei Menschen mit komplexer Behinderung an, so kann das Konzept der Achtsamkeit als mögliche Antwort aller einseitig auf Selbstbestimmung orientierten Ansätze der Sonderpädagogik, Disability Studies und Sozialen Arbeit verstanden werden. Hier ist sie jedoch nicht als Gegenthese gedacht, sondern übernimmt eher die Funktion einer unverzichtbaren Begleiterin von Inklusionsprozessen (vgl. Jennessen & Wagner 2012). Aufgrund der Tatsache, dass der Mensch das entscheidende Element ethisch-reflexiver und inklusiver Theorie und Praxis ist, ist dessen innere Haltung als Care-Geber entscheidend für das Gelingen von Achtsamkeit. Diese Haltung sollte nach Wunder (2010) folgende Aspekte beinhalten:

- *Aufmerksamkeit:* meint auch Offenheit und Zugewandtheit, abzugrenzen gegen Überidentifikation auf der einen Seite und Ignoranz auf der anderen Seite
- *Verantwortlichkeit:* Bereitschaft, die Sorge für andere zu übernehmen
- *Kompetenz:* Bereitschaft, zu lernen, eigene Grenzen zu erkennen, abgeben können, weitere professionelle Hilfe da einsetzen, wo sie notwendig wäre
- *Empfänglichkeit:* Bereitschaft, sich „berühren zu lassen", ohne zu verschmelzen, abzugrenzen gegen Paternalismus und Missbrauch

Diese Aspekte, die sehr viel mehr beinhalten als Kompetenzen, da sie explizit die Haltungsebene des Einzelnen tangieren, sind gerade im Hinblick auf Menschen mit (schweren) Körperbehinderungen und/oder fortschreitender Erkrankung als essentiell bedeutsam anzusehen. Die oben angesprochenen Asymmetrien variieren in ihrer Akzentuierung in Bezug auf die äußerst heterogene Gruppe körperbehinderter Menschen deutlich: Benötigt der eine allenfalls punktuell und situativ unterstützende Assistenz, bedarf die andere der Pflege und einer umfassenden Unterstützung in sämtlichen Belangen des täglichen Lebens. Dennoch scheinen die hier skizzierten Anmerkungen zu einer Care-Ethik und ihrer inhaltlichen Ausformung im Konzept der Anerkennung dieser Bandbreite an Bedarfen gerecht zu werden, da sie eben von der grundsätzlichen Bedürftigkeit aller Menschen ausgeht, die dann individuell ausgestaltet ist.

4.4 Technik – Orthesen – Körperbehinderung

Die Kompensation körperlicher Einschränkungen durch Hilfsmittel verschiedenster Art ist immer schon ein Thema gewesen, mit dem sich körperbehinderte Menschen in ihren realen Lebensvollzügen beschäftigt haben. Auch die Wissenschaftsdisziplin Körperbehindertenpädagogik befasst sich mit Fragen der Unterstützung der Teilhabe an Bildung, Kultur und Mobilität durch die adäquate individuelle Nutzung körpereigener und körperfremder Hilfsmittel. Auch bedingt durch die medizinischen bzw. orthopädischen Wurzeln der Körperbehindertenpädagogik war die Hilfsmittelversorgung körperbehinderter Menschen mit Gehhilfen etc. ein lange Zeit zentrales Thema. Die ethische Dimension dieses Feldes ist innerhalb der Disziplin bislang jedoch eher marginal beachtet worden. Hierzu gehören Fragen nach der Veränderung des Menschen und der Menschlichkeit durch Hilfsmittel im Sinne einer potentiellen oder realen Veränderbarkeit des menschlichen Körpers. Diese Auseinandersetzung findet eher in Anlehnung und häufig auch im unmittelbaren Kontext körpersoziologischer Diskurse statt (z. B. Schroer 2012) – auch wenn zu Recht darauf verwiesen wird, dass diese meist „an der Oberfläche zwischen den Polen einer kulturkritischen Technikfeindlichkeit und einer verheißungsvollen Technik-Apologie oszillieren" (Schneider 2012, 371). In der Körperbehindertenpädagogik steht bislang primär die pragmatische Auseinandersetzung mit den Möglichkeiten und Grenzen technischer und orthetischer Versorgung für den einzelnen Menschen mit seiner jeweils spezifischen körperlich-motorischen Ausgangssituation im Fokus der Auseinandersetzung (vgl. z. B. Bergeest, Boenisch & Daut 2011). Diese Perspektive ist nicht zu kritisieren oder gar zu revidieren, sondern um eine Perspektive zu erweitern, die auch in den Blick nimmt, welche grundsätzlichen Fragen mit der Nutzung gerade körperfremder Medien und Hilfsmittel konnotiert sind.

Ging es in den Anfängen der spezifischen Versorgung und Förderung von Menschen mit Körperbehinderungen vorrangig um Fragen der Mobilität, so gestaltet sich diese heute stärker umfassender mit dem Ziel eines Höchstmaßes an Selbstständigkeit und Teilhabe. Ziel des Einsatzes technischer Hilfsmittel ist letztendlich immer die Reduktion bzw. Beseitigung von Barrieren. Der aktuell stark verbreitete Ansatz des Ambient Assisted Living (AAL) ist bedingt durch den demographischen Wandel zwar zunächst an den Bedürfnissen einer immer älter werdenden Gesellschaft orientiert, beinhaltet aber grundlegende Systeme und Dienstleistungen, Ansätze und Methoden, die alle NutzerInnen unaufdringlich und in Abhängigkeit von ihrer Situation unterstützen können (sollen). Aus diesem Grund ist diese Entwicklung durchaus und auch explizit für Menschen mit Körperbehinderungen relevant.

Für die Körperbehindertenpädagogik als zwar transdisziplinär angelegte, jedoch primär erziehungswissenschaftliche Disziplin stehen vor allem die Mensch-Technik-*Interaktionen* im Fokus – unter Berücksichtigung der Frage, welche technischen Unterstützungsmöglichkeiten für welchen Menschen geeignet erscheinen. Als Beispiel für ein transdisziplinäres Forschungsfeld kann hier das Projekt *BeMobil (Bewegungsfähigkeit und Mobilität wiedererlangen)* erwähnt werden, als ebenfalls ursprünglich für den demographischen Wandel konzipierter Sonderforschungsbereich des Bundesministeriums für Bildung und Forschung (BMBF). Die Zielsetzung ist teilweise übertragbar auf andere Lebensphasen und damit für die Körperbehindertenpädagogik hochrelevant, da im Rahmen von *BeMobil* NutzerInnenperspektiven und das Prinzip der Alltagstauglichkeit in besonderer Weise berücksichtigt werden. Hier wird allerdings auch die Grenze der aktuell teilweise hochfinanzierten Projekte und Forschungsansätze deutlich: Es geht in der Regel um Rehabilitation, also um die Wiedererlangung bzw. Wiederherstellung bestimmter körperlicher Funktionen. Ist dies für Menschen mit erworbenen Körperbehinderungen ein individuell häufig existentieller Ansatz, stellen sich für Menschen mit angeborenen Körperbehinderungen nicht selten ganz andere Fragen:

- Dient das jeweilige Hilfsmittel tatsächlich meinem Bedürfnis nach Teilhabe?
- Welche identitätsrelevanten Auswirkungen hat die dauerhafte Abhängigkeit von Technik?
- Inwiefern haben Hilfsmittel auch die Funktion des Verbergens der körperlichen Beeinträchtigung und wer möchte dies – der betroffene Mensch selbst oder eine Gesellschaft, die sich nur ungern mit eingeschränkter Körperlichkeit auseinandersetzen und mit dieser konfrontiert werden möchte?
- Und: Welche diskursiv produzierten und geltenden symbolischen Ordnungen von vollständiger bzw. unvollständiger Körperlichkeit liegen den Ausstattungen bzw. Nicht-Ausstattungen des Körpers mit Hilfsmitteln zugrunde (vgl. Schneider 2012, 377)?

Diese Fragen sind nicht als grundsätzliche Technik-Kritik zu verstehen. Viel zu viele lebenserleichternde und teilhabefördernde technische Errungenschaften sind in den vergangenen Jahrzehnten entwickelt worden, um eine solch einseitige Perspektive fachlich begründet vertreten zu können. Dieser Blick soll jedoch eine weitere Perspektive auf die Frage nach dem „guten Leben" des Einzelnen ermöglichen, die auch die bewusste Entscheidung gegen bestimmte Hilfsmittel und Techniksupport beinhaltet, wenn dieser mit der eigenen Identität als nicht vereinbar scheint. Insgesamt ist aufgrund des technischen Fortschritts eine zunehmende Leistungsfähigkeit technischer Systeme und neuer therapeutischer Behandlungsansätze beobachtbar: Nanotechnologie, Künstliche Intelligenz, Robotik, aktive technische Unterstützung, neue Sensorik-Konzepte und innovative Rückmelde-/Motivationskonzepte ermöglichen in rasanter Dynamik zunehmend bessere Kompensationsmöglichkeiten motorischer Besonderheiten. Führen diese zu einem höheren Maß an Barrierearmut, entstehen auch neue Möglichkeiten der autonomen Lebensführung, die für Menschen in allen Altersstufen somit auch Steigerungen der Lebensqualität zur Folge haben können.

Im Zuge einer theoretischen Fundierung und ethischen Reflexion des Verhältnisses „Mensch – Technik" sind – die oben bereits aufgeworfenen Fragen ergänzend – jedoch weitere Fragen zu formulieren:

- Welche Bedeutung hat die Verwendung technischer Unterstützungsmöglichkeiten für das Selbst, für das Verhältnis zur eigenen Körperlichkeit?
- Welche neuen Abhängigkeiten schafft die Technik und welche Copingstrategien entwickeln Menschen, um mit diesen umzugehen?

Schneider stellt am Beispiel der Prothetik die These auf, dass das kulturelle Konzept der „modernen Prothese" verschwinden werde:

„*[D]ie Prothese'* *verwandelt sich zum (post-modernen?) Konzept eines ‚hybriden Technofakts', in welchem sich die herkömmlichen grenzziehenden Unterscheidungen zwischen menschlich/nicht menschlich, lebendig/nicht lebendig, natürlich-gegeben/technisch-künstlich hergestellt verflüssigen, auflösen werden. Damit sieht sich die fortschreitend technisierte moderne Gesellschaft [...] zunehmend Grenzfällen des Menschlichen gegenüber, bei denen von Fall zu Fall gesellschaftlich über die anzulegenden Deutungskonzepte, über die damit verbundenen Grenzziehungen als Antwort auf die Frage nach dem ‚nicht', ‚noch nicht' oder ‚nicht mehr Menschlichen' zu entscheiden sein wird.*" (Schneider 2012, 373)

Diese Grenzfragen und diskursiv zu erarbeitenden Grenzziehungen sind gerade im Kontext des Lebensanfangs und des Lebensendes hochaktuell und auch für die Disziplin Körperbehindertenpädagogik zu erörtern und in deren wissenschaftlichen Einflussmöglichkeiten mit eindeutigen Positionen und Reflexionen zu akzentuieren (siehe untenstehenden Abschnitt sowie den Beitrag von Martina Schlüter in diesem Band).

Ein prothetisches Hilfsmittel – welcher Art und materiellen Beschaffenheit auch immer (Kunststoff, Titan oder bei Transplantationen auch als menschliches Organ) – ist immer „das Fremde im Dienste des Eigenen, das sich gerade deshalb durch eine besondere Ambivalenz von gleichzeitiger Vertrautheit, Selbstverständlichkeit wie ebenso weitgehender Fremdheit, Andersartigkeit auszeichnet" (ebd., 374). Diese Ambivalenz ist von dem Anwendenden, dem/der NutzerIn zu bewältigen. Sie muss reflektiert und in das körperliche sowie gesamte Selbstbild integriert werden, wenn dieses Hilfsmittel als dauerhaft dazugehörig verstanden werden soll. Hierbei sind die Einflussfaktoren verschiedener kultureller wie auch personaler Aspekte zu berücksichtigen, z. B. aktuelle gesellschaftliche Körperideale, Geschlechts- und Genderfragen, Visibilität des Hilfsmittels, „einverleibtes" oder „anhängendes" bzw. vom eigenen Körper trennbares Hilfsmittel. Dass dieser Prozess zum einen sehr individuell verläuft und nicht immer im Sinne einer Akzeptanz des Ambivalenten gelingt, weist darauf hin, dass die oben angeführte Frage nach der Bewältigung dieser Abhängigkeit eine für die Körperbehindertenpädagogik hochrelevante darstellt, die auch in den pädagogischen Begleitprozessen gesehen und angemessen berücksichtigt und mit den NutzerInnen selbst bestenfalls thematisiert werden muss. Hierbei können und sollten sowohl die rein körperlichen Ablehnungs- und Abstoßungsprozesse gegen das Fremde in den Blick genommen werden, wie auch psychosoziale Widerstände.

Die hier angedeuteten Fragestellungen werden sich angesichts der Dynamik rasant wachsender Technologien und aus diesen abzuleitender prothetischer Hilfsmittel zunehmend verschärfen und auf dem Hintergrund der Entkleidung ihrer „unhinterfragbaren Gegebenheit" (Schneider 2012, 392) zu ethisch hochrelevanten Fragen (weiter)entwickeln, da sie letztendlich immer die Frage nach dem Menschlichen und dem Diskus über ihn zentral bearbeiten.

Lediglich ergänzend sei an dieser Stelle angefügt, dass sich in den vergangenen 15 Jahren im Bereich Technik vor allem der Entwicklungsbereich der Kommunikation stark entwickelt hat: Unterstütze Kommunikation ist fester Bestandteil der Köperbehindertenpädagogik – oftmals in Kooperation mit der Geistigbehinderten- und/oder Sprachbehindertenpädagogik. So zeigen auch Forschungsergebnisse aus dem Bereich der Unterstützten Kommunikation die Bedeutung einer engen Kooperation von Sprachtherapie und Unterstützter Kommunikation. Laut einer Studie von Sachse und Boenisch (2009) erhalten nur 8 % der Kinder ohne Lautsprache UK-Förderung durch SprachtherapeutInnen an Schulen mit dem Förderschwerpunkt körperliche und motorische Entwicklung. Mehr als 50 % der Kinder mit komplexen Kommunikationsstörungen erhalten an den Schulen keine gezielte Kommunikationsförderung. Hier zeigt sich insgesamt ein hoher Entwicklungsbedarf, dem bereits in der Erstausbildung entsprochen werden muss und der zur Folge haben sollte, dass das differenzierte Wissen, das in diesem international gut erforschten Bereich verfügbar ist, auch Einzug in die Praxis der Förderung und Beglcitung körperbehinderter Menschen findet. Auf die ethische Bearbeitung der Verwendung einer ergänzenden und/oder ersetzenden Sprache mittels Technik und ihrer Bedeutung für die interpersonale Kommunikation und Interaktion sei an dieser Stelle lediglich verwiesen.

4.5 Körperbehinderung – Lebensanfang – Lebensende

Neben der Auswahl der in diesem Kapitel bereits skizzierten ethisch relevanten Themenfelder sind für die Körperbehindertenpädagogik zwei Lebensphasen besonders relevant: Lebensanfang und Lebensende. Es wurde oben bereits angedeutet, dass sich die Fragen nach dem Menschsein, dem Menschlichen und den Grenzen derselben in besonderer Weise in diesen Lebensabschnitten manifestieren und spezifizieren. In der Diskussion dieser beiden Kontexte geht es letztendlich um den Zusammenhang von Leid, potentieller Leidvermeidung und Behinderung. Hierbei handelt es sich um einen vielschichtigen Vorgang mit tiefgreifenden gesellschaftspolitischen Konsequenzen. Die zentrale Illusion des leidfreien Menschen und seines Lebens steht dabei dem menschenrechtlich und ethisch verankerten Anspruch der Inklusion von Menschen mit Behinderungen diametral gegenüber. Schockenhoff (2004, 148) merkt dazu an: „Zur Würde des Menschen als eines endlichen Wesens gehört […] auch das Recht, in Grenzen und mit Behinderungen zu leben. Die konstitutive Endlichkeit und Begrenztheit seines Daseins gilt dabei für jeden Menschen – auch für den scheinbar gesunden, starken, leistungsbereiten und keiner Hilfe Bedürftigen".

Für die Phase des Lebensanfangs stehen eine Vielzahl an diagnostischen Möglichkeiten zur Verfügung, die letztendlich auf die erhoffte Garantie für ein gesundes Kind abzielen: z.B. Präimplantationsdiagnostik (PID), Pränataldiagnostik (PND) und im Speziellen der Praena-Test als neuere Entwicklung. Die scheinbare Notwendigkeit der medizinisch-diagnostischen Absicherung des pränatal unversehrten Lebens verschärft sich zunehmend, wenn Gerichtsurteile die „Schuld" an der Nicht-Entdeckung von Entwicklungsbesonderheiten des ungeborenen Kindes in einer fehlenden ärztlichen Beratung und/oder nicht ausreichenden Diagnostik begründet sehen. Dies führt zu einer sukzessiven Zunahme pränataler Diagnostik, die somit von einer Diagnostik in Risikosituationen zur Standarddiagnostik mutiert. Moosecker (2015) weist in diesem Zusammenhang auf die Slippery-slope-Perspektive hin, die einen Dammbruch beschreibt, bei dem es infolge einer begrenzten Zulassung technischer Verfahren wie PID zu einer schleichenden Neubewertung dieser Verfahren in der Gesellschaft kommt. Diese Entwicklung lässt sich auch im Rahmen der Entwicklungen entsprechender Gesetzgebungen international bestätigen. Auch die vom Deutschen Ethikrat (2011) beschriebenen Eskalationsstufen zur Präimplantationsdiagnostik zeigen diese potentielle Entwicklung auf, indem sie eine Systematik vorlegen, die von nicht lebbaren Erkrankungen bis zu wünschbaren Eigenschaften des Kindes wie Augenfarbe o. ä. reichen. Noch wenig sind hierbei Fragen in den Blick genommen worden, die darauf abzielen, was diese Selektionsmaßnahmen für diejenigen Menschen bedeuten, die mit den vermeidbaren und intentional zu vermeidenden Erkrankungen geboren werden. Bei Genen, die als *rich* oder *poor* bezeichnet werden, kann bereits von genetischer Stigmatisierung gesprochen werden. Diese Stigmatisierung ist durchaus übertragbar auf Menschen, die mit diesen Genen leben. Zur Ausdifferenzierung der hier lediglich skizzierten ethischen Problembereiche sei auf den Beitrag von Martina Schlüter in diesem Band verwiesen.

Der in der Überschrift dieses Abschnitts verwendete Begriff des Lebensendes beschreibt nur einen Teilaspekt eines weiteren für die Körperbehindertenpädagogik relevanten Themenfeldes. So stellen progredient erkrankte sowie sterbende Kinder und Jugendliche eine Personengruppe dar, deren pädagogische Begleitung zu einer der originären und sehr spezifischen Aufgaben der Disziplin und der pädagogischen Praxis gehört. Seit den ersten theoretischen Auseinandersetzungen mit Fragen einer pädagogischen Lebensbegleitung durch Manfred Schmeichel (1978), der den bis heute prägenden Begriff der Pädagogischen Koexistenz entwickelte, sind Aspekte der schulischen Förderung (z. B. Ortmann 1999; Leyendecker & Lammers 2002; Jennessen 2009), der thematischen Weiterentwicklung des Einzelsystems Schule (z. B. Jennessen 2011), der Lebenssituation Jugendlicher mit spezifischen Erkrankungen (z. B. Daut (2005) zu jungen Männern mit Muskeldystrophie Duchenne) und zu außerschulischen Unterstützungsmöglichkeiten für erkrankte Kinder und Jugendliche und ihre Familien (z. B. Jennessen et al. (2011) zur Kinderhospizarbeit und Jennessen und Hurth (2015) zur qualitativen Weiterentwicklung der Kinder- und Jugendhospizarbeit) theoretisch und zum Teil auch empirisch bearbeitet worden. Die Begrifflichkeiten der hier in den Blick genommenen Personengruppe sind kontextgebunden nicht ganz trennscharf und eindeutig: So ist in der Körperbehindertenpädagogik meist von *progredienten* Erkrankungen die Rede, z. T. jedoch auch von *lebensverkürzenden* Erkrankungen, wobei in der letzten Lebensphase der Terminus *final erkrankt* Verwendung findet. Zunehmend finden sich in der Beschreibung der Personengruppe die Bezeichnungen *lebensverkürzend* und *lebensbedrohlich* erkrankt, wobei letztere die potentielle Heilung der Erkrankung impliziert. Beide Begriffe finden sich auch in den nichtpädagogischen Bereichen der Palliative Care für die derzeit ca. 50.000 erkrankten Kindern und Jugendlichen in Deutschland (vgl. Jennessen & Hurth 2015) und lassen somit die Anschlussfähigkeit an andere Disziplinen innerhalb dieses transdisziplinären Handlungs- und Wissenschaftsfeldes zu.

Zur Klassifizierung der unterschiedlichen Krankheiten im Kindes- und Jugendalter, die als lebensbedrohlich oder lebensverkürzend gelten, wurden von der Association for Children's Palliative Care die in Tabelle 2 aufgeführten vier Gruppen definiert, die Zernikow und Michel (2008) in den deutschsprachigen Raum übertragen haben.

Tab. 2: Klassifizierung lebensbedrohlicher und lebensverkürzender Erkrankungen

Gruppe 1	Lebensbedrohliche Erkrankungen, für die kurative Therapien existieren, aber ein Therapieversagen wahrscheinlich ist (z. B. onkologische Erkrankungen)
Gruppe 2	Erkrankungen, bei denen langandauernde intensive Behandlungen das Ziel haben, das Leben zu verlängern und die Teilnahme an normalen kindlichen Aktivitäten zu ermöglichen, aber ein vorzeitiger Tod wahrscheinlich ist (z. B. Cystische Fibrose, Muskeldystrophie Duchenne)
Gruppe 3	Fortschreitende Erkrankungen ohne therapeutische Optionen, bei denen häufig über viele Jahre eine ausschließlich palliative Therapie durchgeführt wird (z. B. Muccopolysaccharidosen)
Gruppe 4	Erkrankungen mit schweren neurologischen Behinderungen, die Schwäche und Anfälligkeit für gesundheitliche Komplikationen verursachen und sich unvorhergesehenerweise verschlechtern können, aber üblicherweise nicht als fortschreitend angesehen werden (z. B. schwere, mehrfache Beeinträchtigungen, spezifische Syndromkomplexe)

Ethisch relevant sind pädagogische Fragestellungen im Kontext lebensverkürzender Erkrankungen zum einen, weil die betroffenen Kinder und Jugendlichen erhöhten Exklusionsrisiken ausgesetzt sind, da ihr So-Sein für unsere Gesellschaft kaum zu ertragen zu sein scheint. Aus diesem Grund werden SchülerInnen mit den o. g. Erkrankungen häufig spätestens dann vom Besuch der Allgemeinen Schule ausgeschlossen, wenn ihre Erkrankung in einem fortgeschrittenen Stadium ist und Pflege-, Therapie- und Begleitungsbedarfe steigen. Die in der Begleitung dieser Kinder und Jugendlichen unvermeidbare Konfrontation mit thanatalen Situationen stellt für Lehrkräfte eine berufliche Herausforderung dar, für die sie in der Regel nicht qualifiziert sind. Aus diesem Grund ist die Qualifikation für Fragen im Kontext von Krankheit, Sterben, Tod und Trauer auch expliziter Bestandteil der 2016 zu konsentierenden Nationalen Strategie zur Betreuung schwerstkranker und sterbender Menschen. Diese fußt auf der 2011 veröffentlichten Charta zur Betreuung schwerstkranker und sterbender Menschen (vgl. http://www.charta-zur-betreuung-sterbender.de/), für deren fünf Leitsätze nun konkrete Handlungsmaßnahmen erarbeitet wurden. Die Situation fortschreitend erkrankter Kinder, Jugendlicher und junger Erwachsener sowie die Qualifikation der diese begleitenden PädagogInnen ist hierfür inklusive eines spezifischen Kompetenzprofils erarbeitet worden und soll dazu beitragen, die Qualität der (schulischen) Begleitung und Förderung der Kinder und Jugendlichen nachhaltig zu verbessern. In die Auseinandersetzung mit den in der Begleitung entstehenden Themenfeldern gehören zum Beispiel Fragen nach dem Sinn des Lernens angesichts einer reduzierten Lebenserwartung, Fragen der psychoemotionalen Bewältigung des kontinuierlichen Verlusts von Fähigkeiten, des Ausschlusses aus sozialen Situationen bei gleichzeitiger Bejahung entwicklungsgemäßer Lebensthemen sowie die antizipatorische, begleitende und nachgehende Trauerarbeit mit den MitschülerInnen zu den Aufgaben der Lehrkräfte. Diese Skizzierung verdeutlicht, dass die ethischen Fragestellungen in diesem Zusammenhang nicht ausschließlich thanataler Art sind, sondern vielmehr die adäquate Berücksichtigung von Lebensthemen angesichts eines zu erwartenden verfrühten Todes ethische Konnotationen hervorruft, die letztendlich Reflexionen der grundlegenden Fragen nach dem „guten Leben" beinhalten.

Jedoch stellt sich hier – ähnlich wie in der Debatte um den Lebensanfang – zunehmend auch die Frage nach dem Lebensrecht fortschreitend erkrankter Kinder und Jugendlicher. So ist in Belgien seit 2014 auch aktive Sterbehilfe für diese Personengruppe erlaubt, in Deutschland wird eine engagierte Debatte über Sterbehilfe geführt, in der Kinder und Jugendliche bislang (noch) kaum eine Rolle spielen. Beer und Droste (2015) stellen in ihrem Beitrag mit dem Untertitel „Wider die Forderung nach Sterbehilfe auch für Kinder" fest, dass geäußerte Todeswünsche von erkrankten Kindern und Jugendlichen in der Regel nicht wörtlich, sondern als Ausdruck von Ambivalenz, Not und Schmerzen zu interpretieren sind, die es zu lindern gilt. Sie plädieren für die Wahrung kindlicher Würde und Selbstbestimmung, die menschliche Begleitung und palliative Versorgung, da diese einen hohen Stellenwert für die finale Lebensphase haben (vgl. ebd., 197). Sie konstatieren zudem, dass Kinder und Jugendliche nicht auf ihre lebensverkürzende Prognose und das absehbare Sterben reduziert werden, sondern „bis zuletzt" leben wollen (ebd., 199), wofür sie adäquate Lebensräume – z. B. auch in Kinder- und Jugendhospizen – sowie persönlich und fachlich qualifizierte BegleiterInnen benötigen (vgl. Jennessen & Schwarzenberg 2013). Die ethische Dimension dieser Debatte liegt auf der Hand: Werden die Maßstäbe einer Gesellschaft an grenzenloser Selbstbestimmung, Stärke, Gesundheit und Unversehrtheit als verbindlich anzustrebendes Credo akzeptiert, erfahren alle menschlichen Themen im Kontext von Krankheit, Leid und Tod unweigerlich Ausschluss und Marginalisierung. Dies hat zur Folge, dass die in Belgien nun rechtlich mögliche ärztliche Selbsttötungsbeihilfe für Kinder und Jugendliche „als gesellschaftlich akzeptierte und ethisch positiv bewertete Lösung oder schlimmer ‚Erlösung'" (Beer & Droste 2015, 201) Eltern lebensverkürzend erkrankter Kinder und Jugendlicher dazu nötigt, sich für das Leben ihres Kindes zu rechtfertigen, da dieses unerwünscht und vermeidbar ist.

Die Körperbehindertenpädagogik ist aufgefordert, sich an diesen ethischen Diskursen wissenschaftlich zu beteiligen, indem sie die Perspektive einer Care-Ethik (vgl. Kittay 1999) und auch einer advokatorischen Ethik verstärkt in den Diskurs mit einbringt. Zentraler Inhalt dieser Perspektive muss die Reflexion über das Lebens- und Teilhaberecht aller Menschen sein – in Unabhängigkeit ihres körperlichen Daseins und ihrer Lebenserwartung. Diese Forderung beinhaltet Handlungsanforderungen an die Wissenschaftsdisziplin Körperbehindertenpädagogik, die über rein pädagogische Fragestellungen hinausgehen. Sie muss in transdisziplinärer Verständigung auf gesellschaftspolitischer Ebene tätig und sichtbar werden, wenn sie ihre ethische Verantwortung für die Lebensthemen der Menschen annimmt, für deren pädagogische Begleitung und Förderung sie Expertise vorhält.

Literatur

Beer, W./Droste, E. (2015): Kinder wollen leben – bis zuletzt. Wider die Forderung nach Sterbehilfe für Kinder. In: Lilie, U. et al. (Hrsg.): Würde, Selbstbestimmung, Sorgekultur. Blinde Flecken in der Sterbehilfedebatte. Ludwigsburg. 193–207.

Bergeest, H./Boenisch, J./Daut, V. (2011): Körperbehindertenpädagogik. 4. Aufl. Bad Heilbrunn.

Brachmann, A. (2011): Re-Institutionalisierung statt De-Institutionalisierung in der Behindertenhilfe. Wiesbaden.

Daut, V. (2005): Leben mit Duchenne Muskeldystrophie. Bad Heilbrunn.

Dederich, M./Schnell, M. W. (2011): Anerkennung und Gerechtigkeit im Kontext von Bildungs-, Heil- und Pflegeberufen. In: Dederich, M./Schnell, M. W. (Hrsg.): Anerkennung und Gerechtigkeit in Heilpädagogik, Pflegewissenschaft und Medizin. Bielefeld. 7–22.

Deutscher Ethikrat (2011): Präimplantationsdiagnostik. Stellungnahme. Berlin.

Düwell, M. (2006) (Hrsg.): Handbuch Ethik. 2., aktual. und erw. Aufl. Stuttgart.

Fornefeld, B. (2009): Selbstbestimmung/Autonomie. In: Dederich, M./Jantzen, W. (Hrsg.): Behinderung und Anerkennung. Stuttgart. 183–187.

Honneth, A. (1992): Kampf um Anerkennung. Frankfurt a. M.

Horster, D. (2009): Anerkennung. In: Dederich, M./Jantzen, W. (Hrsg.): Behinderung und Anerkennung. Stuttgart. 153–189.

Horster, D. (2012): Was ist Moral? In: Moser, V./Horster, D. (Hrsg.): Ethik der Behindertenpädagogik. Stuttgart. 23–30.

Jacobs, H. (2010): Ethik des pädagogischen Prozesses. In: Kaiser, A. et al. (Hrsg.): Bildung und Erziehung. Stuttgart. 115–124.

Jennessen, S. (2009): Begleiten, Mitfühlen, Lehren. Ethische und pädagogische Aspekte der Rolle von Lehrkräften in der schulpädagogischen Arbeit mit progredient erkrankten Kindern und Jugendlichen. In: Deutscher Kinderhospizverein e. V. (Hrsg.): Leben mit Grenzen. Wuppertal. 142–152.

Jennessen, S. (2011): Schule, Tod und Rituale. Systemische Perspektiven im sonderpädagogischen Umgang mit Sterben, Tod und Trauer. 5. Aufl. Oldenburg.

Jennessen, S./Bungenstock, A./Schwarzenberg, E. (2011): Kinderhospizarbeit. Konzepte, Erkenntnisse, Perspektiven. Stuttgart.

Jennessen, S./Schwarzenberg (2013): Professionalität in der Begleitung lebensverkürzend erkrankter Kinder und ihrer Familien – ausgewählte empirische Ergebnisse. In: Zeitschrift für Heilpädagogik 02/2013. 8–15.

Jennessen, S. (2014): Junge Menschen in dauerhaft fragilen Gesundheitssituation und mit lebensverkürzenden Erkrankungen – mitten im Leben? In: Maier-Michalitsch, N./Grunick, G. (Hrsg.): Leben bis zuletzt – Sterben, Tod und Trauer. Düsseldorf. 21–33.

Jennessen, S./Hurth, S. (2015): Der Qualitätsindex für Kinder- und Jugendhospizarbeit. Ludwigsburg.

Jennessen, S./Wagner, M. (2012): Alles so schön bunt hier!? Grundlegendes und Spezifisches zur Inklusion aus sonderpädagogischer Perspektive. In: Zeitschrift für Heilpädagogik 08/12. 335–344.

Kittay, E.G. (2004): Behinderung und das Konzept der Care-Ethik. In: Graumann, S. et al. (Hrsg.): Ethik und Behinderung. Frankfurt a. M. 67–80.

Kuhn, A. (2012): Was ist Behinderung? In: Moser, V./Horster, D. (Hrsg.): Ethik der Behindertenpädagogik. Stuttgart. 41–58.
Kulig, W./Theunissen, G. (2006): Selbstbestimmung und Empowerment. In: Wüllenweber, E./Theunissen, G./Mühl, H. (Hrsg.): Pädagogik bei geistigen Behinderungen. Stuttgart. 237–250.
Leyendecker, C./Lammers, A. (2001): Lass mich einen Schritt alleine tun. Lebensbeistand und Sterbebegleitung lebensverkürzend erkrankter Kinder. Stuttgart.
Moosecker, J. (2015): Slippery slope-Perspektive zugunsten einer Indikationsausweitung auf weitere Eskalationsstufen der Präimplantationsdiagnostik? Fortschreitende Entwicklungen der Reproduktionsmedizin im Bereich der genetischen Frühdiagnostik in Europa. In: Zeitschrift für Heilpädagogik, (2015) 1. 36–45.
Moser, V./Horster D. (2012): Einleitung: Ethische Argumentationen der Behindertenpädagogik – eine Bestandsaufnahme. In: Moser, V./Horster, D. (Hrsg.): Ethik der Behindertenpädagogik. Stuttgart. 13–22.
Ortmann, M. (1999): Theorie und Praxis der pädagogischen Förderung chronisch kranker und final erkrankter Kinder. In: Bergeest, H./Hansen, G. (Hrsg.): Theorien der Körperbehindertenpädagogik. Bad Heilbrunn. 384–409.
Papenkort, U. (2009): Psychotherapie und die Frage nach dem glücklichen Leben. In: Bormann, M./Maus, U./Zilly, G. (Hrsg.): Ethik für alle Fälle. Tübingen. 61–76.
Sachse, S./Boenisch, J. (2009): Kern- und Randvokabular in der Unterstützten Kommunikation: Grundlagen und Anwendung. In: von Loeper/ISAAC (Hrsg.): Handbuch der Unterstützten Kommunikation, Teil 1. Karlsruhe. 30–40.
Schmeichel, M. (1978): Schüler mit begrenzter Lebenserwartung und das Bildungsziel der Körperbehindertenschule. In: Fachbereich Sonderpädagogik der Pädagogischen Hochschule Reutlingen (Hrsg.): Handlungsorientierte Sonderpädagogik. Rheinstetten. 82–97.
Schneider, W. (2012): Der Prothesen-Körper als gesellschaftliches Grenzproblem. In: Schroer, M. (Hrsg.): Soziologie des Körpers. 2. Aufl. Frankfurt a. M. 371–397.
Schockenhoff, E. (2004): Wie perfekt muss der Mensch sein? Chance und Risiken der genetischen Medizin aus ethischer Sicht. In: Leonhardt, A. (Hrsg.): Wie perfekt muss der Mensch sein? München. 131–149.
Schroer, M. (2012) (Hrsg.): Soziologie des Körpers. 2. Aufl. Frankfurt a. M.
Wunder, M. (2010): Inklusion – nur ein neues Wort oder ein anderes Konzept? In: H. Wittig-Koppe/Bremer, F./Hansen, H. (Hrsg.): Teilhabe in Zeiten verschärfter Ausgrenzung. Neumünster. 22–37.
Zernikow, B./Michel, E. (2008): Strukturelle Grundlagen. In: Zernikow, B. (Hrsg.): Palliativversorgung von Kindern, Jugendlichen und jungen Erwachsenen. Heidelberg, 3–32.
Zirfas, J. (2012): Eine pädagogische Anthropologie der Behinderung – Über Selbstbestimmung, Erziehungsbedürftigkeit und Bildungsfähigkeit. In: Moser, V./Horster, D. (Hrsg.): Ethik der Behindertenpädagogik. Stuttgart. 75–89.

EINWURF: ETHISCHE FRAGEN AM LEBENSANFANG

Martina Schlüter

Vorbemerkung

Der folgende Beitrag entstammt der kumulativen Habilitationsschrift der Autorin, die sie aufgrund ihres plötzlichen Todes nicht mehr einreichen konnte. Er wurde für dieses Buch von Sven Jennessen punktuell komprimiert, formal angepasst und enthält die Zusammenfassung von sieben Beiträgen der Autorin zu ethischen Aspekten am Lebensanfang, die die Bandbreite der körperbehindertenpädagogisch relevanten Themenbereiche abbilden. Die Quellen sind den Einzelbeiträgen der Autorin zu entnehmen (siehe Literaturliste am Ende des Beitrags).

Der Zeitschriftenbeitrag „Leid, Leidvermeidung und Behinderung" (Schlüter & Bendokat 2002) analysiert Leid und Leidvermeidung im Leben des Menschen unter anthropologischer (Frankl), humanistisch-psychologischer (Rogers), christlich-theologischer (Eibach & Küng), heilpädagogischer (u. a. Levinas, Speck & Moor) und medizinischer Perspektive (Loewy). Mit Ausnahme der medizinischen Sichtweise wird das Leid als unausweichlicher Bestandteil des menschlichen Lebens betrachtet, mit dem es sich auseinanderzusetzen gilt. Findet eine solche Auseinandersetzung statt, können ihm durchaus auch positive Aspekte entnommen werden. Frankl spricht dem Leid eine „revolutionäre Spannung" (Frankl 1980, 248) zu. Erst durch das Leiden an einer bestimmten Situation beginnt der Mensch an deren Veränderung zu arbeiten. Leid wirkt vielfach nicht lähmend, sondern kann für den Menschen der entscheidende Antrieb sein, auf den er letztlich angewiesen ist. Nicht jedem Leid kann jedoch immer ein Sinn zugesprochen werden.

Dem oftmals gesellschaftlich unterstellten Zusammenhang von Behinderung und Leid im Sinne von „Das Leben mit einer Schädigung ist immer ein leidvolles Leben" werden zum einen die Sichtweisen der Autobiographien von Fredi Saal (1994), Annie McDonald (1994) und John Callahan (1992) als alternative, gelebte Sichtweisen entgegengestellt und zum anderen werden betroffene Eltern zitiert. Leiderfahrungen werden weniger im Bezug zur Schädigung formuliert als mehr in der Reaktion der Mitmenschen auf das Phänomen Behinderung hin begründet. Gesellschaftliche Haltungen, die eine offene Ablehnung und Vermeidung von Behinderung als bestehendes Leid symbolisieren, sind kennzeichnend für viele dieser Reaktionen.

Für die Heilpädagogik lässt sich konstatieren, dass die Handlungsanforderungen an sie über rein pädagogische Fragestellungen hinausgehen. Sie muss auf gesellschaftspolitischer Ebene tätig werden. Im Weiteren gilt es das transdisziplinäre Gespräch zu forcieren. So zeigt sich, dass das Verhältnis zur Medizin neu gestaltet werden muss: Der Informationszufluss über den Menschen mit einer Körperbehinderung muss in beiderlei Richtungen fließen, von der Medizin zur Heilpädagogik und umgekehrt, um ein ganzheitliches Wirken zu ermöglichen.

Kernaussage des Beitrags „Forderungen für die Lebenswe(r)ltgestaltung von (körper-)behinderten Menschen als Antworten zur Leidvermeidung durch pränatale Diagnostik" (Schlüter 2002) ist die Forderung nach einem neuen Leistungsbegriff: Leistung kann in einer demokratischen Gesellschaft nicht nur wirtschaftlichen Kriterien genügen, sondern muss individuelle Kriterien berücksichtigen. Eine Orientierung nach der physikalischen Definition als Arbeit pro Zeit ist insbesondere für Menschen mit Körperbehinderungen ein Selektionskriterium, da viele einem eng bemessenen Zeitrahmen nicht entsprechen können. Eine daraus folgende Absprechung von Leistungsfähigkeit fördert nicht nur die Sichtweise von Behinderung als Leid, sondern gibt auch Kosten-Nutzen-Analysen Zuspruch, was exemplarisch am körperbehinderten Menschen in Pflegeabhängigkeit mit dem Arbeitgebermodell und der Individuellen Schwerstbehindertenbetreuung (ISB), das für viele betroffene Menschen die Abhängigkeit von Sozialhilfe als Folge der Finanzierungsschwierigkeiten bedeutet, ausgeführt wird.

Pränataldiagnostik (PND) kann in dem Sinne den Leistungsdruck bei einer Schwangerschaft fördern, als die Frau sich dafür verantwortlich fühlt, der Gesellschaft ein leistungsfähiges Kind zu gebären. PND mit Konsequenz des Schwangerschaftsabbruchs bei diagnostizierter Schädigung wird als Beitrag zur Leidvermeidung gewertet.

Heilpädagogik wird aufgefordert, in ihren Aufgabenbereich die Durchbrechung der Kette „Leistungsabsprache – Behinderung – Leidvermeidung" aufzunehmen, indem in transdisziplinärer Kooperation neue Kriterien für eine Leistungsdefinition mit gesellschaftlicher Relevanz formuliert und für den Arbeitsprozess umgesetzt werden – eine Forderung der Autorin, die auf eine Erweiterung und Neuorientierung des gesellschaftspolitischen Aufgabenspektrums der Heilpädagogik hinweist.

Unter dem Titel „Das Leben von Menschen mit einer Körperbehinderung – Eine Standortbestimmung" (Schlüter 2003) wird eine Bewertung des Lebens mit Körperbehinderung vorwiegend anhand autobiographischer Auszüge vorgenommen, die Heterogenität von Körperschädigungen (unterschiedliche Schweregrade, Zeitpunkt des Eintritts etc.) wird beachtet. Mit der Differenzierung und Abgrenzung von „Krankheit" gegenüber „Behinderung" wird der unscharfe Sprachgebrauch, selbst in wissenschaftlichen Publikationen, als unzutreffend und Abwertung im Sinne von gesellschaftlichem Ausschluss kritisiert. Der Begriff der Krankheit ignoriert den Zustand des dauerhaften und lebenslangen So-Seins, dessen Akzeptanz von betroffenen Menschen bereits oftmals vollzogen ist. Eine Krankheit versetzt den betroffenen Menschen eher in einen Ausnahmezustand und zieht eine Entbindung von Pflichten und spezielle Zuwendungen nach sich. Von vielen Menschen wird Krankheit als soziale Isolierung empfunden. Die Zuschreibung von Krankheit impliziert, dass ein Mensch mit Behinderung nicht gesund sein kann. Der Gegenbeweis wird mit Antonovsky geführt.

Nach der Analyse und Diskussion unterschiedlichster bioethischer Aspekte bzgl. des Lebens von Menschen mit Körperbehinderungen werden Konsequenzen für den wissenschaftlichen Standort der Körperbehindertenpädagogik gezogen: Hierbei wird sich dem Vorwurf von z. B. Dederich und Fornefeld angeschlossen, dass die Heilpädagogik zu sehr auf erziehungsrelevante, immanente Problemfelder ausgerichtet ist und zu wenig die Entwicklungen von Nachbardisziplinen wahrnimmt. Positionierungen und eindeutige Standortbestimmungen fehlen oder kommen zu spät. Dederich zeigt dies für das Buch „Praktische Ethik" von Peter Singer auf (vgl. Dederich 2000, 8). Deshalb wird eine differenzierte Stellungnahme zu den Entwicklungen in der Gentechnologie gefordert. Dabei werden durchaus bestehende Konfliktfelder gesehen: So stehen auf der einen Seite nicht wenige betroffene Menschen, die auf heilbringende Therapien durch Forschung hoffen, und auf der anderen Seite steht die Gefahr der Eugenik. Eine Verschärfung und Konkretisierung dieser Forderung wird bei Schlüter (2012) in Bezug auf den PraenaTest diskutiert.

Im Beitrag „Ethische Fragestellungen" (Schlüter 2006) werden zentrale ethische Aspekte in ihrer Relevanz für die Heil- und Körperbehindertenpädagogik diskutiert.

Anhand der aus der christlichen Soziallehre stammenden drei gesellschaftlichen Ordnungsprinzipien, dem Solidaritäts-, dem Gemeinwohl- und dem Subsidiaritätsprinzip, wird die gesellschaftliche Verankerung des Menschen mit Behinderung aufgezeigt: Das Solidaritätsprinzip legt als ethisches Prinzip die gegenseitige Verantwortung von Mensch und Gesellschaft fest. Das Gemeinwohlprinzip betont in der Frage nach dem Vorrang vom Einzelnen und dem Gemeinwohl „das Personsein im Gemeinwohl" (Höffner 1975, 48), während das Subsidiaritätsprinzip das Unterstützungssystem für z. B. Menschen mit Behinderungen gewährleistet und regelt. Anhand der Auswirkungen von ökonomisiertem Leben werden Verstöße gegen diese Prinzipien analysiert.

Vier Fragestellungen, die die Pränatal- und Präimplantationsdiagnostik, die embryonale Stammzellentherapie sowie das Down-Syndrom betreffen, sollen die aktuelle Situation des Menschen mit (Körper-)Behinderung im gesellschaftlichen System kennzeichnen. Das Down-Syndrom steht exemplarisch im Fokus gentechnologischer Entwicklungen und gesellschaftlicher Einstellungen. An dieser Stelle werden ethische Konflikte und Dammbruch-Gefahren aufgezeigt.

In der Formulierung von Forderungen und Folgerungen wird auf Dederich Bezug genommen, der mit Levinas „die Bereitschaft, Verantwortung zu übernehmen und zu tragen" (Dederich 2003, 170), eine zentrale Aufgabe herausstellt. Hier kann als Aufgabe für den Pädagogen, die Pädagogin und den Menschen mit Behinderung festgestellt werden: Sie haben die Aufgabe, sich dem in dem Beitrag dargestellten gesellschaftlichen Denken entgegenzustellen und konstruktive Reflexionen anzuregen, denn sie kennen die Praxis. Ziel ist es, Veränderungen zu bewirken, die die Lebenswelt der betroffenen Menschen unter dem Dach einer sozialen Integration in Selbstbestimmung erleichtern.

Der Buchbeitrag „Wissenschaftlicher Fortschritt und das Lebensrecht körperbehinderter Menschen" (Schlüter 2007) stellt die Beziehung von Menschenwürde und Lebensrecht bzw. Lebensschutz an den Anfang seiner Analysen: Schlüter geht sowohl der Entkoppelungsthese nach, wie sie z. B. von Singer und Birnbacher vertreten wird, als auch der These des sich gegenseitigen Bedingens, wie sie von Speck, Grewel und dem Bundesverfassungsgericht vertreten werden. „Wo menschliches Leben ist, kommt ihm Würde zu" (BVerfGE 39, 1, 41). Diese Beziehung von Menschenwürde und Lebensrecht, deren Diskussion auf juristischer, theologischer wie auch philosophischer Ebene geführt wird, hat entscheidende Bedeutung für die heilpädagogische Diskussion, insbesondere für die Körperbehindertenpädagogik: Das Leben mit einer Körperbehinderung, das Pflegeabhängigkeit, Kommunikationseinschränkungen sowohl in der Sprache als auch im Sprechen, motorisch funktionelle Veränderungen und/oder kognitive Abweichungen mit sich bringen kann, wird für das Leben in dieser Gesellschaft oft als nicht menschenwürdig bewertet. Behinderung bedeutet dauerhaftes Leid, aus dem es kein Entrinnen gibt. Eine Absprache des Lebensrechts ist für viele die zwingende Konsequenz. Eine Vermeidung von menschenunwürdigem Leben wird dann wiederum als der Erhaltung der Menschenwürde dienlich gewertet.

Schlüter stellt fest, dass der Lebensanfang und das Lebensende die kritischsten Lebensphasen für eine Entwürdigung darstellen, und fokussiert im weiteren Verlauf ihres Beitrags den Lebensanfang. Sie kann nachweisen, dass im Einverständnis mit der deutschen Gesetzgebung, gefördert durch die Verfeinerung der diagnostischen Methoden, dem Kind mit einer Schädigung bis zum Zeitpunkt nach der Geburt der Lebensschutz genommen werden kann: Es wird das Spektrum von der Embryonendiagnostik mittels Präimplantationsdiagnostik bis zum „Liegenlassen" und Unterlassen von medizinischen Maßnahmen von schwer geschädigten Neugeborenen analysiert.

Wissenschaftlicher Fortschritt stellt keine zwingende Begründung für einen Eingriff in den Lebensschutz dar, Gesetzgebung und die gesellschaftliche Bereitschaft sind weitere Bedingungen (s. Abb. 1).

Es kann festgestellt werden, dass alle hier angesprochenen Verfahren eugenischen Charakter haben: Mit Speck ist festzuhalten, dass im Gegensatz zur Eugenik im Dritten Reich diese Eugenik scheinbar keinen Schrecken und keinen Zwang ausübt. „Sie verheißt vielmehr Heil und Heilung, eine Optimierung von Leistungen, eine Verbesserung von Lebensqualität und eine Erhöhung der allgemeinen ökonomischen Effizienz" (Speck 2004, 44). Schlüter macht deutlich, dass es sich bei den Schwangerschaftsabbrüchen, vielfach bei Spätabbrüchen, um „Wunschkinder" handelt, die ohne eine Schädigung zur Welt gekommen wären.

Mit Dederich wird als Aufgabe für die Behinderten- und insbesondere für die Körperbehindertenpädagogik formuliert: „[...] die Konstruktion einer Theorie, die den Schutz, die Bewahrung und die Integrität des Anderen begründet. Diese Integrität muss die Ebene der Leiblichkeit, die Psyche, und soziale bzw. gesellschaftliche Aspekte umfassen" (Dederich 2001, 49). Um die Orientierung der Theorie an der Praxis zu gewährleisten, wird eine engere Theorie-Praxis-Verzahnung gefordert. Die Authentizität der jeweiligen Vertreter ist dabei ausschlaggebend. Ethische Positionierungen mit einem uneingeschränkten „Ja" zum Lebensrecht des körpergeschädigten Kindes werden gefordert. Multiplikatoren- und Lobbyfunktionen im gesellschaftspolitischen Kontext sollen die zur Sprache kommen lassen, die selber nicht sprechen können.

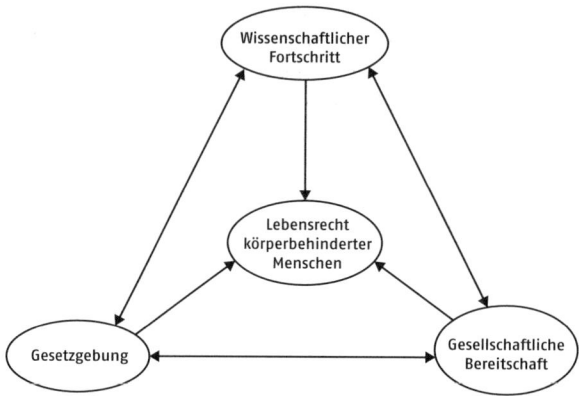

Abb. 1: Einflussgrößen für das Lebensrecht körperbehinderter Menschen (Schlüter 2007)

Diese Position hat für die Körperbehindertenpädagogik grundlegende Bedeutung und stellt in der Thematisierung von tabuisierten Fakten mit entsprechenden Positionierungen eine Weiterentwicklung dar: Sowohl in der Theorie wie auch in der Praxis professionell oder auch nicht professionell mit Menschen mit Körperschädigungen Tätige erhalten ein Fundament für die Reflexion von einschneidenden Haltungen.

Der Beitrag „Das Down-Syndrom im Zeitalter von Pränataldiagnostik (PND) und Präimplantationsdiagnostik (PID)" (Schlüter 2011) weist am Beispiel des Down-Syndroms mit konkreten Zahlen nach, was in früheren Arbeiten hermeneutisch dargelegt wurde: Das Lebensrecht von behinderten Kindern ist nicht gesichert, PND und PID stellen methodisch eine Möglichkeit dar, Schädigungen des Kindes vor ihrer Geburt zu diagnostizieren, und stellen die Mütter/Eltern vor eine Entscheidung zum bzw. gegen den Schwangerschaftsabbruch. Anhand einer Statistik aus England und Wales kann dargelegt werden, dass ca. 91 % aller mit Down-Syndrom diagnostizierten Kinder abgetrieben werden. In Deutschland gibt es keine schädigungsspezifische Statistik, es existieren nur Schätzzahlen: Jedes 500. Kind wird als Kind mit Down-Syndrom geboren, 1200 Kinder, manche Plattformen sprechen auch von 2000–3000 Kindern, werden pro Jahr mit Down-Syndrom in Deutschland geboren. Das Down-Syndrom ist eine genetische Schädigung. Die Wahrscheinlichkeit der Geburt eines Kindes mit Down-Syndrom korreliert in hohem Maße mit dem Alter der Mutter bei der Geburt und der dadurch bedingten abnehmenden Qualität ihrer Eizellen: Da nachweislich auch in Deutschland das Alter der Frauen durch die veränderten Lebensplanungen bei der Geburt ihrer Kinder ansteigt, werden auch mehr Kinder mit Down-Syndrom gezeugt, was es oftmals gilt, mittels PID und PND bis zu Ihrer möglichen Geburt zu „korrigieren": Die Entwicklungen in der Medizintechnologie sind den Lebensveränderungen der Menschheit nützlich, es ist unklar, wer was bedingt.

Im Weiteren wird mit dem salutogenetischen Gesundheitsverständnis von Antonovsky nachgewiesen, dass Menschen mit Down-Syndrom gesund sein können und sie ein ausgeprägtes, gutes Kohärenzgefühl haben können. Fördermöglichkeiten für Menschen mit Down-Syndrom haben lebensbegleitend eine hohe Qualität, die Lebenserwartung von Menschen mit Down-Syndrom zeigt kaum noch Einschränkungen, die Menschen in ihrem engeren Umfeld wie auch sie selber zeigen vielfach eine hohe Lebenszufriedenheit.

Hier werden deutlich die Ambivalenzen dargestellt, mit denen in unserem gesellschaftlichem wie auch wissenschaftlichem System gelebt wird: Der Angriff auf das vorgeburtliche Lebensrecht von Menschen mit Down-Syndrom wird als privates, individuelles Selbstbestimmungsrecht der Mütter/Eltern toleriert, Artikel 10 der UN-Behindertenrechtskonvention stellt das „inhärente Recht auf Leben" aller Menschen ohne Zeitbegrenzung fest, die Lebensqualität von Menschen mit Down-Syndrom kann durch entsprechende Therapie- und Förderansätze immer weiter verbessert werden. Das Down-Syndrom muss dabei eher exemplarisch gesehen werden, diese Ambivalenzen betreffen das Leben vieler Menschen mit (Körper-)Behinderungen. Weiterentwicklung bedeutet die Forderung nach der Aufhebung der Ambivalenzen zugunsten des Lebens von Menschen mit Behinderungen, was als dringende, sich stellende heilpädagogische Aufgabe gesehen wird.

Der Zeitschriftenartikel „Der PraenaTest, ein Bluttest zur Diagnostik von Trisomie 21 – eine kritische Betrachtung aus heilpädagogischer Sicht" (Schlüter 2012) wurde als heilpädagogische Stellungnahme auf die Markteinführung des PraenaTests im Juli 2012 durch die Firma Life Codexx für die Diagnostik der freien Trisomie 21 formuliert. Im Gegensatz zu den bisherigen Methoden der PND sucht der PraenaTest ausschließlich und gezielt nach Trisomie 21, er ist in der frühen Schwangerschaft bereits anzuwenden und stellt mit der mütterlichen Blutentnahme eine nicht invasive Methode dar. Die Schwelle einer gezielten Diagnostik von Trisomie 21, und zukünftig weiterer Chromosomenveränderungen, wird damit immer niedriger gelegt. Schlüter nimmt auf der Grundlage ihrer bisherigen Schriften und der gutachterlichen Stellungnahme zur Zulässigkeit des PraenaTests des Bonner Lehrstuhlinhabers für Öffentliches Recht Klaus Gärditz eine Bewertung des PraenaTests vor. Klaus Gärditz hat diese Stellungnahme im Auftrag des Beauftragten der Bundesregierung für die Belange behinderter Menschen Hubert Hüppe verfasst und kommt zu dem Ergebnis, dass die Marktfreigabe von PraenaTest unzulässig ist, da damit gegen das Grundgesetz (Art. 3 Abs. 3), das Gendiagnostikgesetz (§ 4,1; § 15,1) und das Medizinproduktegesetz (§ 4,1) verstoßen wird. Die Begründungen werden von der Autorin als ausgewogen und sachbezogen gewertet. So verweist Gärditz z. B. in der Überprüfung von § 15.1 des Gendiagnostikgesetzes insbesondere auf das Nicht-Vorliegen eines medizinischen Zweckes bei Anwendung von PraenaTest, da der Gesundheitszustand des Embryos mit Trisomie 21 nicht veränderbar sei: „Negative Abweichungen vom Gesundheitszustand des Embryos können nicht beseitigt oder verändert werden sowie einer genetisch bedingten Veränderung des Gesundheitszustandes nicht entgegengewirkt werden" (Gärditz 2012, 15). Kritiker beurteilen das Gutachten als Gefälligkeitsgutachten.

Schlüter will mit diesem Beitrag das Schweigen der Heilpädagogik aufbrechen: Sie fragt, wie sich eine Heilpädagogik, sowohl eine allgemeine Heilpädagogik wie auch entsprechende Förderschwerpunkte, zur Einführung des PraenaTests auf wissenschaftlicher Ebene positioniert? Muss sie sich bzw. darf sie sich überhaupt positionieren oder reicht es aus, auf die Ambivalenzen und existierenden Dilemmata hinzuweisen?

Es wird deutlich, dass sich Heilpädagogik zum Schutz aller Menschen mit Behinderungen, auch für den vorgeburtlichen Zeitraum, positionieren muss, woraus sich folgende Forderungen ableiten lassen: Die aktuelle Inklusionsdebatte mit dem Ziel der Umsetzung der UN-Behindertenrechtskonvention nimmt zu wenig Bezug auf den Anfang des Lebens. Der Inklusionsgedanke verliert an Glaubwürdigkeit, wenn er die Umsetzung des Artikels 10 der BRK nicht vehement einfordert. Heilpädagogik ...

- muss deutlicher politisch werden,
- muss in der Öffentlichkeit deutlicher Position beziehen,
- hat die Möglichkeit, alleine, wie auch im Zusammenschluss mit Selbsthilfegruppen, neben einem politischen Mandat ein öffentliches Mandat zu übernehmen und Lobbyfunktionen für Menschen mit Behinderungen und ihren Angehörigen auszuführen.

Zusammenfassung der Erkenntnisse für den Themenbereich Pränataldiagnostik und Ethik

Der Lebensschutz von Menschen mit Körperschädigungen ist im pränatalen Zeitraum aufgrund von Leidzuschreibungen und gesellschaftlichen Tendenzen ihrer Vermeidung in hohem Maße ungesichert. Die Differenzierung und Weiterentwicklung der Methoden der Pränataldiagnostik machen eine Diagnostik von immer mehr Schädigungen zu einem frühen Zeitpunkt in der Schwangerschaft möglich. Der gesetzliche Schutz ist nicht ausreichend.

Anhand von Autobiographien von Menschen mit Körperschädigungen kann nachgewiesen werden, dass eine automatische Verbindung von Leben mit einer Körperschädigung und dauerhaftem Leid unzulässig ist.

Die aktuelle Inklusionsdebatte berücksichtigt kaum den Anfang des Lebens, eine Umsetzung des Artikels 10 der UN-Behindertenrechtskonvention wird nur unzureichend verfolgt.

Anhand des Down-Syndroms kann exemplarisch nachgewiesen werden, dass der Mensch bzgl. der Bewertung, Begegnung und Begleitung von Menschen mit Behinderungen von Ambivalenzen geprägt ist.

Heilpädagogik und Körperbehindertenpädagogik lassen in der Wissenschaft eindeutige Positionierungen zum Schutz von Menschen mit Behinderungen vermissen. Ein gesellschaftspolitisches Mandat wird kaum wahrgenommen.

Literatur

Schlüter, M./Bendokat, T. (2002): Leid, Leidvermeidung und Behinderung. In: Vierteljahrsschrift für Heilpädagogik und ihre Nachbargebiete. VHN. 71. Jg. September. Freiburg. 206–215.

Schlüter, M. (2002): Forderungen für die Lebenswe(r)ltgestaltung von (körper-)behinderten Menschen als Antworten zur Leidvermeidung durch pränatale Diagnostik. In: Bundschuh, K. (Hrsg.): Sonder- und Heilpädagogik in der modernen Leistungsgesellschaft. Krise oder Chance, Bad Heilbrunn. 107–113.

Schlüter, M. (2003): Das Leben von Menschen mit einer Körperbehinderung – Eine Standortbestimmung. In: Dederich, M. (Hrsg.): Bioethik und Behinderung. Bad Heilbrunn. 193–209.

Schlüter, M. (2006): Ethische Fragestellungen. In: Hansen, G./Stein, R. (Hrsg.): Kompendium Sonderpädagogik. Bad Heilbrunn. 182.

Schlüter, M. (2007): Wissenschaftlicher Fortschritt und das Lebensrecht körperbehinderter Menschen. In: Haupt, U./Wieczorek, M. (Hrsg.): Brennpunkte der Körperbehindertenpädagogik. Stuttgart. 15–31.

Schlüter, M. (2011): Das Down-Syndrom im Zeitalter von Pränataldiagnostik (PND) und Präimplantationsdiagnostik (PID). In: Kongressband. begleitend zur Fachtagung vom 09.–11. September 2011. 23–32.

Schlüter, M. (2012): Der PraenaTest, ein Bluttest zur Diagnostik von Trisomie 21 – eine kritische Betrachtung aus heilpädagogischer Sicht. In: Zeitschrift für Heilpädagogik 11. 474–477.

5 AUFTRÄGE UND PERSPEKTIVEN FÜR DIE WISSENSCHAFT

Sven Jennessen

Die verschiedenen Beiträge in diesem Kapitel zur Körperbehindertenpädagogik als Disziplin eröffnen unterschiedliche Perspektiven auf das Fach, die abschließend in vier Hauptdimensionen zusammenfassend hinsichtlich ihrer disziplinären Relevanz erörtert werden. Bei diesen handelt es sich um die Dimensionen

- Leiblichkeit und Sozialität des Körpers,
- Interdisziplinarität,
- Heterogenität der Personengruppe und
- Spezifität im Inklusionsdiskurs.

Diese dimensionale Schwerpunktsetzung beabsichtigt nicht, sämtliche für die Disziplin relevanten Themenfelder abzudecken, sondern ist vielmehr als Bündelung zentraler Aspekte zu verstehen, auf die in den unterschiedlichen Beiträgen mit divergierenden theoretischen Verortungen und fachlichen Positionen Bezug genommen wurde.

5.1 Leiblichkeit und Sozialität des Körpers

Das Körper-Sein und das Körper-Haben sind untrennbar miteinander verwobene Bedingungen menschlichen Seins, die angesichts der Tatsache bzw. des subjektiven Erlebens eines differenten oder auch beeinträchtigten Körpers in besonderer Weise konnotiert sind. Die unmittelbare Erfahrung des eigenen Leibes prägt den Menschen auf eine bestimmte und stets individuelle Art und Weise. Zugleich erlebt sich der Mensch im Spiegel der anderen als sozial agierendes *und* sozial wahrgenommenes Wesen – und kann auf beiden Ebenen die Erfahrung der differenten Selbstwahrnehmung ebenso machen wie der von außen geschaffenen Barrieren und Aktivitätsbegrenzungen. Diese Verwobenheit der unmittelbaren Körperlichkeit mit der gesellschaftlichen Wahrnehmung differenter Körper hat neben den individuellen Auswirkungen auf die persönliche Lebensgestaltung direkte und indirekte Effekte auf gesellschaftliche Praktiken. Exklusions- und Inklusionsprozesse sind Ausdruck gesellschaftlicher Normen, die sowohl am Lebensanfang und -ende (bspw. durch Rechtsprechung in der Pränataldiagnostik oder der Sterbehilfe), aber auch in der öffentlichen Wahrnehmung behinderter Menschen oder in der Ermöglichung eines von der körperlichen Verfasstheit des Menschen unabhängigen, gleichen bzw. ungleichen Bildungsrechts Wirkung zeigen.

Für die Disziplin Körperbehindertenpädagogik mit ihrer historisch gewachsenen, stark individuumbezogenen Fokussierung beinhaltet diese Tatsache den

Auftrag der wissenschaftlichen Auseinandersetzung mit dem Verhältnis von differentem Körper und Gesellschaft unter Berücksichtigung kultureller und soziologischer sowie individualpsychologischer und somit leiborientierter Dimensionen.

5.2 Interdisziplinarität

Die Körperbehindertenpädagogik versteht sich seit jeher als interdisziplinär angelegtes Fach. Die Frage nach dem Pädagogischen der Körperbehindertenpädagogik wurde oft mit Verweis der Notwendigkeit der Berücksichtigung medizinischen, pflegerischen und therapeutischen Wissens beantwortet – und somit nicht selten unbeantwortet belassen. Auch wenn in den Beiträgen dieses Kapitels originär pädagogische Fragestellungen als Anforderungen an die Disziplin herausgearbeitet werden konnten, bleiben die Herausforderungen der Einbindung von Wissensbeständen anderer Disziplinen sowie die interdisziplinäre Kooperation und Diskursivität Bestandteil des Faches. Allerdings lassen sich entlang der verschiedenen Positionen inhaltliche Verschiebungen festmachen, die auch eine Folge der Erweiterung der schulbezogenen hin zu einer lebenslaufbezogenen Körperbehindertenpädagogik sind. Fragen der Teilhabe, die nicht nur auf die schulische Bildung und Erziehung ausgerichtet sind, sondern auch auf zentrale Lebensbereiche wie Wohnen, Arbeit und Sexualität, bedürfen anderer, erweiterter theoretischer Zugänge und somit anderer beteiligter Disziplinen. So erfordern Aspekte der Sozialraumerschließung und Barrierenanalyse beispielsweise Diskurse mit der Sozialen Arbeit, den Disability Studies oder der Soziologie. Ungeachtet dieser Entwicklung wird es erforderlich bleiben, eine wissenschaftliche Theorieentwicklung zu betreiben, die eine Reflexionsebene für das Verstehen und die Begleitung körperbezogener individueller Prozesse bereitstellt, weiterentwickelt und dabei konsequent die oben genannten Wechselwirkungen gesellschaftlicher und individueller Dynamiken in den Blick nimmt.

5.3 Heterogenität der Personengruppe

Die Personengruppe der Menschen mit Körperbehinderung ist eine eher willkürlich, aufgrund der historisch gewachsenen Systematik der sonderpädagogischen Förderschwerpunkte künstlich geschaffene Personengruppe, die in sich eine so hohe Heterogenität aufweist, dass dieser nur eine entsprechend weite Definition gerecht werden kann (s. Definition zu Beginn dieses Kapitels). An den beiden fiktiven Polen dieser Personengruppe finden sich zum einen Menschen mit schwerster Behinderung und sehr hohem Unterstützungsbedarf und auf der anderen Seite Menschen mit einer rein motorischen bzw. körperlichen Beeinträchtigung, die zur gleichberechtigten Teilhabe an den Vollzügen des täglichen Lebens allenfalls punktuelle bzw. situative Unterstützungsleistungen in Form von Assistenz und/oder Hilfsmitteln benötigen. Die existentiellen Unterschiede der individuellen Bedarfe müssen sich in den unterschiedlichen theoretischen Zugängen zur Auseinandersetzung mit den jeweiligen Lebenswelten widerspiegeln. Hierfür bietet sich zudem eine einende ethisch-philosophische Grundausrichtung an, die Hilflosigkeit, Bedürftigkeit und Abhängigkeit als menschliche Grundprinzipien anerkennt, und zwar in Unabhängigkeit von der körperlich-motorischen Ausstattung des Individuums. Die Bedeutung dieser sehr unterschiedlichen körperlichen Verfasstheit für den gesellschaftlichen Umgang mit der Personengruppe zeigt sich beispielsweise in einer konsequenten Nicht-Wahrnehmung schwerstbehinderter Menschen in öffentlichen Diskursen: Im Kontext schulischer Inklusion und des Rechts auf gemeinsame Bildungsprozesse oder auch im medialen Umgang mit Behinderung spielen Menschen mit hohem Unterstützungsbedarf keine Rolle. Das Mandat für diese Personengruppe auch gesellschafts- und bildungspolitisch zu vertreten, stellt somit eine grundlegende Aufgabe der Körperbehindertenpädagogik dar.

5.4 Spezifität im Inklusionsdiskurs

Egalitäre Differenz im Sinne der gleichberechtigten Anerkennung von Verschiedenheit zielt nicht auf die Negierung der Dimensionen ab, die eben die Unterschiedlichkeit menschlichen Lebens ausmachen, sondern sieht diese als Garant für Vielfalt, der grundsätzliche Wertschätzung entgegen zu bringen ist. Diese normative Setzung hebt die Auseinandersetzung mit der jeweiligen Dimension, die den Unterschied macht, nicht auf, sondern impliziert eine differenzierte Auseinandersetzung mit den individuellen und gesellschaftlichen Bedingungen und Konsequenzen, die dieser Unterschied zur Folge hat. Den Körper als eine Heterogenitätsdimension zu verstehen und eine Körperbehinderung somit als eine Dimension, die aufgrund von Barrieren in der gesellschaftlichen Teilhabe und eingeschränkter Aktivität des besonderen wissenschaftlichen Interesses bedarf, ist für das Fach Körperbehindertenpädagogik elementar. Für die aktuellen Inklusionsdiskurse bedeutet dies, die Spezifika zu beachten, die Menschen mit und ohne die Erfahrung einer körperlichen Beeinträchtigung verbinden, aber auch trennen (können). Hierbei ist evident, dass die krankheitsbezogenen Aspekte einer Körperbehinderung entscheidende Auswirkungen auf Aktivität und Teilhabe des Individuums haben. Vor dem Hintergrund eines sehr differenzierten Verhältnisses von Gesundheit und Krankheit bleibt für sämtliche Inklusionsentwicklungen zu konstatieren, dass krankheitsbezogene Aspekte wie ein hoher Pflegebedarf etc. häufig als Teilhabebarrieren fungieren. Dies bedingt für die Disziplin erneut die Notwendigkeit, interdisziplinär angelegtes Wissen über pädagogische Prävention und Intervention bei Krankheit und behinderungsbedingten Erkrankungen bereitzustellen und weiterzuentwickeln, um umfassende Teilhabe zu ermöglichen. Gleichzeitig beinhaltet diese Feststellung die disziplinäre Aufgabe, das Verhältnis separierter versus inklusiver Bildung und Erziehung für Menschen mit Körperbehinderung kontinuierlich zu hinterfragen und empirisch zu erfassen. Hierfür sind partizipative Forschungsdesigns (weiter) zu entwickeln, die auch Menschen mit hohem Unterstützungsbedarf einen angemessenen Platz in der Generierung von Wissen über umfassende Teilhabe zugestehen und ausfüllen lassen.

II PROFESSION

EINWURF: PROFESSIONALISIERUNG IN DER SONDERPÄDAGOGIK. KOORDINATEN-SYSTEME (SONDER-)PÄDAGOGISCHER PROFESSIONALISIERUNG

Andrea Dlugosch

Die Frage nach der Professionalisierung in der Sonderpädagogik impliziert die Frage nach dem Verhältnis von Allgemeiner Pädagogik und Sonderpädagogik auf disziplinärer und professioneller Ebene. Die Brisanz dieses Verhältnisses steigt, je weniger die Sonderpädagogik als Disziplin, und ebenfalls im Feld des sonderpädagogischen Handelns, auf Alleinstellungsmerkmale und Spezifika zurückgreifen kann. Zweifelsohne hat sich die Sonderpädagogik in ihren jeweiligen Ausformungen, für ihr letztlich sehr unterschiedliches Klientel, das sich z. B. durch die unterschiedlichen Förderschwerpunkte im schulischen Rahmen repräsentiert findet (vgl. Drave, Rumpler & Wachtel 2000), in vielen bzw. den meisten Fällen als historisch notwendig erwiesen, wenn es beispielsweise um die Frage der Anerkennung genereller Bildsamkeit geht oder um Lern- und Bildungsarrangements, die jenseits der Normalitätserwartungen des Sozialen liegen. Die Dringlichkeit der Frage nach dem Verhältnis von Allgemeinem und Besonderem steigt jedoch, insofern sich die Sonderpädagogik im konkreten Handeln und Tun, und auch im aktuellen wissenschaftlichen Diskurs, vorwiegend nicht (mehr) über eigene (institutionelle) Formen definieren kann. Nicht zufällig wird das Anliegen einer sonderpädagogischen Professionalisierung insbesondere dann virulent, wenn es um die Frage des gemeinsamen Lernens an gleichen Bildungsorten geht, so wie es durch das Vorhaben der Integration akzentuiert seit den 1980er Jahren konzeptualisiert und in diversen pädagogischen Settings verwirklicht wurde. Die UN-Konvention für die Rechte von Menschen mit Behinderungen (United Nations 2006) verschärft die Debatte um die Kontur einer sonderpädagogischen Professionalität, da der Legitimationsdruck für die beteiligten Berufsgruppen, insbesondere für die Sonderpädagogik, steigt. Sonderpädagogische Professionalisierung verdichtet sich in den Fragen: „Was macht den professionellen Kern sonderpädagogischen Handelns aus und an welche Klientel ist das Handeln adressiert?" (Redlich et al. 2015, 10) und wie kann sie sowohl auf der Ebene des Einzelnen (professionelle Entwicklung) als auch auf der Ebene der Berufsgruppe erlangt werden?

Im Gegensatz zu Beruflichkeit thematisierte die Professionsforschung zunächst in Anlehnung an berufssoziologische Linien eine besondere Klasse von Berufen, nämlich solche, welche Sorge dafür tragen, dass sowohl die individuelle Unversehrtheit als auch das gesellschaftliche Zusammenleben weitestgehend garantiert werden. Professionen als eine besondere Art von Berufen stellen sich in dieser Perspektive in den Dienst des individuellen und gesellschaftlichen Wohls und genießen im Gegenzug eine Reihe von Privilegien (vgl. Dlugosch 2003, 2005,

2009), wie z. B. Ärzte oder Juristen. Vergleichend wurde erzieherischem bzw. pädagogischem Handeln lediglich der Status einer Semi-Profession zuerkannt. Die erziehungswissenschaftliche Debatte löste sich jedoch im weiteren Verlauf von einem Abgleich mit den als klassisch geltenden Professionen und stellte sich vermehrt der Frage nach dem Eigentlichen oder Spezifischen des Pädagogischen – nach der Grammatik oder Strukturlogik des pädagogischen Handelns (ebd.). Das, um was es im Kontext der Professionalisierungsfrage geht, lässt sich zur Orientierung anhand von unterschiedlichen Koordinatensystemen verdeutlichen: So spannt die von Terhart benannte Trias *Können, Auftrag* und *Ausbildung* (vgl. Terhart 1995, 234) bereits Mitte der 1990er Jahre den Möglichkeitsraum pädagogischer Professionalisierung auf (vgl. Abb.1).

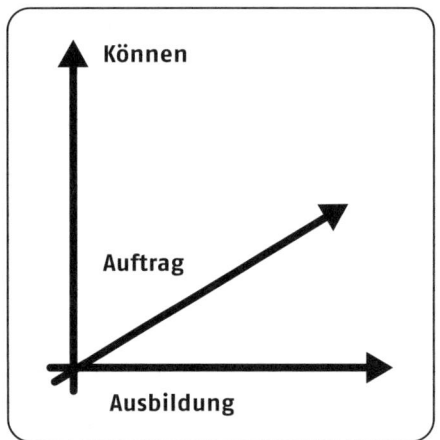

Abb. 1: Koordinatensystem I in Anlehnung an Terhart (1995)

Bonnet und Hericks (2014, 5ff.) charakterisierten die Debatte der Professionalisierung und Deprofessionalisierung im LehrerInnenberuf anhand von drei Ansätzen, die sich als besonders „wirkungsmächtig" (ebd., 5) erweisen: der *kompetenzorientierte* Ansatz, der *strukturtheoretische* Ansatz und der *berufsbiographische* Ansatz.

Im erstgenannten Ansatz wird etwas über notwendige *Kompetenzen* ausgesagt, die gekonnt werden soll(t)en, um die Leistung institutionalisierter Pädagogik erbringen und damit auch adäquate Problemlösungen bereitstellen zu können. Zumeist stehen hierbei der Lehrberuf und das Unterrichten im Zentrum der Betrachtung sowie insgesamt die Professionalisierungsfrage der Pädagogik häufig auf den Beruf des Lehrers/der Lehrerin fokussiert wurde (vgl. Dlugosch & Reiser 2009, 94). So stellten Baumert und Kunter (2006) ein heuristisches Modell zu „Professionelle(r) Handlungskompetenz und Professionswissen" vor. Das Modell umfasst, neben den in Anlehnung an Shulman (1987) untergliederten Wissensbereichen (Fachwissen, Pädagogisches Wissen, Fachdidaktisches Wissen, Organisations- und Beratungswissen), die sich in noch weitere Wissens-

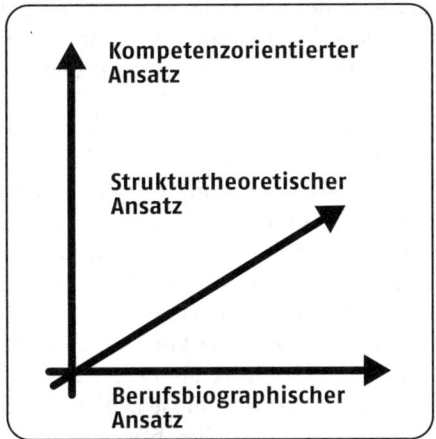

Abb. 2: Koordinatensystem II in Anlehnung an Bonnet & Hericks (2014)

facetten aufsplitten, auch „Motivationale Orientierungen", „Überzeugungen und Werthaltungen" und „Selbstregulative Fähigkeiten" (Baumert & Kunter 2006, 482). In diesem Ansatz wird eine hohe Affinität zu psychologischen Handlungsmodellen und zur Expertiseforschung (vgl. ebd., 505f.) hergestellt. In dieser Linie stehen auch Beiträge, die sich aktuell im Kontext inklusiver Bildung mit der Frage von bestimmten, ggf. auch notwendigen Beliefs von SonderpädagogInnen oder Lehrkräften der allgemeinen Schule befassen und mit der Frage, wie diese zustande kommen, begünstigt oder verändert werden können (vgl. Kuhl et al. 2013; Moser et al. 2014). Als charakteristisch für diesen Ansatz können ein cartesianisches Wissenschaftsverständnis (vgl. Legewie & Ehlers 1994, 17ff.) und das Streben nach evidenzbasierten Aussagen angenommen werden. „Der kompetenzorientierte Ansatz systematisiert Resultate der vornehmlich quantitativen und hypothesenprüfenden internationalen Forschung zum professionellen Wissen und Können von Lehrer/innen, zu dessen Struktur und mentaler Repräsentation" (Bonnet & Hericks 2014, 6).

Der *strukturtheoretische Ansatz* hingegen widmet sich den zu lösenden Handlungsproblemen durch den Blick auf die das Handeln bestimmende Logik oder Grammatik. Pädagogisches Handeln erfolgt im Rahmen von Widersprüchen, Mehrdeutigkeiten oder auch Antinomien (vgl. Helsper 1996), die (vielfach) nicht aufgelöst werden können. Diese dilemmatische Auftragslage erfordert von den professionell Handelnden ein hohes Maß an Reflexivität und umsichtiger Bearbeitung. Die Nicht-Lösung oder das Nicht-Wissen (vgl. Wimmer 1996) ist charakteristisch, und zwar weil die Anforderungssituation in ihrer Komplexität und in ihrer Besonderheit und Einmaligkeit nicht vorhersehbar ist und damit – strukturell gesehen – die Ermöglichung von Neuem erfordert. Hier liegt der Unterschied einer ingenieuralen Wissensanwendung gegenüber einer in Face-to-Face-Interaktionen stattfindenden Situationsbearbeitung (vgl. Oevermann 2002). Im Zentrum dieses Diskursstranges stehen demnach Krisen des

Handelns, sei es auf der Seite der Schülerin im Lernprozess durch die Konfrontation mit Neuem, noch nicht Integriertem, oder auf der Seite der Lehrperson durch die Handlungsaufforderung im Vollzug pädagogischer Praktiken, für die noch keine Lösung vorliegt. Bei nicht erwachsenen Personen hat Ulrich Oevermann (1996) besonders eine Qualität des pädagogischen Handelns hervorgehoben, die durch Anteile rollenförmiger und nicht rollenförmiger Sozialbeziehungen zustande kommt und idealiter in einem Arbeitsbündnis aufgehoben wird (vgl. ebd., 152ff.; vgl. für sonderpädagogisches Handeln Dlugosch 2003, 127ff.). Neben der Wissens- und der Normenvermittlung steht ihm zufolge eine dritte Funktion, die prophylaktisch-therapeutische, die auch im Sinne der Identitätsstabilisierung im Bildungskontext ausgelegt werden kann (vgl. Dlugosch 2003, 95ff.). Zentral für diesen Diskursstrang ist die Annahme der Verfasstheit des (pädagogischen) Handelns als ein Feld unterschiedlicher Erwartungsbündel, die ausbalanciert werden müssen. Nähe und Distanz, Rolle und Person, Interaktion und Organisation stehen beispielhaft für einzunehmende Positionen im Bildungsraum (vgl. Dlugosch 2014, 390). Professionalität zeigt sich dann am ehesten, wenn es nicht zu Vereinseitigungen kommt. Oevermann (1996) illustriert mögliche Mankos professionellen pädagogischen Handelns an den Extremen von „distanzloser ‚Verkindlichung'" und dem rein „technologischen, wissensmäßigen und verwaltungsrechtlichen Expertentum" (ebd., 155), da hier jeweils Verkürzungen des pädagogischen Auftrags vorlägen. Gleichwohl sieht Oevermann die prophylaktisch-therapeutische Funktion in der Sonderpädagogik am ehesten verwirklicht (vgl. ebd., 151), u. a. da hier die Einzelfallspezifik und die rehabilitative Ausrichtung besondere Berücksichtigung finden. Das Kernmoment professionellen Handelns liegt in diesem Zugang zur Professionalisierungsfrage in der „stellvertretenden Deutung des Handelns des Schülers (… und) würde auch dessen konkrete biographische Situation einschließlich seiner Herkunft als je motivierend einbeziehen […] Auf diese Weise würde der Lehrer seine eigene Beteiligung an der Interaktionsdynamik reflexiv mitthematisieren und die aus der pädagogischen Aktion resultierende Kooperation mit dem Schüler nicht kausal auf ihn reduzieren" (ebd., 156). Die Aufgabe der Professionalisierung liegt in der Aufrechterhaltung einer zirkulären Figur von theoretischer Wissensbasis und hermeneutischem Fallverstehen (vgl. Dlugosch 2005). Allgemeine Erklärungs- und Wissensbestände liefern Orientierungsgrößen zur Einordnung von Phänomenen, ggf. können sie auch der Routinebildung dienen. Für die Krisenmomente des pädagogischen Handelns ist es jedoch notwendig, die Singularität des Einzelfalls präsent zu halten und Lesarten zu produzieren, die die Relevanzsetzungen der Subjekte in Rechnung stellen. Charakteristisch für den strukturtheoretischen Ansatz ist demnach die Annahme der historischen und kulturellen Einbettung der Handlungssubjekte, die Deutungen vornehmen. „Die primär einzelfallrekonstruktiv arbeitende strukturorientierte Lehrerforschung ist an der Aufklärung solcher tiefliegenden Strukturen pädagogischen Handelns sowie an den Umgangsweisen der Akteure mit diesen interessiert" (Bonnet & Hericks 2014, 7).

Der *berufsbiographische Ansatz* legt den Schwerpunkt der Frage nach der Professionalität auf den zeitlichen Verlauf und auf die Korrespondenz zwischen allgemein biographischen Erfahrungen und den Anfordernissen an eine „gekonnte Beruflichkeit" (Nittel 2000, 70). Ein besonders enger Zusammenhang zwischen der individuellen professionellen Entwicklung und biographischen Erfahrungsaufschichtungen ist insbesondere dann zu vermuten, wenn Routinen aufgrund eines verstärkten Handlungsdrucks versagen (vgl. Dlugosch 2003, 2013).

Verdichtet und zusammenfassend lässt sich die Frage der Professionalisierung mit den Dimensionen Routinebildung, Krisenbearbeitung im (berufsbiographischen) Entwicklungsverlauf umspannen, die (hier) im Dienst des (sonder-)pädagogischen Auftrags stehen.

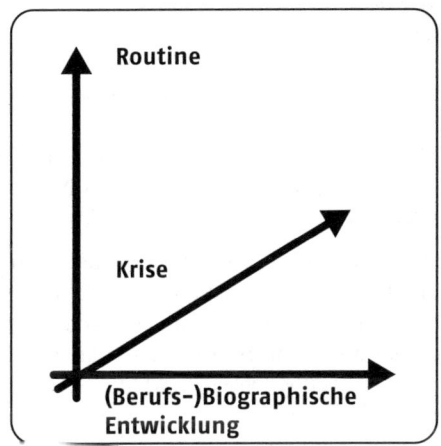

Abb. 3: Koordinatensystem (sonder-)pädagogischer Professionalisierung

Die Beiträge der Sonderpädagogik zur Frage der Professionalisierung sind in ihren Anfängen als eher normativ und programmatisch einzuschätzen (vgl. Reiser 1998; Dlugosch 2005; Horster, Hoyningen-Süess & Liesen 2005; Mutzeck & Popp 2007), in den letzten Jahren werden eher quantitativ-empirische Beiträge, z. B. im Kontext der Beliefs-Forschung, zur Verfügung gestellt. Rekonstruktive Studien zur Strukturlogik sonderpädagogischen Handelns sind bisher noch eher als marginal einzuschätzen. Im Zuge der Selbstvergewisserungsprozesse sonderpädagogischen Handelns im Kontext der Entwicklung hin zu einem inklusiven Bildungssystem sind diese aber verstärkt vonnöten, um u. a. die sonderpädagogische Beruflichkeit und das damit verbundene Wissen und Können konturierter beschreiben zu können (vgl. Budde, Dlugosch & Sturm i. V.). Spezifiziert auf den Geltungsbereich dieses Bandes geht es zusammenfassend darum, Antworten auf die folgenden Fragen zu finden:

- Welchen Auftrag übernimmt die Sonderpädagogik in unterschiedlichen institutionalisierten Feldern in der Arbeit mit Menschen unter den Bedingungen von körperlichen Behinderungen?

- Welches Wissen und Können ist dafür gewinnbringend und zielführend, wie kann dies durch Ausbildungsprozesse erworben und begünstigt werden?
- Welche Routinen lassen sich wie erwerben und ausbilden, um Bildungsprozesse bei Menschen unter den Bedingungen von körperlichen Behinderungen einzuleiten und anzuregen?
- Mit welchen Krisenmomenten sind professionell Handelnde allgemein und spezifisch in diesem Arbeitsfeld konfrontiert, welches (individuelle und soziale) Repertoire liefert hierbei aussichtsreiche Bewältigungsmöglichkeiten?
- Inwieweit lässt sich eine spezifische Struktur des pädagogischen Handelns in diesen Berufsfeldern rekonstruieren?
- Welchen Einfluss nehmen biographische Erfahrungsaufschichtungen sowohl auf die Anbahnung von Routinen als auch auf die Prozesse einer möglichen Krisenbewältigung?
- Welche Konsequenzen zieht es nach sich, Professionalisierung im Kontext körperlicher Behinderung als (berufs-)biographisches Entwicklungsproblem (vgl. Terhart 2005, 89) zu konzipieren?
- Inwieweit sind auch Einstellungen und Haltungen gegenüber Menschen unter den Bedingungen von körperlichen Behinderungen biographisch bedingt – resistent und/oder veränderbar?

Ein besonderer Ertrag für weitere Entwicklungen liegt darin, die unterschiedlichen Perspektiven oder Dimensionen nicht sich ausschließend, sondern sich ergänzend zu konzeptualisieren und somit (sonder-)pädagogische Professionalisierung als komplexes Phänomen zu begreifen. So stellen Routinebildung und Krisenbearbeitung letztlich zwei Seiten einer Medaille (des pädagogischen Handelns) dar (vgl. Dlugosch 2013, 298). Wenn es um den Kern der Professionalisierung in der Sonderpädagogik geht, dann sind damit im Sinne der oben aufgeführten zirkulären Figur zwei Bereiche wesentlich:

- Erstens die theoretische Wissensbasis, die in dem hier relevanten Fall Expertisewissen über Entstehungszusammenhänge von Bedingungen von körperlichen Behinderungen bereithält. Diese umfassen z. B. medizinisch relevante Kategorien ebenso wie die Thematisierung der sozialen Konstruktion von körperlicher Behinderung. Auch bisherige Lösungen im Sinne von Routinewissen unterschiedlicher Couleur sind hierfür gewinnbringend.
- Das zweite Element, das hermeneutische Fallverstehen, stellt wohl die größere Herausforderung dar. Rekonstruktionen von pädagogischen Handlungssequenzen und Interaktionen sind hier ein Mittel erster Wahl, um einen professionellen Habitus zu begünstigen – einen professionellen Habitus, der sich auch in einer praktischen Interaktions- und Habitussensibilität (vgl. Sander 2014) zeigt. Inwieweit diese überhaupt und wie in (Aus-)Bildungsprozessen der Berufsbiographie angebahnt werden können, ist noch nicht abschließend geklärt.

Die konkrete Interaktionsgestaltung ist jedoch auf ein Vermögen angewiesen, auf eine bestimmte Art der Interaktionssensibilität, auf ein *leibliches Gespür*, das nach Robert Gugutzer Affinitäten zum Begriff der *Haltung* aufweist (Gugutzer 2015, pers. Mitteilung[1]). Nicht zufällig wird der Begriff Haltung gerade im Zusammenhang von Professionalisierungsprozessen oftmals als relevant benannt (vgl. Dlugosch 2010), bleibt aber schwer zu beschreiben und ist gerade nicht umfassend mit den operationalisierten Kategorien (Einstellungen, Vorannahmen, Beliefs etc.) zu definieren, da sein Gewinn durch das genutzte metaphorische Konzept einen Bedeutungsüberschuss produziert, der analytisch schwer fassbar bleibt (vgl. Dlugosch i. E.). Robert Gugutzer führt hierzu die *Unterscheidung von Situation und Konstellation* an. Die Situation bleibt chaotisch mannigfaltig, nicht einzuordnen und unterliegt eben gerade nicht einer subsumtionslogischen Verkürzung. Dies wirft das Moment der Unsicherheit auf durch die Vielschichtigkeit, des Öfteren auch Fremdheit der Situation. Die Konstellation ermöglicht es, einzelne Aspekte miteinander zu verbinden und zusammenzufügen – das lediglich Summarische bleibt jedoch ausschnitthaft. Der Begriff des *Erfahrungswissens* nach Fritz Böhle (2003) akzentuiert nach Gugutzer die Unwägbarkeiten des Situativen und bezieht eine andere Ebene jenseits des Berechenbaren und Planbaren ein. Der Blick wird also auf Ebenen der Interaktion gelenkt, die stärker das Atmosphärische und den *„leiblichen Eigensinn"* (Gugutzer 2012, 53, Hervorh. A. D.) einbeziehen, denn leibliche Kommunikation ist immer gegeben.

„Wenn man das ernst nimmt, bräuchte man einen Blick auf die berufsbiographische Entwicklung, der nicht nur auf die kognitiven, die intellektuellen und die theoretischen Aspekte ausgerichtet ist, sondern Leib und Körper in diese biographische Dimension mit aufnimmt bzw. integriert." (Gugutzer 2015, pers. Mitteilung)

Literatur

Baumert, J./Kunter, M. (2006): Stichwort: Professionelle Kompetenz von Lehrkräften. In: Zeitschrift für Erziehungswissenschaft 9 (4). 469–520.
Böhle, F. (2003): Wissenschaft und Erfahrungswissen – Erscheinungsformen, Voraussetzungen und Folgen einer Pluralisierung des Wissens. In: Böschen, St./Schulz-Schaeffer, I. (Hrsg.): Wissenschaft in der Wissensgesellschaft. Wiesbaden. 143–177.
Bonnet, A./Hericks, U. (Hrsg.) (2014): Thema: Professionalisierung und Deprofessionalisierung im Lehrer/innenberuf. In: Zeitschrift für interpretative Schul- und Unterrichtsforschung. Beiträge aus Erziehungswissenschaft und Fachdidaktik 3 (3). 5–7.
Budde, J./Dlugosch, A./Sturm, T. (Hrsg.) (i. V.): (Re-)Konstruktive Inklusionsforschung. Differenzlinien, Handlungsfelder, Empirische Zugänge. Leverkusen, Berlin.
Drave, W./Rumpler, F./Wachtel, P. (Hrsg.) (2000): Empfehlungen zur sonderpädagogischen Förderung. Allgemeine Grundlagen und Förderschwerpunkte (KMK) mit Kommentaren. Würzburg.
Dlugosch, A. (i. E.): Förderung und Inklusion – Metaphernanalytische Beiträge zur sonderpädagogischen Professionalität. Erscheint in: Lindmeier, C./Weiß, H. (Hrsg.): Pädagogische Professionalität im Spannungsfeld von sonderpädagogischer Förderung und inklusiver Bildung (Arbeitstitel). 1. Beiheft, Sonderpädagogische Förderung.

---

1 Ich danke Herrn Prof. Dr. Robert Gugutzer, Goethe-Universität Frankfurt a. M., für seine Ausführungen und Anregungen in einem Gespräch über Professionalisierung – Behinderung – Körper vom 10.08.2015.

Dlugosch, A. (2003): Professionelle Entwicklung und Biografie. Impulse für universitäre Bildungsprozesse im Kontext schulischer Erziehungshilfe. Bad Heilbrunn.
Dlugosch, A. (2005): Professionelle Entwicklung in sonderpädagogischen Kontexten. In: Horster, D./Hoyningen-Süess, U./Liesen, Chr. (Hrsg.): Sonderpädagogische Professionalität. Beiträge zur Entwicklung der Sonderpädagogik als Disziplin und Profession. Wiesbaden. 27–51.
Dlugosch, A. (2009): Professionalität. In: Dederich, M./Jantzen, W. (Hrsg.): Enzyklopädisches Handbuch der Behindertenpädagogik. Band 2: Behinderung und Anerkennung, Stuttgart. 252–256.
Dlugosch, A. (2010): Haltung ist nicht alles, aber ohne Haltung ist alles nichts? – Annäherungen an das Konzept einer „Inklusiven Haltung" im Kontext Schule. In: Gemeinsam Leben 18 (4). 195–202.
Dlugosch, A. (2013): Biographische Forschung – ein Beitrag zur Professionalisierung in der (schulischen) Erziehungshilfe? In: Herz, B. (Hrsg.): Schulische und außerschulische Erziehungshilfe. Ein Werkbuch zu Arbeitsfeldern und Lösungsansätzen. Bad Heilbrunn. 296–305.
Dlugosch, A. (2014): Professionelles Handeln. In: Feuser, G./Herz, B./Jantzen, W. (Hrsg.): Enzyklopädisches Handbuch der Behindertenpädagogik, Band 10: Emotionen und Persönlichkeit. Stuttgart. 387–392.
Dlugosch, A./Reiser, H. (2009): Sonderpädagogische Profession und Professionstheorie. In: Opp, G./Theunissen, G. (Hrsg.): Handbuch der schulischen Sonderpädagogik. Bad. Heilbrunn. 92–98.
Gugutzer, R. (2012): Verkörperungen des Sozialen. Neophänomenologische Grundlagen und soziologische Analysen. Bielefeld.
Helsper, W. (1996): Antinomien des Lehrerhandelns in modernisierten pädagogischen Kulturen. Paradoxe Verwendungsweisen von Autonomie und Selbstverantwortlichkeit. In: Combe, A./Werner, H. (Hrsg.): Pädagogische Professionalität. Untersuchungen zum Typus pädagogischen Handelns. Frankfurt a. M. 521–569.
Horster, D./Hoyningen-Süess, U./Liesen, Chr. (Hrsg.) (2005): Sonderpädagogische Professionalität. Beiträge zur Entwicklung der Sonderpädagogik als Disziplin und Profession. Wiesbaden.
Kuhl, J./Moser, V./Schäfer, L./Redlich, H. (2013): Zur empirischen Erfassung von Beliefs von Förderschullehrerinnen und -lehrern. In: Empirische Sonderpädagogik 5 (1). 3–24.
Legewie, H./Ehlers, W. (1994): Knaurs moderne Psychologie. München.
Moser, V. et al. (2014): Beliefs von Studierenden sonder- und grundschulpädagogischer Studiengänge. In. Zeitschrift für Erziehungswissenschaft 17. 661–678.
Mutzeck, W./Popp, K. (2007[2]): Professionalisierung von Sonderpädagogen. Standards, Kompetenzen und Methoden. Weinheim.
Nittel, D. (2000): Von der Mission zur Profession? Stand und Perspektiven der Verberuflichung in der Erwachsenenbildung. Hrsg.: Deutsches Institut für Erwachsenenbildung. Bielefeld.
Oevermann, U. (1996): Theoretische Skizze einer revidierten Theorie professionalisierten Handelns. In: Combe, A./Werner, H. (Hrsg.): Pädagogische Professionalität. Untersuchungen zum Typus pädagogischen Handelns. Frankfurt a. M. 70–182.
Oevermann, U. (2002): Professionalisierungsbedürftigkeit und Professionalisiertheit pädagogischen Handelns. In: Kraul, M./Marotzki, W./Schweppe, C. (Hrsg.): Biographie und Profession. Bad Heilbrunn. 19–63.
Redlich, H. et al. (2015): Einleitung. In: Redlich et al. (Hrsg.): Veränderung und Beständigkeit in Zeiten der Inklusion. Perspektiven Sonderpädagogischer Professionalisierung. Bad Heilbrunn. 9–13.

Reiser, H. (1998): Sonderpädagogik als Service-Leistung? Perspektiven der sonderpädagogischen Berufsrolle. Zur Professionalisierung der Hilfsschul- bzw. Sonderschullehrerinnen. In: Zeitschrift für Heilpädagogik. 49 (2). 46–54.
Sander, T. (Hrsg.) (2014). Habitussensibilität. Eine neue Anforderung an professionelles Handeln. Wiesbaden.
Shulman, L. S. (1987): Knowledge and Teaching: Foundations of the New Reform. In: Harvard Educational Review 57 (1). 1–23.
Terhart, E. (1995): Lehrerprofessionalität. In: Rolff, H.-G. (Hrsg.): Zukunftsfelder von Schulforschung. Weinheim. 225–266.
Terhart, E. (2005): Pädagogische Qualität, Professionalisierung und Lehrerarbeit. In: Vierteljahresschrift für wissenschaftliche Pädagogik 81 (1). 79–97.
United Nations (2006): Convention on the Rights of Persons with Disabilities and Optional Protocol. http://www.un.org/disabilities/documents/convention/convoptprot-e.pdf [03.04.2013].
Wimmer, M. (1996): Zerfall des Allgemeinen – Wiederkehr des Singulären. Pädagogische Professionalität und der Wert des Wissens. In: Combe, A./Werner, H. (Hrsg.): Pädagogische Professionalität. Untersuchungen zum Typus pädagogischen Handelns. Frankfurt a. M. 404–447.

1 ZUR BEDEUTUNG DER PROFESSIONALITÄT IN DER KÖRPERBEHINDERTENPÄDAGOGIK

Reinhard Lelgemann

Im Anschluss an den Artikel von Dlugosch in diesem Band sollen in diesem Text Aspekte des Selbstverständnisses, der Bedeutung notwendiger Kenntnisse und Kompetenzen, relevanter Handlungsfelder sowie Veränderungen beruflicher Anforderungsprofile innerhalb des Fachgebietes der Körperbehindertenpädagogik reflektiert werden (vgl. Dlugosch & Reiser 2009, 93). Die Artikel werden sich weniger mit grundlegenden, wissenschaftlichen Fragen der Professionalitätsdebatte beschäftigen (vgl. hierzu den Artikel von Dlugosch), sondern auf diese aufbauend Aspekte erörtern, die die spezifische Professionalität im Spannungsfeld notwendiger Qualifikationen, sich weiterentwickelnder Handlungsfelder und individueller Handlungskompetenz im Kontext einer eher systemischen Orientierung für Professionelle und ihre Bedeutung für Menschen mit körperlichen und mehrfachen Beeinträchtigungen reflektieren.

Zu Beginn werden Fragen des Selbstverständnisses behandelt, deren Diskussion derzeit entlang der Begrifflichkeiten „Sorge und Fürsorge", „Selbstbestimmung" und „advokatorisch", immer aber auch „subsidiär, kompensierend oder ergänzend" (Dlugosch & Reiser 2009, 95) verläuft. In einem zweiten Artikel werden die unterschiedlichen Arbeitsfelder, in denen mit Menschen zusammengearbeitet wird, die körperlich oder mehrfach beeinträchtigt sind, knapp vorgestellt und die unterschiedlichen Tätigkeitsbereiche, wie die des Erziehens und Bildens sowie des Begleitens und Assistierens, diskutiert. Schließlich werden notwendig erscheinende Kompetenzen und Kenntnisse erörtert.

Vorweg soll auch noch einmal darauf hingewiesen werden, dass Fragen der Professionalität, insbesondere der ethisch bedeutsamen Selbstverständnisse, gerade angesichts der vielfältigen Handlungsfelder, mit ihren unterschiedlich ausgebildeten Mitarbeiterinnen und Mitarbeitern und deren unterschiedlichen persönlichen Hintergründen ungleich differenzierter und alltagsrelevanter zu reflektieren und zu klären sind. Zudem ist einzubeziehen, dass Mitarbeiterinnen und Mitarbeiter bei unterschiedlichen Trägern bzw. Institutionen tätig sind, die auf der Basis eines spezifisch ethischen, z. B. religiösen Selbstverständnisses, immer aber auch ökonomisch basiert, Vorgaben für das Handeln der Mitarbeiterinnen setzen. Hieraus ergibt sich die Notwendigkeit, in allen Teams, gemeinsam mit Menschen mit körperlichen und mehrfachen Beeinträchtigungen, ihren Angehörigen und allen Mitarbeiterinnen immer wieder erneut zu reflektieren, wie die alltäglichen Herausforderungen für alle Beteiligten auf dem Hintergrund ethisch-pragmatischer Reflexionen erfolgreich bewältigt werden können.

1.1 Zum Selbstverständnis der in der Körperbehindertenpädagogik Tätigen

Ethische Reflexionen oder gar Grundhaltungen schwingen in allen Handlungen mit. Dies selbst dann, wenn sie nicht ausdrücklich benannt oder als leitende Ideen vorweggestellt werden. Wie wirksam sie werden, hängt nicht allein von der Fähigkeit der Mitarbeiterin und des Mitarbeiters ab, ihr Handeln ethisch zu legitimieren und zu realisieren, sondern von zahlreichen weiteren Faktoren, wie der eigenen Biographie, den Rahmenbedingungen der Tätigkeiten, den institutionellen Vorgaben sowie der Wahrnehmung der eigenen Gestaltungsmöglichkeiten. Es ist zu wünschen, dass Professionalität bedeutet, dieses komplexe Gebilde immer wieder neu zu betrachten, zu reflektieren, es also transparent werden zu lassen und in der eigenen pädagogischen Arbeit im Interesse der Menschen mit einer Beeinträchtigung weiterzuentwickeln.

Wenn Mitarbeiter als Kind respektierende, würde- und liebevolle Beziehungen erleben durften und wertschätzendes Verhalten eine Selbstverständlichkeit war, das nicht weiter kommentiert wurde, ergibt es sich sicherlich häufig, dass dieses Verhalten in die eigene Lebensgestaltung und professionelle Arbeit selbstverständlich eingebracht wird. Der Wunsch, Menschen respektvoll zu begegnen und sich für eine Verbesserung der Lebenssituation behinderter Menschen einzusetzen, kann seine Begründung aber ebenso darin haben, selber das Gegenteil erfahren zu haben und dies nicht weitergeben zu wollen. Menschen können aber ebenso unter familiären, wirtschaftlichen und moralischen Bedingungen aufwachsen, die es schwermachen, Mitmenschen würdevoll zu behandeln. Unter diesen Umständen ist eine respektierende und unterstützende Zusammenarbeit mit Menschen mit schweren körperlichen und mehrfachen Beeinträchtigungen nur schwer vorstellbar und es wird sicherlich notwendig sein, das eigene berufliche Handeln immer wieder supervisorisch begleiten zu lassen, aktiv zu reflektieren, möglicherweise die eigenen biographischen Erfahrungen zu bearbeiten.

Gesetzgeberische, ökonomische und institutionelle Strukturen können das Wirken von Professionellen ebenso positiv wie negativ beeinflussen. Zu denken ist hier etwa an Gesetze, die Mitbestimmungsmöglichkeiten eröffnen oder verschließen, ökonomische oder institutionelle Strukturen, die keine umfassende Unterstützung ermöglichen, ja die grundlegende Versorgung behinderter Menschen auf ein Mindestmaß im Sinne eines „satt und sauber" reduzieren. Historische Berichte über die Lebenssituation von Menschen in Heimen, deren ursprünglicher Zweck durchaus die Unterstützung von Menschen in Not war, die aber dermaßen schlecht ausgestattet waren, dass die Mitarbeiter kaum etwas anderes leisten konnten, liegen inzwischen vor (vgl. Schmuhl & Winkler 2010).

Gerade auch institutionelle Bedingungen haben einen Einfluss auf das Mitarbeiter-Handeln, indem sie z.B. zur Nutzung selbstbestimmterer Lebensformen ermutigen oder diese erschweren. Als Beispiel lässt sich hier auf das Persönliche Budget verweisen, deren Thematisierung nach Erfahrungen des Verfassers in einigen Einrichtungen unterbunden oder schlichtweg vergessen wird. Ähnliches lässt sich für Formen der Mitbestimmung darstellen, die seit vielen Jahren gesetzgeberisch vorgeschrieben sind, sich aber erst im letzten Jahrzehnt zunehmend durchsetzten. Beobachtbar ist diese Entwicklung auch bei der Ermöglichung kleinerer Wohnformen, die in den letzten Jahren zugenommen hat, in den 1990er Jahren nach Beobachtungen des Verfassers aber vor allem durch Einrichtungen der Behindertenhilfe vorangetrieben wurde, die grundlegende ökonomische Probleme hatten und deren Bestand nicht mehr gesichert war. Die eigentliche Diskussion über gemeindenähere Wohnformen wird intensiv schon seit Beginn der 1990er Jahre geführt, allerdings nur zögerlich umgesetzt. Handlungsspielräume im Sinne einer größeren Entscheidungsfreiheit der Menschen ergeben sich oftmals dort, wo Systeme sich umfassend entwickeln müssen, um Bestand zu haben.

Andererseits sind so genannte offenere Lebensformen, die Arbeit und Wohnen betreffen, für Menschen mit mehrfachen Beeinträchtigungen durchaus auch zu hinterfragen, wenn diese zur Vereinsamung führen und Menschen sich selbst überlassen bleiben oder sie keine Möglichkeit erhalten, z. B. pädagogisch angemessen begleitet an derartigen gemeindenahen Wohnmöglichkeiten zu partizipieren (Franz 2014, 257).

Ethische Reflexionen führen zumeist nicht direkt zu moralischen Handlungsanweisungen. Sie ermöglichen und helfen, das eigene Handeln zu hinterfragen, im beruflichen Alltag mit seinen komplexen Lebenssituationen innezuhalten und im besten Fall neue Perspektiven und Handlungsoptionen zu eröffnen. Handeln im beruflichen Kontext aber ist oftmals nur begrenzt planbar; dies gilt für den pädagogischen Bereich ebenso wie für alle weiteren Handlungsfelder. Deshalb helfen ethische Reflexionen im Sinne von „Gebots-", „Warn-" oder gar „Verbotsschildern" nur begrenzt weiter, obwohl auch diese Funktionen bedeutsam sind. Ethische Reflexionen in Bezug zu den eigenen Erfahrungen, vor allem der eigenen Biographie, den persönlich prägenden Erlebnissen können dagegen eine große Bedeutung haben. Dies gilt für alle professionellen Handlungsfelder, insbesondere aber für die Arbeit im Team sowie die pädagogische Zusammenarbeit mit Menschen mit körperlichen bzw. mehrfachen Beeinträchtigungen. In diesem Sinne stellen diese Ausführungen ein Angebot dar, ethische Reflexionen zum Selbstverständnis der alltäglichen Arbeit bewusst einzubeziehen.

1.2 Zum Gedanken der „Anwaltschaft für" Menschen mit körperlichen und mehrfachen Beeinträchtigungen

Im heilpädagogischen Diskurs gilt es als Selbstverständlichkeit, dieses als anwaltschaftliches Handeln im Rahmen einer advokatorischen Ethik (vgl. Brumlik 1992 und 2011 sowie Dederich 2013) für Menschen mit Beeinträchtigungen zu beschreiben, und ebenso häufig betonen körperbehinderte Autorinnen und Autoren, dass nur sie selbst sich vertreten können und eine Anwaltschaft nicht erwünscht sei.

Anwaltschaftliches Handeln ist ein anderer Begriff für stellvertretendes Handeln, welches im historischen Kontext sicherlich eine große Bedeutung hatte.

Menschen mit körperlichen und mehrfachen Beeinträchtigungen wurden Bildungsmöglichkeiten lange verwehrt, waren bis in die Zeit der Weimarer Republik von öffentlichen Sozialleistungen bzw. Zuwendungen ausgeschlossen, es sei denn sie waren Kriegsverletzte. Auch die Schulen für körperbehinderte Schülerinnen und Schüler entstanden im Verhältnis zu anderen Förderschulen relativ spät und in geringer Zahl (siehe auch die historischen Ausführungen in diesem Band). Ohne professionelle Vertreter und ohne engagierte Eltern wären viele Angebote in den sechziger Jahren des letzten Jahrhunderts nicht entstanden.

Andererseits verweist Hänsel (2006) darauf, dass z. B. die Lehrer für Sonderpädagogik ihr anwaltschaftliches Handeln auch nutzten, um die eigene berufliche Stellung innerhalb der Lehrerschaft aufzuwerten, indem sie die Besonderheit der eigenen Schülerschaft zum Charakteristikum stilisierten, das fortan in noch stärkerem Maße eher zur Exklusion denn zur Integration dieser Schülergruppen führte. Auch wenn dieser These z. B. von Möckel (2007) widersprochen wird, so ist wichtig zu betonen, dass advokatorisches Handeln nicht immer eindeutig ein Handeln im Interesse der Gruppe der Menschen mit Behinderungen sein muss, sondern ebenso im Interesse der Gruppe oder Institution sein kann, die vorgibt, advokatorisch zu handeln. Deshalb muss immer analysiert werden, welche Interessen vertreten bzw. wirksam werden (vgl. Brumlik 2011).

Um nochmals ein historisches Beispiel einzubringen: Es ist das Verdienst zahlreicher kirchlicher Einrichtungen, Angebote für Menschen mit mehrfachen und sehr schweren Beeinträchtigungen bereits vor über 100 Jahren gegründet zu haben. Ihre Abgeschlossenheit wurde als Schutz behinderter Menschen verstanden. Gleichzeitig aber wurde diese Abgeschlossenheit auch gegenüber den Eltern durchgesetzt und in der Folge entstand oftmals eine Abhängigkeit von den Einrichtungen, ihren Strukturen und Einzelpersonen. Derartige Einrichtungen organisierten ihren Arbeitsalltag nicht nur im Interesse der Menschen mit Behinderungen; sie standen damit ebenso in Gefahr, Abläufe zu vereinfachen, kostengünstiger zu gestalten, zu ritualisieren, Selbstverantwortung nicht zu ermöglichen, und damit letztlich zu entmündigen, anstatt zu einem selbstständigen Leben zu ermutigen. Letzteres ergab sich umso eher, je weniger sich die Angehörigen um ihre behinderten Familienmitglieder kümmern konnten oder wollten (vgl. Schmuhl & Winkler 2010; dramatische Beispiele darstellend in Aly 2013).

Eine advokatorische Ethik zu postulieren und in den Broschüren oder im Eingangsbereich einer Einrichtung aufzuhängen, bedeutet noch nicht, dass dieses auch im Alltag gelebt wird. Ein advokatorisches Selbstverständnis als Mitarbeiter oder als Verantwortlicher einer Institution zu haben, bedeutet vor allem, den Anspruch zu leben, das eigene professionelle Selbstverständnis immer wieder neu und kritisch zu reflektieren: In wessen Interesse werde ich tätig oder in wessen Interesse sind die Angebote unserer Einrichtung? Für Institutionen bedeutet dies nicht zuletzt, zur Kenntnis zu nehmen, dass es unterschiedliche Interessen gibt, die in transparente Entscheidungsprozesse einbezogen werden müssen.

1.3 Selbsthilfebewegung und professionelles Selbstverständnis

Behinderung wurde von Hahn (1981) bereits vor mehr als dreißig Jahren als ein „Mehr an sozialer Abhängigkeit" beschrieben und dies gilt auch heute noch. Abhängigkeit ist eine Situation, die kaum jemand anstrebt, obwohl sie für viele Lebensphasen kennzeichnend ist. Abhängigkeit wird in der allgemeinen Wahrnehmung eher negativ eingeschätzt, obwohl entsprechende Erfahrungen und Situationen, wie MacIntyre (2001) feststellt, originär zum Leben dazugehören. In der Kindheit, in Phasen der Krankheit und im Alter erlebt jeder Mensch Phasen der Abhängigkeit. Chronische Krankheiten und Beeinträchtigungen können zu einer langen, ja lebenslangen Situation der Abhängigkeit von Mitmenschen, Institutionen und gesellschaftlichen Strukturen führen. Auch wenn es subjektiv möglich ist, die eigene Abhängigkeit zu reflektieren, vielleicht sogar zu minimieren, bleibt ein hohes Maß an Abhängigkeit von gesellschaftlichen Strukturen (z. B. einer unterstützenden Gesetzgebung), gesellschaftlich wirksamen Haltungen und auch Vorurteilen oder auch technischen Entwicklungen und Verfügbarkeiten (z. B. dem Vorhandensein einer kontinuierlichen Stromversorgung) bestehen. Letztlich aber sind gesellschaftliche, kulturell oder auch technisch bedingte Abhängigkeiten entstanden, gesetzt bzw. gestaltet und deshalb auch gestaltbar, auch wenn dies in aller Regel nicht einfach ist.

Dies erkannte bereits in den zwanziger Jahren des letzten Jahrhunderts Otto Perl (vgl. Wilken 2004), der die erste Selbsthilfebewegung vornehmlich körperbehinderter Menschen gründete. In der Sprache dieser Zeit sah er sich als Tatmenschen, der gemeinsam mit gleichgesinnten Personen Selbsthilfevereine gründete, die durch Beratung und Unterstützung ihrer Mitglieder diese unterstützte. Der Selbsthilfebund der Körperbehinderten verstand sich dabei als Interessenvertretung sowie Bewegung, die eine entsprechend dem damaligen Verständnis weitgehende Selbstbestimmung ermöglichen wollte. So positiv diese Entwicklung war, so kritisch ist es zu bewerten, dass der Bund sich deutlich von sogenannten Siechen, also schwerer körperlich und mehrfach beeinträchtigten Menschen abgrenzte.

Seit Mitte der siebziger Jahre und verstärkt öffentlich seit 1981 organisieren sich Menschen mit einer körperlichen oder mehrfachen Beeinträchtigung erneut selbstständig. Sie haben zu Beginn bewusst provozierend stigmatisierende, historisch belastete Bezeichnungen benutzt, um auf sich aufmerksam zu machen (z. B. Krüppeltribunal) (vgl. Mürner & Sierck 2012) und engagieren sich in der Gegenwart z. B. als Bundesverband Selbstbestimmt Leben oder als Forum behinderter Juristinnen und Juristen für eine deutliche Zunahme der Selbstbestimmungsmöglichkeiten in allen gesellschaftlichen Bereichen. Wer die in diesen Verbänden stattfindenden Diskussionen beobachtet, wird feststellen, dass die Lebenssituation von Menschen mit sehr starken oder komplexen Beeinträchtigungen oftmals nur am Rande angesprochen wird oder dass auch in ihren Aktivitäten eine Fokussierung auf die Gruppe derjenigen Menschen mit Beeinträchtigungen besteht, die sich selbst vertreten können; auch wenn dies sicherlich nicht als bewusste Abgrenzung interpretiert werden sollte.

Während also auf Seiten der Professionellen die Entwicklung der Hilfeangebote für Menschen mit Behinderung, gerade auch einer stärkeren Beeinträchtigung, diesen selbst, mittelbar aber auch der eigenen standesgemäßen Absicherung oder der Entwicklung eigener Institutionen diente, so lassen sich auf Seiten der Selbsthilfegruppen der Menschen mit Behinderungen ebenso starke Orientierungen an den Interessen der eigenen Gruppe finden. Die grundlegenden Haltungen einer Orientierung hin auf ein Mehr an Selbstbestimmung oder an einer Advokatenschaft im Sinne einer Interessenvertretung bleiben dennoch zentral. Sie bedürfen aber immer einer umfassenden Reflexion der eigenen Interessen und eines transparenten Dialogs mit den behinderten Menschen selber sowie ggf. ihren Angehörigen und unterschiedlichen Berufsgruppen.

1.4 Sorge und Fürsorge – Elemente eines professionellen Selbstverständnisses?

Für viele Menschen, die professionell im Feld der Körperbehindertenpädagogik tätig sind, werden Begriffe wie „Sorge und Fürsorge" auch Bestandteil ihres Selbstverständnisses und ihrer Grundhaltung sein. Doch ist insbesondere der Begriff der „Fürsorge" seit einigen Jahren in der Kritik. Häufig wird er verbunden mit Situationen der Entmündigung, der Entrechtung und der Abhängigkeit. Wer im Deutschland des Kaiserreichs und der Weimarer Republik Fürsorgeleistungen für sich und seine Familie in Anspruch nahm, verlor sein Wahlrecht und damit ein zentrales Recht als Bürger, als Gesellschaftsmitglied. Auch wenn dies mehr einen symbolischen Akt darstellte, so macht er doch deutlich, dass der Empfang staatlicher Fürsorgeleistungen keine Selbstverständlichkeit war und Menschen aus der Gesellschaft der Bürger ausschloss. Auch heute noch fällt es vielen Menschen schwer, staatliche Hilfen in Anspruch zu nehmen. Sie erleben sich als Bittsteller, als Menschen, die gescheitert sind. Grundsätzlich können viele Menschen eher Hilfen geben als annehmen.

In diesem Sinne ist es nur zu verstehen, wenn zahlreiche Verbände der Selbsthilfebewegung und der Träger von Einrichtungen für Menschen mit Behinderungen die Umwandlung bzw. Ersetzung staatlicher Sozialhilfeleistungen in sogenannten Teilhabeleistungen fordern, auf die im Sinne der Konvention über die Rechte von Menschen mit Behinderungen ein gesetzlicher Anspruch besteht. Menschen mit Behinderungen sind in diesem Verständnis Gesellschaftsmitglieder, deren Aktivität durch Teilhabeleistungen ermöglicht wird, die rechtlich klar beschrieben werden. Sie sind nicht Objekte staatlicher Sozialhilfen bzw. Fürsorgeleistungen, die erbeten werden müssen (vgl. Radtke & Sierck 2015). Im Sozialgesetzbuch IX gibt es bereits zahlreiche entsprechende Veränderungen in diesem Sinne (z. B. das Wunsch- und Wahlrecht in § 9), die aber häufig immer noch nicht entsprechend angewandt werden. Ob ein neues Teilhaberecht hier für weitergehende substantielle Veränderungen in diesem Sinne sorgen wird oder nur neue Begrifflichkeiten einführt, bleibt abzuwarten. Deutlich wird aber, dass allein die Nähe zum Begriff der Fürsorge kritisch betrachtet wird. Mit den aktuell angestrebten rechtlichen Klarstellungen im Sinne eines erweiterten Teilhaberechts sind zudem Aspekte der Würde verbunden, die Menschen mit unterschiedlichen Beeinträchtigungen selbstverständlich zustehen.

Allerdings sind dies rechtlich relevante Entwicklungen und Forderungen, die nichts darüber aussagen, wie sie in der individuellen Begegnung zwischen unterschiedlichen Personen, von denen eine oder mehrere auf vielfältige Weise beeinträchtigt sein können, umgesetzt werden. Rechte, wie z. B. das Wahlrecht oder das Recht auf ein Persönliches Budget, sind für Menschen mit Lernbeeinträchtigungen oder erheblichen kognitiven Strukturierungsproblemen dann eine Farce, wenn sie diese Rechte nicht kennen bzw. nicht über diese aufgeklärt werden oder sie Wahlmöglichkeiten nicht nutzen können, weil ihnen die Alternativen nicht verständlich und so neutral wie möglich erläutert werden. Handlung ermöglichende Sorge und Fürsorge sind aus dieser Perspektive nicht begrenzende, sondern Teilhabe ermöglichende, individuelle, dialogische Verhaltensweisen und zentrale Bestandteile zwischenmenschlichen Zusammenlebens und Begegnens; auch in Zeiten der Selbstbestimmung und einer Teilhabe sichernden Rechtsstruktur (vgl. Dederich 2013).

Um Rechte wirksam nutzen zu können, müssen sie bekannt sein. Dies stellt eine Verpflichtung an staatliche Strukturen wie Schulen und Beratungsstellen sowie an Verbände dar, diese in geeigneter Form bekannt zu machen, z. B. durch Texte in Leichter Sprache, durch entsprechende Unterrichtsinhalte in allen Schulformen. Menschen, denen sinnentnehmendes Lesen leichtfällt, die sich ohne weitergehende Probleme selbst organisieren können, können ihre Rechte leichter in Anspruch nehmen als Menschen, denen dies schwerfällt. Nun wird oftmals argumentiert, dass diese Personen durch Assistenten unterstützt werden können und somit eine klare rechtliche Regelung Handlungsmotive wie Sorge oder Fürsorge überflüssig werden lässt. Doch diese Motive sind im Rahmen konkreter Tätigkeiten unterstützender oder pädagogischer Mitarbeiter durchaus wesentlich. Es ist eine Frage des Selbstverständnisses und der Kompetenz, ob ich einen Menschen mit Behinderung auf ein Recht aufmerksam mache, wenn es ihm selbst nicht bekannt ist, welche Wahlmöglichkeiten ich ihm vorstelle und welchen Unterstützungsbedarf ich sehe oder eben auch übersehe und nicht erwähne. Dies umso mehr, je schwerer und umfassender Menschen beeinträchtigt sind.

Die Ablehnung der Handlungsmotive Sorge und insbesondere Fürsorge ist historisch gut verständlich und berechtigt. Doch ist die Kontrolle über das eigene Leben, so berechtigt dieser Wunsch ist, immer nur in Annäherung möglich. Deshalb erleben Menschen es als positiv, nicht bevormundende, tätige Sorge und Fürsorge zu erfahren. Dies gilt bei Krankheit und Unfall, in wirtschaftlicher Not oder kriegerischen Situationen, im Prozess des Älterwerdens, bei Krankheit und für manche Menschen eben auch ein Leben lang: immer dann, wenn Beeinträchtigungen nicht ohne Unterstützung eines Dritten kompensiert oder ohne gesellschaftliche Unterstützung bewältigt werden können. Von daher sind die Motive Sorge und Fürsorge als individuell bedeutsame Teile des professionellen Selbstverständnisses von Menschen, die in Handlungsfeldern der Körperbehindertenpädagogik tätig sind, durchaus berechtigt. Allerdings sollten immer auch

Motive einer advokatorischen Haltung, die Unterstützung individueller Selbstbestimmung bzw. die Suche nach umfassenden Möglichkeiten der Partizipation im professionellen Alltag reflektiert, wirksam werden.

Es ist sehr verständlich, wenn selbstbewusste Menschen mit einer vornehmlich körperlichen Beeinträchtigung fordern, dass Assistenten nur die Arme und Beine, also Instrumente der Selbstbestimmung sein sollen (vgl. Lelgemann 2009). Ebenso selbstverständlich sollte es aber sein, dass Menschen, die nicht genauso aktiv ihr Leben selbst gestalten können, fürsorgende Assistenz erhalten, um ein möglichst gutes Leben führen zu können. Fürsorge, die Menschen mit erheblichen Beeinträchtigungen persönliche Handlungs- und Entwicklungsmöglichkeiten eröffnet, wird auch in Zukunft ein wesentliches, gleichzeitig aber immer auch zu hinterfragendes Motiv Professioneller in der Körperbehindertenpädagogik darstellen.

1.5 Beteiligung am gesellschaftlichen Diskurs

Wenn wir davon ausgehen, dass entsprechend der International Classification of Functioning, Disability and Health Behinderung immer bzw. zumeist durch ein komplexes Zusammenwirken von individuell vorliegender Beeinträchtigung, Aktivitäts- sowie Partizipationsstörungen entsteht, dann ist davon auszugehen, dass gesellschaftliche Bedingungen einen wichtigen Einfluss auf das Leben mit einer körperlichen oder mehrfachen Beeinträchtigung haben können. Es erscheint deshalb notwendig, dass sich Professionelle und ihre Institutionen im Feld der Körperbehindertenpädagogik in die Gestaltung gesellschaftlicher Partizipationsprozesse einbringen. Dies ist sicherlich eine hohe Anforderung an das Selbstverständnis eines jeden Einzelnen in diesem Feld. Es ist zudem eine Anforderung, die nicht einer feststehenden politischen Haltung entspricht oder gar einer demokratischen Partei zugeordnet werden kann. Letztlich geht es um die Entwicklung eines professionellen Selbstverständnisses, welches sich mit der gesellschaftlichen Situation und Organisation, aber auch mit grundlegenden ethischen Fragen einer Gesellschaft beschäftigt und hieran im Rahmen eines Diskurses Anteil nimmt. Für die zahlreichen, hier diskutierten Fragen im Feld der Pädagogik und Bildungspolitik, der vorgeburtlichen Medizin und Diagnostik, der Möglichkeiten, als behinderter Mensch selbstständig in unserer Gesellschaft zu leben und zu partizipieren, sowie der medizinischen Versorgung oder auch der Mobilität und vieler weiterer Themen mehr gibt es sicherlich keine pauschalen Antworten auf der Basis einer einmal erworbenen, grundlegenden professionellen Haltung.

Leitend kann nur der Wunsch oder das Interesse sein, die Lebensbedingungen unterschiedlich beeinträchtigter Menschen in unserer Welt so zu gestalten, dass sie die gleichen Rechte haben und die gleichen Rechte leben können, die den Menschen in einer Gesellschaft möglich sind, die der Allgemeinen Erklärung der Menschenrechte und den inzwischen vorliegenden Konventionen, z. B. der Rechte von Kindern, Frauen und Menschen mit Behinderungen, entsprechen. Sich an diesen Diskussionen als Einzelne zu beteiligen, ist eine Möglichkeit der Beteiligung am gesellschaftlichen Diskurs. Für Verantwortliche in Verbänden und Institutionen erscheint es dem Autor als Verpflichtung, sich aktiv und im Austausch mit weiteren Trägerverbänden und Selbsthilfegruppen in diese Diskurse einzubringen.

Ein professionelles Selbstverständnis in der Zusammenarbeit mit körper- und mehrfachbehinderten Menschen entwickelt sich in der bewussten Auseinandersetzung mit zahlreichen Aspekten. Individuell führt es hoffentlich dazu, eine möglichst hohe professionelle Kompetenz zu erwerben und Möglichkeiten der Aus-, Weiter- und Fortbildung zu nutzen und ggf. auch einzufordern. Fachkräfte, die wenig professionell und engagiert arbeiten, können eine Form der Partizipationsbeeinträchtigung darstellen und dann kaum beanspruchen, als „Fachkräfte" angesehen zu werden. Vielleicht ist es hilfreich, sich die Entwicklung und Aufrechterhaltung eines professionellen Selbstverständnisses in konzentrischen Kreisen vorzustellen, in denen es selbstverständlich wird, sich möglichst gut zu qualifizieren und sich im Austausch mit Menschen mit körperlichen und mehrfachen Beeinträchtigungen immer wieder auch zu reflektieren, sich weiter- und fortzubilden, immer aber als Basis das Motiv zu haben, an der Erweiterung ihrer Handlungs- und Entscheidungsmöglichkeiten zu arbeiten. Dies bezieht sich auf die eigene Person, ebenso aber auf die eigene Institution, die Gemeinde und eben auch auf die Gesellschaft. Da Menschen mit Behinderungen, wie alle Gesellschaftsmitglieder auch, unterschiedliche individuelle und Gruppeninteressen haben, kann ein so entwickeltes professionelles Selbstverständnis kein einmalig erworbenes „Ruhekissen" darstellen, sondern wird sich immer wieder reiben, anecken und anstoßen im professionellen Alltag. Beachtet werden müssen aber ebenso die eigenen Bedürfnisse und Interessen der Professionellen, die möglichst aktiv reflektiert werden sollten, um nicht unbeachtet einzuwirken, und damit umso wirkmächtiger zu werden. Erst dann kann davon ausgegangen werden, dass sich eine Professionalität entwickelt, die über viele Berufsjahre hinweg trägt und in der die ursprünglichen Motive der Unterstützung behinderter Menschen, seien dies Sorge und Fürsorge, Stellvertretung bzw. advokatorische Impulse, die Ermöglichung von Mit- und Selbstbestimmung und weitere Motive reflektiert wirksam bleiben.

Literatur

Aly, G. (2013): Die Belasteten. „Euthanasie" 1939–1945: eine Gesellschaftsgeschichte. Frankfurt a. M.
Brumlik, M. (1992): Advokatorische Ethik. Zur Legitimation pädagogischer Eingriffe. Bielefeld.
Brumlik, M. (2011): Das Mandat als solidarische Figur? Der Advokat als Mandant? Advokatorische Pädagogik? In: Ackermann, K.-E./Dederich, M. (2011) (Hrsg.): An Stelle des Anderen. Ein interdisziplinärer Diskurs über Stellvertretung und Behinderung. Oberhausen. 107–116.
Dederich, M. (2013): Philosophie in der Heil- und Sonderpädagogik. Stuttgart.
Dlugosch, A. (2009): Professionalität. In: Dederich, M./Jantzen, W. (2009) (Hrsg.): Behinderung und Anerkennung. Stuttgart. 252–256.

Dlugosch, A./Reiser, H. (2009): Sonderpädagogische Profession und Professionstheorie. In: Opp, G./Theunissen, G. (2009) (Hrsg.): Handbuch schulische Sonderpädagogik. Bad Heilbrunn. 92–98.
Franz, D. (2014): Anforderungen an MitarbeiterInnen in wohnbezogenen Diensten der Behindertenhilfe. Marburg.
Hahn, M. (1981): Behinderung als soziale Abhängigkeit: zur Situation schwerbehinderter Menschen. München.
Hänsel, D. (2006): Die NS-Zeit als Gewinn für Hilfsschullehrer. Bad Heilbrunn.
Lelgemann, R. (2009): Ein Leben mit Assistenz gestalten. In: Orthmann-Bless, D./Stein, R. (2009): Lebensgestaltung bei Behinderungen und Benachteiligungen im Erwachsenenalter und Alter. Hohengehren. 66–87.
MacIntyre, A. (2001): Die Anerkennung der Abhängigkeit – Über menschliche Tugenden. Hamburg.
Möckel, A. (2007): Geschichte der Heilpädagogik oder Macht und Ohnmacht der Erziehung. Stuttgart 2007.
Mürner, C./Sierck, U. (2012): Behinderung: Chronik eines Jahrhunderts. Weinheim.
Radtke, N./Sierck, U. (2015): Dilemma Dankbarkeit. Neu-Ulm.
Schmuhl, H.-W./Winkler, U. (2010): Gewalt in der Körperbehindertenhilfe. Das Johanna-Helenen-Heim in Volmarstein von 1947 bis 1967. Bielefeld.
Wilken, U. (2004): Selbsthilfevereinigungen der Körperbehinderten. In: Stadler, H./Wilken, U. (2004): Pädagogik bei Körperbehinderung. Band 4 der Studientexte zur Geschichte der Behindertenpädagogik. Weinheim. 249–292.

2 HANDLUNGSFELDER UND TÄTIGKEITSPROFILE

Reinhard Lelgemann

Auch wenn die Körperbehindertenpädagogik traditionell mit dem Handlungsfeld Schule und den Tätigkeiten Bildung und Erziehung verbunden ist, so haben sich in den letzten Jahren doch zahlreiche weitere Handlungsfelder entwickelt. Traditionell stellen Wohnheime und Arbeitsangebote in Werkstätten ein innerhalb der Körperbehindertenpädagogik nur wenig beachtetes, doch immer schon bedeutsames Handlungsfeld für Professionelle und die dort lebenden und tätig werdenden Menschen mit körperlichen und mehrfachen Beeinträchtigungen dar.

Für das Handlungsfeld „Schule" kann laut Stein festgehalten werden, dass „der Abstand zur traditionellen Lehrerrolle aus Sicht der Pädagogen besonders groß" (Stein 2004, 131) ist. Dies wird durch die oftmals körperliche Nähe zu den Schülern, die Einbeziehung pflegerischer und therapeutischer Elemente in den Unterricht, eine besondere Bedeutung prozessorientierter und individuell gestalteter Diagnostik, die Einbeziehung eines erweiterten Kommunikationsverständnisses sowie ein hohes Maß an Kooperation mit den Erziehungsberechtigten und der Notwendigkeit der Teamarbeit begründet (vgl. ebd., 419). Oevermann (1996) beschreibt den Unterschied zur traditionellen Pädagogen- oder Lehrerrolle mit den Begriffen „diffus" und „spezifisch" und meint damit, dass allgemein-pädagogisches Handeln in aller Regel mit der Vermittlung konkreter Sachverhalte und nicht mit der individuellen Lernsituation des Schülers beschäftigt ist, heil- und sonderpädagogisches Handeln dagegen die Besonderheiten des Lernenden auch in seinen nicht unmittelbar unterrichtlich relevanten Situationen einbezieht. Das beschriebene Tätigkeitsprofil ist, so wird hier angenommen, durchaus auch für weitere Handlungsfelder relevant, wie dem der Frühförderung, der Arbeit in Tagesstätten, in unterschiedlichen Wohnangeboten, Arbeitsstrukturen sowie organisierten Freizeit- und Fortbildungsangeboten und soll im Folgenden in knapper Form diskutiert werden.

2.1 Pädagogische Einrichtungen

Insbesondere in den Frühfördereinrichtungen und Schulen mit dem Förderschwerpunkt körperliche und motorische Entwicklung kann davon ausgegangen werden, dass das oben beschrieben Tätigkeitsprofil bedeutsam ist. Innerhalb der Frühfördereinrichtungen haben diagnostische und therapeutische Aufgaben eine große Bedeutung und die Notwendigkeit der interdisziplinären Teamarbeit bzw. Kooperation kann nicht hoch genug eingeschätzt werden (Hansen 2010; Behringer & Höfer 2005). Die Entwicklung einer dem Kind angemessenen Diagnostik, die ihm ermöglicht, eigene Stärken zu zeigen und Schwächen des Kindes kennenzulernen (Haupt ^{2}2003), stellt in beiden Handlungsfeldern eine besondere Herausforderung dar und führte in den letzten Jahren zunehmend zur Anwendung prozessorientierter diagnostischer Verfahren, die zudem in pädagogischen Kontexten eine unmittelbare Bedeutung für die Realisierung entwicklungsförderlicher Angebote haben. Dabei steht im Kontext der Frühförderung die akzeptierende Kooperation mit den Eltern und dem sozialen Umfeld des Kindes deutlich im Vordergrund. Dies bedeutet aber nicht, die Augen vor schwierigen Situationen, in denen ein Kind lebt, zu verschließen.

Heil- und sonderpädagogische Tätigkeiten im schulischen Kontext umfassen ebenfalls diagnostische und beratende Aufgaben zu Beginn und im Verlauf der pädagogischen Arbeit, vor allem aber das eigentliche Unterrichten sowie erzieherische Tätigkeiten, die in Kooperation mit therapeutischen und pflegerischen Fachkräften stattfinden. Im Vordergrund dabei steht die Ermöglichung von Bildungsprozessen, die den Schülern ein möglichst selbstständiges Leben in sozialen Bezügen ermöglichen sollen.

Es ist wichtig, an dieser Stelle darauf hinzuweisen, dass pädagogische, also unterrichtliche und erzieherische, Angebote für alle Schülergruppen keine Selbstverständlichkeit sind. Zu allen Zeiten und in vielen Staaten der Welt wurden und werden scheinbar selbstverständlich immer wieder zahlreiche Personengruppen von Bildungsprozessen ausgeschlossen; seien dies Frauen, Kinder aus sogenannten Unterschichten, Kinder mit Beeinträchtigungen oder Schüler mit sehr komplexen Beeinträchtigungen. Auch wenn gerne auf Comenius verwiesen wird, der bereits vor 400 Jahren schrieb, dass allen alles gelehrt werden soll, so wird doch übersehen, dass er bereits wenige Seiten später die Mädchenbildung auf eher pragmatische Aufgaben der verantwortungsvollen Haushaltsführung beschränkte und damit nicht eine umfassende Auseinandersetzung mit der Welt, sondern eher eine Nützlichkeitserziehung vorsah. So genannten „Schwachbegabte(n), die zugleich verworren und von Natur aus böswillig sind", und „Ungeheuern von Menschen", wer immer dies sein sollte, sollte nach immerhin reichlichen Bemühungen keine weitere Aufmerksamkeit geschenkt werden (Comenius in Flitner ^{4}1970, 69, 73). Umfassende Bildungsmöglichkeiten für alle Kinder und Jugendlichen sind derzeit vor allem in den industrialisierten Staaten Europas, Nordamerikas, Asiens oder Australiens möglich und auch hier ist es oftmals noch nicht selbstverständlich, dass wirklich allen, also auch komplex beeinträchtigten jungen Menschen, Bildungsprozesse ermöglicht werden.

Ob bestmögliche Bildungsangebote in inklusiven oder spezialisierten Bildungseinrichtungen realisiert werden, ist im deutschsprachigen Raum gegenwärtig eher eine pragmatisch zu beantwortende Frage. Ihre konkrete Antwort ist – trotz aller gegensätzlichen öffentlichen Bekundungen – immer noch abhängig von der Komplexität der Beeinträchtigung einer Schülerin bzw. eines Schülers und der Bereitschaft und den Ressourcen der Schulträger, notwendige Strukturen im sächlichen und personellen Bereich schaffen zu wollen und zu können. Zudem können die wenigsten Bildungsorte das individuell notwendige und sehr unterschiedliche Maß an Unterstützung, professioneller Kenntnis und Fachwissen sowie therapeutischer und pflegerischer Unterstützung bieten, welches Kinder und Jugendliche mit körperlichen, vor allem aber mehrfachen Beeinträchtigungen benötigen. Für Professionelle in unterschiedlichen schulischen Settings, unabhängig von deren Grundqualifikation, stellt sich zudem die Herausforderung, diesem umfassenden Bildungsanspruch für jedes einzelne Kind gerecht zu werden. Dies ist nur durch regelmäßige und systematische Fortbildungen möglich, die umso leichter fallen, wenn die Grundqualifikation bereits entsprechend vielfältig angelegt wurde.

Wurde bisher knapp vor allem von den Tätigkeiten des Unterrichtens und Erziehens sowie im Weiteren den Tätigkeitsbereichen der Kooperation, Beratung und Diagnostik gesprochen, so muss darauf hingewiesen werden, dass seit einigen Jahren innerhalb der didaktischen Diskussion gleichermaßen die Begriffe „Begleiten" und „Assistieren" gebraucht werden, um die pädagogische Arbeit zu charakterisieren. Nun stehen die professionellen Aufgaben in pädagogischen Handlungsfeldern, die mit den Begriffen „Begleiten" und „Assistieren" beschrieben werden, nicht in einem Gegensatz zu den bereits eben beschriebenen Tätigkeiten des Unterrichtens und Erziehens, doch werden hier deutlich andere Akzente gesetzt. Nicht die durch eine pädagogische Fachkraft ausgeübte und verantwortete, letztlich anregende oder auch begrenzende Aktivität auf einem auf Zukunft bezogenen Lebensweg stehen hier im Mittelpunkt, sondern Tätigkeiten, die die Freiheit des Lernenden in den Vordergrund rücken und auf den ersten Blick eine Rücknahme der Lehreraktivität nahelegen. Während der Begriff des „Begleitens" eher wenig diskutiert wird, findet über den Begriff der „Assistenz" eine breite Diskussion statt. Der Begriff „Begleiten" findet sich in sprachlichen Ausdrücken, wie „einen Menschen auf seinem Lebensweg begleiten", „Lernbegleitung" oder auch „Sterbebegleitung". Zumeist stehen diese Redewendungen und Begriffe für eine dialogische, vielleicht auch non-verbale Situation, die Anteil nimmt, möglicherweise anregt, und einen (jungen) Menschen nicht allein lässt in pädagogischen und anderen Situationen. Begleitung kann aber durchaus auch kritische Hinweise und Ratschläge umfassen, sie kann helfen, dass ein Mensch Handlungsoptionen erkennt oder Auswahlmöglichkeiten zu nutzen weiß. Sie ist also nicht nur zurückhaltend, sondern möglicherweise ebenso anregend wie präsent und Nähe bietend.

Pädagogische Tätigkeit als vor allem assistierende und begleitende Tätigkeit zu beschreiben, erscheint dem Autor allerdings als wenig angemessen. So wichtig dieser Bereich des pädagogischen Verständnisses auch ist, so bedeutet Unterrichten immer auch ein aktives Gestalten, Anbieten, Strukturieren und Vorstrukturieren, im erzieherischen Kontext unterstützen, ermöglichen, anregen, ermutigen, ebenso aber Grenzen setzen, auf faire Bedingungen der sozialen Interaktionen achten und schließlich für diese Tätigkeit auch verantwortlich zu sein. Möglicherweise können Situationen in der Frühpädagogik und ebenso im schulischen Rahmen phasenweise als begleitende und assistierende Tätigkeiten gestaltet werden, im unterrichtlichen Rahmen werden aber sicherlich zahlreiche der hier angesprochenen Aufgaben wahrgenommen werden müssen.

Schulassistenz, Teilhabe-, Schul- und Unterrichtsbegleitung oder -hilfe werden allgemein als Tätigkeiten beschrieben, die den Unterricht eines Kindes mit einem besonderen Unterstützungsbedarf sowohl in der allgemeinen als auch in der Förderschule ermöglichen sollen. Assistentinnen und Assistenten übernehmen zahlreiche Handgriffe, unterstützen Raumwechsel, führen pflegerische Tätigkeiten aus oder erleichtern kommunikative Situationen durch den Einsatz unterstützter

Kommunikationsmöglichkeiten. Aus Sicht der meisten Träger der Eingliederungshilfe, denn über diese wird die Assistenzleistung finanziert, sollen diese Aufgaben von möglichst gering qualifizierten und deshalb preiswerten Mitarbeitern wahrgenommen werden, die einen Schulbesuch absichern und erfolgreich ermöglichen. Wie in Studien von Dworschak (z. B. 2012) dargestellt wurde, bildet diese Tätigkeitsbeschreibung die Wirklichkeit der Assistenztätigkeit in der Schule aber in keiner Weise ab. In aller Regel werden Assistenten im schulischen Bereich auch pädagogisch tätig, nicht nur im Tagesverlauf begleitend, sondern erklärend, vermittelnd und anbahnend. Sie übernehmen damit Teilaufgaben einer Lehrkraft, obwohl sie in vielen Fällen über keine pädagogische oder sonderpädagogische Ausbildung verfügen und deshalb z. B. nicht darauf vorbereitet wurden, welche spezifischen Lernprobleme auftreten können und wie diese vermieden oder minimiert werden können.

Kooperation bzw. Austausch mit unterschiedlichen Fachkräften sowie vor allem den Eltern bzw. Erziehungsberechtigten sind ein wesentlicher Aspekt der Arbeit in diesem Handlungsfeld. Beratende Anteile können pädagogische Aspekte ebenso wie z. B. Anregungen für außer- und nachschulische Angebote umfassen oder Hinweise auf außerschulische Unterstützungssysteme. Es ist davon auszugehen, dass sich die beratenden Tätigkeiten im Rahmen einer inklusiven Schulentwicklung zunehmend weiterentwickeln werden. Obwohl auch hier das einzelne Kind mit seinen körperlichen oder mehrfachen, oftmals lernerschwerenden Beeinträchtigungen und seinen Lern- und Entwicklungsmöglichkeiten sensibel wahrgenommen werden muss, steht zukünftig die Schaffung inklusiver Lern- und Lebensbedingungen, die eine „bestmögliche Bildung und Entwicklung" (Bundesgesetzblatt 2008, Art. 24) schaffen oder sichern sollen, im Fokus.

Durch den bereits angesprochenen Einsatz von Schulbegleitern bzw. Integrationshelfern und externen Kinderkrankenschwestern in allen Bildungsbereichen, wobei die erste Gruppe zumeist kaum oder nicht qualifiziert ist, sind in den letzten zehn Jahren neue Aufgaben für Professionelle in allen pädagogischen Handlungsfeldern entstanden. So gehören Anleitungs- und Organisationsaufgaben ebenso wie Vermittlungstätigkeiten zunehmend zur Arbeit der Pädagoginnen. Die Vermittlungsaufgaben umfassen hierbei häufig grundlegende Einführungen in die Gestaltung von Lernaufgaben ebenso wie die Vermittlung von Fachwissen spezifischer, das eigenaktive Lernen der Schüler erschwerender bzw. erleichternder körperlicher oder weiterer Beeinträchtigungen. Auf Dauer wird es notwendig sein, die sich hier neu entwickelnde Berufsgruppe besser zu qualifizieren und zu entlohnen, da dann mit einer kontinuierlichen Mitarbeit gerechnet werden kann. Gerade die Frage der kontinuierlichen, langfristigen, unterstützenden und kompetenten Zusammenarbeit wird von Menschen mit körperlichen und mehrfachen Beeinträchtigungen und ihren Angehörigen in allen Handlungsfeldern als wesentliches Qualitätsmerkmal heil- und sonderpädagogischer Arbeit begriffen (vgl. Lelgemann 1999; Franz 2014).

Ein wesentlicher, in der Literatur und der Forschung erst in den letzten Jahren entsprechend gewürdigter Aspekt der schulpädagogischen Arbeit ist die Gestaltung der Teamarbeit. Diese außerordentlich komplexe Situation erfordert sowohl Fähigkeiten der sensiblen Wahrnehmung eigener und externer emotionaler und fachlicher Sicherheiten, Unsicherheiten und Kompetenzen, der Gestaltung von Kommunikations- und Entwicklungsprozessen sowie der Strukturierung von inhaltlichen Aufgabenstellungen im Verhältnis von Sonderpädagoginnen, weiteren Teammitarbeiterinnen wie Therapeutinnen, Pflegerinnen, Kinderkrankenschwestern, Unterrichtsbegleiterinnen sowie den Eltern und vor allem dem Kind. Erfahrungen mit der Gestaltung kooperativer Arbeitsprozesse über einen längeren Zeitraum werden im Rahmen der Entwicklung eines inklusiven Schulsystems aus der Förderschule körperliche und motorische Entwicklung und anderen Förderschulen hinaus vermehrt in allgemeine Schulen getragen werden müssen, da das allgemeine Schulsystem bisher über weniger kooperative Erfahrungen verfügt. Erfolgreich tätige inklusive Schulen verweisen ebenso wie engagierte Förderschulen immer wieder auf diesen Aspekt (vgl. Lelgemann et al. 2015). Es ist deshalb nicht nachvollziehbar, dass in allen Bundesländern, im Unterschied zu zahlreichen außerschulischen Handlungsfeldern, immer noch nur ein sehr geringes Supervisionsangebot oder Angebote der kollegialen Praxisberatung bestehen.

2.2 Wohnen

Menschen mit einer körperlichen Beeinträchtigung, die in der Lage sind, ihr Leben selbstständig zu organisieren, die Angehörige und ein soziales Umfeld haben, welches sie bei der Gestaltung des alltäglichen Lebens unterstützt, werden keine oder nur in geringem Maße professionelle Unterstützung benötigen. Menschen mit einer mehrfachen Beeinträchtigung oder mit einem eher wenig unterstützenden sozialen Umfeld, vielleicht auch mit einem Migrationshintergrund, denen die sozialen Unterstützungsmöglichkeiten weniger vertraut sind, werden professionelle Unterstützung und Begleitung benötigen, die im Idealfall um die Bedeutung körperlicher und weiterer Beeinträchtigungen, die das alltägliche Leben erschweren können, wissen.
Es erscheint notwendig, dass die in diesen Handlungsfeldern tätigen Berufsgruppen über spezifische Fachkenntnisse verfügen, die sowohl bauliche, sozialrechtliche und kommunale Strukturen beinhalten als auch spezifisches medizinisches Fachwissen umfassen können. Ein mit einem körper- bzw. mehrfachbeeinträchtigten Menschen und seinen Angehörigen erstellter Unterstützungsplan wird umfassender und vollständiger sein, wenn Professionelle über diese zahlreichen Kenntnisse verfügen, gerade dann, wenn Angehörige diese nicht kennen oder der betroffene Mensch keine Vorstellung hat, welche Wahlmöglichkeiten ihm zur Verfügung stehen. Franz verweist auf die Notwendigkeit, inklusive, gemeindenahe Wohnformen auch durch eine systemisch orientierte Arbeit, die weniger am einzelnen Subjekt als an den Mitgliedern und Einrichtungen der sozialen Netzwerke orientiert ist, zu ermöglichen (2014, 96ff.). Er macht gleichzeitig darauf aufmerksam, dass diese beruflichen Entwicklungen nicht diejenigen ausschließen dürfen, die eher schwerer beeinträchtigt sind und so gestaltet werden müssen, dass nicht schleichend soziale

Standards in der Begleitung von Menschen mit Beeinträchtigungen, die in der Gemeinde leben, reduziert werden (2014, 253f.).

Die seit einigen Jahren von Selbsthilfegruppen favorisierte Peerberatung ist sicherlich eine in diesen Lebensbereichen unterstützende, positiv einzuschätzende Form der Eröffnung von Wahlmöglichkeiten und der Durchsetzung von Rechten in strittigen Fragen. Sie erfordert aber ebenfalls professionelle Kompetenzen in den bereits beschriebenen Handlungsfeldern und die Fähigkeit der Empathie, um sich in andere Lebenssituationen und Lebensentwürfe hineinzuversetzen. Dies gilt ebenfalls für Formen der gemeinsam vorzubereitenden Zukunftskonferenzen, die gerade auch für Menschen mit mehrfachen oder sehr schweren Beeinträchtigungen immer auch voraussetzen, dass Kommunikationsformen entwickelt werden, die alle Beteiligten nutzen können (vgl. Hinz & Kruschel 2013; Kistner 2012). Hier ist es notwendig, dass alle in diesem Feld tätigen Professionellen über unterschiedliche, auch unterstützende Kommunikationsformen Kenntnis haben und Prozesse der gemeinsamen Planung und Entscheidungsfindung so gestalten können, dass Menschen mit körperlichen, mehrfachen oder mentalen Beeinträchtigungen aktiv partizipierend innerhalb ihrer Wohnsituation, ebenso aber in ihrer Gemeinde bzw. im Stadtteil teilnehmen können (siehe Artikel Westecker in diesem Buch). An anderer Stelle wird darauf eingegangen, dass nach derzeitigem Kenntnisstand sehr viele Menschen mit einer körperlichen, vor allem aber mehrfachen Beeinträchtigung bis ins hohe Alter bei ihren Eltern, vor allem den Müttern, leben. Hier ist es sinnvoll, sowohl in der Schulzeit als auch im Erwachsenenalter auf Wohn- und Lebensalternativen aufmerksam zu machen und aufzuzeigen, welche Alternativen es gibt und wie diese konkret realisiert werden können.

Für die Gestaltung der persönlichen Lebenssituation, gerade auch im Bereich des Wohnens, ist der Einsatz Persönlicher Assistenten eine wichtige Option. Innerhalb der Selbsthilfebewegung körperbehinderter Menschen wird der Begriff aber deutlich passiver, rein unterstützender gefüllt, als im schulischen Kontext praktiziert. Assistenten werden als „Arme" und „Beine" motorisch beeinträchtigter Menschen begriffen, die nach Anweisung handeln und die die Handlungen der aktiven Person ohne Wenn und Aber auszuführen haben. Entsprechend werden keine professionellen, beruflichen Voraussetzungen erwartet, ja diese eher kritisch gesehen, weil daraus möglicherweise bevormundende Verhaltensweisen entstehen könnten. Dennoch werden bestimmte Voraussetzungen benannt: Assistenten sollen einfühlsam sein und sozial interagieren können; sie sollen möglichst einen Führerschein haben und auch komplexere Handlungen auf Anweisung des Menschen mit einer Körperbehinderung ausführen können. In keine der durch den körperbehinderten Menschen zu verantwortenden Entscheidungen sollen sie sich einbringen, es sei denn sie werden gefragt. Das Assistenzmodell der Selbsthilfebewegung setzt ebenfalls keine professionelle Qualifikation im pflegerischen Bereich voraus, denn auch hier wird davon ausgegangen, dass die konkreten Anweisungen durch den zu Pflegenden selbst gegeben werden (vgl. Lelgemann 2009).

Die Nutzung des Assistenzmodells stellt hohe Anforderungen an diejenigen, die es nutzen möchten; werden sie doch zu Arbeitgebern im juristischen Sinne, die alle diesbezüglichen Aufgaben selbst organisieren müssen: Verhandlungen mit den Leistungsträgern, Auswahl und Einstellung der Assistentinnen, Abschluss aller notwendigen Versicherungen, Gestaltung von Arbeitsverträgen und Dienstplänen und vieles mehr. Ein so gestaltetes Assistenzmodell für Menschen mit einer Körperbehinderung ist vor allem dann realisierbar, wenn diese selbstbestimmt entscheiden können. Dies setzt häufig genug hohe mentale Fähigkeiten voraus. Damit Menschen, die diese Kompetenzen nicht haben oder nicht erwerben konnten, hiervon nicht ausgeschlossen werden, gibt es inzwischen in zahlreichen Gemeinden Assistenzvereine, die Menschen unterstützen, die einen Assistenten einstellen wollen. Sie helfen zudem bei der Beantragung eines Persönlichen Budgets, durch welches die notwendigen finanziellen Mittel bereitgestellt werden, oder auch im Krankheitsfall mit einer Assistentin. Eine derartige Situation kann auch als Unterstützende Assistenz bezeichnet werden, die damit dem pädagogischen Handeln wieder nahe kommt. Wenn Menschen mit einer körperlichen und mentalen Beeinträchtigung Assistenz nutzen wollen, so werden sie häufig genug bereits beim Erlesen komplexer Sachverhalte, selbst wenn diese in Leichter Sprache ausgedrückt sind, Unterstützung benötigen. Allein die Darstellung von Wahlmöglichkeiten ist eine komplexe pädagogische Leistung. Noch deutlich stärker beeinträchtigte Menschen werden ein umso höheres Maß an Begleitung und Beratung benötigen und damit werden Fragen des Selbstverständnisses der in diesen persönlich nahen Begegnungssituationen Tätigen ungleich relevanter.

Für Menschen mit einer körperlichen oder mehrfachen Beeinträchtigung eröffnet die Persönliche Assistenz Chancen auf eine so selbstständige Lebensführung, wie dies auch für andere Menschen in unserer Gesellschaft möglich ist. Für viele andere Menschen werden Zwischenformen möglich sein, die sich zwischen dem engeren Assistenzverständnis der Selbsthilfebewegung und einem pädagogischen Begleiten bewegen.

2.3 Arbeitsbereiche

Die Beteiligung an einer Erwerbsarbeit ist für den überwiegenden Teil der in unserer Gesellschaft lebenden Menschen ein hohes Gut. Erwerbsarbeit ermöglicht ein selbstständiges Leben, vermittelt Anerkennung und strukturiert das Leben. Andererseits hat Erwerbsarbeit in unserer Gesellschaft aber auch einen dominanten Charakter, der die Persönlichkeit jedes Einzelnen prägt, der oftmals alles Denken und Handeln bestimmt und selbst in inklusionsorientierten Diskussionen spürbar wird, in denen sonderpädagogischen Einrichtungen vorgeworfen wird, ihren Schülern keine entsprechenden Schulabschlüsse zu vermitteln, mit denen sie Chancen haben, sich an einem Arbeitsprozess zu beteiligen. So humanistisch diese Argumentation wirkt, so sehr ist sie aber auch einem Denken in Kategorien verhaftet, indem es vor allem um die Steigerung des menschlichen Humankapitals geht (vgl. Becker 2015). Damit soll nicht gesagt werden, dass es nicht Aufgabe aller pädagogischen Einrichtungen ist, ihre Schülerinnen und Schüler bestmöglich zu bilden und zu qualifizieren, allerdings wird damit stillschweigend eine inklusive Schulentwicklung auch mit der Steigerung besser ausgebildeter Schulabgänger gleichgesetzt. Die Frage stellt sich natürlich, was mit denen passiert, die trotz aller Bemühungen kaum Möglichkeiten einer produktiven Mitarbeit haben und zeitlebens auf Unterstützung angewiesen sein werden.

Auch in diesem Handlungsfeld werden Menschen mit einer vornehmlich körperlichen Beeinträchtigung, die in ihren mentalen Möglichkeiten nicht eingeschränkt sind und die mit familiären Unterstützungssystemen ihr Leben selber gestalten, sich, entsprechend ihren Bildungsabschlüssen und ihrer persönlichen Situation, Arbeit suchen. Professionelle mit spezifischem Fachwissen werden hier vermutlich nur in geringem Maße eingesetzt und sind eher in beratungsorientierten Aufgabenfeldern zu finden, etwa bei der Bundesagentur für Arbeit oder in Beratungsstellen der Universitäten und Hochschulen. Nach Untersuchungen des Deutschen Studentenwerks beträgt der Anteil der Studierenden, die sich als bewegungs- und mobilitätsbeeinträchtigt beschreiben, etwa 4 % (DSW 2012, 21). Wesentlich größer ist der Anteil der Studierenden mit einer psychischen Erkrankung, die die Studienmöglichkeiten dieses Personenkreises erheblich beeinflusst. Fachspezifisches Wissen ist für körperlich beeinträchtigte Studierende notwendig, um angemessene Nachteilsausgleiche für das Studium insgesamt oder einzelne Prüfungs- und Praktikumsanteile zu entwickeln. Auf einer systemischen Ebene benötigen Professionelle in diesem Handlungsfeld Kompetenzen, mit denen eine strukturell wirksame Weiterentwicklung in allen Bereichen ermöglicht wird, die individuelle Lösungen zunehmend weniger notwendig erscheinen lässt, ohne sie jemals gänzlich ausschließen zu können.

Tätigkeiten auf dem allgemeinen Arbeitsmarkt oder die Suche nach diesen werden durch die Integrationsfachdienste, die seit etwa 20 Jahren bundesweit tätig sind, für alle Personengruppen vermittelt bzw. begleitet. Sie unterstützen Menschen mit körperlichen und weiteren, auch mehrfachen Beeinträchtigungen dabei, angemessene Arbeitstätigkeiten auf dem ersten Arbeitsmarkt zu finden und auszufüllen. In diesem Feld gibt es inzwischen zahlreiche Initiativen. Ein großer Prozentsatz der hier vertretenen Menschen weist eine mentale Beeinträchtigung auf, ist aber motorisch nicht oder nur in geringem Maße beeinträchtigt. Die Vermittlung und erfolgreiche, dauerhafte Tätigkeit von Menschen mit einer körperlichen Beeinträchtigung stellt sich ausgesprochen komplex dar und erfordert in jedem Fall individuelle Lösungen. Hierbei helfen zahlreiche Stellen, insbesondere die Beratungsstellen der Integrationsämter, die mit den Betrieben technische Adaptionen entwickeln und finanzieren. Spezifisches Fachwissen für die Beschäftigung von Menschen mit einer körperlichen oder mehrfachen Beeinträchtigung sollte in allen Beratungsstellen vorhanden sein. Es ist aber davon auszugehen, dass dieses immer im Einzelnen erarbeitet werden muss und eine enge Kooperation zwischen dem Arbeitsuchenden, dem Betrieb, dem medizinischen Dienst und entsprechenden weiteren Fachdiensten erfordern wird. Eine Beratungsstelle innerhalb eines größeren, regionalen oder kommunalen Integrationsfachdienstes könnte hier eine sinnvolle Ergänzung darstellen, um rasch unterstützende Angebote für den Personenkreis der Menschen mit einer Cerebralparese, Epilepsie oder einer Muskelerkrankung anbieten zu können. Auch könnten die im Sozialgesetzbuch IX seit vielen Jahren vorgeschlagenen gemeinsamen Servicestellen (§§ 22 bis 25) hier einen wichtigen Beitrag leisten.

Ein weiterer Bereich, in dem Menschen mit mehrfachen Beeinträchtigungen tätig sind, sind die Werkstätten für behinderte Menschen. Etwa 3,3 % der hier tätigen Personen sind körperbehindert (bagwfbm.de). Werkstätten werden zumeist langfristig von Personen besucht, die eine längere Arbeitstätigkeit auf dem Arbeitsmarkt nicht bewältigen können. Damit körper- und mehrfachbehinderte Menschen hier ein Arbeitsangebot erhalten können, müssen Arbeitsplatzeinrichter, Gruppenleiter, aber auch die Mitarbeiter in den sozialen Diensten über besonderes Fachwissen verfügen. Dies umso mehr, je schwerer oder je umfassender der einzelne Mitarbeiter beeinträchtigt ist. Werkstätten hatten über viele Jahre hinweg Schwierigkeiten, Arbeitsangebote, die eine echte Mitarbeit ermöglichten, auch für stärker körperlich beeinträchtigte Menschen zu entwickeln, doch hat sich hier in den letzten Jahren viel bewegt. Immer noch eine Herausforderung stellt die Entwicklung von Arbeitsmöglichkeiten für sehr komplex beeinträchtigte Menschen dar (vgl. Lelgemann 2011; Lamers 2011). Leider haben Werkstätten in vielen Bundesländern die Möglichkeit, den hier angesprochenen Personenkreis in eigens dafür gegründeten Tagesförderstätten auf dem Gelände einer Werkstatt oder im Rahmen eines Werkstättenverbundes auszugliedern. Hier ist nach wie vor darauf hinzuweisen, dass eine unmittelbare Nähe zu den Arbeitsgruppen und ein besonderes Engagement der Werkstätten einzufordern ist, damit nicht Beschäftigungseinrichtungen entstehen, in denen das reine Zuschauen bei produktiver Arbeit anderer Beschäftigter durch Mitarbeiter mit komplexen Beeinträchtigungen dominiert.

In diesem Kapitel wurden einige Handlungsfelder und Tätigkeitsprofile Professioneller in der Körperbehindertenpädagogik vorgestellt und diskutiert. Die Darstellung ist nicht vollständig und beschreibt nicht die Arbeit in Verbänden, Initiativen, Organisationen oder auch staatlichen Stellen. Für alle diese Bereiche und für die dargestellten ist sicherlich zu fragen, ob immer spezifische Kenntnisse und Kompetenzen aus der Körperbehindertenpädagogik notwendig sind. Ohne diese überbewerten zu wollen, erscheint es dem Autor dringend geboten, den Erwerb dieser einzufordern bzw. aufrechtzuerhalten. Keine spezifischen Kenntnisse um Unterstützungsbedarfe zu haben, bedeutet oftmals, diese insbesondere bei Menschen mit mehrfachen Beeinträchtigungen nicht wahrnehmen zu können. Es sollte das höchste Anliegen Professioneller der Körperbehindertenpädagogik in allen Handlungsfeldern sein, Menschen mit körperlichen und insbesondere mehrfachen Beeinträchtigungen bei der Wahrnehmung ihrer Rechte auf umfassende Weise zu unterstützen. Deshalb werden in einem weiteren Kapitel spezifische Kenntnisse und Kompetenzen reflektiert.

Literatur

bagwfbm.de (2014): Anzahl der wesentlichen Behinderungsarten in den Mitgliedswerkstätten zum 1. Januar 2014. http://www.bagwfbm.de/category/34. (Zugriff am 01.06.2015)
Becker, U. (2015): Die Inklusionslüge. Behinderung im flexiblen Kapitalismus. Bielefeld.
Behringer, L./Höfer, R. (2005): Wie Kooperation in der Frühförderung gelingt. München.

Bundesgesetzblatt Jahrgang (2008): Gesetz zu dem Übereinkommen der Vereinten Nationen vom 13. Dezember 2006 über die Rechte von Menschen mit Behinderungen sowie zu dem Fakultativprotokoll vom 13. Dezember 2006 zum Übereinkommen der Vereinten Nationen über die Rechte von Menschen mit Behinderungen vom 21. Dezember 2008. Berlin. 1419–1454.

DSW – Deutsches Studentenwerk (2012): beeinträchtigt studieren. Datenerhebung zur Situation Studierender mit Behinderung und chronischer Krankheit 2011. Berlin.

Dworschak, W. (2012): Schulbegleitung/Integrationshilfe. Ergebnisse einer Studie des Lebenshilfe-Landesverbandes Bayern. Erlangen.

Flitner, A. (1970[4]): Johann Amos Comenius Grosse Didaktik. Düsseldorf und München.

Franz, D. (2014): Anforderungen an MitarbeiterInnen in wohnbezogenen Diensten der Behindertenhilfe. Marburg.

Hansen, G. (2010): Inklusion und frühe Förderung. In: Jennessen, S./Lelgemann, R./Ortland, B./Schlüter, M. (2010): Leben mit Körperbehinderung. Perspektiven der Inklusion. Stuttgart. 75–89.

Haupt, U. (2003[3]): Körperbehinderte Kinder verstehen lernen. Auf dem Weg zu einer anderen Diagnostik und Förderung. Düsseldorf.

Hinz, A./Kruschel, R. (2013): Bürgerzentrierte Planungsprozesse in Unterstützerkreisen: Praxishandbuch Zukunftsfeste. Düsseldorf.

Kistner, H. (2012): Kraftvoll der Zukunft entgegen! Zukunftskonferenzen für Menschen mit schweren Behinderungen. In: Zeitschrift Seelenpflege 1/2012. 45–53.

Lamers, W. (2011): Berufliche Bildung und Orientierung von Menschen mit schwerer und mehrfacher Behinderung. In: Leben mit Behinderung (Hrsg.) (2011): Ich kann mehr! Berufliche Bildung für Menschen mit schweren Behinderungen. Hamburg. 17–44.

Lelgemann, R. (1999): Gestaltungsprozesse im Bereich beruflicher Rehabilitation für Menschen mit sehr schweren Körperbehinderungen als Herausforderung der Werkstätten für Behinderte und Tagesförderstätten. Aachen.

Lelgemann. R. (2009): Ein Leben mit Assistenz gestalten. In: Orthmann-Bless, D./Stein, R. (2009): Lebensgestaltung bei Behinderungen und Benachteiligungen im Erwachsenenalter und Alter. Hohengehren. 66–87.

Lelgemann, R. Singer, P./Walter-Klose, C. (2015): Inklusion im Förderschwerpunkt körperliche und motorische Entwicklung. Stuttgart.

Oevermann, U. (1996): Theoretische Skizze einer revidierten Theorie professionalisierten Handelns. In: Combe, A./Helsper, W. (Hrsg.) (1996): Pädagogische Professionalität. Untersuchungen zum Typus pädagogischen Handelns. Frankfurt a. M. 70–182.

Stein, R. (2004): Zum Selbstkonzept im Lebensbereich Beruf bei Lehrern für Sonderpädagogik. Am Beispiel von Lehrern für Sonderpädagogik in Rheinland-Pfalz. Hamburg.

3 SPEZIFISCHE KOMPETENZEN UND FACHWISSEN

Reinhard Lelgemann

Alle heil- und sonderpädagogischen Fachgebiete gehen davon aus, dass das in der International Classification of Functioning, Disability and Health entwickelte Verständnis von Behinderung bedeutet, dass sowohl eine medizinische Beeinträchtigung als auch Aktivitäts- und Partizipationsstörungen im Kontext der Person und ihres Umfeldes von Bedeutung sind. Die Bedeutung der einzelnen Bereiche ist dabei von Person zu Person unterschiedlich und kann nicht monokausal hergeleitet werden. Immer gilt es, zumindest die drei Grundvariablen Beeinträchtigung, Aktivität und Partizipation differenziert sowie in ihren Wechselwirkungen zu betrachten. Die in der Gegenwart häufig auftretende Reduzierung auf die Bereiche der Partizipationsstörungen, im Sinne des Slogans „Behindert ist man nicht, behindert wird man" (Aktion Mensch), verkürzt diese Erkenntnis und erschwert damit insbesondere Menschen mit einer körperlichen, insbesondere aber mehrfachen Beeinträchtigung umfassende Aktivitäts- und Partizipationsmöglichkeiten. Wenn also ein Mensch mit einer Infantilen Cerebralparese, der seine Reflexe kaum willkürlich steuern kann sowie Probleme bei der eigenaktiven Nahrungsaufnahme und beim Sprechen hat, nur als gesellschaftlich beeinträchtigt wahrgenommen wird, so ist dies vereinfachend. Im Grunde genommen wird in dieser Sichtweise die Person selbst nicht wertgeschätzt. Wer die Bedeutung der eigentlichen Beeinträchtigung nicht ernst nimmt, Aktivitätsmöglichkeiten mit Hilfe einer aus Sicht des einzelnen Menschen geeigneten Ergo- oder Physiotherapie z. B. nicht anbahnt und es damit bei den individuellen Aktivitätsstörungen belässt, agiert geradezu zynisch. Und noch einmal konkreter mit Bezug auf die aktuelle inklusive Schulentwicklung: Wer sich damit begnügt, bloße Anwesenheit im Unterricht als Inklusion zu bezeichnen, und die Durchführung von Therapie (und Pflege) dem Elternhaus oder Letztere nichtqualifizierten Unterrichtsbegleitern überlässt, begünstigt organisierte Partizipationsstörungen. In diesem Beispiel würde es bedeuten, dass aus Sicht des behinderten Menschen notwendige Therapien am Nachmittag stattfinden, was aber nur möglich ist, wenn Eltern Zeit und entsprechende Mobilitätsmöglichkeiten zur Verfügung stehen. Wenn Eltern, z. B. aufgrund unklarer Arbeitsverhältnisse, schlechter Bezahlung oder nicht vorhandener privater Fahrtmöglichkeiten, nicht in der Lage sind, notwendige regelmäßige Therapien sicherzustellen, besteht die Gefahr, dass Aktivitätsmöglichkeiten nicht eröffnet und damit zukünftige Partizipationschancen verwehrt werden. Allgemeiner gesagt besteht die Gefahr, dass eine derartige sogenannte inklusive Struktur unter der Vorgabe vermeintlich inklusiver Bildungsangebote soziale Ungleichheit produziert, da die Bedeutung der eigentlichen Beeinträchtigung im Kontext der spezifischen sozialen Situation nicht zur Kenntnis genommen wird. Ebenso aber können Partizipationsbeeinträchtigungen durch spezialisierte Angebotsstrukturen auftreten, wenn diese nicht aktiv an der Erweiterung von Aktivitätsmöglichkeiten arbeiten.

Die in der ICF entwickelte Struktur verweist auf die Notwendigkeit hoher Kompetenz und guter Fachkenntnis in allen drei zentralen Bereichen der ICF (Beeinträchtigung, Aktivität und Partizipation) bei Professionellen, um Menschen mit körperlichen und mehrfachen Beeinträchtigungen bestmöglich in ihren Lebensperspektiven unterstützen zu können. Hierzu gehören Grundkenntnisse der Medizin und Therapie, der Psychologie, der Pädagogik für Mitarbeiter in allen Handlungsfeldern sowie des Sozialrechts und der Organisations- und Systementwicklung in den außerschulischen Tätigkeitsbereichen. Wobei in allen diesen Fachgebieten weniger spezifisches Professionswissen als die Kenntnis grundlegender Sachverhalte und Strukturen bedeutsam ist.

So ist es in allen Handlungsfeldern der Körperbehindertenpädagogik, ausgenommen vielleicht der unmittelbaren Persönlichen Assistenz, sinnvoll, medizinisch-therapeutisches Grundwissen in die eigene Arbeit integrieren zu können. Hierzu gehören Kenntnisse grundlegender neurologischer und orthopädischer Sachverhalte, vor allem aber die Fähigkeit, medizinische Berichte kritisch lesen, auf ihre Bedeutung für die pädagogische Zusammenarbeit befragen zu können und in direktem Austausch mit Physio- und Ergotherapeuten sowie Logopäden zu reflektieren, wie der Alltag eines körperbehinderten Menschen erleichtert oder z. B. eine möglichst selbstständige Mitarbeit im Unterricht gesichert werden kann.

Um zu planen, mit welchen Hilfen eigene Handlungsvollzüge möglichst selbstständig umgesetzt werden können – sei dies das Sprechen, das feinmotorische Handeln, die Nahrungsaufnahme, der Toilettengang, die Nutzung moderner Kommunikations- oder Fortbewegungsmittel, das selbstständige Sitzen oder die Fortbewegung –, ist ebenso grundlegendes medizinisch-therapeutisches Grundwissen sinnvoll. Fortschritte der Therapie, Pflege und Rehatechnik sollten mit den beteiligten Fachkräften der anderen Berufsgruppen verfolgt werden. Es ist wünschenswert, dass für diesen fachlichen Austausch, z. B. im Rahmen von Fortbildungen oder Fachkonferenzen, geeignete Zeiträume zur Verfügung stehen. Dem stehen derzeit leider zahlreiche Hindernisse im Wege. So arbeiten in immer mehr Einrichtungen nicht mehr festangestellte Therapeuten oder Logopäden, sondern selbstständige Mitarbeiter, die nur knapp berechnete Behandlungszeiten finanziell erstattet bekommen, nicht aber Gespräche mit weiteren Professionellen.

Eine besondere Bedeutung für schwerer körperlich beeinträchtigte Menschen haben die Angebote der Unterstützten Kommunikation sowie weiterer technischer Möglichkeiten der Umweltkontrolle. Diese erfordern ein hohes Maß an fachlicher Kompetenz und Fachwissen bezogen auf die Planung und den Einsatz technischer Kommunikationsmöglichkeiten, sie erfordern aber ebenso ein hohes Maß an psychologisch-pädagogischer Kompetenz in der Phase der Einübung, des Vertrautmachens und schließlich der Begleitung im Nutzungsprozess. Ohne diese umfassende Begleitung, die derzeit noch deutlich häufiger während der Schulzeit möglich ist als in allen anderen Lebensphasen, drohen Aktivitäts- und Partizipationsmöglichkeiten verhindert, zumindest aber erschwert zu werden.

Umgekehrt kann eine gesundheitsschädliche Einrichtung technischer Hilfsmittel, bei der z. B. nicht beachtet wird, dass erforderliche Bewegungen verstärkt Kontrakturen hervorrufen, sogar sekundäre Beeinträchtigungen verursachen, die in der Folge die Möglichkeiten der Eigenaktivität erschweren und damit behindern können.

Um eine möglichst eigenaktive Nutzung der verfügbaren Unterstützungssysteme sicherzustellen, ist sowohl psychologisches als auch pädagogisches Fachwissen notwendig. Auf die Kenntnis beider Fachgebiete soll hier nur kurz verwiesen werden. Entwicklungs-, persönlichkeits- und lernpsychologische Fachkenntnisse sowie ein Fachwissen um die Gestaltung resilienzstärkender Faktoren sind ebenso unabdingbar wie die Kenntnis pädagogischer Theorien und Kompetenzen in der Anwendung von Unterrichtsmethoden, die eigenaktives Lernen, nicht nur alleine, sondern auch in Lerngruppen, ermöglichen.

Die im pädagogischen Raum relevanten Kenntnisse und Fertigkeiten umfassen in weiten Teilen die gleichen Fähigkeiten, wie sie auch für die allgemeine Pädagogik gelten. Doch gilt für in der Körperbehindertenpädagogik Tätige eine stärkere Orientierung an den Fähigkeiten und konkreten Lern- und Handlungsproblemen des jungen Menschen mit einer körperlichen bzw. einer mehrfachen Beeinträchtigung ebenso wie die Kenntnis möglicher Probleme, die sich durch spezifische Beeinträchtigungen ergeben können. In einer konkreten Situation sind allgemeine Hinweise kaum hilfreich, sondern eine prozessdiagnostische Perspektive, die individuell darauf blickt, welche Angebote zur Kompensation von z. B. möglichen feinmotorischen, Konzentrations-, Strukturierungs- oder Wahrnehmungsproblemen oder Sinnesschädigungen angeboten und angenommen werden können. Notwendig sind auch Kenntnisse der frühkindlichen Entwicklungsprozesse, um spezifische Angebote und Materialien entwickeln bzw. adaptieren zu können. Bei aller am Individuum orientierten Perspektive darf dabei die Perspektive des Lernens und sozialen Lebens in einer Arbeitsgruppe nicht verloren gehen und sobald Schülerinnen und Schüler Fähigkeiten aufweisen oder vermuten lassen, die ein leistungsorientiertes Lernen entsprechend allgemeiner Richtlinien ermöglichen, so muss auch dieses angeboten und eingefordert werden. Allerdings muss darauf verwiesen werden, dass basale Lernangebote für Schüler, die sehr schwer beeinträchtigt sind, ebenfalls ein leistungsorientiertes Lernen darstellen können. Der Begriff der „Leistung" wird in der Körperbehindertenpädagogik nicht auf abfragbare Lernergebnisse begrenzt, sondern wird weit diskutiert, um für jeden Schüler Bildungsmöglichkeiten eröffnen und sichern zu können.

Gleichzeitig muss aber auch darauf verwiesen werden, dass die Begleitung von Menschen mit progredienten Erkrankungen auch bedeuten kann, diese in nachdenklichen und trauernden Lebensphasen zu begleiten, auch wenn für viele Schüler die Beteiligung an den Lernaktivitäten der Gruppe eine positive Lern- und Lebensqualität ermöglichen kann. In Untersuchungen von Haupt und Wieczorek (2013) sowie Lelgemann et al. (2012) benannten Eltern die aus ihrer Sicht bedeutsamen Fachkenntnisse und Kompetenzen für den schulischen Bereich wie folgt:

- gute Kenntnisse über Bewegungsstörungen und deren möglichen weiteren Einschränkungen; ebenso über die Situation von Schülern mit Mehrfach- und Schwerstbehinderungen, mögliche Hilfen bzw. Hilfsmitteln,
- Grundkenntnisse möglicher Wahrnehmungsbeeinträchtigungen und deren Berücksichtigung im Unterricht,
- Besonderheiten einer Diagnostik, die nicht benachteiligt,
- Kenntnis angemessener Nachteilsausgleiche für Schüler und Schülerinnen in Regelschulen,
- Kenntnisse darüber, wie gute Lernorte geschaffen werden können, in denen individuelle und gemeinsame Bildungsprozesse möglich sind,
- Kenntnisse, wie nichtbehinderten Kindern Beeinträchtigungen erklärt und das soziale Miteinander in der Schule unterstützt werden kann,
- Kompetenzen in der Zusammenarbeit mit Eltern sowie
- Kompetenzen in der Zusammenarbeit mit weiteren Fachkräften, Regelschullehrern, Therapeuten, Pflegekräften, Schulbegleitern/Integrationshelfern sowie technischen Mitarbeiterinnen und Mitarbeitern.

So ist ein wesentliches Kennzeichen professioneller Kompetenz die Fähigkeit, längerfristig im Team und im Austausch mit allen Beteiligten tätig zu werden, da Menschen mit einer körperlichen oder mehrfachen Beeinträchtigung über die gesamte Lebensspanne hin auf unterschiedlich qualifizierte Professionelle stoßen werden und diese auch benötigen, wenn entsprechend der Komplexität der eigenen Beeinträchtigung ein möglichst hoher Grad an Partizipation erreicht werden soll. Vielfach mit der Geburt, manchmal bereits vorher, entstehen Situationen, in denen das Wohlbefinden des Kindes, vielleicht auch sein Überleben von der Qualität der Kooperation mit Medizinern, medizinischem Unterstützungspersonal, Therapeutinnen, mit den Eltern und dem Kind selbst abhängen. Im Rahmen früher Förderung treten weitere Fachkräfte hinzu, wie z. B. Erzieherinnen, Heilpädagoginnen, Beraterinnen, in einigen Bundesländern auch Sonderpädagoginnen. Oftmals muss zu diesem Zeitpunkt bereits mit den Mitarbeitern der Kostenträger intensiv kooperiert werden, um die notwendigen Maßnahmen entsprechend zu finanzieren. Familien mit einem körperlich oder mehrfach beeinträchtigten Kind haben in aller Regel frühzeitig intensiven Kontakt mit zahlreichen Fachkräften.

Steht die Aufnahme in einer Schule an, erweitert sich dieser Kreis noch einmal um die Mitarbeiter der angestrebten oder aufnehmenden Schule: Allgemein- und Sonderpädagoginnen, Schulleiterinnen, Schulrätinnen, Schulassistentinnen und viele Menschen mehr suchen die Kooperation mit der Familie und dem Kind. In der Phase des Erwachsenenalters treten neue Kooperationspartner hinzu, wie z. B. die Mitarbeiter der Sozialverwaltung.

Es wird deutlich, dass die Frage der Zusammenarbeit mit anderen Menschen, die jeweils ein individuelles berufliches Selbstverständnis haben, eine spezifische Ausbildung erworben und eine jeweils eigene Grundhaltung leben, eine wesentliche Herausforderung für Menschen mit körperlichen und mehrfachen Beeinträchtigungen darstellt. Nicht zuletzt die Eltern stehen in den frühen Jahren vor dem Problem, sich mit zahlreichen Professionellen und deren zum Teil differenten Behandlungs- und Handlungsempfehlungen zu beschäftigen und Entscheidungen treffen zu müssen, die sie im Grunde genommen nicht gesucht haben, auf die sie nicht vorbereitet sind.

Es ist deshalb von großer Bedeutung, dass Professionelle im Feld der Körperbehindertenpädagogik kommunikative Fähigkeiten entwickeln, die Entscheidungsprozesse begleiten, moderieren, die auf unterschiedliche Wahlmöglichkeiten und auf mögliche Vor- und Nachteile spezifischer Therapien oder Unterstützungssysteme aufmerksam machen, ohne aber den Entscheidungsträgern, also den Menschen selbst und ihren Angehörigen die Entscheidungen abnehmen zu dürfen oder diese zu bedrängen. Zu kooperieren und im Dialog auch schwierige Entscheidungen zu begleiten, erfordert Fähigkeiten der Empathie sowie komplexe dialogische Kompetenzen. Interdisziplinäre Teamarbeit wird sicherlich erleichtert, wenn die Beteiligten offen sind für die Fachkenntnisse und Fertigkeiten der jeweils anderen Professionen, die eigene Profession nicht als dominant begreifen und die Grundhaltungen aller Beteiligten dergestalt sind, dass mit dem Menschen mit einer körperlichen oder mehrfachen Beeinträchtigung und seinen bzw. ihren Angehörigen wertschätzend umgegangen wird. Dies ist allerdings eine nicht zu hinterfragende Selbstverständlichkeit.

Zu Beginn des Artikels wurden weiterhin Kenntnisse und Kompetenzen in den Bereichen des Sozialrechts als auch der Organisations- und Systementwicklung als sinnvoll, ja notwendig angesprochen. Kenntnisse des und Kompetenzen der Nutzung des Sozialrechts sind vielleicht für die in pädagogischen Handlungsfeldern tätigen Professionellen weniger bedeutsam, allerdings gilt dies wiederum nicht für Professionelle, die Schüler in inklusiven Lernsituationen begleiten. Andererseits sind derartige Kenntnisse für Mitarbeiter in der Frühförderung und in allen Handlungsfeldern, in denen ältere Menschen mit körperlichen und mehrfachen Beeinträchtigungen leben, relevant. Kenntnisse und Kompetenzen der Organisations- und Systementwicklung sowie der Netzwerkarbeit sind für die Ermöglichung inklusiver Lern- und Lebensbedingungen in der Gemeinde letztlich unabdingbar und stellen derzeit noch eine Herausforderung dar, die bisher kaum realisiert oder vermittelt werden (vgl. auch Franz 2014, 96f.). Ein methodisches Hilfsmittel für den schulischen Bereich stellt der von Walter-Klose et al. (2015) entwickelte Leitfaden zur Vorbereitung einer Schule auf die Aufnahme eines körper- oder mehrfachbehinderten Schülers dar. Ein auf die Entwicklung des Gemeinwesens orientiertes Beratungsinstrument ist der Kommunale Index für Inklusion für Städte und Gemeinden (Montag Stiftung 2011).

Es sollte selbstverständlich sein, dass Professionelle der Körperbehindertenpädagogik sowie die beteiligten Institutionen und Verbände sich auf der Basis der hier nur skizzierten spezifischen Kenntnisse und Kompetenzen gemeinsam mit Menschen mit körperlichen und mehrfachen Beeinträchtigungen und ihren Angehörigen in die Gestaltung unserer Gesellschaft, der Kommunen und Gemeinden, ihrer Lebens- und Lernbedingungen einbringen. Es ist zu wünschen, dass sie dafür Sorge tragen, dass in diesen Prozessen alle Menschen berücksichtigt werden, unabhängig davon, ob dies grundlegende sozial- oder bildungspolitische Fragen sind oder „nur" die alltägliche, gleichwohl ärgerliche Situation, dass der Öffentliche Nahverkehr in vielen Regionen auch nach Jahrzehnten barrierefreier DIN-Vorschriften immer noch nicht barrierefrei ist und zum Beispiel eine spontane Fahrt ins Kino der Nachbargemeinde immer noch nicht möglich ist, weil drei Personen im Rollstuhl eben drei im Abstand von 30 oder gar 60 Minuten fahrende Busse nehmen müssen.

Literatur

Franz, D. (2014): Anforderungen an MitarbeiterInnen in wohnbezogenen Diensten der Behindertenhilfe. Marburg.

Haupt, U./Wieczorek, M. (2013): Schülerinnen und Schüler mit cerebralen Bewegungsstörungen– Eltern berichten über Erfahrungen mit der Schule ihrer Kinder. Düsseldorf.

Lelgemann, R./Lübbeke, J./Singer, P./Walter-Klose, C. (2012). Qualitätsbedingungen schulischer Inklusion für Kinder und Jugendliche mit dem Förderschwerpunkt Körperliche und Motorische Entwicklung. Forschungsbericht online unter: http://www.sonderpaedagogik-k.uni-wuerzburg.de/forschung/ermittlung_von_qualitaetsbedingungen_fuer_den_ausbau_gemeinsamer/

Montag Stiftung Jugend und Gesellschaft, Bonn (2011) (Hrsg.): Inklusion vor Ort – Der kommunale Index für Inklusion- ein Praxishandbuch. Bonn.

Walter-Klose, C. (2015): Die Schule vom Kind aus denken. – Ein Leitfaden für die Inklusion von Schülerinnen und Schülern mit körperlicher Beeinträchtigung. In: Lelgemann, R./Singer, P./Walter-Klose, C. (2015): Inklusion im Förderschwerpunkt körperliche und motorische Entwicklung. Stuttgart. 188–201.

EINWURF: PÄDAGOGISCHE KOMPETENZEN IM UMGANG MIT SCHWER UND MEHRFACH BEEINTRÄCHTIGTEN KINDERN UND JUGENDLICHEN

Andreas Fröhlich

Basale Bildung mit allen Sinnen, für alle, dazu bewegt und differenziert, in Gemeinschaft ganz individuell – wer möchte das nicht gerne professionell Tag für Tag tun? Dass da Tag für Tag immer wieder etwas schiefgeht, dass manches nur so aussieht, als ob – kein Thema? Nein, keine Sorge, ich bringe hier keinen Rundumschlag, ziehe keineswegs alles in Zweifel. Aber ich erlaube mir, darauf hinzuweisen, dass das alles nicht so einfach ist. Wer mit und für Mädchen und Jungen, die sehr schwer behindert sind, arbeitet, der braucht mehr als hehre Ideale. Sie, er muss bereit sein, tief einzusteigen. Das hat etwas mit persönlicher Haltung zu tun, mit einer Grundeinstellung zum Menschen, zu Kindern und jungen Leuten im Besonderen.

Franz Schönberger, ein für mich (und andere) wichtiger Pädagoge, meinte einmal: „Erziehen heisst gemeinsame Sache mit Kindern machen". Das hat etwas Verschwörerisches, das klingt nicht nach Lehrplan und didaktischen Modellen. Aber was kann das für eine Gemeinsamkeit sein mit jungen Menschen, die nicht reden, die nicht das anschauen, was man ihnen zeigt, die mitten in der pädagogischen Beschäftigung sanft einschlafen? Mädchen, die stundenlang schreien, Jungen, die sich ebenso lange schlagen, wenn sie es denn können. Weder Lob noch Tadel, weder Versprechungen noch „Konsequenzen", keine Gummibärchen und auch keine Noten bewirken etwas. Wie kommt man da zu gemeinsamem Arbeiten? Was bleibt an professionellem Werkzeug?

Diese Arbeit ist nicht nur ergebnisoffen, sie ist/muss auch erwartungsoffen sein. Die Gemeinsamkeit kann nur im Hier und Jetzt realisiert werden, nicht in einer Zukunft, auf die man pädagogisch hin arbeitet. Das verändert Pädagogik, das verlangt die Bereitschaft, eigene Vorstellungen von sich und seinem Beruf zu verändern. Eine „Pädagogik bei schwerster Behinderung" erfordert mehr als ein „didaktisches Herunterbrechen" komplexer Stoffe.

Haltung, Kompetenz, Technik in der Pädagogik – eine unzertrennbare Einheit

Schon in den Rahmenrichtlinien der Förderschule mit dem Schwerpunkt ganzheitliche Entwicklung des Landes Rheinland-Pfalz (2001) finden sich einige Aussagen zum Menschen, zum Menschenbild und zur Haltung gegenüber Kindern und Jugendlichen mit schweren kognitiven Einschränkungen. Als Mitautor dieser Rahmenrichtlinien habe ich großen Wert darauf gelegt, bestimmte Formulierungen einzubringen, die deutlich machen, wie sehr die Lebenswirklichkeit schwerbehinderter Kinder und Jugendlicher durch ihre oft akute Lebensgefährdung durch Krankheit und die meist reduzierte Lebenserwartung beeinflusst ist. Die Kinder und Jugendlichen, die wir heute schwerstbehindert, komplex beeinträchtigt, umfänglich hilfebedürftig etc. nennen, werden offenbar gesundheitlich immer fragiler (vgl. auch Jennessen 2014).

Natürlich, Behinderung ist nicht gleich Krankheit, Behinderung ist eine Lebensform, die einen Menschen in der Regel sein ganzes Leben lang begleitet. Viele sehr schwer behinderte Kinder, Jugendliche und Erwachsene kennen nur dieses Leben mit Behinderung, manche haben allerdings auch Erinnerungen an ein Leben vor einer einschneidenden Krankheit, einem schweren Unfall oder dergleichen. Die größere Zahl jedoch ist von Anfang an mit dieser Behinderung groß geworden, hat sich in dieser Behinderung entwickelt. Der Ausgangspunkt der Behinderung war meist ein einschneidendes, krisenhaftes, oft dramatisches Ereignis, das seine Spuren beim Kind selbst, aber auch bei seinen Eltern, Geschwistern und anderen hinterlässt.

Insofern kommt es auch zu bestimmten Zielverschiebungen, die Beseitigung der Behinderung steht nicht nur nicht im Vordergrund, sie wäre in ganz vielen Fällen ein unsinniges Ziel. Es geht darum, das Leben in der Behinderung auszudifferenzieren, Möglichkeiten zu erschließen, Kompetenzen zu entwickeln und zusätzliche Beeinträchtigungen zu vermeiden. Für viele sehr schwer behinderte Kinder und Jugendliche erschließt basale Förderung Kommunikations- und Kontaktmöglichkeiten, bringt einen Zugang zur belebten und unbelebten Welt, reichert den Alltag an, ermöglicht Aktivitäten und Selbstentwicklung. Gleichzeitig bedeuten diese Entwicklungen des Kindes auch eine Entwicklung der Familie zu hoffentlich mehr Kommunikation, zu mehr positiven Kontakten und gemeinsamen Aktivitäten. Diese allgemeinen Überlegungen bestimmen – neben anderen – unsere Haltung gegenüber einem sehr schwer behinderten Menschen.

Ohne allgemeine Wertfragen zu diskutieren, sei festgestellt, dass hier eine unhinterfragbare Grundannahme gilt, die etwa lautet: Jeder Mensch ist in seiner individuellen Lebenssituation ein Teil der Menschheit und damit ein Teil menschlicher Normalität. Jeder Mensch hat das prinzipielle Recht, in seiner individuellen Situation akzeptiert zu werden, hat aber ebenso die prinzipielle „Pflicht", sich der Dynamik seiner Lebensentwicklung auszusetzen. Menschliches Leben ist dadurch gekennzeichnet, dass *Fördern und Fordern* in einem für alle Beteiligten befriedigenden Wechselverhältnis stehen.

Für pädagogisches Handeln überhaupt ist es charakteristisch, dass einerseits ein Kind, ein Jugendlicher in seinem jetzigen, aktuellen So-Sein akzeptiert wird. Andererseits soll der junge Mensch sich weiterentwickeln, soll Wissen erwerben, soll Fähigkeiten aufbauen, soll lernen, er wird als noch nicht fertig betrachtet. Pädagogik lebt immer in diesem Spannungsfeld, ein ausschließliches Akzeptieren kann nicht genügen, ebenso wenig wie ausschließliches Fordern. Die zunehmende Selbstständigkeit und Selbstbestimmungsfähigkeit des Kindes/Jugendlichen/ jungen Erwachsenen bedingt ein gewisses Zurücktreten der pädagogischen Institutionen. Ohne diese pädagogischen Institutionen (Eltern, Erzieher, Lehrer etc.)

kann das Kind sich jedoch nicht in seine individuelle Autonomie hinein entwickeln.

Bei Kindern und Jugendlichen mit schwerster Behinderung steht Pädagogik jedoch immer noch mit einer gewissen Ratlosigkeit vor ungelösten Problemen. Wir haben noch keine wirklich tragfähigen Vorstellungen davon, was es heißt, ein schwerstbehindertes Kind zu erziehen. Wie können wir moralische Vorstellungen an solche Kinder herantragen, was können wir wirklich von ihnen verlangen, wie können wir diese Forderungen überhaupt formulieren? Lars Mohr versucht erstmals diese pädagogischen Fragen anzugehen und Antworten anzudeuten (Mohr 2014).

Wir wissen auch nicht, wenn wir uns dies offen eingestehen, welche Kompetenzen das jetzige Kind für sein späteres Leben als Erwachsener tatsächlich brauchen wird. Diese Kinder werden einmal nicht „die nächste Generation" sein. Sie werden keinen Beruf im allgemeinen Sinne erlernen, sie werden nicht arbeiten, wie wir das tun, sie werden keine Familie gründen. Leben sie deswegen ihr Leben für sich? Welche soziale Verantwortung haben sie, welche Verantwortung haben wir? Es sind sehr viele offene Fragen, die angegangen werden sollten, da sie pädagogisches Handeln unmittelbar und mittelbar bestimmen.

Kompetenzen

Da sich die Kompetenzen auf den Berufsalltag beziehen, wird sehr schnell deutlich werden, dass in vielen Bereichen zwischen einem pflegerischen Alltag und dem pädagogischen, aber auch dem therapeutischen Alltag deutliche Unterschiede bestehen. Die Struktur der dominierenden Institutionen ist eine völlig andere, die zeitlichen Dimensionen des Kontaktes der Beschäftigung sind sehr verschieden, so dass von den Mitarbeitern der jeweiligen Institution sehr Unterschiedliches erwartet wird.

Wenn ich nun versuchen soll, spezifisch pädagogische Kompetenzen zu beschreiben, so ist ganz sicherlich die begleitende differenzierte Beobachtung ein wesentliches Kompetenzmerkmal. Schwerstbehinderte Kinder müssen von ihren Betreuern, Erziehern, Lehrern, Therapeuten etc. individuell und mit sehr viel Hintergrundwissen betrachtet werden, um ihre Bedürfnisse, ihre Möglichkeiten und Kompetenzen möglichst wirklichkeitsnah einschätzen zu können. Dazu wurden Instrumente entwickelt (Fröhlich & Haupt 2004), dazu wurden Einschätzungsbeispiele publiziert (Fröhlich & Heidingsfelder 2005; Belot 2010 (Evaluation der Schmerzzeichen); Mall 2014 (Alltagskompetenzen)).

Zu den wichtigsten Kompetenzen pädagogischer Fachleute gehört auf der Basis der Beobachtung die Planung von Angeboten. Individuelle Förderung und gemeinschaftsorientierte Förderung ergänzen einander, inklusive Ansätze lassen auch sehr schwer behinderte Kinder und Jugendliche den Alltag nichtbehinderter Altersgenossen in Ansätzen erleben und umgekehrt. Für SchulpädagogInnen ist in diesem Zusammenhang die *didaktische Analyse* ein wesentliches Kompetenzmerkmal. Sie müssen komplexe Zusammenhänge nicht nur in der bewährten

Art in ihre Elemente zerlegen können, sondern sie müssen auch basale Erfahrungen herausdestillieren, die mehrfach beeinträchtigten, kognitiv erheblich eingeschränkten Menschen die Partizipation am kulturellen Erbe ermöglichen. Selbst dann, wenn komplexe Zusammenhänge nicht vermittelbar sind, ist ein gewisser Anteil an einem *Kulturartefakt*, sei es eine Oper, sei es ein Gedicht oder ein süßes Dessert, zu vermitteln. Dies ist gewissermaßen die „hohe Kunst" und damit die höchste Kompetenz einer Pädagogin, eines Pädagogen, der mit schwerstbehinderten Kindern und Jugendlichen arbeitet.

Pädagogische Technik? Pädagogische Technik! (Wenn wir bereit sind, Technik wie das altgriechische *techné* als *Kunstfertigkeit* zu verstehen.)

Auch in der Gestaltung von Lernarrangements, in der Komposition von Entwicklungsanregungen gibt es bestimmte Techniken, die sich bewährt haben und ohne die eine systematische Förderung kaum denkbar ist. Um sehr schwer behinderte Kinder und Jugendliche nicht einem beständigen Versuchs- und Irrtumshandeln ihrer Erzieher und Lehrer auszusetzen, ist es notwendig, dass diese über bestimmte Grundtechniken verfügen.

Es ist unabdingbar, dass Pädagogen und Therapeuten ebenfalls die Grundregeln einer elementaren Kommunikation beherrschen. Annäherung und Verabschiedung, Kontakt halten und Warten müssten gekonnt werden. Exklusive responsive Zuwendung muss man herstellen können. Für die Vermittlung selbst ist zweifellos die Gestaltung eines stabilen Figur-Grund-Kontrastes von größter Bedeutung. Das Wichtige muss vom Unwichtigen klar getrennt sein, das Wichtige muss sich abheben vor allem anderen, das in dieser Situation von geringerer Bedeutung ist. Dieses Figur-Grund-Prinzip habe ich immer wieder beschrieben (Fröhlich 2005), es betrifft vor allem visuelle Gegebenheiten, aber auch auditive und taktile, insgesamt alle Sinnesbereiche.

Ein Objekt, das von einem Kind oder Jugendlichen angeschaut werden soll, (das als Beispiel gilt, das erkundet werden soll) muss sich vor dem Hintergrund deutlich abheben. Aus der Position des Lernenden heraus muss dieses Objekt klar und deutlich, was Helligkeit, was Farbe, was Struktur angeht, vom Hintergrund abgehoben sein. Ein optisches Wirrwarr, eine Vielfalt von Farben und Formen, die einander überschneiden, macht es fast unmöglich, die Gestalt des Objektes zu erfassen. Dies gilt genauso für Gesichter, es gilt im übertragenen Sinn für Stimmen, für Töne, für Worte, für Namen. Die Klarheit in der Darbietung ist die zentrale technische Anforderung an die Vermittler:

Stille ist der akustisch neutrale Hintergrund für Stimme, für Klänge, für Musik, für Geräusche, für alles, was zu hören ist. Eine monochrome Fläche als Hintergrund erlaubt das Sehen eines Objektes sehr viel leichter. Frische, neutrale Luft ermöglicht es, einen neuen Geruch zu erschnuppern, eine glatte Fläche lässt ein darauf liegendes Objekt tatsächlich als Objekt erkennen.

Ein zweiter, „technischer" Bereich kann in der Positionierung (man hat dies oft unbedacht „Lagerung" genannt) von Kindern und Jugendlichen mit schwerster Behinderung gesehen werden. Hierzu ist allerdings interdisziplinäre Arbeit, insbesondere zusammen mit der Physiotherapie, unverzichtbar. Aber technische Elemente aus diesem Berufszweig sind auch für die pädagogische Arbeit unverzichtbar. Hier können an dieser Stelle keine Details genannt werden, da es sehr stark auf die individuellen Möglichkeiten eines Kindes/Jugendlichen ankommt. Im Kern geht es darum, Ausgangspositionen zu finden, in denen das Kind, der Jugendliche für die anstehenden Aufgaben die besten Möglichkeiten nutzen kann. Dies heißt, eine Position darf nicht zu viel Kraft, Konzentration und Koordination abziehen, so dass für die eigentliche Aufgabenbewältigung, das Lernen, das Erkunden, das Spielen etc. keine Energie mehr bleibt. Eine sichere, stabile, eine Bewegung ermöglichende Ausgangsposition zu finden und sie zusammen mit dem Kind, dem Jugendlichen zu halten, gehört zu diesen pädagogischen Grundtechniken.

Wenn die aktuelle Position (sitzend, liegend, stehend) schon hohe Anforderungen an die allgemeine Konzentration, Ausdauer und Koordination stellt, bleibt keine Energie mehr für andere Aktivitäten. Das Sitzen auf einem Stuhl kann für einen sehr schwer behinderten Menschen bereits das äußerste an Koordination und Konzentration bedeuten – eine Beschäftigung mit Spiel- oder Lernmaterial, nicht einmal ein Zuhören bei einer Geschichte sind dann vielleicht noch möglich. Weitere Techniken sollen hier nur genannt werden:

- die Organisation von Ruhe im Wechsel zur Aktivität in einem individuell passenden Zeitrhythmus,
- der Wechsel von Abschirmung und Öffnung in der konkreten Situation durch konkrete Materialien wie Wandschirm, Paravent, große Kissen, Vorhänge etc.
- der Einsatz eines kleinen Raumes, eines Rückzugsbereiches, einer Nische
- der Umgang mit der Zeit gehört ebenfalls zu den technisch zu nennenden Fähigkeiten eines Pädagogen:

Mehr Zeit, ein anderer Fluss der Zeit ist in der Beziehung, in der Kommunikation und in der Arbeit mit sehr schwer behinderten Menschen erforderlich. Es ist nicht nur das Mehr an Zeit, sondern auch, sich selbst Zeit zu lassen, warten zu können, Reaktionen nicht unmittelbar, sondern eben mit zeitlicher Verzögerung zu erwarten und zu akzeptieren, keine blitzschnelle Antwort zu geben, sondern eine anhaltende Antwort, die auch bei einer extrem verlangsamten Wahrnehmung aufgenommen werden kann. Dies bedeutet Arbeit an eigenen Zeittechniken unter eigener Zeitwahrnehmung.

Die Kommunikation selbst muss in vielen Bereichen durch z. T. ungewöhnliche Techniken ergänzt werden (vgl. Fröhlich & Simon 2004). Insbesondere die Symmetrie der Kommunikation gerät zwischen einem nichtbehinderten und einem sehr schwer behinderten Menschen leicht außer Balance. Es zeigt sich immer wieder, dass der nichtbehinderte Mensch versucht, die Lücken im Dialog, die zeitlichen Verschiebungen durch ein Mehr an eigenen kommunikativen Signalen auszugleichen. Dadurch wird das sehr schwer behinderte Kind, der junge Mensch oder auch der Erwachsene förmlich überschüttet und hat keine Zeit, alle diese Informationen aufzunehmen, zu verarbeiten und dann auch noch zu beantworten. Daher gehört es zu den entscheidenden Kommunikationstechniken, das Innehalten in der Kommunikation, das Warten, das ausgedehnteste Zuhören (im erweiterten Sinne) zu erlernen und zu praktizieren. Die Aufmerksamkeit muss dabei gehalten werden, es geht nicht um ein Abschalten, um ein lockeres Sich-Zurücklehnen und Warten, bis das Gegenüber sich vielleicht einmal äußert, nein, es geht darum, die Erwartungshaltung und den Erwartungsausdruck aufrechtzuerhalten, länger als dies in einer ungestörten kommunikativen Beziehung üblich und nötig wäre.

Techniken in der Vermittlung, in der Kommunikation, aber natürlich auch in allen Verrichtungen des Alltags sind erforderlich, um auch eine gewisse sichere, routinegestützte Basis für komplexere, aufwendigere und schwierigere gemeinsame Aktivitäten zu haben. Zu allen Aktivitäten des täglichen Lebens gibt es Techniken. Ein Pädagoge muss lernen, mit größter Selbstverständlichkeit ein bestimmtes Kind so an- und auszuziehen, dass es dabei nicht völlig durcheinander kommt, sich erregt, Schmerzen erleidet etc. Das Gleiche gilt für einen Windelwechsel, gilt für das Waschen im Gesicht, für Zähneputzen oder den Toilettengang. Das Reichen des Essens stellt eine solche, z. T. technische, Arbeit dar. Wie wird ein Kind getragen, wie wird ein Kind in den Rollstuhl gesetzt, wie wird es herausgeholt ...? All dies sind keine individuell beliebigen, von persönlichen Meinungen abhängigen Aspekte der täglichen Arbeit, sondern sie folgen bestimmten Regeln und Grundprinzipien.

Im Gegensatz z. B. zur Pflege beharrt die Pädagogik nach wie vor auf großen individuellen Freiheitsräumen. Pädagogen lassen sich nicht gerne solche technischen Aspekte ihrer Arbeit vorschreiben, sie vermeiden jede Reglementierung. Dies bedeutet aber für die betroffenen Kinder, dass sie sich bei jeder Person neu einstellen müssen, dass sie auch bei einer Person häufig wechselnde Vorgehensweisen nicht integrieren können, dass sie gewissermaßen von einer Überraschung in den nächsten Schrecken fallen. Dies ist nicht spannend, aufregend und Neugierde-erweckend, sondern anstrengend, Energie-raubend und verwirrend.

An der Frage der pädagogischen Techniken ist ganz sicherlich innerhalb der Pädagogik noch intensiv zu arbeiten. Regeln müssen gefunden werden und gleichzeitig müssen die notwendigen Freiheitsgrade in der individuellen Anwendung offengehalten werden.

Haltung, Kompetenz, Technik

Erst alle drei in einer ausgewogenen Harmonie ergeben gute Voraussetzungen für ein erfolgreiches Arbeiten mit sehr schwer beeinträchtigten Menschen. Eine positive Grundhaltung, der aber die praktischen Umsetzungsmöglichkeiten fehlen, ist anerkennenswert, genügt aber nicht. Bloß angewandte Techniken, in deren Hintergrund vielleicht eine abschätzige Grundeinstellung lauert, lässt auf Dauer keine positive Entwicklung erwarten. Umfassendere Fähigkeiten, Kompetenzen stellen gewissermaßen die Brücke zwischen Haltung und Technik dar, integrieren diese und bewältigen insbesondere auch neue Situationen, für die noch keine Technik vorhanden ist.

In einer ganzheitlichen basalen Förderung ist davon auszugehen, dass auch die Trias von Haltung, Kompetenz und Technik nicht statisch gesehen werden kann, sondern dass je nach Situation das Gewicht eines der drei Elemente stärker oder schwächer sein kann. Im Laufe der Zeit werden sich Haltungen verändern, die persönlichen Kompetenzen sich ausweiten und Techniken müssen neu bewertet werden.

Die pädagogische Arbeit mit und für sehr schwer behinderte Kinder und Jugendliche kann nur in enger Zusammenarbeit mit anderen Fachkräften gelingen. Die körperliche Befindlichkeit dieser jungen Menschen macht ein Zusammenwirken mit fachlich gut ausgebildeten Pflegenden ebenso notwendig wie mit unterschiedlichen TherapeutInnen. Dabei kann ein additives Arbeiten nicht genügen. Es überfordert gerade diese Jungen und Mädchen vollständig, wollte man erwarten, das sie bestimmte Bewegungsfolgen, die sie in der Physiotherapie erfahren haben, von sich aus in einer passenden pädagogisch strukturierten Situation anwenden. Nur eine unmittelbar gemeinsame Gestaltung von Anregungs-, Lern-, Spiel- und kommunikativen Situationen kann dem einzelnen Kind Entwicklungsmöglichkeiten eröffnen.

Literatur

Belot, M./Marrimpoey, Ph. et al. (2010): Bogen zur Evaluation der Schmerzzeichen bei Jugendlichen und Erwachsenen mit Mehrfachbehinderung. Düsseldorf.
Büker, U. (2014): Kommunizieren durch Berühren. Düsseldorf.
Fröhlich. A.,/Heidingsfelder, M. (2005): Elementare Wahrnehmungsförderung. In: Fröhlich, A. (Hrsg.) (2005): Wahrnehmungsstörungen und Wahrnehmungsförderung. Heidelberg.
Fröhlich, A./Haupt, U. (2004): Leitfaden zur Förderdiagnostik mit schwerstbehinderten Kindern. Dortmund.
Fröhlich, A./Heinen, N./Klauß, Th./Lamers, W. (Hrsg.) (2011): Schwere und mehrfache Behinderung – interdisziplinär. Oberhausen.
Fröhlich und Freunde (Hrsg.) (2014): Bildung – ganz basal. Düsseldorf.
Fröhlich, A./Simon, S. (2004): Gemeinsamkeiten entdecken. Düsseldorf.
Jennessen, S. (2014): Junge Menschen in dauerhaft fragilen Gesundheitssituationen und mit lebensverkürzenden Erkrankungen – mitten im Leben?!. Düsseldorf.
Mall, W. (2014): Sensomotorische Lebensweisen – wie erleben Menschen mit geistiger Behinderung sich und ihre Umwelt? Heidelberg.
Mohr, L. (2014): Werte vermitteln bei schwerer und mehrfacher Behinderung? Überlegungen zum basalen Erziehen. In: Fröhlich und Freunde (Hrsg.) Bildung – ganz basal. Düsseldorf.
Reuther-Strauss, M./Medwenitsch, M. (2013): Bewegen gemeinsam gestalten. Dortmund.
Rheinland-Pfalz, Ministerium für Bildung, Frauen und Jugend (2001): Richtlinien für die Schule mit dem Förderschwerpunkt ganzheitliche Entwicklung.
Rheinland-Pfalz, Ministerium für Bildung, Frauen und Jugend (2001): Lehrplan zur sonderpädagogischen Förderung von Schülerinnen und Schülern mit dem Förderbedarf ganzheitliche Entwicklung. Mainz.
Schlichting, H. (2014): Pflege bei Menschen mit schweren und mehrfachen Behinderungen. Düsseldorf.

EINWURF: VERÄNDERTE PERSPEKTIVEN DURCH SICH VERÄNDERNDE KRANKHEITSVERLÄUFE BEI MUSKELDYSTROPHIE DUCHENNE – KONSEQUENZEN FÜR DIE KÖRPERBEHINDERTENPÄDAGOGIK

Volker Daut

Die genetisch bedingte Muskeldystrophie Duchenne, die in der Regel ausschließlich Jungen betrifft, ist eine fortschreitende neuromuskuläre Erkrankung, bei der sich die Muskelzellen der Skelettmuskulatur allmählich auflösen (vgl. Daut 2005, 23). Geschätzt leben zwischen 1500 und 3000 Menschen mit einer Muskeldystrophie Duchenne in Deutschland, bei jährlich ca. 100 Neuerkrankungen. Diese Erkrankung und die im Folgenden beschriebenen Veränderungen im Leben und in den Krankheitsverläufen von Menschen mit Muskeldystrophie Duchenne stellen alle Beteiligten vor nicht immer leicht zu bewältigende Aufgaben. Diese und die hieraus abzuleitenden Konsequenzen bzw. sich ergebenden Fragen für die Körperbehindertenpädagogik sollen abschließend skizziert werden.

Veränderungen im Leben und in den Krankheitsverläufen von Menschen mit Muskeldystrophie Duchenne

Für die Körperbehindertenpädagogik wird eine spezifische Notwendigkeit beschrieben, „sich an Besonderheiten der körperlichen Entwicklung und des Krankheitsgeschehens zu orientieren, die im weiteren Sinne die Förderbedürfnisse der betroffenen Kinder prägen. Dazu ist die enge Zusammenarbeit mit Medizinern (und therapeutischen Berufsgruppen) ebenso unerlässlich wie eigene Kenntnisse in den Bereichen Medizin, Therapie, Versorgung und Pflege" (Bergeest et al. 2015, 90). Die im Folgenden beschriebenen Veränderungen in den Krankheitsverläufen treffen für einen großen Teil der Jungen mit Muskeldystrophie Duchenne zu. Veränderte und neue medizinisch-therapeutische Behandlungen wirken sich auch auf den Verlauf dieser Erkrankung aus, einschließlich des Umgangs damit. Aktuell werden große Erwartungen in neu entwickelte Behandlungskonzepte gesetzt, die die Progredienz der Erkrankung bei zumindest einigen Kindern, die spezielle Mutationen aufweisen, beeinflussen sollen. Schon immer werden durch neue Behandlungsversuche Hoffnungen geweckt, die jedoch bisher kaum erfüllt werden konnten. Durch Fortschritte in der medizinischen Forschung sind in den letzten Jahren zahlreiche neue Behandlungskonzepte entwickelt worden. Bislang gibt es jedoch immer noch kein Verfahren, das diese Muskelerkrankung zu heilen vermag. Man kann immerhin Symptome beeinflussen und den Verlauf zumindest für einige Jahre verlangsamen. Positive Effekte einzelner Maßnahmen sind jedoch nicht selten mit Nebenwirkungen verbunden, die individuell sehr unterschiedlich ausfallen können. Werden die eventuell damit verbundenen physischen und/oder psychischen Belastungen zu groß, sind die gesundheitlichen Probleme durch die Behandlung gravierender als deren Nutzen, muss die Therapie abgebrochen werden. Eine oft mit tiefer Enttäuschung verbundene Erfahrung, vor allem dann, wenn die Erkrankung nach der Beendigung einer Therapie schneller voranschreitet. Solche frustrierenden Erfahrungen und enttäuschten Hoffnungen können zu Krisen in der Auseinandersetzung mit der eigenen Erkrankung führen.

Medizinische Behandlung und Kontrolluntersuchungen erfordern viel Zeit und disziplinierte Mitarbeit und reduzieren das Maß an Freizeit. Eine fundierte medizinische Beratung sowie eine Begleitung durch einfühlsame und wertschätzende Menschen können sowohl den Behandlungsverlauf als auch den Bewältigungsprozess wesentlich erleichtern. Belastungen, die den Alltag bestimmen und sich nicht selten auch auf die Fähigkeit zu lernen auswirken, lassen sich so reduzieren. Lelgemann (2010, 41) ergänzt: „Wer Aktivitäts- und Partizipationsstörungen erkennen und Angebote zu deren Überwindung entwickeln und anbieten will, muss differenziert die Probleme des einzelnen Menschen in seinen sozialen Bezügen beschreiben und einbeziehen." Auswirkungen auf die soziale, emotionale und kognitive Entwicklung können also sowohl durch die Erkrankung selbst als auch durch eine damit verbundene Therapie eintreten. Nicht selten stehen die Eltern und Kinder bzw. Jugendlichen vor der schwierigen Frage des Abwägens von Entscheidungen, die sich einerseits entlastend auswirken, andererseits aber auch mit neuen Belastungen verbunden sein können. Pädagogische Begleitung sollte sich bemühen, die individuell unterschiedlichen Zusammenhänge zu erschließen, zu verstehen und zu begleiten. Im Folgenden werden die aktuell wichtigsten Therapien skizziert sowie deren jeweilige Chancen und Risiken angesprochen. Dies sind im Einzelnen:

- Behandlung mit Cortison
- Behandlung mit Medikamenten (zurzeit im Forschungsstadium)
- Operation zur Versteifung der Wirbelsäule (Skoliose-Operation)
- Maschinelle Unterstützung der Atmung

Durch eine Cortison-Behandlung kann heute der Verlust an Muskelkraft verlangsamt werden, wenn nach gründlichen Voruntersuchungen, meist ab einem Lebensalter von fünf bis sieben Jahren, die Medikamenteneinnahme begonnen werden kann. Cortison wirkt entzündungshemmend und kann wahrscheinlich so die entzündlichen Prozesse beim krankheitsbedingten Abbau der Muskelzellen reduzieren, was wiederum hilft, die Gehfähigkeit länger zu erhalten. Beschrieben wird ein Zeitgewinn von bis zu zwei Jahren (vgl. Muskelgesellschaft 2011, 10; Vry et al. 2012). Zudem werden „positive Effekte auf die Entwicklung einer Skoliose sowie die Kardiomyopathie und die respiratorische Funktion beschrieben. Aus diesem Grund sollte eine Steroidtherapie auch nach Verlust der Gehfähigkeit fortgeführt werden, sofern keine relevanten Nebenwirkungen dagegen sprechen" (Vry et al. 2012). Neben diesen positiven Effekten sind Gewichtszunahme, Störungen des Wachstums, Kataraktbildung (Trübung der

Augenlinse), Blutzuckererhöhung und eine Abnahme der Knochendichte (Osteoporose) die wichtigsten negativen Auswirkungen dieser mehrjährigen medikamentösen Therapie. Alles zusammen erfordert eine enge und regelmäßige medizinische Überwachung und eine gute Mitarbeit (compliance) der betroffenen Kinder und Jugendlichen. Dies ist darüber hinaus mit einem erhöhten Zeitaufwand von Eltern und Kind während der gesamten Dauer der Behandlung verbunden. Compliance und Zeitaufwand stellen für viele Jungen und ihre Familien eine deutliche Belastung im Alltag dar, deren Bewältigung individuell sehr verschieden verlaufen kann. Der Sinn medikamentöser Therapien, die zwar einzelne Symptome lindern und die Progredienz der Erkrankung verzögern können, die aber letztlich keine Heilung bringen, ist nicht immer und nicht in allen Phasen der Erkrankung gut zu vermitteln. Dies gilt besonders dann, wenn erhebliche Belastungen für Physis und Psyche bestehen. Als besonders belastend können die erwähnten Wachstumsstörungen, zusätzliche Ernährungseinschränkungen durch einen erhöhten Blutzuckerspiegel sowie die durch die Osteoporose bedingte höhere Gefahr von Knochenbrüchen angesehen werden.

Genetische Forschungen führen zu neuen Erkenntnissen, die für die Entwicklung neuer medikamentöser Behandlungen genutzt werden. Für die Entstehung der Muskeldystrophie Duchenne ist hauptsächlich ein fehlendes oder instabiles Protein verantwortlich. Das für die Bildung dieses so genannten Dystrophins verantwortliche Gen ist das größte der insgesamt etwa 20.000 Gene des Menschen. An verschiedenen Stellen dieses Gens kann es zu unterschiedlichen Mutationen kommen, die verhindern, dass das für den Erhalt der Muskelzellmembran verantwortliche Dystrophin gebildet werden kann. Für neuromuskuläre Erkrankungen gibt es ein von der EU gefördertes Netzwerk (www.treat-nmd.de) mit Patientenregister und u. a. einer immer aktuellen Liste von Studien zur Behandlung der Muskeldystrophie Duchenne. Aktuell sind dort für einige spezielle Mutationen der Muskeldystrophie Duchenne mehrere unterschiedliche Studien mit verschiedenen Medikamenten verzeichnet. Die Forscher hoffen nachweisen zu können, dass mit Hilfe der Medikamente die gestörte genetische Information des Gens zumindest teilweise wiederhergestellt wird. Gelänge dies, könnte das zur Folge haben, dass die Muskelzellen wieder Dystrophin produzieren, sodass der Muskelabbau langsamer voranschreitet, etwa so wie bei der milderen Becker-Dystrophie. Im Jahr 2013 wurde eine Studie wegen nicht nachweisbarer Effizienz schon nach relativ kurzer Zeit abgebrochen (vgl. Nachricht Nr. 1.697 unter http://www.aerzteblatt.de/nachrichten/55945). Aktuell ist eine weitere Studie mit einem anderen Wirkstoff in der Durchführung (vgl. Nachricht Nr. 980 unter http://www.aerzteblatt.de/nachrichten/58823). Der Ausgang ist noch völlig offen.

Weil sich die Skelettmuskulatur nach und nach auflöst, kommt es bei den betroffenen Jungen im Verlauf der Erkrankung zu einem zunehmenden Mangel an stützender Muskelkraft. Dies wiederum führt schließlich zu einer Verbiegung der Wirbelsäule, weil diese die Hauptlast des Körpergewichts alleine tragen muss. Dadurch „kann sich eine sehr ausgeprägte Skoliose entwickeln, die zu einer deutlichen Verkleinerung des Rumpfraumes führen kann mit gravierenden Auswirkungen auf die inneren Organe" (Bergeest et al. 2015, 161). Die inneren

Organe, also auch die Lungen, haben immer weniger Platz, sodass der gesamte Organismus durch die hieraus resultierende mangelnde Sauerstoffversorgung geschädigt werden kann (vgl. Daut 2005, 30f.). Durch eine Operation kann eine Wirbelsäulenkorrektur erfolgen. Heute werden in der Regel zwei Metallstäbe an der Wirbelsäule implantiert, was zu einer Wiederherstellung des Rumpfraumes und in der Folge zu einer Verbesserung der Vitalfunktionen führt. Die bereits im Jahr 2000 von Forst (176f.) beschriebenen Risiken einer solchen etwa achtstündigen Operation gelten aber auch heute noch. Sorgsame Untersuchungen und Beratungen können bei der Entscheidungsfindung helfen.

Eine maschinelle Unterstützung der Atmung wird für viele Männer mit Muskeldystrophie Duchenne immer häufiger zu einer wohl das Leben verlängernden Option. Anfänglich ist es ausreichend, die nicht invasive Maskenbeatmung nur nachts anzulegen. Letztlich wird sie aber 24 Stunden am Tag getragen werden müssen, um eine Sauerstoffunterversorgung des gesamten Organismus zu vermeiden (vgl. Daut 2005, 34ff.). Nasenmasken aus Kunststoff mit langen Sauerstoff zuführenden Schläuchen müssen also rund um die Uhr angelegt bleiben, das Atemgerät muss ständig mitgeführt und regelmäßig gewartet werden. Je länger diese Versorgung in Anspruch genommen wird, umso höher wird die Wahrscheinlichkeit, dass die Nasenmaske durch ein Tracheostoma ersetzt werden muss. Wie Betroffene ihre Lebensqualität unter diesen Umständen beurteilen, geht aus einigen wissenschaftlichen Studien hervor, die an anderer Stelle zusammengefasst sind (vgl. Daut 2010, 232). Aus all diesen Untersuchungen kann folgendes Fazit gezogen werden: Fast alle beatmeten Menschen waren mit ihrer Lebenssituation zufrieden und erlebten sich unabhängiger. Die pflegenden Angehörigen hingegen fühlten sich durch das Beatmungsgerät stärker belastet als die Jungen selbst (vgl. ebd.).

Sowohl die Stabilisierung der Wirbelsäule mit weitgehendem Erhalt des Rumpfvolumens als auch die maschinelle Atemunterstützung führen wahrscheinlich zu einem deutlichen Anstieg der Lebenserwartung bei Männern mit Muskeldystrophie Duchenne. Auswertungen der Mitgliederstatistik der Deutschen Gesellschaft für Muskelkranke, in der auf der Grundlage von Schätzungen zwischen etwa 20 % bis zu maximal rund 45 % aller in Deutschland lebenden Menschen mit Muskeldystrophie Duchenne organisiert sind, lassen diesen Schluss zu. Gut 7 % der Mitglieder sind demnach in einem Alter zwischen 31 und 40 Jahren, knapp 3 % sogar zwischen 41 und 50 Jahren (vgl. ebd., 231). Dieses Lebensalter konnte noch vor ca. 20 Jahren nicht erreicht werden. An dieser Stelle muss allerdings auch darauf hingewiesen werden, dass auch heute immer noch Menschen mit dieser fortschreitenden Erkrankung im Jugendlichen- und jungen Erwachsenenalter versterben.

Mögliche Belastungen

Im Zusammenhang mit einer Erkrankung an einer Muskeldystrophie Duchenne können in verschiedenen Lebensphasen vielfältige Belastungen auftreten, die das

Leben der Jungen und Männer mit Muskeldystrophie Duchenne sowie das von deren Angehörigen erschweren. Das gilt trotz der positiven Veränderungen im Krankheitsverlauf, also auch trotz der gestiegenen Lebenserwartung. Mögliche Belastungen werden wie folgt hervorgerufen:

Die Notwendigkeit zur Entscheidung für oder gegen eine (medikamentöse) Behandlung ist mit einer intensiven und teilweise aufwühlenden Auseinandersetzung verbunden. Deren mögliche Nebenwirkungen können vorab zwar beschrieben werden, Bedeutung und Tragweite für das eigene Leben werden aber erst offenbar, wenn diese dann eintreten. In der Regel werden diese Entscheidungen von den Eltern getroffen, weil die Kinder zu diesem Zeitpunkt noch sehr jung sind (je nach Medikament zwischen vier und etwa zwölf Jahren). Werden die Kinder in die Entscheidungsfindung nicht mit einbezogen, so wissen sie doch, dass es um sie und ihre Gesundheit geht; sie erspüren auch die emotionale Anspannung der Eltern und ziehen hieraus ihre eigenen Schlüsse. Es gibt Kinder, die damit gut klarkommen. Andere Kinder entwickeln Schuldgefühle und/oder irrationale Fantasien zu ihrer Krankheit und zum Verlauf; und nicht selten tragen sie dies alleine mit sich selbst aus. So können sich Verzweiflung, depressives, aggressives oder auch regressives Verhalten einstellen. Emotionen, die Außenstehende nicht immer einordnen können. Auswirkungen auf alle Entwicklungsbereiche, auch auf das schulische Lernen sind möglich.

Treten dann im Verlauf der Behandlung Nebenwirkungen auf, so können sich Zweifel einstellen, ob die getroffene Entscheidung richtig war. Die in der Regel hochsensiblen Kinder und Jugendlichen spüren ein eventuelles Hadern auch dann, wenn die Eltern versuchen dies vor ihren Kindern zu verbergen. Zudem tragen sie die körperlichen und emotionalen Konsequenzen, die sich aus den Nebenwirkungen ergeben. Muss die Behandlung abgebrochen werden, weil die gesundheitliche Belastung zu groß ist, kann dies als versäumte Chance erlebt werden und zu resignativem Verhalten führen. Beispiele für durch die Behandlung möglicherweise auftretende gesundheitliche Probleme sind bereits weiter oben genannt.

Mit den Forschungen zu neuen Behandlungsansätzen werden immer auch große Erwartungen und Hoffnungen geweckt. Die Teilnahme an neuen Medikamenten- oder Behandlungsstudien erfordert konsequente Mitarbeit, viel Aufwand an Zeit und nicht selten auch die Bereitschaft, regelmäßig größere Entfernungen bis zur durchführenden Klinik zurückzulegen. Das reduziert nicht nur die Freizeit. Auch wenn sich die meisten Eltern und Kinder und Jugendlichen darüber im Klaren sein werden, dass es sich lediglich um eine Studie handelt, so werden doch im tiefsten Inneren Hoffnungen geweckt. Bis heute wurde noch kein Mittel gefunden, die Erkrankung zu heilen oder dauerhaft zu stoppen. Bei älteren Duchenne-Erkrankten hat sich daher meist eine gewisse Ernüchterung eingestellt. Es werden auch in Zukunft neue Verfahren zur Erprobung kommen. Ob dies alles mittel- oder langfristig zu einem dauerhaften Erfolg in der Behandlung dieser Erkrankung führen wird, ist nicht absehbar. Die Belastungen durch die Teilnahme an Studien, die damit verbundenen Auseinandersetzungen mit der Erkrankung selbst, der Umgang mit enttäuschten Erwartungen und Hoffnungen lassen sich kaum verhindern. Möglicherweise reduziert sich zumindest phasenweise auch die Bereitschaft zur aktiven Mitarbeit bei der Behandlung. Der familiäre Alltag wird durch diese vielfältigen Erschwernisse deutlich beeinträchtigt.

Viele Familien sind vor allem in zwei großen Selbsthilfeverbänden (Deutsche Gesellschaft für Muskelkranke und Aktion Benni und Co) organisiert, in denen umfassend über neue Erkenntnisse kommuniziert wird. So sind die meisten Eltern sehr gut informiert, können sich aber durchaus auch unter Druck setzen, wenn sie den Anspruch haben, alle möglichen Wege der Forschung mitzugehen und keine Chance zu versäumen. Ein kaum aufzulösender Konflikt.

Es ist nicht auszuschließen, dass sich die körperlichen und psychischen Belastungen bei den Kindern und Jugendlichen auf andere Entwicklungsbereiche wie z. B. Emotion und Kognition oder die sozialen Kontakte auswirken. Emotionaler Ballast blockiert, erschwert das Lernen, weil Interesse und Motivation deaktiviert sind. Das Zugehen auf andere Menschen fällt schwer oder wird gar unmöglich; Traurigkeit oder Depression führen nicht selten zu sozialem Rückzug und zur Selbstisolation.

Im Jugendlichen- oder jungen Erwachsenenalter wird sich die Frage nach einer apparativ unterstützten Beatmung stellen. Wichtige Details sind bereits weiter oben beschrieben worden. Auch diese Entscheidung ist nicht einfach. In den letzten Jahren lässt sich hier jedoch eine gesteigerte Akzeptanz beobachten. Dies könnte noch weiter zunehmen, wenn die Erfahrungen älterer Männer in die Beratungsgespräche miteinfließen.

Die offensichtlich steigende Lebenserwartung wirft Fragen nach der Gestaltung der nachschulischen Lebenssituation auf, ob mit oder ohne Berufstätigkeit. Dieser Punkt betrifft nicht nur die Männer mit Muskeldystrophie Duchenne, sondern hier gerät auch die Verantwortung von Schule und nachschulischen Einrichtungen in den Fokus.

Aber für alle diese genannten Aspekte gilt: Ob etwas als Belastung erlebt wird, ist von sehr vielfältigen Bedingungen und Erfahrungen abhängig. Objektiv gleiche bzw. ähnliche Ereignisse werden von verschiedenen Menschen zum Teil ganz unterschiedlich erlebt. In jedem Fall bedeuten diese besonderen Entwicklungsbedingungen, die sich durch neue oder veränderte Behandlungskonzepte ergeben können, ein Mehr an Auseinandersetzung. Veränderte Krankheitsverläufe haben also nicht nur positive Veränderungen zur Folge, wie etwa ein verlangsamtes Voranschreiten der Erkrankung, verbesserte Vitalfunktionen oder eine zunehmende Lebensdauer. Es ergeben sich für alle Beteiligten veränderte Perspektiven, die in Theorie und Praxis beachtet werden müssen.

Konsequenzen und Forderungen

Die oben skizzierten Belastungen müssen von allen Berufsgruppen in den Blick genommen werden. Nicht nur Mediziner und Therapeuten, sondern auch Mitarbeiterinnen und Mitarbeiter aus pädagogischen Berufen sollten über medizinische Hintergründe, Behandlungskonzepte und deren Wirkungen Bescheid wissen. Gut informierte Fachkräfte sind in der Lage zu erkennen, ob und wann es zu Konflikten kommt, die eine Beratung und Begleitung erforderlich machen. Darüber hinaus kann erlebte fachliche Kompetenz bei Eltern, Kindern und Jugendlichen Vertrauen schaffen. Sie haben so neben den Ärzten weitere Gesprächspartner zur Auswahl, die medizinische Fakten mit „pädagogischen Augen" sehen und somit andere Perspektiven ermöglichen. In schwierigen Entscheidungsprozessen kann dies Eltern und betroffenen Kindern und Jugendlichen Entscheidungsfindungen erleichtern.

Beratung ist eine wesentliche Aufgabe in der Körperbehindertenpädagogik. Beratung hat dabei die Belastungen und Einschränkungen im Blick sowie die Unterstützung von darauf bezogenen Problemlösungskompetenzen. „Dabei geht es auch darum, Familien auf ihrem Weg in die gleichberechtigte soziale Teilhabe bzw. Inklusion zu stärken und Selbsthilfe zu stützen. Diese Forderung nach Familiennähe aller Maßnahmen folgt einem ‚humanistischen Modell' des Dialogs mit allen Betroffenen [...]. In dieser ganzheitlichen, lebensweltbezogenen Perspektive liegt der Schlüssel für den eigentlichen Erfolg der pädagogischen Arbeit" (Bergeest et al. 2015, 343f.). Für die Beratung im Kontext des Krankheitsbildes der Muskeldystrophie Duchenne ergeben sich mehrere Schwerpunkte:

Eltern brauchen einfühlsame Unterstützung, wenn die betroffenen Kinder und Jugendlichen in Entscheidungen mit einbezogen werden sollen (z. B. bei Informationen über die Erkrankung oder bei der Teilnahme an Behandlungen bzw. an Studien zu Forschungszwecken). Wer in der Beratung eine „lebensweltbezogene Perspektive" einnehmen will, ermittelt zuerst die familiären Ressourcen, versucht die emotionale Stabilität der Familienmitglieder zu erkennen und respektiert diese ohne Einschränkungen. Nur dann, wenn eine Familie sich selbst zutraut, mit all den entstehenden Emotionen zurechtzukommen, macht es Sinn, die Kinder und Jugendlichen mit einzubeziehen. Bestehen jedoch Widerstände, erkennt man Abwehrverhalten, so muss zwar trotzdem auf den Einbezug aller Beteiligten hingewirkt werden, es braucht jedoch zuerst unbedingten Respekt vor den Widerständen und der Abwehr. Ein Handeln gegen Abwehrverhalten kann zu großen Verunsicherungen in diesem System Familie führen, das dann aus der Balance geraten kann. Die Beratenden müssen sich also zuerst über ihre eigenen Einstellungen und Haltungen bewusst werden, um diese dann in der jeweiligen Beratungssituation sofort wieder aufzugeben. Denn hier folgen sie den von der Familie vorgegebenen Strukturen und Bedingungen. Für Manche ist das Sprechen über Emotionales kaum möglich; sie wollen Gefühle und innere Prozesse der Auseinandersetzung nicht verbalisieren, schon gar nicht mit Außenstehenden. Auseinandersetzungen mit der Erkrankung und deren Folgen geschehen bei ihnen wohl mehr durch direktes Handeln und Agieren. So als sei eine Übereinkunft getroffen worden: „Wir wissen alle um die Situation; daran ist nichts zu ändern; also tun wir gemeinsam alles was erforderlich ist." Wie komplex die Zusammenhänge hier sein können, wie sehr auch die Person des Beraters hier involviert sein kann, ist an anderer Stelle bereits ausführlich beschrieben (vgl. Daut 2013).

Eltern, Kinder und Jugendliche brauchen Beratung bei Fragen zu neuen Behandlungskonzepten oder bei der Entscheidung zur Teilnahme an neuen Forschungsstudien. Wer gut informiert ist, steht für Fragen zur Verfügung, formuliert selbst Fragen, die den Betroffenen helfen, ihren Weg selbst zu finden. Ein gelungener Beratungsprozess kann eine weitgehende Balance zwischen Fakten, Hoffnungen und Prognosen zur Folge haben.

Eltern, Kinder und Jugendliche brauchen Berater, die zuhören und die intensive Gefühle aushalten können, die echtes einfühlendes Verständnis zeigen. Lehrkräfte und Eltern brauchen Beratung, wenn die Schulleistungen nachlassen. Möglicherweise ist dies ein Hinweis auf eine akute Krise. Gedanken und Gefühle blockieren Konzentration und Motivation, verhindern Lernen. Gemeinsam kann nach Wegen aus dieser Krise gesucht werden. Rückschauend bewertet ein erwachsener Mann mit Muskeldystrophie Duchenne mögliche schulische Leistungsprobleme so:

„M.: [...] die einfachste Erklärung is' [...] allein das Unterbewusstsein, wenn das einfach beschäftigt ist durch andere Dinge, dann is' man einfach abgelenkter und so und deswegen sind auch, scheinen auch manche ja also mit Duchenne eben einfach im Lernen etwas retardiert zu sein. Was sie tatsächlich eigentlich gar nicht sind. Nur sind sie einfach anders beschäftigt noch, man muss ja gleichzeitig lernen, das Lernen und gleichzeitig lernen sich mit seinem Körper, der anders is', umzugehen [...]." (Daut 2005, 98f.)

Damit Kinder und Jugendliche mittel- bis langfristig selbst Wege aus Krisen finden können, brauchen sie Unterstützung durch ein vielfältiges Angebot unterschiedlicher Ausdrucksmöglichkeiten, aus denen das individuell passende ausgewählt werden kann. Es gibt Kinder, die das Malen bevorzugen oder andere kreative Tätigkeiten (modellieren und gestalten, musizieren u. ä.). Andere lassen sich erreichen durch freies Spielen, das den Grundprinzipien von Virginia Axline (2002) folgt. Dabei ist es wichtig, dass nicht bewertet wird, dass die Begleiter die symbolische Ebene der Kinder nicht verlassen (vgl. Hansen & Haupt 1999; Haupt 2003, 151ff.; Daut 2001; Kotzenberg 1999).

Die Begleitung dieser Menschen sollte das Leben selbst sowie seine Gestaltung in den Fokus nehmen. Noch viel zu sehr wird in Praxis und Theorie der Aspekt der begrenzten Lebenserwartung betont. Dies ist auch sicherlich ein wichtiges Thema, doch auch hier müssen sich die Beratenden an den jeweils sehr unterschiedlichen individuellen Bedingungen orientieren. Ein Teilnehmer an einer Studie zum Leben mit Muskeldystrophie Duchenne (Daut 2005) gab hierzu eine persönliche Rückmeldung in einem siebenseitigen Brief. Er begründet darin u. a. die Bedeutung des Themas Tod und Sterben für sich selbst:

„Für mich war oder ist dies auch nicht ganz so wesentlich, weil ich es eh kaum beeinflussen kann. Jedenfalls lebe ich gerne und fast würde ich sagen sogar um jeden Preis. Mein Leben ist jedenfalls lebenswert! Schon recht lange, aber spätestens seit 1986 (Lungenentzündung), ist mir auch insgeheim bewusst, dass meine Lebenserwartung verkürzt sein wird."

An einer anderen Stelle seines Briefes ergänzt er:

„Es ist keineswegs so, dass ich täglich über meine Behinderung und deren Folgen, wie z. B. eine verkürzte Lebenserwartung, nachgrüble und in Trauer

und Verbitterung darüber versinke und mein Leben deswegen stillsteht. Gelegentlich, aber eher selten, denke ich schon einmal darüber nach, was wohl wäre, wenn ich nicht behindert wäre und da ist eine gewisse Traurigkeit sicher nicht zu verleugnen. Vielleicht ist Trauer aber auch das falsche Wort. Leicht ärgerliche Betroffenheit passt wohl besser. Diese bezieht sich aber mehr darauf, nicht ohne größeren Aufwand, ähnliche Dinge wie Nichtbehinderte spontan und ohne fremde Hilfe verwirklichen zu können. Da dies aber ein ergebnisloses Nachdenken ist, das zu Nichts führt und damit bloß unnötige Zeit kostet, komme ich daraus sehr schnell wieder heraus, indem ich daran denke, was ich trotz meiner Behinderung dennoch bisher erreicht habe ... Da eh jeder im Großen und Ganzen über mich und meine Behinderung Bescheid weiß, gibt es auch eigentlich keinen Grund, das noch großartig zum Thema zu machen. Ein für mich daraus resultierender Erkenntnisgewinn wäre sowieso nicht zu erwarten."

Auch ein begrenztes (also jedes) Leben braucht eine aktive Zuwendung zum Leben, braucht vor allem Erfolgserlebnisse und Erfahrungen von Lebensfreude, die trotz großer körperlicher Einschränkungen ermöglicht werden können. Eine ständige Konfrontation mit der Begrenzung des eigenen Lebens würde die Lebensenergie sehr schnell verbrauchen. Über die Wichtigkeit und Bedeutsamkeit und damit auch darüber, wieviel Raum dieses Thema im Leben einnehmen soll, entscheidet letztendlich nicht die beratende Person, sondern die Betroffenen selbst.

Die Betonung des Lebens gewinnt vor dem Hintergrund der gestiegenen Lebenserwartung von Männern mit Muskeldystrophie Duchenne eine neue Bedeutung. Ein Umdenken in der pädagogischen Begleitung dieser Menschen und ihrer Angehörigen ist erforderlich. So muss der Aspekt der Vorbereitung auf deren nachschulische Lebenssituation neu bewertet werden und deshalb Konsequenzen für viele Lebensbereiche nach sich ziehen. Skizziert werden im Folgenden neue oder veränderte Ziele und Orientierungen:

- Die Vorbereitungen auf das Leben dieser Menschen sind weit über die Schulzeit hinaus durch die Fachkräfte aller Bildungseinrichtungen und der medizinisch-therapeutischen Bereiche in den Blick zu nehmen, neu auszugestalten und zu organisieren.
- Fachkräfte aller Bildungseinrichtungen und medizinisch-therapeutischer Bereiche sollten ihre eigenen Haltungen und Einstellungen zu den Lebensperspektiven dieser Schülergruppe überdenken und anpassen. Beziehungen gestalten sich anders, wenn längere Lebensperspektiven in den Blick genommen werden.
- Eltern sind eventuell damit konfrontiert, ihre Lebensplanungen zu überdenken, weil sich durch die höhere Lebenserwartung die familiären Bedingungen verändern. Trotz aller Freude über ein möglicherweise längeres Leben ihres Sohnes sorgen sie sich um die für sie selbst dadurch verlängerte Einbindung in das Leben und die notwendige Unterstützung eines selbstbestimmten Lebens ihres schwer körperbehinderten Sohnes.

- Assistenzen im privaten Leben und auch am Arbeitsplatz müssen selbstverständlich und unbürokratisch realisiert werden können. Hier tragen die Entscheidungsträger in Politik und Verwaltung die Verantwortung für die Schaffung und Umsetzung von entsprechenden Bedingungen.
- Auch alle Einrichtungen der schulischen Bildung müssen sich auf das möglicherweise längere Leben dieser Jugendlichen einstellen und entsprechende Bildungsangebote zur Verfügung stellen.
- Einrichtungen der beruflichen Bildung müssen schnell und fundiert für Menschen mit sehr schweren körperlichen Beeinträchtigungen weitere Perspektiven eröffnen und entsprechende Ausbildungen anbieten. Die technischen Möglichkeiten, die in den vergangenen 30 Jahren entwickelt wurden und ständig weiterentwickelt werden, bieten hier immer mehr Möglichkeiten. Menschen mit äußerst geringen körperlichen Ressourcen können heute durch entsprechende technische Hilfen aktive Teilhabe erfahren.
- Es sollte keine Utopie sein, dass Menschen in allen Kommunen, Verwaltungen und Betrieben sehr schwer körperlich geschädigten Menschen Bedingungen schaffen, die ihnen selbstbestimmte Gestaltung von Arbeit, Freizeit und Wohnen möglich machen.
- Die jeweils persönlichen Vorstellungen über die eigene Lebensführung sollten respektiert und akzeptiert werden. Schwer beeinträchtigte Menschen, die trotz großer Unabhängigkeit und Selbstständigkeit im Denken beim überwiegenden Teil der alltäglichen Aktivitäten nicht oder nur in sehr geringem Umfang selbst tätig werden können, brauchen ein Lebensumfeld und Lebensbedingungen, die sie ein hohes Maß an Sicherheit und Geborgenheit erleben lassen.

Literatur

Axline, V. M. (2002): Kinder-Spieltherapie im nicht-direktiven Verfahren. München.
Bergeest, H./Boenisch, J./Daut, V. (2015): Körperbehindertenpädagogik. Grundlagen-Förderung-Inklusion. Bad Heilbrunn.
Daut, V. (2001): Besonderheiten im Verhalten lebensbedrohlich erkrankter Kinder. Möglichkeiten der unterstützenden Begleitung. In: Die Neue Sonderschule 46. 436–444.
Daut, V. (2005): Leben mit Duchenne Muskeldystrophie. Eine qualitative Studie mit jungen Männern. Bad Heilbrunn.
Daut, V. (2010): Bedeutsame Veränderungen der Lebensperspektiven bei Menschen mit Duchenne Muskeldystrophie. In: ZfH. 61. 230–233.
Daut, V. (2013): Meine Lebenserfahrung als Begleiter: Schlüssel für die Begegnung mit lebensverkürzend erkrankten Kindern und Jugendlichen?! In: Deutscher Kinderhospizverein (Hrsg.): Nähe gestalten, Teilhabe ermöglichen, Trauer begleiten. Ludwigsburg. 125–137.
Forst, R. (2000): Die orthopädische Behandlung der Duchenne Muskeldystrophie. Stuttgart, New York.
Hansen, G./Haupt, U. (Hrsg.) (1999): Kreative Schüler mit Körperbehinderungen. Düsseldorf.
Haupt, U. (2003): Körperbehinderte Kinder verstehen lernen. Düsseldorf.
Kotzenberg, R. (1999): Meine Zeit mit Lars. In: Hansen, G./Haupt, U. (Hrsg.) (1999): Kreative Schüler mit Körperbehinderungen. Düsseldorf. 66–85.
Lelgemann, R. (2010): Körperbehindertenpädagogik. Didaktik und Unterricht. Stuttgart.

Muskelgesellschaft (2011): Dystrophinopatien Duchenne und Becker. Zürich. (Im Internet: http://www.muskelgesellschaft.ch/downloads/publikationen/08-01_DuchBecker_3.Aufl_2011_web.pdf)

Vry, J./Schara, U./Lutz, S./Kirschner, J. (2012): Diagnose und Therapie der Muskeldystrophie Duchenne. In: Monatsschrift Kinderheilkunde – Zeitschrift für Kinder- und Jugendmedizin, 2/2012. 177–186. (Im Internet: http://link.springer.com/article/10.1007/s00112-011-2603-3/fulltext.html)

Internet

www.treat-nmd.de
http://www.aerzteblatt.de/nachrichten/55945
http://www.aerzteblatt.de/nachrichten/58823

4 PERSPEKTIVEN FÜR WISSENSCHAFT UND PRAXIS

Reinhard Lelgemann

In den Beiträgen des Kapitels II, „Profession", werden grundlegende Fragen zur Professionalität in der Sonderpädagogik sowie speziell der Körperbehindertenpädagogik diskutiert. Hierbei wird deutlich, dass sich die professionelle Grundhaltung, die innerhalb des Fachgebietes zudem von einer starken Orientierung auf den engen pädagogischen Raum der schulischen Bildungsangebote bestimmt wird, neu und erweitert orientieren sollte, wenn das Interesse der Beteiligten an gesellschaftlicher Inklusion über die ganze Lebensspanne in den Fokus rückt. Dies führt nicht dazu, dass spezifisches pädagogisches Fachwissen, welches immer auch grundlegende medizinische Fachkenntnisse umfasst, an Bedeutung verliert, es bedeutet aber, dass medizinische, psychologische, pädagogische und weitere Teildisziplinen bzw. Aufgabenprofile, wie zum Beispiel die Fähigkeit zur Gestaltung sozialer Räume, gemeindeintegrierter Wohn-, Arbeits- und Lebensbereiche und vieles mehr erlernt und integriert werden müssen, um aktiv inklusive Bildungs-, mehr noch Lebensräume entwickeln zu können.

Während in den frühen Jahren der Körperbehindertenpädagogik oftmals Haltungen der Sorge und Fürsorge den Kern der eigenen Professionalität bildeten, erscheint es geboten, ohne den Aspekt der Sorge aufzugeben, eine unterstützende und ermöglichende Haltung zu erwerben bzw. auszubilden, die die aktive Entwicklung vielfältiger Lebensmöglichkeiten in allen Lebensbereichen zum Ziel hat. Professionalität in diesem Sinne bedeutet: auf der Basis professioneller Fachkenntnisse, Erfahrungen und Haltungen zunehmend inklusive Lebens- und Bildungsräume zu eröffnen und zu gestalten, die gleichzeitig ein hohes Maß spezifischer Unterstützungsleistungen sicherstellen und dies selbstverständlich für alle, durch Angebote der Körperbehindertenpädagogik angesprochenen Personengruppen. Fähigkeiten der individuellen pädagogischen oder auch einer begleitenden Professionalität werden genauso bedeutsam werden wie Fähigkeiten der Gestaltung systemisch-orientierter, auf das Gemeinwesen bezogener Beratungsprozesse, die bisher für die meisten Professionellen nur eine geringe Bedeutung haben.

Auch die Ausübung persönlicher Assistenz, für die seitens der Selbsthilfevertreter zumeist keine professionelle Kompetenz erwartet wird, wird für mehrfach beeinträchtigte Menschen nicht ohne professionelle Fachkenntnis und eine reflektierte Haltung der begleitenden Sorge vorstellbar sein. Es erscheint dringend geboten, diese Fragen im Diskurs mit Vertretern der Selbsthilfe grundsätzlich, und mit schwerer behinderten Menschen und ihren Angehörigen in der konkreten Situation zu reflektieren und für beide Handlungsfelder eine wissenschaftlich reflektierte Basis bereitzustellen.

Selbst wenn zum redaktionellen Abschluss dieses Buches im Januar 2016 der Eindruck besteht, dass einige Interessen der Selbsthilfebewegung bei der Reform der Teilhabegesetzgebung tatsächlich realisiert werden können sollten (insb. im Bereich des zu schonenden Vermögens), wird an anderer Stelle durch andere Selbsthilfevertreter bereits darauf aufmerksam gemacht, dass gerade die Interessen schwerer beeinträchtigter Menschen vermutlich nicht aufgegriffen werden (vgl. einen Kommentar von Bartz auf der Homepage von Forsea im Oktober 2015). An der hier in den letzten Jahren zu beobachtenden Situation zeigt sich deshalb deutlich, dass zahlreiche Menschen mit einer körperlichen und mehrfachen oder mentalen Beeinträchtigung weiterhin eine advokatorische Unterstützung durch Angehörige, Selbsthilfeverbände und Fachvertreter benötigen.

Die Reflexion über ein den Menschen und den Anforderungen gerecht werdendes, angemessenes professionelles Selbstverständnis darf nicht ohne Bezug zur materiellen Absicherung der Professionellen selbst geführt werden. Es ist dringend geboten, auch danach zu fragen, wie die Professionellen selber auf ihre Tätigkeit vorbereitet werden und wie ihre materielle Absicherung sich in Zukunft darstellen wird. Assistierende Tätigkeiten und Tätigkeiten im außerschulischen Bereich sind traditionell schlechter entlohnt als Aufgaben im schulischen Kontext; assistierende Aufgaben sicherlich am schlechtesten. So überraschend der Aspekt der materiellen Entlohnung hier in einem pädagogisch orientierten Buch vielleicht erscheinen mag, so bedeutsam aber ist er. Materielle Entlohnungen drücken immer auch eine Wertschätzung gegenüber Menschen aus, die eine begleitende, assistierende oder unterstützende Aufgabe in unserer Gesellschaft ausüben (vgl. Bundesvereinigung Lebenshilfe e.V. 2016, 21f.). Verwiesen sei hier nur auf die Heftigkeit der Diskussion über die Mütterrente in der Bundesrepublik vor einigen Jahren und auf philosophischer Ebene auf die Kritik an der mangelnden Wertschätzung erzieherischer und unterstützender Arbeit im Rawls'schen Gerechtigkeitsmodell durch Eva Kittay. Es erscheint geboten, auch diese Fragen sowohl in der Praxis der beteiligten Institutionen als auch auf wissenschaftlicher Ebene reflektiert und vor allem engagiert zu diskutieren.

Literatur

Bundesvereinigung Lebenshilfe e.V. (2016): Vom Begleiter zum Brückenbauer. Handreichung für eine sozialraumorientierte Personalentwicklung. Marburg.

III LEBENSPHASEN UND LEBENSSITUATIONEN

1 INSTITUTIONEN UND DE-INSTITUTIONALISIERUNG

Sven Jennessen

Die Frage nach den Institutionen, in denen Menschen mit Körperbehinderungen im Laufe ihres Lebens eine angemessene und selbstbestimmte Begleitung, Förderung, Beratung und Bildung erhalten, ist in den vergangenen Jahren eine hochdifferenzierte und komplexe geworden. So sind die lange Zeit unhinterfragten Prozesse, bei denen ein spezifischer Förder- und Begleitungsbedarf scheinbar alternativlose institutionelle Konsequenzen zur Folge hatte, zunehmend einer Dynamik gewichen, bei der der Ort und die Zuständigkeit eben jener Unterstützung möglichst im Einzelfall zu verhandeln und zu entscheiden ist. Die Perlenkette *Medizinische Diagnose – Feststellung des Förderbedarfs – Hinzuziehung der auf diesen Bedarf spezialisierten Institution* existiert so nicht mehr. Sie ist aufgebrochen zugunsten eines auf Individualität und Selbstbestimmung ausgerichteten Systems, das die jeweils erforderlichen Hilfen in unterschiedlichen Settings, in individuell ausgestalteter und angepasster Form und durch verschiedene Anbieter, aus deren Angebotsspektrum das jeweils passende individuelle Angebot auszuwählen ist, vorhält. Aus diesem Grund trägt dieses Kapitel den Titel *Lebensphasen und Lebenssituationen*, für die aus verschiedenen Perspektiven einige für die jeweilige Lebensphase zentrale Themen bearbeitet werden.

Hintergrund dieser Situation, die in der Regel als De-Institutionalisierung beschrieben wird, sind verschiedene Impulse und Entwicklungen im Kontext der Sonderpädagogik, die an dieser Stelle überblicksartig dargestellt werden. Weber präferiert im Gegensatz zum Begriff der De-Institutionalisierung, Dezentralisierung oder Enthospitalisierung den Begriff des De-Institutionalisierens, da dieser zum einen als Imperativ zu verstehen sei und zum anderen die Prozesshaftigkeit betone, „die in allen Konzeptionen des De-Institutionalisierens auszumachen ist" (Weber 2008, 15). Brachmann spricht in diesem Zusammenhang von *Re-Institutionalisierung* als „Gegenentwurf zur Auflösung der Institutionen des Wohnens durch radikale De-Institutionalisierungsmaßnahmen" (2011, 327), die als offener Lern- und Umgestaltungsprozess „auf die Schaffung von Anerkennungsverhältnissen innerhalb der Wohneinrichtungen und ihre Umgestaltung zu ‚Enabling-Räumen' abzielt" (ebd., 323). Er legt den Fokus hier stärker auf die innerinstitutionellen Prozesse, durch die Anforderungen an Selbstbestimmung und Teilhabe umgesetzt werden sollen. Letztendlich sind diese in der institutionellen Praxis meist Ausgangspunkt von Überlegungen bezüglich veränderter Konzeptionen und erweiterter Angebote. Die tatsächliche Auflösung im Sinne einer Abschaffung von auf die Bedarfe körperbehinderter Menschen spezialisierter Institutionen ist bislang lediglich punktuell im schulischen Bereich realisiert. Weber stellt zu dieser Begriffsdiskussion fest, dass die Terminologie eher sekundär sei und es letztendlich darum gehe, die Schaffung institutioneller Strukturen daran auszurichten, „ob sie den Kriterien, die aus einer erweiterten Konzeption des De-Institutionalisierens ableitbar sind [...,] genügen oder nicht" (Weber 2008, 220).

Historischer und fachlicher Hintergrund dieser zwar begrifflich und zum Teil auch partiell intentional divergierenden, aber inhaltlich jeweils auf Selbstbestimmung und Teilhabe abzielenden Prozesse des systematischen Infragestellens der Sinnhaftigkeit gewordener Institutionen stellen die zentralen Entwicklungslinien des Lebens mit Behinderung in unserer Gesellschaft dar, die Theunissen und Schwalb (2009) in Anlehnung an Bürli (2007) in folgende Phasen einteilen:

1. *Phase der Exklusion:* Menschen mit Behinderung wird die Teilhabe an der gesellschaftlichen Regelversorgung verwehrt.
2. *Phase der Segregation:* Auf dem Hintergrund des Fürsorgegedankens werden Menschen mit Behinderung in separaten Institutionen gefördert und betreut.
3. *Phase der Integration:* Die Defizite behinderter Menschen werden als so weit reduzierbar interpretiert, dass diejenigen an die regulären Lebensbedingungen herangeführt werden können, die die dort geltenden Spielregeln einhalten können.
4. *Phase der Inklusion:* Menschen mit Behinderung werden als ExpertInnen in eigener Sache anerkannt, die über das Maß, die Bereiche und die Art ihrer Teilhabe am gesellschaftlichen Leben selbst entscheiden dürfen.

„Das Paradigma der Inklusion geht davon aus, dass Menschen mit Behinderung sehr wohl in der Lage sind, trotz ihrer Behinderung, aber auch mit daraus erwachsenden spezifischen Fähigkeiten an normalen Lebensbedingungen in den gesellschaftlichen Regelsystemen teilzuhaben, dass sie ein Recht haben auf ein selbständiges und selbst verantwortetes Leben in der Gesellschaft." (Theunissen/Schwalb 2009, 12)

Durch die Ratifizierung der UN-Konvention zur Gleichstellung von Menschen mit Behinderung ist dieses Recht nun international geltendes Menschenrecht, was die Diskurse über und Prozesse der De-Institutionalisierung in der Behinderten- und Benachteiligtenhilfe erheblich forciert und die schrittweise Umgestaltung des Systems unumgänglich werden lässt. Dieses System erfährt dadurch eine wachsende Infrage-Stellung grundlegender Art, sodass „von einer beginnenden Legitimationskrise mit einem Verlust gesellschaftlicher Legitimation gesprochen werden muss" (Brachmann 2011, 13). Gründe hierfür seien:

1. „die sich verändernden normativen gesellschaftlichen Erwartungen,
2. die sich verändernden sozialpolitischen, sozialrechtlichen und sozioökonomischen Rahmenbedingungen und
3. die zunehmende Kritik an seinen [des Hilfesystems] Leistungen und Institutionalformen." (ebd.)

Diese Legitimationskrise ist Ausdruck gravierender Entwicklungen des Verständnisses von Behinderung und des gesellschaftlichen Umgangs mit und des Wirkens von Menschen mit Behinderung und ihren Familien mit dem Ziel einer umfassenden Teilhabe an allen gesellschaftlichen Bezügen. Wissenschaftlich sind die Disability Studies der wohl eindeutigste und radikalste Ausdruck dieses veränderten Behinderungsverständnisses, der Behinderung vorrangig als kulturelles denn als individuelles Phänomen begreift (vgl. Kap. 1.2). Zweifelsohne hat hier die ICF mit der deutlichen Perspektiverweiterung auf systembedingte Barrieren und Einschränkungen der Aktivitäten eine bedeutende terminologische und inhaltliche Grundlage geschaffen. Dennoch liegt es auf der Hand, dass Fragen der De-Institutionalisierung nicht unhinterfragt ihre Praxisentsprechung finden können, sondern diese Forderungen und Prozesse äußerst kontrovers diskutiert werden. Brachmann fasst diesen Diskurs wie folgt zusammen:

„Während die großen Wohlfahrtsverbände und die Träger der Einrichtungen und Dienste das Bestehende weitgehend rechtfertigen und verteidigen, ‚moderate Kritiker' positive Entwicklungstendenzen würdigen und das System der deutschen Behindertenhilfe zumindest vom Grundsatz her für reformfähig halten, vertreten im Gegensatz dazu ‚radikalere' Kritiker eine grundsätzlich andere Position. Die Legitimation sonderpädagogischer Einrichtungen wird durch diese Vertreter einer ‚De-Institutionalisierung' generell in Frage gestellt, da aus ihrer Sicht diesen Institutionen und Organisationen immanente separierende und stigmatisierende Wirkung von vorneherein die Verwirklichung von Integrations-, Inklusions- und Teilhabekonzeptionen verhindere." (Brachmann 2011, 17)

Mit zunehmender Dauer dieser Diskurse verändern sich die hier etwas schablonenhaft aufgeführten Positionen – und zwar in der Regel in Abhängigkeit von dem jeweiligen Zuständigkeitsbereich der Institutionen. So sind auch Großeinrichtungen und Wohlfahrtsverbände – z. T. durchaus aufgrund des Innovationsdrucks der UN-Konvention und den daraus folgenden gesellschaftlichen Erwartungen – zunehmend mit Prozessen der Entwicklung von Alternativen und Modifizierungen bisheriger Institutionen beschäftigt. Auf der anderen Seite führen Erfahrungen mit aus den unterschiedlichsten Gründen schwierigen und zum Teil gescheiterten De-Institutionalisierungsprozessen zu Widerständen und Protesten auf Seiten von Betroffenengruppen und ExpertInnen. Hierbei ist Scheitern nicht als das Scheitern von Personen mit Behinderung in bestimmten Kontexten zu verstehen, sondern als Scheitern von Institutionen, den Bedürfnissen (körper)behinderter Menschen und ihren Teilhaberechten und -forderungen angemessen begegnen zu können. Diese Prozesse lassen sich anhand verschiedener Lebensbereiche konkretisieren, die letztendlich alle – wenn auch in äußerst unterschiedlicher Weise – von den hier skizzierten Entwicklungen tangiert sind.

Da der Bereich *Frühförderung* im nachfolgenden Abschnitt thematisiert wird, kann dieser an dieser Stelle vernachlässigt werden. *Schulische Bildung* und die Frage, wo diese für Kinder und Jugendliche mit Körperbehinderung stattfinden soll, ist eines der wohl kontroversesten Themen im Kontext von De-Institutionalisierungsprozessen. Legt die UN-Konvention zur Gleichstellung von Menschen mit Behinderung in § 24 eindeutig ein Recht auf inklusive Bildung fest, ist dies in der Praxis bei weitem (noch) nicht eingelöst. Hierbei zeigen die Forschungsergebnisse aus dem deutschsprachigen Raum, dass sich mit zunehmendem Pflege- und Unterstützungsbedarf auch die Wahrscheinlichkeit des Besuchs einer Förderschule erhöht (vgl. Lelgemann et al. 2012; Haupt & Wieczorek

2012). Auch die Metaanalyse von Walter-Klose zeigt, dass Schulen multidimensionale Anpassungsleistungen erbringen müssen, um den umfassenden Unterstützungsbedarfen und Bildungsbedürfnissen körperbehinderter Schülerinnen und Schüler adäquat entsprechen zu können (vgl. Walter-Klose 2015). Hierbei ist festzustellen, dass die Gruppe körperbehinderter Kinder und Jugendlicher in sich derart heterogen in Bezug auf die Ausprägungen der individuellen Körperbehinderungen und ihrer Auswirkungen auf das Lernen, die psychosoziale Situation und die darauf bezogenen Unterstützungsbedarfe ist, dass sich die themenbezogenen Diskurse über die „richtige Bildungsinstitution" immer entweder auf einer eher abstrakten Ebene oder der Ebene des individuellen Einzelfalls abspielen müssen. Zweifelsohne spiegeln die (derzeit noch wenigen) verfügbaren empirischen Erkenntnisse eine Tendenz wider, nach der immer mehr Schülerinnen und Schüler mit eher geringem Unterstützungsbedarf und der Möglichkeit, zielgleich unterrichtet zu werden, allgemeine Schulen besuchen. Dies hat zum Teil Schülerrückgänge an den Förderschulen mit dem Förderschwerpunkt körperliche und motorische Entwicklung zur Folge, auf die die Schulen in unterschiedlicher Weise reagieren – beispielsweise mit der Öffnung für SchülerInnen ohne sonderpädagogischen Förderbedarf (vgl. Venth 2015). Fest steht, dass die Re- bzw. De-Institutionalisierung im Kontext schulischer Bildung für körperbehinderte Kinder und Jugendliche umfassender Umstrukturierungsmaßnahmen bedarf: Um inklusive Bildung für diese Personengruppe zu *erfolgreichen Bildungswegen* werden zu lassen, sind „auf administrativer Ebene (Bildungspolitik), institutioneller Ebene (Schule) und individueller Ebene (Lehrkraft) inklusive Prozesse zu initiieren und zu unterstützen, die dann gewinnbringend zu werden versprechen, wenn jedes körperbehinderte Kind und jeder Jugendliche als Bereicherung für das Lernen und Leben aller verstanden wird" (Jennessen 2010, 132).

Wohnen als zentraler Bereich der individuellen Lebensgestaltung ist in seiner Dynamik in ähnlichen Prozessen strukturiert wie dies für die schulische Bildung bereits skizziert wurde: Je höher die Unterstützungsleistungen sind, die für die selbstbestimmte Teilhabe des einzelnen Menschen zu erbringen sind, umso differenzierter und oftmals umstrittener gestalten sich die Veränderungsprozesse in den beteiligten Institutionen. Dabei ist davon auszugehen, dass Wohnen immer zugleich Ausdruck individueller Lebensgestaltung und gesellschaftlicher Rahmenbedingungen ist, deren Verflechtungen der einzelne Mensch ausgesetzt ist:

> *„Ein körperbehinderter Jugendlicher, der eine Schule für Körperbehinderte besucht, die auf demselben Gelände untergebracht ist wie ein Berufsbildungswerk und das Wohnheim für erwachsene Menschen desselben Trägers, wird beispielsweise mit hoher Wahrscheinlichkeit seine Wünsche und Zukunftsperspektiven auf das Berufsbildungswerk und das Wohnheim als die ‚biographische Normalperspektive' richten. Ein körperbehinderter Jugendlicher dagegen, dessen ebenfalls körperbehinderte Mutter als peer counselerin tätig ist, wird wahrscheinlich eine an der Selbsthilfebewegung orientierte biografische Ausrichtung entwickeln." (Lindmeier 2008, 140)*

Ein gravierender Meilenstein auf dem Weg von dem hier beschriebenen ersten Fall, der lange Zeit als unhinterfragte Regelbiographie körperbehinderter Menschen in Komplexeinrichtungen galt, hin zu einer institutionenunabhängigen Lebensführung ist die Einführung des Persönlichen Budgets, mit dessen Hilfe der einzelne Mensch die für seine Lebensführung erforderlichen Unterstützungsleistungen selbstbestimmt einkaufen kann (vgl. hierzu den Beitrag von Fassbender in diesem Band). Auch hier gelten die oben bereits skizzierten Herausforderungen in Bezug auf eine höhere Abhängigkeit von den traditionellen Strukturen der Behindertenhilfe bei hohem und komplexem Unterstützungsbedarf. Die bislang verfügbaren Erkenntnisse zur Lebensqualität von Menschen mit Behinderung, die in deinstitutionalisierten Wohnformen leben, zeigen insgesamt weitgehend positive Effekte im Bezug auf den Zugewinn von Selbstbestimmungsmöglichkeiten in den Bereichen Gestaltung des Tagesablaufes, des Freizeitverhaltens und der persönlichen Ausgestaltung des individuellen Wohnraumes (vgl. z. B. Hentschke 2009, 80) sowie der Entwicklung von Kompetenzen in den Bereichen Kommunikation und Sozialverhalten bei Menschen mit Autismus (vgl. Klauß 2007). Beispiele alternativer Modellprojekte im Bereich Wohnen sowie Erfahrungsberichte zum Erleben und den Wirkungen dieser neuen Konzepte finden sich zusammenfassend im Themenheft der Zeitschrift des Bundesverbandes für körper- und mehrfachbehinderte Menschen (Das Band 4/2015). Faßbender fasst die Forderung nach deinstitutionalisierten Wohnformen folgendermaßen zusammen:

„Es muss selbstverständlich werden, dass generell Menschen mit Behinderungen im normalen Wohnumfeld in ihrer eigenen Wohnung beziehungsweise in ihrem eigenen Zimmer mit der Unterstützung, die sie benötigen, leben können. Sie müssen endlich zur Nachbarschaft gehören!" (Faßbender 2010, 144)

Thesing weist darauf hin, dass die ausschließliche Beachtung des direkten Lebensbereichs Wohnen jedoch nicht ausreichend ist, wenn intendiert ist, eine umfassende Teilhabe an allen gesellschaftlichen Bereichen durch eine De-Institutionalisierung des Wohnraumes zu erreichen: So erfordert dieser Anspruch auch strukturelle Maßnahmen wie „barrierefreie gesellschaftliche Einrichtungen (Bildung, Verwaltung u. a.), Familien ergänzende Hilfen und Öffnung des Gemeinwesens […]. Konzepte der Inklusion und des Community Care erfordern die Entwicklung einer Bürgergesellschaft, die bereit ist zu lernen, Menschen mit Behinderung als gleichwertige Bürger zu akzeptieren und zu integrieren" (Thesing 2009, 215).

Diese Einbeziehung des mittelbaren und unmittelbaren Wohnumfeldes im Sinne der Sozialraumorientierung hat direkte Auswirkungen auf den *Freizeit*bereich von Menschen mit Körperbehinderung. Hierbei ist zunächst grundlegend festzustellen, dass „die Freizeitbedürfnisse und das Freizeitverhalten von behinderten und nichtbehinderten Menschen nahezu identisch sind" (Markowetz 2008, 65). Dies kann zunächst als hilfreiche Grundbedingung für die Gestaltung inklusiver Freizeitangebote interpretiert werden. Für die gleichberechtigte Teilhabe scheint Freizeitassistenz der Schlüssel zu sein, der ein sinnerfülltes und selbstbestimmtes, inklusives Freizeiterleben körperbehinderter Menschen ermöglicht, wenn Assistenz als diejenige Unterstützungsform fungiert, die die Berücksichtigung und

Umsetzung individueller Bedarfe und Wünsche ermöglicht. Wichtig ist hierbei, dass die Finanzierung persönlicher Freizeitassistenz nicht mit der Finanzierung von Freizeit gleichgesetzt wird: „Zu leisten und zu finanzieren sind jene Hilfen und Ressourcen, die sich aus dem Artikel 3 unseres Grundgesetzes und dem Benachteiligungsverbot ableiten lassen" (Markowetz 2008, 71). Neben dem Assistenzkonzept sind auch in Institutionen ungebundene kreative Wege der Teilhabe von Menschen mit Behinderung an Freizeitangeboten denkbar, wie die *Mitfeierzentrale* des *Stammtisches Barrierefreies Landau*, bei dem Menschen mit Behinderung Unterstützungsbedarfe für die Teilhabe an kulturellen Angeboten anmelden und hierfür individuelle Begleitungen nutzen können. Angefügt sei an dieser Stelle auch, dass bei gleichen Freizeitbedürfnissen von Menschen mit und ohne Behinderung auch die Aspekte *Freundschaft, Liebe, Partnerschaft* und *Sexualität* relevante, wenn nicht gar zentrale Bestandteile der Freizeitgestaltung sind. Das Recht auf selbstbestimmten Kontakt zu Menschen, mit denen Beziehungen unterschiedlichster Art gelebt werden können, muss in den Teilhabemöglichkeiten an und der Gestaltung von Freizeitangeboten Niederschlag finden. Hierbei ist zu bedenken, gerade die Themen Partnerschaft und Sexualität nicht vorrangig unter Aspekten potentieller sexueller Gewalt zu interpretieren, sondern dass das lustvolle Erleben eigener Körperlichkeit und Partnerschaft als eine „zentrale Dimension sinnerfüllter Existenz" (Bergeest, Boenisch & Daut 2011, 174) zu begreifen sind. Diese positive und bejahende Perspektive auf die Sexualität von Menschen mit Körperbehinderung scheint erst sukzessive einer eher defizit- und problemorientierten Sichtweise zu weichen und hat unmittelbare Auswirkungen auf die Gestaltung aller tangierten Lebensbereiche und der für diese relevanten Institutionen (vgl. hierzu auch die Beiträge von Ortland und Lelgemann in diesem Kapitel sowie das Forschungsprojekt ReWiKs unter URL: https://www.forschung.sexualaufklaerung.de/index.php?id=4870#a6).

Als gravierender Lebensbereich, der bislang stark institutionalisiert war und zunehmend Prozessen der Individualisierung und Flexibilisierung unterworfen ist, gilt der Bereich *Arbeit*. Lange Zeit galt die Werkstatt für behinderte Menschen als nahezu unumgänglicher Arbeitsort für Menschen mit Behinderung – vor allem dann, wenn sie neben einer körperlichen Beeinträchtigung auch Lernschwierigkeiten hatten. Auch hier greifen nun sukzessive Prozesse der De-Institutionalisierung. Durch Arbeitsassistenz, Integrationsfachdienste und Unterstützte Beschäftigung werden zunehmend außerhalb der spezifischen Arbeits- und Beschäftigungsfelder Optionen beruflicher Teilhabe eröffnet. Hierzu gehören auch eine wachsende Anzahl an Integrationsunternehmen, die vor allem in den Bereichen Gastronomie und Dienstleistung angesiedelt sind und konzeptionell verankert Arbeitsplätze für Menschen mit unterschiedlichen Behinderungen vorhalten.

Die dieses Kapitel einleitenden Überlegungen zeigen die hochkomplexe Situation, die aus der Infragestellung der klassischen Institutionen für Menschen mit Körperbehinderungen resultiert. Die De-Institutionalisierung ist ein Prozess, der dynamisch Fahrt aufgenommen hat und viele neue Teilhabechancen für Menschen eröffnet, aber auch in seiner Ausgestaltung neue pädagogische und strukturelle Fragen aufwirft, die der Reflexion und systematischen Bearbeitung bedürfen. So ist beispielsweise der identitätsrelevante Aspekt, „Gleicher unter Gleichen sein zu dürfen", ein möglicherweise den Wünschen des Individuums zu entsprechendes Phänomen, das bei der Schaffung neuer, nicht an Institutionen gebundener Angebote im Einzelfall von hoher Relevanz sein kann. Die bereits in den 1980er Jahren beschriebenen Prozesse der Individualisierung (vgl. Beck 1986), die derzeit eine vehemente Radikalisierung und Universalisierung erfahren, bedürfen einer stärker reflexiven Lebensführung des Einzelnen und haben eine immer weiter gehende Ausdifferenzierung der Lebensstile zu Folge. Diese Entwicklung erreicht nun auch (endlich) die Lebenswirklichkeit von Menschen mit Behinderung, die sich dieser Situation ihrerseits aufgrund der Dynamik der Selbstbestimmt-Leben-Bewegung genähert haben. Neben den positiven Effekten in Bezug auf eine Abkehr von alten gesellschaftlichen Zuschreibungen haben Menschen mit Behinderung hiermit auch ein Mehr an Eigenverantwortung und Entscheidungserfordernissen zu tragen. Für Menschen mit hohem Unterstützungsbedarf wird die zunehmende Individualisierung der Lebensentwürfe auch ein höheres Maß an Beratung und individualisierter Zukunfts- und Teilhabeplanung nach sich ziehen, für die die professionellen PädagogInnen adäquate Kompetenzen in Bezug auf entsprechende Methoden und Konzepte und ihren Einsatz unter der Prämisse der Selbstbestimmung des körperbehinderten Menschen erwerben müssen. Für Menschen mit niedrigerem Unterstützungsbedarf wird hier der Bereich des peer counseling auszubauen sein. Grundsätzlich gilt als Zielsetzung, dass statt spezifischer Institutionen für Menschen mit Körperbehinderung Angebote zu verwirklichen sind, die barrierefrei im Sinne eines universellen Designs gestaltet sind (Ebene des Systems) und für deren Nutzung Menschen die individuellen Unterstützungsformen und Assistenzen in Anspruch nehmen können, die ihren Unterstützungsbedarfen und Teilhabewünschen entsprechen (Ebene des Individuums).

Literatur

Beck, U. (1986): Risikogesellschaft. Frankfurt. M.
Bergeest, H./Boenisch, J./Daut, V. (2011[4]): Körperbehindertenpädagogik. Bad Heilbrunn.
Brachmann, A. (2011): Re-Institutionalisierung statt De-Institutionalisierung in der Behindertenhilfe. Wiesbaden.
Bürli, A. (2007): Internationale Tendenzen in der Sonderpädagogik. Vergleichende Betrachtungen mit Schwerpunkt auf dem europäischen Raum. Hagen.
Das Band (2015): Wohnen wie ich will. 4/2015. Düsseldorf.
Faßbender, F.-J. (2010): Wohnen, Pflege und Arbeit – ein Erfahrungsbericht. In: Jennessen, S./Lelgemann, R./Ortland, B./Schlüter, M. (Hrsg.): Leben mit Körperbehinderung – Perspektiven der Inklusion. Stuttgart. 141–146.
Haupt, U./Wieczorek, M. (2012): Schülerinnen und Schüler mit cerebralen Bewegungsstörungen – Eltern berichten. Düsseldorf.
Hentschke, D. (2009): Wohnen wie Jedermann. Assistiertes Wohnen für Menschen mit Unterstützungsbedarf. Marburg.
Jennessen, S. (2010): Spezifik in einer Pädagogik der Vielfalt – Schulische Inklusion körperbehinderter Kinder und Jugendlicher. In: Jennessen, S./Lelgemann, R., Ortland, B./Schlüter, M. (Hrsg.): Leben mit Körperbehinderung – Perspektiven der Inklusion. Stuttgart. 120–134.

Klauß, T. (2008): Wohnen so normal wie möglich. Ein Wohnprojekt für Menschen mit Autismus. Heidelberg.

Lelgemann, R. et al. (2012): Qualitätsbedingungen schulischer Inklusion für Kinder und Jugendliche mit dem Förderschwerpunkt Körperliche und motorische Entwicklung. URL: http://www.uni-wuerzburg.de/fileadmin/06040400/downloads/Forschung/Zusammenfas¬sung_Forschungsprojekt_schulische_Inklusion.pdf (Letzter Zugriff: 06.10.2015)

Lindmeier, B. (2008): Innovative Wege des Wohnens körperbehinderter Menschen. In: Jennessen, S. (Hrsg.): Leben geht weiter... Neue Perspektiven der sozialen Rehabilitation körperbehinderter Menschen im Lebenslauf. Weinheim. 139–153.

Markowetz, R. (2008): Freizeit im Leben von Menschen mit Körperbehinderung. In: Jennessen, S. (Hrsg.): Leben geht weiter... Neue Perspektiven der sozialen Rehabilitation körperbehinderter Menschen im Lebenslauf. Weinheim. 59–80.

Thesing, T. (2009): Betreute Wohngruppen und Wohngemeinschaften für Menschen mit geistiger Behinderung. Freiburg i. Breisgau.

Theunissen, G./Schwalb, H. (2009): Einführung – Von der Integration zur Inklusion im Sinne des Empowerment. In: Theunissen, G./Schwalb, H. (Hrsg.): Inklusion, Partizipation und Empowerment in der Behindertenarbeit. Stuttgart. 11–36.

Venth, G. (2015): Das Kardinal-von-Galen-Haus auf dem Weg zur inklusiven Schule. In: Lelgemann, R./Singer, P./Walter-Klose, C. (Hrsg.): Inklusion im Förderschwerpunkt körperliche und motorische Entwicklung. Stuttgart. 207–223.

Walter-Klose, C. (2015): Empirische Befunde zum gemeinsamen Lernen und ihre Bedeutung für die Schulentwicklung. In: Lelgemann, R./Singer, P./Walter-Klose, C. (Hrsg.): Inklusion im Förderschwerpunkt körperliche und motorische Entwicklung. Stuttgart. 111–148.

Weber, E. (2008): De-Institutionalisieren. Konzeptionen, Umsetzungsmöglichkeiten und Perspektiven zwischen fachwissenschaftlichem Anspruch und institutioneller Wirklichkeit. Saarbrücken.

2 LEBENSPHASE KINDHEIT

Sven Jennessen

2.1 Personale und familiäre Situation

Die Lebenssituationen von Kindern mit Körperbehinderungen sind so unterschiedlich wie Lebenssituationen von Kindern eben sein können. Hierbei stellt die körperliche Beeinträchtigung zunächst eine Dimension im Rahmen des Zusammenspiels unterschiedlicher kultureller, sozialer, familiärer und personaler Bedingungen der kindlichen Lebenswelt dar. Ob und inwiefern diese schon in der frühen Kindheit Auswirkungen auf die Herausbildung der Identität hat, hängt von den Wechselwirkungen zwischen Kind und unmittelbarer Umwelt ab, die wiederum in den weiteren gesellschaftlichen und kulturellen Kontext eingebettet ist. „Die Basis der sozialen Entwicklung ist die subjektive Realität des Individuums" (Bergeest 1999, 223). Diese subjektive Realität ist für das Kleinkind in erster Linie geprägt vom unmittelbaren (Körper-)Kontakt mit den Bezugspersonen, der Responsivität, mit der auf die kindlichen Signale reagiert wird, und der Verlässlichkeit eben dieser Reaktionen. Wurden in älteren Arbeiten der Körperbehindertenpädagogik vorrangig die belastenden und die die Ausbildung der Identität erschwerenden Faktoren zur Kenntnis genommen, hat sich der Blick nun auf die Stärkung positiver Entwicklungsmöglichkeiten des Kleinkinds gewendet. Als theoretische Konzepte, die diese Perspektive untermauern, gelten sowohl das Resilienzkonzept als auch der Ansatz der Salutogenese mittlerweile als etabliert. Beiden theoretischen Konzepten liegt jeweils die Frage zugrunde, wie es Individuen schaffen, trotz schwieriger Lebensbedingungen psychisch gesund aufzuwachsen – d. h. eben diese Schwierigkeiten zu bewältigen. Hier bietet sich die Verwendung des Terminus Coping an, da sich dieser in einem erweiterten Begriffsverständnis nicht auf die Bewältigung von Krankheit allein bezieht, sondern auf generell alle geleisteten Prozesse zum Umgang mit Stressoren.

Das salutogenetische Denken nach Antonovsky (1997) mit den Teilkomponenten des Kohärenzsinnes (Verstehbarkeit, Handhabbarkeit, Sinnhaftigkeit) bietet in der Arbeit mit einem körperbehinderten Kleinkind und seiner Familie eine sinnvolle theoretische Basis, um Angebote der Beratung, Therapie und Förderung zu gestalten und dem Kind und seiner Familie somit ein höchstmögliches Maß an Autonomie und Selbstbestimmung zu gewähren. Als entscheidendes primäres Risiko gilt hierbei, wenn Kleinkinder einer „unzuverlässigen Betreuung und emotionaler Distanz ausgesetzt sind, ihre Welt als nicht voraussagbar und restriktiv erleben und Misstrauen entwickeln" (Heinz 2012, 73). Leyendecker fasst die entscheidenden interaktionalen Risiken und Chancen frühkindlicher Interaktionen zwischen Bezugsperson und Kind wie in Tabelle 1 dargelegt zusammen.

Tab. 1: Hemmende Risiken und förderliche Chancen der Interaktion (Leyendecker 2010, 22)

Hemmende Risiken	Förderliche Chancen
Bezugsperson-Kind-Interaktion	
Geringe Sensibilität für kindliche Signale	Sensibilität für kindliche Signale
Wenig anregendes Erziehungsverhalten	Anregendes Erziehungsverhalten
Wenig kontingentes Erziehungsverhalten	Kontingentes Erziehungsverhalten
Divergierende Aufmerksamkeitsausrichtung	Gemeinsame Aufmerksamkeitsausrichtung
Geringe Affektabstimmung	Angepasste Affektabstimmung
Ungünstige, wechselhafte soziale Beziehungen	Emotional ausgeglichene und anregende soziale Beziehungen
Inkonstanz/Unzuverlässigkeit der Erziehungsbedingungen	Konstanz/Verlässlichkeit der Erziehungsbedingungen
Erfahrung von Fremdbestimmung	Erfahrung von Selbstwirksamkeit
Unselbstständigkeit/Abhängigkeit	Autonomie/Selbstgestaltung
Missachtung und Vernachlässigung	Wertschätzung und Förderung

Im Kontext von Kindern mit angeborenen oder früh erworbenen Körperbehinderungen gilt es jeweils zu beachten, welche Auswirkungen die körperliche Diversität auf die Gestaltung der Interaktionen zwischen Bezugspersonen und Kind haben: Sind die kindlichen Signale durch die Eltern deutbar und somit eine angemessene Reaktion möglich? Führen Therapien, Operationen und invasive Maßnahmen (z. B. Intubationen oder Kathetrisierungen) zu verstärkten Gefühlen der Fremdbestimmung und der Enteignung des eigenen Körpers? Und welche Strategien entwickelt das Kind, um mit diesen Situationen umzugehen? Diese Fragen beschäftigen die Körperbehindertenpädagogik in Theorie und Praxis und haben Einzug genommen in die Gestaltung adäquater Konzepte Früher Hilfen und der Frühförderung. Bevor der Bereich der Frühförderung im Folgenden etwas genauer beleuchtet wird, sollen aktuelle Entwicklungen in Bezug auf familiäre Lebenswirklichkeiten skizziert werden.

Leyendecker (2010) beschreibt einige gesellschaftliche Tendenzen, die jeweils für die Situation körperbehinderter Kinder spezifiziert werden müssen. So geht er von ambivalenten Erfahrungen von Kindern aus, die einerseits einen Verlust an Geborgenheit und mangelnde Erziehungskompetenzen der Eltern erleben und andererseits aufgrund der Pluralisierung immer autonomer aus verschiedenen Lebenskonzepten und -wegen auszuwählen haben (ebd., 16f.). Für die Lebenssituation von Kindern mit Körperbehinderungen lassen sich aufgrund mangelnder empirischer Daten zu diesen Phänomenen nur Vermutungen anstellen, die auf der Annahme fußen, dass diese Ambivalenzen zunächst grundsätzlich für alle

Kinder Gültigkeit besitzen. Möglich ist aber, dass sich bei komplexem Unterstützungsbedarf die behütenden Verhaltensweisen der Eltern eher erhöhen – zumindest dann, wenn sie zum einen grundsätzlich annehmende Haltungen in Bezug auf ihr Kind entwickeln konnten und zum anderen über die emotionale Grundausstattung verfügen, die ihnen eine liebevolle und verlässliche Beziehung zu ihrem Kind ermöglicht. Wie im vorhergehenden Abschnitt bereits angedeutet, trifft die Pluralisierung der Lebensformen derzeit auf die Folgen der Selbstbestimmungs- und Enttraditionalisierungs-Dynamiken der Lebensentwürfe von Menschen mit Behinderung. War in früheren Zeiten in der Regel der Besuch des heilpädagogischen Kindergartens der scheinbar vorgezeichnete Weg, so müssen sich Eltern heute intensiv mit der Frage des richtigen Ortes frühkindlicher Bildung beschäftigen. Hierbei spielt auch eine Rolle, dass Kinder mit Behinderungen sowohl in der Altersgruppe der unter dreijährigen Kindergartennutzer immer noch unterrepräsentiert sind als auch die Verfügbarkeit integrativer Kindergartenplätze nach wie vor nicht flächendeckend gesichert ist.

Ein weiteres Phänomen von Kindheit stellt die seit den 1990er Jahren beschriebene *Fragmentierung der Lebenszusammenhänge* oder auch *Verinselung der Kindheit* dar (vgl. Leyendecker 2010, 18). Bedeutet dies zum einen, dass Kinder ihre Aktivitäten an unzusammenhängenden Orten durchführen (müssen) und somit das primäre Lebensumfeld nicht den zentralen Aufenthalts-, Lern- und Begegnungsort darstellt, so gilt dies für Kinder mit Körperbehinderungen in besonderer Weise. Während Kinder ohne Behinderung jedoch im vorschulischen und im Primarbereich meist ihre wohnortnahe Kita oder Grundschule besuchen, beginnt für Kinder mit Behinderung die Fragmentierung ihrer Lebensbezüge bereits bei den klassischen Bildungsorten Kindertagesstätte und Schule. Spezialisierte Einrichtungen befinden sich in der Regel nicht in unmittelbarer Nähe des Wohnumfeldes. Eine reduzierte Möglichkeit des Aufbaus sozialer Kontakte mit Gleichaltrigen und die Gefahr sozialer Isolation sind die Folgen. Diese Prozesse entstehen jedoch auch dann, wenn Eltern zwar die Wahl zwischen heilpädagogischer und integrativ ausgerichteter allgemeiner Bildungsinstitution haben, sich die integrativ arbeitende Einrichtung aber nicht im Wohnumfeld des Kindes, sondern in einem anderen Stadtteil befindet. Ein dermaßen definiertes Wahlrecht ist kein echtes Wahlrecht, da es den in der UN-Behindertenrechtskonvention formulierten Rechtsanspruch, „gleichberechtigt mit anderen in der Gemeinschaft, in der sie leben, Zugang zu einem integrativen [inklusiven], hochwertigen und unentgeltlichen Unterricht an Grundschulen und weiterführenden Schulen [zu] haben" (UN-Konvention zur Gleichstellung von Menschen mit Behinderung § 24, Absatz (2), b), nicht einlöst. Nur eine wohnortnahe Bildungsinstitution vermag es, diesem Anspruch gerecht zu werden.

Ähnliches ist für den Freizeitbereich zu konstatieren: So werden Kinder heute häufig von ihren Eltern zu Freizeitangeboten gefahren, die sich nicht in dem unmittelbaren Wohnumfeld der Familie befinden. Kinder mit Behinderung müssen zudem häufig auch an den Nachmittagen Therapie- und Förderangebote in Anspruch nehmen – zumindest dann, wenn die Schule diese nicht vorhält –, was wiederum auch in integrativ arbeitenden Schulen die Regel ist. Freizeitangebote für Kinder mit Behinderung oder auch inklusive Freizeitangebote sind je nach

Infrastruktur des Wohnortes eher selten und, soweit vorhanden, erfordern sie ebenfalls die Mobilität des Kindes bzw. seiner Eltern. Die für alle Kinder beschriebene Verinselung verschärft sich somit in besonderer Weise im Falle einer Körperbehinderung des Kindes und erschwert die soziale Inklusion unter Gleichaltrigen.

Eine umfassende aktuelle Studie des Kindernetzwerkes (2014) beschreibt die Lebenssituation von Familien mit behinderten und chronisch kranken Kindern sowohl im Vergleich zu Familien mit Kindern ohne Behinderung als auch hinsichtlich des subjektiven Erlebens ihrer Situation. Mit einer Stichprobe von 1567 Eltern behinderter Kinder sind die erhobenen Daten aussagekräftig und hilfreich für das Verständnis familiären Lebens mit einem behinderten Kind. Interessant ist zunächst, dass sich von den 89 % der an der Untersuchung beteiligten Mütter 80 % als Hauptbezugsperson – nur in 3 % der Fälle sind dies die Väter – bezeichnen und nur 17 % angeben, mit dem Partner gleichberechtigte Bezugspersonen für das Kind zu sein. Hier zeigt sich eine deutliche (Re-)Traditionalisierung der familiären Rollen, die nicht ohne Auswirkungen auf das subjektive Belastungserleben bleibt. Die Aufweichung von Rollenmodellen und die Pluralisierung der Zuständigkeiten und Aufgaben innerhalb der Familie scheinen somit in Familien mit behinderten Kindern nicht anzukommen bzw. verändern sich rückwärtsgewandt im Falle der Geburt eines behinderten Kindes.

Für das Belastungserleben der befragten Eltern spielt die Art der Behinderung eine bedeutende Rolle. Die erhobenen Daten zur Symptomatik der Kinder wurden in vier Profilgruppen unterteilt:

„Im ersten Profil befinden sich Kinder mit Mehrfachbehinderungen. Sie sind sowohl in ihrer geistigen als auch körperlichen Selbstständigkeit stark eingeschränkt; dementsprechend ist in dieser Gruppe der Versorgungsbedarf am größten. Diesem ersten Profil sind 375 Familien zuzuordnen, das entspricht knapp einem Viertel aller Befragten.

Die zweite Gruppe ist charakterisiert durch Kinder mit primär körperlichen Behinderungen. Bei den Betroffenen liegen also überdurchschnittlich hohe Einschränkungen im Bereich der Körperfunktionen und Mobilität vor (n = 238; 16 Prozent).

Im dritten Profil haben die Kinder primär geistige Behinderungen. Die Einschränkungen beziehen sich also überwiegend auf die Bereiche Lernen, Geist (Sprache und Interaktion) sowie Verhalten (n = 504; 32 Prozent).

In der vierten Gruppe befinden sich überwiegend Kinder mit Stoffwechselerkrankungen oder anderen chronisch körperlichen Krankheiten. Im Vergleich zu den Kindern der anderen Gruppen sind sie sowohl in ihrer geistigen als auch körperlichen Selbstständigkeit nicht oder nur gering eingeschränkt (n = 438; 28 Prozent)." (Kindernetzwerk 2014, 11)

Knapp 60 % dieser Kinder erhalten Leistungen aus der Pflegeversicherung, die sich auf alle drei aktuell nutzbaren Leistungsstufen gleichmäßig verteilen. Interessant sind auch die Ergebnisse in Bezug auf die Information und Beratung der betroffenen Familien, die Abbildung 1 zusammenfasst.

Lebensphase Kindheit 197

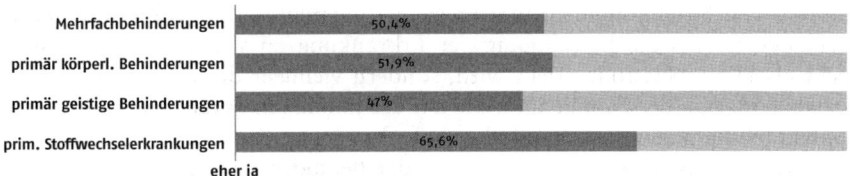

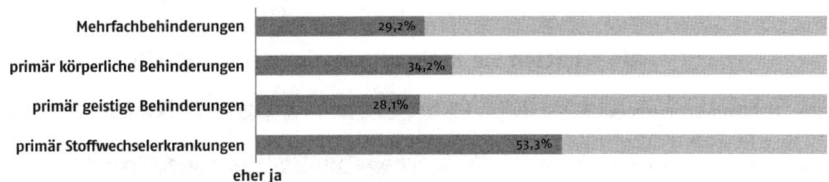

Abb. 1: Qualität der Information und Beratung (Kindernetzwerk 2014, 15)

Hier zeigen sich deutliche Optimierungsnotwendigkeiten bezüglich einer umfassenden und frühzeitigen Beratung und Information der Eltern. Zu bedenken ist aber auch, dass Informationen bei komplexen und seltenen Erkrankungen je nach Expertise der behandelnden MedizinerInnen und der Eindeutigkeit einer Diagnose sicherlich nur zurückhaltend und vorsichtig vermittelt werden (können). Am wertvollsten sind für die befragten Eltern die Informationen und Beratungsleistungen, die sie durch Selbsthilfeinitiativen erhalten haben (vgl. ebd., 15). Korn stellt in Bezug auf die Unterschiedlichkeit familiärer Lebenssituationen fest:

> „Der Begriff ‚Familien mit behinderten Kindern' könnte den Eindruck erwecken, diese Familien seien alle gleich. Das ist natürlich nicht so. Jedes Kind, und auch jedes mit Behinderung ist einmalig, jede Familie ebenso. Auch die Art der Behinderung spielt selbstverständlich eine ganz große Rolle. Entsprechend treffen auch die als typisch für Familien mit einem behinderten Kind gemachten Aussagen auf eine konkrete Familie immer nur mehr oder weniger, im Einzelfall vielleicht sogar gar nicht zu." (Korn 2006, 144)

Diese Feststellung lässt sich auch anhand der aktuellen Daten verifizieren, die sich sowohl auf die unterschiedlich wahrgenommenen Belastungen als auch auf die verfügbaren familiären Ressourcen beziehen. Die finanziellen Belastungen der Familien beziehen sich auf die erhöhten Kosten durch die pflegerische, medizinische und medikamentöse Versorgung des Kindes und werden durch die zumindest teilweise Berufsaufgabe oder -reduktion mindestens eines Elternteils – auch hier in der Regel der Mütter – noch verschärft. Neben den innerfamiliären

Belastungen durch stressbedingte Konflikte in der Partnerschaft oder des Gefühls der unzureichenden Beachtung der Geschwisterkinder können auch soziale Belastungen durch die mit dem erhöhten Betreuungsaufwand konnotierte Reduktion von Sozialkontakten und Freizeitaktivitäten auftreten. Zu beachten ist hier zudem, dass die Bewältigung der Erkrankung an sich von den Befragten nicht als Hauptbelastung erlebt wird, sondern vielmehr die wirtschaftliche und soziale Situation der Familie im Zentrum der familiären Sorgen steht, für die im Umfeld häufig nur wenig Verständnis aufgebracht werden kann. Diese Belastungen stehen in Abhängigkeit zur Schwere der Behinderung bzw. chronischen Erkrankung sowie dem damit einhergehenden Unterstützungsbedarf des Kindes und haben Auswirkungen auf die Gesundheit der Eltern, wie Abbildung 2 gerade im Abgleich mit der Vergleichsgruppe zeigt.

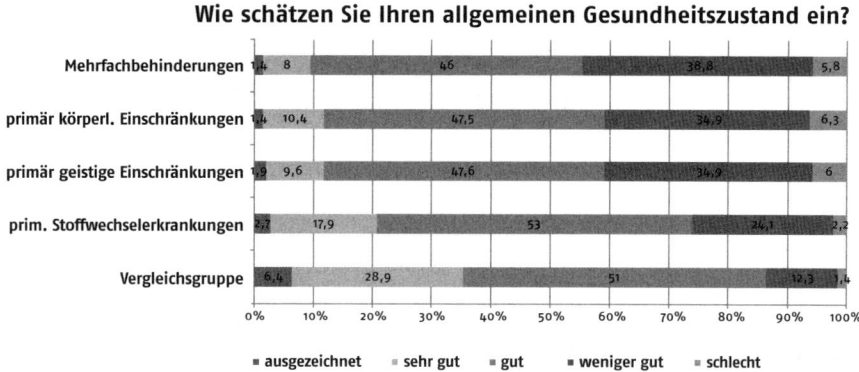

Abb. 2: Einschätzung der Gesundheit durch die Eltern von Kindern mit Behinderung (Kindernetzwerk 2014, 27)

Positiv wird aber auch hervorgehoben, dass die Bewältigung der Situation den familiären Zusammenhalt stärken kann, was für die Begleitung der Familien einmal mehr verdeutlicht, dass die Ressourcen der Familie als wichtiger Ausgangspunkt aller Unterstützungs- und Hilfeleistungen zu berücksichtigen sind. Insgesamt spiegeln die aktuellen Ergebnisse zur Situation von Kindern mit Körperbehinderungen eine Tendenz wider, die bereits Anfang der 1990er Jahre eine Studie von Sarimski zeigte: Nämlich dass „das familiäre Leben mit einem behinderten Kleinkind [...] angesichts der speziellen Anforderungen gewiss nicht einfach [ist], aber doch nicht so ‚anders und belastet', wie es vor einigen Jahren oft beschrieben wurde. [...] Bemühungen (sollten sich) besonders auf die Erleichterung der Interaktion im Alltag und die Entlastung von Müttern schwer behinderter Kinder richten" (ebd. 1993, 163). Dies erfordert auf die individuelle Situation der Familie zugeschnittene Angebote, über die die Familie frühzeitig und umfassend zu informieren ist.

2.2 Frühförderung

Interdisziplinäre Frühförderung für Kinder mit Körperbehinderung beinhaltet ein hochkomplexes Bündel an Maßnahmen und Leistungen für das jeweilige Kind und seine Eltern, das durchaus als spannungsgeladen bezeichnet werden kann. Speck geht davon aus, dass diese Spannung als Dauerthema der Frühförderung darin begründet liegt, dass „das System der interdisziplinären Frühförderung auf einer Schnittfläche verschiedener Großsysteme angesiedelt ist, der medizinischen Rehabilitation, dem Bildungssystem, der Sozialhilfe und der Kinder- und Jugendhilfe" (Speck 2012, 13). Gebhard, Hennig und Leyendecker sehen aktuelle Spannungen vor allem darin begründet, dass neben den spezifischen Fördermaßnahmen für behinderte oder von Behinderung bedrohte Kinder zunehmend psychosoziale Probleme von Kindern und ihren Eltern zum Ausgangspunkt der Inanspruchnahme von Frühförderung als einem Bestandteil Früher Hilfen geworden sind (vgl. Gebhard, Hennig & Leyendecker 2012, 9). Frühförderung befindet sich demnach einmal mehr in einem Wandlungsprozess – vielleicht sollte man für dieses System eher von einer dauerhaft rasanten Entwicklungsdynamik sprechen, die ein hohes Maß an Flexibilität und Innovationsbereitschaft der Fachkräfte in Bezug auf ihre Haltung, Kompetenzen, Methoden, Aufgabenfelder und Einsatzorte mit sich bringt.

Zentrale, klientelbezogene Kennzeichen dieses Unterstützungssystems sind, dass immer weniger Kinder mit „klassischen" Behinderungen, z. B. im Sinne einer rein motorischen Behinderung, die Angebote der bundesweit über 1000 Frühfördereinrichtungen, zu denen auch ca. 130 Sozialpädiatrische Zentren gezählt werden (vgl. Sohns 2010), in Anspruch nehmen. Gleichzeitig zählen immer mehr Kinder mit schwersten Behinderungen zu den von Angeboten der Frühförderzentren versorgten Personengruppen. Die medizinische Entwicklung im Bereich der Neonatologie und Pädiatrischen Intensivmedizin hat hier zu einer deutlichen reduzierten Mortalitätsrate und dem Überleben vieler schwerbehinderter und (sehr) frühgeborener Kinder geführt, die noch vor wenigen Jahren nicht überlebensfähig gewesen wären. Auf der anderen Seite finden immer mehr Kinder und ihre Eltern den Weg in die Frühförderstellen, bei denen unspezifische Entwicklungsstörungen, Teilleistungsschwächen oder psychosoziale Entwicklungsverzögerungen festgestellt werden. Eindeutige medizinische Ursachen sind hier meist nicht diagnostizierbar. Aber auch Kinder psychisch kranker Eltern und Kinder aus Multiproblemlagen und/oder mit Migrationshintergrund gehören zunehmend zu den in Frühförderzentren aufgenommenen und unterstützten Personengruppen. Leyendecker spricht vor dem Hintergrund dieser Entwicklungen von *anderen Kindern und veränderten Aufgaben*, denen sich die interdisziplinäre Frühförderung zu stellen habe (vgl. Leyendecker 2010, 10).

Hinzu kommen in sehr früher Vergangenheit Kinder, die aufgrund eines spezifischen Medienkonsums und Medienverhaltens Auffälligkeiten zeigen, denen im Rahmen der Frühfördermaßnahmen zu begegnen versucht wird. Aus aktuellen Daten verschiedener Studien in diesem Feld zeigt sich, dass in jeder zehnten Familie die Internetnutzung bereits im Alter von drei Jahren beginnt (vgl. SINUS 2015), wobei in Familien mit geringerem formalen Bildungsgrad insgesamt erheblich mehr Zeit mit digitalen Medien (insbesondere Smartphones und Computern/Laptops) verbracht wird. „Gleichzeitig wird hier seitens der Eltern häufiger davon ausgegangen, dass man Kinder beim Erlernen des Umgangs mit digitalen Medien kaum anleiten bräuchte" (ebd., 134). Entscheidend für die Auswirkungen der Internetnutzung ist, ob diese für sie ein reines Freizeit- und Unterhaltungsmedium ist oder notwendige Basis für nahezu alle Aktivitäten des Alltags. Die Erkenntnisse zur Gestaltung des Alltags der drei- bis achtjährigen Kinder machen deutlich, dass die Weichenstellungen für diese Unterschiede bereits sehr früh gestellt werden (vgl. ebd.). Es ist davon auszugehen, dass eine sehr frühe extensive Nutzung von Medien Auswirkungen auf sämtliche Entwicklungsbereiche des Kindes hat. Noch ist nicht absehbar, welche konkreten Konsequenzen dies für die besondere Unterstützung dieser Kinder – beispielsweise im Kontext von Frühförderung hat. „Ob Kinder überhaupt online sein sollten und ab wann dies schädlich, sinnvoll oder gar notwendig ist, ist vor diesem Hintergrund keine realitätsnahe Fragestellung" (ebd., 136) – so die nüchterne Erkenntnis der SINUS-Studie. Auch wenn zu den dauerhaften Auswirkungen der Nutzung digitaler Medien bislang keine empirischen Daten vorliegen, zeigt das Erfahrungswissen in den Einrichtungen der Frühförderung, dass die Interdependenz von Entwicklungsbesonderheiten und Medienverhalten zunehmend als Option in die Diagnostik und Förderung Einzug nimmt: So berichten die Fachkräften in der Frühförderung von Kindern, die aufgrund von motorischen und sprachlichen Entwicklungsverzögerungen vorgestellt werden. Nicht selten stellt sich heraus, dass die Möglichkeiten der motorischen Exploration oder verbalen Kommunikation im Alltag des Kindes äußerst begrenzt sind, das Kind aber über ausgeprägte feinmotorische und kognitive Fähigkeiten des Bedienens eines Smartphones oder Tablets verfügt. Diese Erfahrungen lassen sich aus den verfügbaren empirischen Daten zur Mediennutzung von zwei- bis fünfjährigen Kindern bislang nicht ableiten, in denen das Spiel immer noch die häufigste Freizeitaktivität der Kinder darstellt (vgl. mpfs 2015, 10f.). Hierbei ist jedoch zum einen die soziale Erwünschtheit der von den Eltern gegebenen Antworten zu beachten und zum anderen die Tatsache, dass nur die extremen Fälle ausufernder Mediennutzung letztendlich Entwicklungsauffälligkeiten entwickeln.

„Betrachtet man die Nutzungsdauer der Kinder für die jeweiligen Medien, so entfallen nach Angaben der Haupterzieher an einem durchschnittlichen Tag 43 Minuten auf das Fernsehen. Mit 26 Minuten verbringen die Zwei- bis Fünfjährigen deutlich weniger Zeit mit (Bilder-)Büchern, die angeschaut oder vorgelesen werden" (mpfs 2015, 12). Auch diese Tatsache wird nicht ohne Folgen auf die Entwicklung von Kindern bleiben, nicht zuletzt dadurch, dass die durch das Vorlesen von Büchern entstehende unmittelbare Interaktion mit den Bezugspersonen seltener stattfindet als der Fernsehkonsum. Die Relevanz des Themas Medienkonsum und seine Auswirkungen auf die Entwicklung von Kindern scheinen in hohem Maße mit dem Bildungsniveau der Eltern zu korrelieren. So fühlen sich nur 56 % der befragten Eltern mit einem Hauptschulabschluss über das Thema „Kindheit und Medien" gut informiert – im Vergleich zu 83 % der Eltern, die über ein Abitur verfügen. Es ist zu erwarten, dass sich die bereits jetzt bestehende Tendenz der verstärkten Ausrichtung der Frühförderangebote auf

Familien aus psychosozialen Risikolagen in einer bereits für Kleinkinder zugänglichen medialen Welt noch verstärkt. Dies wiederum impliziert eine stärker auf Beratung abzielende Fokussierung der Angebote statt der Behandlung und Förderung des Kindes, die dann allenfalls zeitlich begrenzt und in ergänzender Weise stattfinden muss, um entstandene Entwicklungsverzögerungen zu kompensieren.

Unabhängig von den individuellen und familiären Ausgangsbedingungen eines Kindes gilt als wichtiges Prinzip in der Frühförderung, „das Kind in seiner Kompetenz ernst zu nehmen und seine eigenen Aktivitäten in einem gemeinsamen Handeln zusammen zu führen. Frühförderung stellt immer ein interaktives, kooperatives und komplexes Geschehen dar. „Es ist ein gemeinsames Handeln: Kinder, deren Eltern und die Fachleute wirken zusammen" (Leyendecker 2008, 23). Hierbei gelten *Pädagogik* und *Therapie* als gleichberechtigte Bausteine der Entwicklungsbegleitung mit dem Ziel, für das Kind entwicklungsförderliche Bedingungen zu gestalten. Das kooperativ-transdisziplinäre Zusammenspiel der beiden Disziplinen gilt zudem als Voraussetzung und inhaltlicher Kern der Inanspruchnahme der Komplexleistung Frühförderung. Dies gelingt nur durch den Einsatz und die Vernetzung der jeweils fachspezifischen Methoden und Konzepte.

Für die theoretische Fundierung dieses kooperativen Feldes kommt erschwerend und herausfordernd hinzu, dass bezüglich Pädagogik und Therapie keine einheitlichen Begriffsverständnisse existieren und somit sowohl die jeweiligen Abgrenzungen als auch Überschneidungen nicht eindeutig definiert werden können. Während es das Hauptziel *pädagogischen Handelns* ist, lernen zu ermöglichen (vgl. z.B. Giesecke 2010) – bei Kindern mit Behinderungen eben unter Berücksichtigung besonderer Lern- und Entwicklungswege –, gelten als Ziele von *Therapie* tendenziell die Aufhebung von Beeinträchtigungen, die Linderung ihrer Folgen und die Prävention von Folgeerscheinungen. Dass auch diese therapeutischen Zielsetzungen letztendlich auf die Ermöglichung von Lernen und Entwicklung abzielen, ist offensichtlich. Weder pädagogische noch therapeutische Interventionen beruhen jedoch auf einem vorbestimmten Programm, das für alle Kinder abrufbar und anwendbar ist, jedoch liegen den Aktivitäten der Fachkräfte spezifische Kenntnisse zur physischen und emotionalen Entwicklung des Kindes zugrunde (vgl. Sohns 2010), die individuell zu modellieren und zu adaptieren sind. Entgegen der Praxis in den Anfängen der Frühförderung erfolgt heute kein separates Arbeiten an unterschiedlichen Entwicklungsbereichen des Kindes, sondern die Fachkräfte erstellen komplexe Entwicklungsangebote für das Kind, in denen dieses seinen Ressourcen und aktuellen oder situativen Bedarfen entsprechend agieren kann. Dem liegt die Prämisse eines letztendlich unteilbaren Förderbedarfs des Kindes zugrunde: Das Kind ist nie *nur* mit seiner Motorik oder seiner Sprache in einer Fördersituation zugegen, sondern immer als *ganzes Kind* in der Vernetztheit und Interdependenz all seiner Persönlichkeitsanteile und Entwicklungsbereiche.

Auch in der interaktionalen Praxis der Frühförderung gilt das Prinzip der Responsivität als Leitmotiv: Dies bedeutet, dass flexible Konzepte einzusetzen sind, die die jeweiligen Signale des Kindes aufgreifen und modifizierend in das eigene

Handlungskonzept der Fachkraft integrieren. Die Folge ist ein *permanenter Dialog*, der ein Höchstmaß an Selbstbestimmung und Eigenaktivität des Kindes gewährleisten soll und von dem handelnden Therapeuten oder der begleitenden Pädagogin hohe kommunikative Kompetenzen auf verbaler und nonverbaler Ebene erfordert. Exemplarisch kann die Bedeutung der therapeutischen Begleitung eines körperbehinderten Kindes anhand der Zufriedenheitswerte der Studie des Kindernetzwerkes dargestellt werden. Hier liegt die Zufriedenheit der Eltern mit der Arbeit der TherapeutInnen deutlich über der mit allen anderen Berufsgruppen.

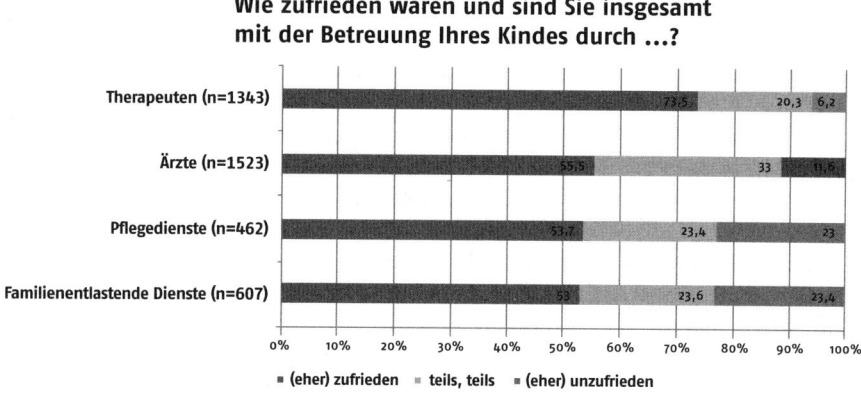

Abb. 3: Zufriedenheit der Eltern mit der Betreuung ihres Kindes durch einzelne Berufsgruppen (Kindernetzwerk 2014, 16)

Wie oben bereits aufgezeigt werden konnte, haben Eltern körperbehinderter Kinder einen expliziten Beratungs- und Informationsbedarf bezüglich der körperlichen Verfasstheit ihres Kindes und der daraus folgenden Konsequenzen, aber auch hinsichtlich der sozialrechtlich relevanten Unterstützungs- und Versorgungsmöglichkeiten. Hier setzen die familienorientierten Beratungsangebote der Frühförderung ebenso an wie in Bezug auf die individuellen familiären Fragestellungen im Kontext der Behinderung des Kindes. Rein pragmatische Aspekte der pflegerischen Versorgung können hier ebenso thematisiert werden wie grundlegende Fragen der Behinderungsbewältigung, der Schuldgefühle (z. B. bei genetisch bedingten Erkrankungen) oder der innerfamiliären Kommunikation über das Thema Krankheit und Behinderung. Reichert weist im Kontext frühgeborener Kinder auf die Notwendigkeit hin, Eltern Handlungssicherheit in der Versorgung ihres Säuglings zu vermitteln. Als Grundlage der Beratung bezieht er sich auf den Kohärenzsinn des salutogenetischen Konzepts, das auf die Situation ihres Kindes zu übertragen sei (vgl. Reichert 2012, 363). Auf die Beratungspraxis der Frühförderung übertragen bedeutet dies, den Eltern das Gefühl eigenen Vertrauens darin zu vermitteln, dass die aus der Körperbehinderung eines Kindes erwachsenden Anforderungen an sie strukturierbar und verstehbar sind, sie über Ressourcen verfügen, die nötig sind, um diesen Anforderungen gerecht zu werden, und dass diese Anforderungen Herausforderungen darstellen, die psychosoziale Investitionen und persönliches Engagement lohnen.

2.3 Inklusion und frühe Förderung

Wie oben bereits angedeutet, kommt der Frage, wie gemeinsames Lernen, Spielen und Leben von Kindern mit und ohne Behinderung bereits im frühen Lebensalter gelingen kann, eine zunehmende Bedeutung zu. Der Bereich der frühkindlichen Bildung befindet sich analog zu den bereits skizzierten Entwicklungen von Kindheit heute in einem dynamischen Veränderungsprozess: Der Ausbau von Ganztagsplätzen und Plätzen für Kinder unter drei Jahren bestimmt die Neuausrichtung der Kindertagesstätten als zentrale Themen. Das Thema Inklusion scheint daneben eher eine Nebenrolle zu spielen – auch wenn einige aussagekräftige Studien und Analysen (z. B. Albers 2011; Kreuzer & Ytterhus 2011; Sarimski 2012) und praxisnahe Publikationen (z. B. Albers et al. 2012) fundierte Erkenntnisse zu den Herausforderungen und Wegen gemeinsamer Bildung zur Verfügung stellen.

Unter dem Fokus der Diskriminierung in den Bereichen vorschulischer und schulischer Bildung wurden im Auftrag der Antidiskriminierungsstelle des Bundes unter besonderer Berücksichtigung der Merkmale des Allgemeinen Gleichbehandlungsgesetzes (AGG) Forschungsergebnisse von Studien aus den letzten zehn Jahren zusammengetragen, die den Bereich frühkindlicher Bildung beleuchten und Tendenzen in Bezug auf die Situation benachteiligter und behinderter Kinder widerspiegeln (vgl. Jennessen, Kastirke & Kotthaus 2012). Neben der Tatsache, dass von einer strukturellen Diskriminierung zu sprechen ist, da immer noch eine zu geringe Anzahl an Betreuungsplätzen für Kinder *unter drei Jahren* verfügbar ist – bei explizitem Ost-West-Gefälle –, fällt auf, dass diese Plätze von Kindern mit Migrationshintergrund, von Kindern mit Behinderung und von Kindern aus bildungsfernen Familien in unterrepräsentierter Anzahl genutzt werden. Dies hat zur Folge, dass für ungünstige Ausgangslagen nur reduzierte Kompensationsmöglichkeiten vorhanden sind. In der Altersgruppe der Drei- bis Sechsjährigen sind Kinder mit Migrationshintergrund ebenfalls unterrepräsentiert. Zudem spielt der Sozialraum für diese Kinder eine gravierende Rolle. So treffen sie in Einrichtungen häufig ebenfalls auf Kinder mit Deutsch als Zweitsprache und/oder aus bildungsfernen Familien, was wiederum die potentiell positiven Effekte, die eine heterogene Kindergartengruppe ausstrahlen könnte, schmälert. Festgestellt werden kann zudem, dass Kinder mit Behinderung immer noch häufig in segregierenden Einrichtungen anzutreffen sind. Auch wenn die Tendenz der gemeinsamen Bildung deutlich steigt, sind die Chancen des gemeinsamen Kindergartenbesuchs für körperbehinderte Kinder derzeit noch gering (vgl. Sarimski 2012; Albers 2011). Dabei ist neben den positiven Effekten für die Entwicklung des einzelnen Kindes auch soziale Inklusion der dazugehörigen Familie eine wichtige Begleiterscheinung. Von dieser Erfahrung berichtet Johr: „Auch unser Leben wurde dadurch bereichert, dass unser Sohn wie jedes andere Kind auch in den Kindergarten um die Ecke gehen kann. Wir lernten andere Eltern kennen, freundeten uns mit manchen an und sind so viel mehr in das Leben in unserem Viertel eingebunden, als wir es vorher waren. Inklusion betrifft eben niemals Einen allein" (Johr 2010, 71).

Die bislang verfügbaren empirischen Erkenntnisse in diesem Feld zeigen aber auch, dass Inklusion selbst im frühkindlichen Bereich kein Selbstläufer ist, sondern der adäquaten pädagogischen Begleitung durch die Fachkräfte bedarf. So konnte in Kindertagesstätten ein nicht immer gelingender Umgang mit Differenz festgestellt werden. Die zum Teil ausgrenzenden interaktionalen Prozesse sind jedoch meist nicht absichtlich gegen ein bestimmtes Kind gerichtet, sondern stellen eher altersbedingte, häufig unbewusste Prozesse dar, die es adäquat aufzudecken und bezüglich ihrer Wirkung entwicklungsgerecht zu kommunizieren gilt (vgl. Kreuzer & Ytterhus 2011).

Die verfügbaren Forschungsergebnisse zeigen zudem, dass das Merkmal bzw. die Dimension Behinderung im Kontext des Kindergartenlebens eine eher untergeordnete Rolle spielt. Vielmehr sind soziale Kategorien für Kinder relevant, nach denen sie andere Kinder differenzieren: z. B. die „Netten", die „Komischen" oder die „Kranken" (vgl. Ytterhus 2011). Als krank gelten dann z. B. Kinder mit visiblen Körperbehinderungen und differentem optischen Erscheinungsbild (z. B. Down-Syndrom), ohne dass daraus Konsequenzen für die Beziehungsgestaltung abgeleitet werden. Ytterhus (2011) beschreibt auch, dass den Erzieherinnen und Eltern eine entscheidende Funktion bei der Gestaltung des sozialen Klimas zukommt, indem sie als Vorbilder für die Kinder fungieren. Dies beinhaltet die Vermeidung von Scheinakzeptanz, übertriebener Fürsorglichkeit, des Ausweichens auf Schonräume, aber auch des Ignorierens von Unterstützungsbedarfen.

Unter Beachtung der Bedeutung, die die Kultur einer Bildungseinrichtung für das Gelingen inklusiver Bildung hat, ist die Auseinandersetzung aller beteiligten Erwachsenen und Kinder mit den Phänomenen Beeinträchtigung und Behinderung sinnvoll, in der auch eventuell vorhandene Ängste und Unsicherheiten geäußert werden dürfen müssen. Kron stellt Gelingensmerkmale in Bezug auf Inklusion in Kindertagesstätten zusammen. So gelingt die gemeinsame Bildung von Kindern mit und ohne Behinderung, wenn

- das Team (incl. Leitung) einer Kita alle Kinder und Eltern willkommen heißt,
- Kleingruppen möglich sind, die Annäherung und Kooperation fördern,
- die kindliche Unvoreingenommenheit in Bezug auf Beeinträchtigung genutzt wird,
- Aktivitäten angeboten werden, die alle Kinder mit ihren unterschiedlichen Voraussetzungen beteiligen,
- Kinder individuell bei der Kontaktaufnahme und bei Einigungen unterstützt werden. (vgl. Kron 2011, 195f.)

Zur Unterstützung dieser Prozesse bietet sich der Index für Inklusion für Kindertagesstätten an, der versucht, „grundlegende konzeptionelle Ausführungen mit praktischen und detaillierten Anregungen und Hilfestellungen zu deren

Umsetzung zu verbinden" (Hansen 2010, 86). Die Vorteile des Instruments werden in seiner praktischen Relevanz, der Operationalisierung des Vorgehens und der Berücksichtigung der organisationsrelevanten Ebenen der Kulturen, Leitlinien und Praktiken gesehen. Für die inklusive frühkindliche Bildung von Kindern mit Körperbehinderungen und mit komplexen Behinderungen bedeutet dies, die ihnen begegnenden Barrieren zu identifizieren und zu reduzieren, um somit die erhöhten Exklusions- und Marginalisierungsrisiken in Bezug auf diese Personengruppen zu kompensieren.

Literatur

Albers, T. (2011): Mittendrin statt nur dabei. Inklusion in Krippe und Kindergarten. München.

Albers, T/Bree, S./Jung, E./Seitz, S. (Hrsg.) (2012): Vielfalt von Anfang an. Inklusion in Krippe und Kita. Freiburg.

Antonovsky, A. (1997): Salutogenese. Zur Entmystifizierung von Gesundheit. Tübingen.

Bergeest, H. (1999): Körperbehindertenpädagogik als ökologisch-systemische Wissenschaft. In: Bergeest, H./Hansen, G. (Hrsg.): Theorien der Körperbehindertenpädagogik. Bad Heilbrunn. 153–164.

Gebhard, B./Hennig, B./Leyendecker, C. (2012): Vorwort der Herausgeberinnen und des Herausgebers. In: Gebhard, B./Hennig, B./Leyendecker, C. (Hrsg.): Interdisziplinäre Frühförderung. exklusiv – kooperativ – inklusiv. Stuttgart. 9–10.

Giesecke, H. (2010^2): Grundformen pädagogischen Handelns. Stuttgart.

Hansen, G. (2010): Inklusion und frühe Förderung. In: Jennessen, S. et al. (Hrsg.): Leben mit Körperbehinderung – Perspektiven der Inklusion. Stuttgart. 75–90.

Heinz, (2012): Sozialisation, Biographie und Lebenslauf. In: Beck, I/Greving, H. (Hrsg.): Lebenslage und Lebensbewältigung. Stuttgart. 60–83.

Jennessen, S./Kastirke, N./Kotthaus, J. (2012): Diskriminierung im Bildungsbereich. Eine Bestandsaufnahme unter besonderer Berücksichtigung der Merkmale des Allgemeinen Gleichbehandlungsgesetzes (AGG). Expertise im Auftrag der Antidiskriminierungsstelle des Bundes. Berlin.

Johr, K. (2011): Darf ich zu euch spielen kommen? In: Jennessen, S. et al. (Hrsg.): Leben mit Körperbehinderung – Perspektiven der Inklusion. Stuttgart. 71–74.

Kindernetzwerk (2014): Familie im Fokus. Die Lebens- und Versorgungssituation von Familien mit chronisch kranken und behinderten Kindern in Deutschland. Berlin.

Korn, R. (2006): Familien mit behinderten Kindern – Belastungen und Bewältigungsmöglichkeiten. In: Knees, C./Winkelheide, M. (2006): Bildungsarbeit mit Familien behinderter Kinder. Düsseldorf. 141–156.

Kreuzer, M./Ytterhus. B. (Hrsg.) (2011^2): „Dabeisein ist nicht alles". Inklusion und Zusammenleben im Kindergarten. München.

Kron, M. (2011): Integration als Einigung – Integrative Prozesse und ihre Gefährdungen auf Gruppenebene. In: Kreuzer, M./Ytterhus. B. (Hrsg.) (2011^2): „Dabeisein ist nicht alles". Inklusion und Zusammenleben im Kindergarten. München. 190–200.

Leyendecker, C. (2008): Der Weg von der Behandlung zum gemeinsamen Handeln. In: Leyendecker, C. (Hrsg.): Gemeinsam Handeln statt Behandeln. Aufgaben und Perspektiven der Komplexleistung Frühförderung. München. 22–33.

Leyendecker, C. (2010): Veränderter Alltag, riskante Umbrüche, hemmende Risiken und förderliche Chancen. In: Leyendecker, C. (Hrsg.): Gefährdete Kindheit. Stuttgart. 15–29.

Medienpädagogischer Forschungsverbund Südwest – mpfs (2015): miniKIM 2014 – Kleinkinder und Medien. Stuttgart.

Reichert, J. (2010): Frühförderung und Elternarbeit nach der Geburt eines frühgeborenen Kindes. In: Leyendecker, C. (Hrsg.): Gefährdete Kindheit. Stuttgart. 357–364.

Sarimski, K. (1993): Interaktive Frühförderung behinderter Kinder: Diagnostik und Beratung. Weinheim.
Sarimski, K. (2012): Behinderte Kinder in inklusiven Kindertagesstätten. Stuttgart.
SINUS-Institut (2015): Kinder in der digitalen Welt. Hamburg.
Sohns, A. (2010): Frühförderung. Ein Hilfesystem im Wandel. Stuttgart.
Speck, O. (2012): Spannungsfeld Frühförderung – kooperativ, inklusiv, effektiv. In: Gebhard, B./Hennig, B./Leyendecker, C. (Hrsg.): Interdisziplinäre Frühförderung. exklusiv – kooperativ – inklusiv. Stuttgart. 13–20.
Ytterhus, B. (2011): „Das Kinderkollektiv" – eine Analyse der sozialen Position und Teilnahme von behinderten Kindern in der Gleichaltrigengruppe. In: Kreuzer, M./Ytterhus. B. (Hrsg.) (2011[2]): „Dabeisein ist nicht alles". Inklusion und Zusammenleben im Kindergarten. München. 112–131.

EINWURF: ERFAHRUNGEN MIT INSTITUTIONEN UND HILFEN

Nicole Nordlohne

Am 29. Januar 2002 kam zweieinhalb Jahre nach unserer ersten Tochter Hanna unser zweites Wunschkind Lena auf die Welt. Mit ihrer Geburt schien die kleine Familie perfekt (na ja fast, der Vater hätte sich auch über männliche Unterstützung gefreut). Wir waren aber nach einer schnell überstandenen Kaiserschnitt-Geburt mehr als glücklich über unseren Nachwuchs.

Lena hatte normale Maße und Werte und schien auf den ersten Blick erstmal vollkommen gesund. Lediglich eine etwas schiefe Kopfform fiel ins Auge. Sie wurde gestillt und entwickelte sich altersentsprechend. Irgendwann fiel jedoch auf, dass sie keinen Blickkontakt aufnahm. Ungefähr zeitgleich begann sie, sich merkwürdig zu erschrecken. Sie zuckte urplötzlich zusammen und schien aus dem Schlaf hochgeschreckt zu sein. Als diese beiden Auffälligkeiten zunahmen, wurden wir unruhig. Zuerst hatten wir Sorge, dass sie blind sein könnte. Wir fuhren daher noch an einem Wochenende zu einem augenärztlichen Notdienst und ließen dies überprüfen. Der Arzt konnte aber bei diesem inzwischen ca. drei Monate alten Kind nicht 100 % sagen, was los ist. Das Nicht-Fixieren blieb aber ungewöhnlich. Kurze Zeit später haben wir uns dann mit dem Kinderarzt über die Unruhe des Kindes und die merkwürdigen Anfälle unterhalten. Dieser war sehr hellhörig und wollte uns in die benachbarte Kinderklinik überweisen. Natürlich sagten wir dies zu! Es dauerte nicht lange, da bekamen wir einen Anruf. Der Chefarzt der Kinderklinik war selbst am Telefon und fragte Einzelheiten nach. Er erwähnte in diesem Gespräch, dass man bei unserem Kind evtl. eine Stoffwechselerkrankung vermutete. „Och", dachte ich damals, „das hört sich ja nicht so schlimm an ...". Stoffwechselerkrankungen kannte ich nur vom Hörensagen, Menschen im Umfeld, die eine hatten, konnten damit gut zurechtkommen. Bisschen Ernährungsumstellung und alles wird gut. Dass ich mich gründlich irrte, merkte ich schon beim ersten Termin mit ihm.

Wir hörten von möglichen Erkrankungen und deren Folgen, die zum Großteil das frühe Versterben unserer Tochter beinhalteten. Ich persönlich fühlte mich wie im Film und wusste aber gleichzeitig innerlich: „Das passt nicht, er hat unrecht!"

Ab diesem Zeitpunkt ging eine wahre Odyssee los. MRT und Haut-Biopsie inklusive. Unsere Lena hatte ziemlich viel Babyspeck, so dass das MRT zur Horrorvorstellung für uns mutierte, da die Ärzte das Kind ca. zehnmal stechen mussten, bevor sie einen Zugang fanden. Das Bild des noch schreienden Säuglings auf der riesigen MRT-Röhre hat sich fest in unser Bewusstsein eingegraben. Bei der Haut-Biopsie bestanden wir dann auf eine schonendere Variante. Die Haut wurde erst mit einem Betäubungspflaster versorgt und dann wurde die Stelle örtlich betäubt. Lena schrie trotzdem wie am Spieß, so dass wir sie auf dem Flur noch hörten. Zu allem Überfluss stellte sich später heraus, dass diese Biopsie an einer verkehrten Stelle gemacht wurde.

Nebenbei lief dann die gesamte Unterstützungsmaschinerie an. Da Lena sich nun auch nicht altersentsprechend entwickelte, wurde ihr Krankengymnastik nach Bobath verschrieben. Dazu kam die Therapeutin ins Haus. Gleichzeitig wurde auch ein Antrag auf Frühförderung gestellt. Auch hier sollte die Versorgung zuhause beginnen. Leider ging dies nicht ganz so schnell, da erst noch die Diagnostik vorgeschaltet werden musste. Beraten durch ganz viele nette Menschen, die uns mit ihren Tipps unterstützen wollten, versuchten wir es ebenfalls mit der Osteopathie. Unser gesamtes Leben war also von therapeutischen Maßnahmen und Arztbesuchen durchzogen. Zwischendurch musste noch der erstmalig anstehende Kindergartenbesuch der Großen organisiert werden. Ein großer Kraftakt, da Lena inzwischen bei jeder Autofahrt oder Tour im Kinderwagen wie am Spieß schrie. Sie hatte große Probleme mit dem Sitzen und beruhigte sich nur durch intensiven Körperkontakt. Es stellte also für die große Schwester keine Freude dar, mit ihrer kleinen Schwester im Kindergarten aufzutauchen.

Wir versuchten inzwischen auch Therapieformen, die nicht zuhause geleistet werden konnten. Die Krankengymnastik nach Vojta war eine davon. Dies bedeutete immer wieder Autofahren und viel Stress. Denn nicht nur die Fahrt machte Lena fertig, sondern auch die Vojta KG an sich reizte ihr Wahrnehmungsvermögen vollkommen aus und führte leider zu nichts.

Wir haben nach und nach alles versucht und viele Ratschläge angenommen, nicht immer besonders wirksam, wie wir schnell merkten.

In der Klinik für Manualtherapie konnten weder Lena noch ich als Begleitung besonders viel Hilfe finden. Nach einer Woche schlafloser Nächte haben wir die Behandlung erfolglos abgebrochen. Auch das Einrenken der Halswirbelsäule brachte keinen Erfolg, aber Stress wegen der langen Autofahrt und Ebbe im Geldbeutel.

Die Therapeuten, die uns zuhause begleiteten, waren zuerst eine große Stütze, da sie Erfahrungen im Umgang mit solch speziellen Kindern und Zeit für unsere Sorgen und Nöte hatten. Besonders die Frühförderung hat uns in dieser schweren Zeit den Rücken gestärkt und Kontakt zu anderen Familien hergestellt. Wie sich nämlich inzwischen herausgestellt hatte, war Lena nicht nur gehirnblind, sondern auch mit einer BNS-Epilepsie geschlagen. Sie krampfte bis zu zwanzigmal am Tag. Leider wurde diese Diagnose nicht in der Kinderklinik vor Ort gestellt. Wir haben uns auf den Weg gemacht, um eine zweite Meinung einzuholen und fanden diese auch in der Kinderklinik in der nächsten Großstadt. Hier konnte man ihre Krämpfe sofort einordnen und zeigte uns, wie wir Lena aus den Krampfserien per Diazepam wieder herausholen konnten. Daran hatte man in der Klinik vor Ort vorher nicht gedacht. Auch der Kinderarzt hatte es versäumt, uns damit zu versorgen. Darüber waren wir zu der Zeit zutiefst enttäuscht. Hörten wir doch von anderen Eltern „normaler" Kinder, dass sie Diazepam nach Fieberkrämpfen ihrer Kinder immer vorsorglich verschrieben bekommen haben und in ihrer Handtasche mit sich tragen. Unser Kind krampft extrem, aber an ein krampflösendes Medikament hat niemand gedacht.

Der Kontakt zu anderen Eltern bereicherte uns ungemein, dadurch lernten wir andere Angebote und Hilfsmöglichkeiten kennen und konnten viele Dinge untereinander besprechen. Inzwischen mussten wir nämlich feststellen, dass nicht alle

Therapien gut und alle Therapeuten langfristig zu ertragen sind. Einige dieser Professionen überschritten ihre Grenzen und drängten sich auf eine Art in unsere Privatsphäre, die nicht tragbar war. Als Eltern ist man aber in solch einer Extremsituation manchmal einfach vor lauter Erschöpfung nicht in der Lage, so ein Problem offensiv anzugehen. Das Kind merkte dies und beschloss auf seine Art, die Zusammenarbeit aufzukündigen. Sowie sie mitbekam, dass ein „ungeliebter" Therapeut vor der Tür stand, schlief sie ein (ein wertvoller Moment für uns, da sie so selten schlafen konnte!). Natürlich haben wir die Person nach kurzer Unterhaltung und Abklärung wieder nach Hause geschickt. War die Tür ins Schloss gefallen, machte sie sofort die Augen wieder auf.

Lena wurde größer und komplizierter. Durch ihre extreme Spastik war sie nicht in der Lage zu sitzen. Wir hörten vom Sozialpädiatrischen Zentrum und bekamen einen Termin, als wir gerade in der Kinderklinik vor Ort waren. Im SPZ wurden wir ganzheitlich beraten und auch die Hilfsmittelversorgung wurde geplant. Leider zuerst nicht optimal ... Die Karre, die für Lena gedacht war, konnten wir nach ein paar Tagen zurückgeben. Es stellte sich sofort heraus, dass sie eine angepasste Sitzschale benötigte, in der sie gut eingefasst war und die nötige Fixierung bekam. Hier wurde es nötig, dass wir uns von dem einen Sanitätshaus trennten und ein anderes unserer Wahl in Anspruch nahmen. Diese Abgrenzung war zur damaligen Zeit für uns nicht einfach. Bedeutete es doch, den Menschen, die einem helfen und gute Kontakte haben, zu vermitteln, dass man sich widersetzt. Im Laufe der Zeit sollte uns dies aber noch oft widerfahren. Auf diesem Weg kamen wir zu unserem Hilfsmittelversorger, der eine sehr große Stütze wurde und es noch heute ist. Für Lena wurden nun passgenaue Hilfsmittel geliefert, die vorher intensiv mit uns abgesprochen wurden. Die Krankenkasse hatte zwar das ein oder andere Problem mit der Finanzierung, aber letztendlich wurde alles genehmigt.

Insgesamt hatten wir mit den Krankenkassen eher Glück. In der Hilfsmittelversorgung waren beide Kassen unproblematisch. Wir haben allerdings einmal die Kasse gewechselt, da uns später die Behandlungspflege unserer Tochter nicht genehmigt wurde. Bei unserer neuen Kasse war dies dann kein Problem mehr – Gott sei Dank! Seit 2005 hat Lena eine Baclofen-Pumpe, die in ihrem Fall ein Segen ist. Durch diese Pumpe wird ein Medikament direkt in das Gehirn geleitet, was dazu führt, dass ihre Spastik abschwächt. Dadurch hat sich schlagartig alles verändert. Lena ist seitdem in der Lage zu sitzen und ihre Wahrnehmung ist viel ausgeglichener. Leider verlief aber auch diese OP nicht reibungslos. Der Chirurg versäumte es, zu überprüfen, ob der Katheder in das Gehirn richtig sitzt. Leider tat er es nicht. Dies hatte zur Folge, dass Lena ca. zwei Wochen nicht mit dem Medikament, das wir vorher schon oral verabreichten, versorgt worden ist. Sie bekam also extreme Entzugserscheinungen. Nebenbei versäumte es ein Arzt, nach der OP ein Epilepsie-Medikament wieder anzusetzen, so dass sie auch hier mehrere Tage unversorgt blieb, bis mir auffiel, dass es fehlte. Hier waren Mutter und Kind nahe vorm Durchdrehen. Letztendlich musste sie ein zweites Mal operiert werden und diesmal verlief alles reibungslos. Der Klinikaufenthalt in der Stadt, die 100 km von unserem Heimatort entfernt lag, verlängerte sich so von zwei bis drei auf ganze fünf Wochen – für die damals noch so kleine große

Schwester eine sehr lange Zeit. Dass so eklatante Fehler gemacht worden sind, wurde uns erst Jahre später klar, als wir das ganze Drama einem anderen Arzt schilderten. Dieser klärte uns darüber auf, dass diese Fehler grob fahrlässig waren.

Inzwischen wurde Lena behutsam in einen heilpädagogischen Kindergarten integriert. Es war für uns als Eltern eine große Erleichterung, stundenweise Luft zu haben und das Kind in guten Händen zu wissen. Was immer bleibt, ist die Sorge, dass es ihr auch gutgeht und andere sie genauso verstehen wie wir. Später kam dann die Sorge hinzu, dass sie aufgrund ihrer schweren Behinderung bei manchen Dingen zu kurz kommt, weil auch solch eine Einrichtung an ihre Grenzen kommt. So wurde Lena in all den Jahren in dieser Einrichtung nicht ein einziges Mal zum therapeutischen Reiten mitgenommen.

Im Jahr 2006 hatten wir dann als letzte Aktion über glückliche Umstände die Möglichkeit, eine zweiwöchige Delfin-Therapie in Curacao durchzuführen. Hier wurde ganz schnell deutlich, dass unsere Tochter sehr wohl in der Lage ist, uns zu verstehen und auf ihre Art zu kommunizieren. Sie schaffte es, durch Laute ihre Zustimmung zu signalisieren. Für uns ein großer Schritt! Andere Wunder- und Spontanheilungen gab es allerdings nicht. Und nebenbei erwähnt: Die An- und Abreise war eine Tortur – zwölf Stunden Flug, das Kind in einem Autositz auf dem Flugzeugsitz platziert, gefühlte fünf Zentimeter Abstand zum Vordermann, wickeln nur unter Verrenkungen möglich. Unsere Tochter schaffte es bei der Rückreise, ungelogen, vor lauter Stress noch im Hotel auf Curacao mit dem Schreien anzufangen und erst zu Hause wieder aufzuhören! Als wir sie zu Hause in ihr Bett legten, hörte sie auf und ist eingeschlafen.

Lena ist inzwischen fast 13 Jahre alt und geht in eine Förderschule. Sie hat ab und an lebensbedrohliche Zustände, wie Atemaussetzer. Auch bekommt sie immer wieder Lungenentzündungen und ist extrem krankheitsanfällig. Wir haben unzählige Krankenhausaufenthalte hinter uns, mit sehr unterschiedlichen Erfahrungen. Immer wieder mussten wir feststellen, dass die Kinderärzte sehr liebevoll und mit sehr viel Herz für den Patienten arbeiten, aber in wesentlichen Punkten doch nicht selten etwas unsensibel sind. Es kam z. B. vor, dass wir von einem uns sehr vertrauten und geschätzten Arzt in Lenas Beisein gefragt worden sind, ob wir lebensverlängernde Maßnahmen wünschen oder nicht. Eine Frage, die sicherlich gestellt werden muss, aber nicht vor dem Kind! Dies mit Lena zu klären, auf welche Art auch immer und wann, sollte uns überlassen bleiben.

Mithilfe des heißgeliebten Pflegedienstes kann Lena am Schulalltag teilnehmen, so dass sie auch die Chance hat, mit anderen Kindern zusammen zu sein. Wir werden durch den Pflegedienst ebenfalls im Alltag unterstützt. Er kommt zweimal die Woche für den Nachtdienst, so dass wir in der Zeit durchschlafen können. Auch an zwei Nachmittagen werden wir für zwei Stunden unterstützt. Die Mittel zur Entlastung pflegender Angehöriger der Krankenkassen verhelfen uns zu lieben Personen, die uns z. B. mal am Wochenende unterstützen.

Zur Erholung sind wir schon seit mehr als zehn Jahren Gast im Kinderhospiz. Hier wird Wert auf die Entlastung und Erholung aller gelegt. Besonders schön ist die Tatsache, dass wir als Eltern immer dabei sein können. Dies ist in der normalen Kurzzeitpflege in der Regel nicht der Fall. So konnten wir nach und nach loslassen und auch mal Urlaub ohne Lena machen. Uns blutet zwar das Herz, wenn wir sie zurücklassen müssen. Aber der Erholungseffekt für uns und besonders ihre große Schwester ist einfach wichtig und sinnvoll.

Grundsätzlich kann man sagen, dass Einrichtungen und Dienste das Leben mit einem schwerbehinderten Angehörigen unterstützen. Ob immer alles sinnvoll ist, bleibt kritisch zu betrachten. Wir würden uns eine Stelle wünschen, die kompetent von Anfang an alle Belange gut im Blick hat. Dies ist z. B. bei einem SPZ oder der Interdisziplinären Frühförderung der Fall. In seltenen Fällen gibt es sogar Beratungsstellen für Menschen mit Behinderungen! Leider ist die IFF in Niedersachsen ein noch nicht gängiges Modell. Termine beim SPZ sind nicht spontan zu bekommen, sodass wertvolle Zeit verstreicht, bis man bei den entsprechenden Fachleuten angekommen ist. Alles ist nicht so optimal, um Eltern mit behinderten Kindern zu unterstützen.

Wir haben viel durch die Selbsthilfe profitiert. Damit meine ich jeden Kontakt, der mit Gleichgesinnten, egal ob im zufälligen Einzelgespräch beim Arzt oder in der Gruppe, gelaufen ist. Erfahrungen untereinander austauschen und weiterhelfen ist unheimlich sinnvoll. Hier können wir allen Eltern nur raten, andere anzusprechen, um die Erfahrung zu machen, dass man mit dem Problem nicht alleine ist.

EINWURF: DIE ZEIT DER EINSCHULUNG

Petra Stuttkewitz

Als Roland im März 1984 zur Welt kam, bescheinigte uns der Apgar-Test einen gesunden Jungen. Roland entwickelte sich zuerst auch völlig normal, mit neun Monaten unternahm er seine ersten Schritte und war auch sonst sehr aufgeweckt und neugierig auf das vor ihm liegende Leben. Im Alter von drei Jahren fing ich erstmalig an, mir Sorgen zu machen. Nach wie vor benötigte Roland Windeln und seine Aussprache war undeutlich. Der damalige Kinderarzt meinte, ich sei überbesorgt und Roland ein Spätzünder. Trotzdem ließ ich mir eine Überweisung für einen HNO-Arzt ausstellen. Dort erfuhren wir, dass die Polypen entfernt werden müssten, außerdem sollte Roland Paukenröhrchen bekommen. Nach der OP verbesserte sich Rolands Sprache eindeutig und 1988 ging er ohne Windeln in den Regelkindergarten.

Irgendwann fiel uns allen auf, dass Roland Probleme mit der Feinmotorik hatte, manchmal scheinbar selbstverständliche Dinge vergaß und an manchen Tagen sehr unruhig wirkte. Außerdem war da immer noch das Problem mit der Sprache. Roland verfügte über einen großen Wortschatz, doch blieb seine Aussprache (trotz OP) an einigen Stellen „verwaschen". Nach unendlich vielen Vorstellungen bei den unterschiedlichsten pädiatrischen Untersuchungsmöglichkeiten und einigen Diagnosestellungen fiel dann im Februar 1990 die endgültige Diagnose: Mukopolysaccharidose Typ iii A (MPS).

Unser komplettes Leben geriet vollständig aus den Fugen. Ab jetzt begann ein neues Leben, aber wie wir dieses gestalten sollten, blieb vorerst ungelöst. Zu viel strömte auf uns ein, mit dem wir uns – jeder auf seine Weise – auseinandersetzen mussten.

Dies alles geschah in der Zeit, als das Einschulungsverfahren für Roland bereits lief. Aufgrund seiner Aussprache sollten wir Roland an einer Förderschule für Sprachentwicklung vorstellen. Gerade als ich mit der Schule einen Termin vereinbart hatte, lag uns die Diagnose vor und wir wussten, dass auch diese Schule nicht geeignet war. Uns wurde schnell klar, dass Roland in eine Schule für geistige Förderung kommen sollte. Also rief ich dort an und wollte einen Vorstellungstermin machen. Ich erinnere mich nicht mehr genau an das Gespräch, ich weiß nur noch, dass ich mich auf keine weiteren Untersuchungen einlassen wollte. Kurze Zeit später rief der damalige Schulamtsdirektor an, um mir mitzuteilen, dass ich nicht entscheiden könnte, wie das weitere Prozedere abzulaufen hätte. Ich blieb weiter unkooperativ, er drohte mit irgendwelchen Paragraphen. Der Schulamtsdirektor verstand nicht, warum ich nach der Odyssee von Arztbesuchen und Untersuchungen für Roland und auch für uns einfach nur noch den Wunsch nach Ruhe verspürte. Und ich konnte nicht verstehen, warum er angesichts unserer momentanen Situation so wenig Einfühlungsvermögen hatte. Das Gespräch endete damit, dass der Schulamtsdirektor auf eine Schuluntersuchung bestand, da ich als Mutter nicht entscheiden könnte, welche Schulform die richtige sei. Ich antwortete mit der Frage, ob er die Erkrankung meines Sohnes kennen würde? Als er diese Frage verneinte, hatte ich geantwortet, dass er ohne dieses Wissen auch nicht geeignet sei, die richtige Schulform für Roland zu kennen. Dann hatte ich einfach aufgelegt. Jetzt denke ich, dass ich ganz schön frech war. Aber dies hatte dazu geführt, dass Roland die schulärztliche Untersuchung erspart blieb, stattdessen gab es einen Hausbesuch eines Förderschullehrers und des Schulamtsdirektors. Dieser wirkte sehr berührt und hat sich für sein Verhalten in unserem Telefonat entschuldigt. Daraufhin konnte auch ich mich für meine Sturheit entschuldigen.

Ein halbes Jahr nach Erhalt der Diagnose war ich noch nicht bereit, die Erkrankung Rolands und ihre Folgen zu akzeptieren. Mein Kopf hatte begriffen, dass Roland all seine Fähigkeiten verlernen und früh sterben wird. Mein Herz weigerte sich, diese Fakten anzunehmen. Erschwerend kam hinzu, dass meine Tochter Sandra – die im Februar 1990 geboren wurde – ebenfalls an MPS erkrankt war.

Die Diagnose war ein Todesurteil. Ich begrub die Zukunft, die Hoffnung, das Leben. In mir war alles düster und traurig. Ich lernte Gefühle wie Wut, Angst und Ohnmacht neu kennen. Erstmalig erlebte ich die bodenlose Tiefe dieser Gefühle. In dieser Zeit war ich noch orientierungslos und mit der Auseinandersetzung dieser Erkrankung und meinen Gefühlen völlig überfordert. Und in diesem Zeitrahmen fiel die Einschulung von Roland.

Heute liegt die Einschulung 25 Jahre zurück und doch ist mir gerade dieser Tag, verbunden mit meinen Gefühlen, ausnehmend präsent. Bis zu diesem Zeitpunkt hatte ich noch keine Erfahrungen und Begegnungen mit Menschen mit Behinderungen. Deshalb war mir an diesem Tag alles fremd und machte mir Angst. Roland, der mir nicht von der Seite wich, schien es ähnlich zu gehen. Am liebsten wollte ich mit Roland wieder nach Hause gehen und doch wusste ich, dass wir bleiben müssen. Nach dem Einschulungsgottesdienst, der Besichtigung des Klassenraumes und der Vorstellung der Lehrer gingen wir auf den Schulhof. Dort standen Roland und ich zusammen mit seinem Klassenlehrer im Gespräch. Als erstes biss mich ein zukünftiger Mitschüler von Roland in die Hand, dann nahm mich ein Mädchen mit erhöhtem Speichelfluss an die Hand und schaute mit schielenden Augen zu mir hoch.

Ich fühlte nur Angst, war verzweifelt und hatte Bedenken, ob dies der richtige Ort für Roland ist. Der damalige Klassenlehrer war sehr einfühlsam, er nahm mein Gefühlschaos wahr, er war sehr behutsam in der Beantwortung meiner Fragen und vermittelte mir ein wenig Sicherheit. Wie richtig dieser Ort für Roland war, zeigte sich gegen Ende des Jahres. Erste Rückschritte machten sich bemerkbar. An manchen Tagen wusste Roland nicht mehr, dass er zur Toilette gehen muss und alles landete in seiner Hose. Windeln wollte er nicht. Er war schließlich kein Baby wie seine Schwester. Ich wollte ihn nicht zwingen, eine Windel anzuziehen. Ich wollte warten, bis Roland ein „Ja" zu dieser Situation gefunden hatte. Ich besprach dies sehr bestimmend mit dem Klassenlehrer. Notfalls bliebe Roland solange zu Hause, bis er die Windel akzeptierte.

Ganz umsonst hatte ich meine Stacheln ausgefahren. Der Klassenlehrer sagte sofort, dass er unseren Weg mitgehen wird, wir sollten Roland nur genug Wechselwäsche mitgeben, sie würden ihn im Notfall duschen und umziehen. Ich war für dieses Verständnis ungeheuer dankbar.

Dieses Verständnis und Einfühlungsvermögen des Lehrers, für meine Gefühlslage und für die Bedürfnisse von Roland, gaben mir unendlich viel Vertrauen. Ich mag gar nicht daran denken, wie anders der Schulbeginn verlaufen wäre, wenn wir auf einen Klassenlehrer gestoßen wären, dem diese Fähigkeiten fehlten. Leider lernten wir auch in all den Jahren Lehrende kennen, von denen man sich wünschte sie würden lieber einen anderen Job ausüben.

3 KINDER UND JUGENDLICHE MIT EINER KÖRPERLICHEN ODER MEHRFACHEN BEEINTRÄCHTIGUNG – ZWISCHEN EXKLUDIERENDEN, EXKLUSIVEN UND INKLUSIVEN LEBENSSITUATIONEN

Reinhard Lelgemann

„*Am nächsten Nachmittag trafen sich wieder alle Krokodiler in ihrer Hütte im Wald. Am kommenden Sonntag wollten sie eine Radtour ins nahe Münsterland unternehmen … Zu ihrer Überraschung stellte Hannes plötzlich den Antrag, Kurt … bei den Krokodilern aufzunehmen, natürlich ohne Mutprobe, sozusagen als Ehrenmitglied, nicht als aktives Krokodil.*
Als er fertig war, lachte Olaf nur. Die anderen schwiegen oder grinsten.
'So ein Quatsch', rief Olaf. 'Was sollen wir mit dem, mit einem Krüppel, der dauernd gefahren werden muss. Wir können nur welche brauchen, die auf Bäume und Dächer klettern.'
'Kurt ist kein Krüppel', schrie Hannes empört, 'er kann nur nicht laufen, … und im Kopf hat er genauso viel wie wir alle zusammen, dass ihr es nur wisst.'
'Komm, Hannes', sagte Peter begütigend, 'Olaf hat schon recht. Der Kurt muss doch immer geschoben werden, was sollen wir mit so einem.'
Frank meinte: 'Wenn wir den bei uns haben, dann können wir nicht mehr Fahrrad fahren, dann müssen wir immer Rücksicht nehmen …'
Peter fragte wieder: 'Wer soll ihn denn schieben? Wir vielleicht? Mensch, Hannes, dafür muss man doch eine Ausbildung haben, wenn man so einen Stuhl schiebt, stell dir nur vor, wenn da mal was passiert, dann sind wir schuld.'
'… und dann, stellt euch mal vor, wir sind unterwegs, und er muss mal aufs Klo …'
Bei der Abstimmung zeigte es sich dann, dass alle gegen Kurts Aufnahme waren, nur Hannes stimmte dafür, und Maria enthielt sich der Stimme." (von der Grün 1976, 22f.)

Fünfzehn Seiten später wird Kurt doch noch in die Krokodiler-Bande aufgenommen und alle erleben ein spannendes Abenteuer. Die inzwischen zweimal verfilmte Geschichte von Max von der Grün erschien bereits im Jahre 1976 und spricht die Lebenssituation eines Jungen an, der im Rollstuhl sitzt und der in einer Zeit aufwächst, in der es nicht selbstverständlich war, sich mit einem Rollstuhl eigenständig in der Öffentlichkeit zu bewegen. Die Krokodiler sind eine Bande, deren Mitglieder fast ihre gesamte Freizeit ohne ihre Eltern verbringen, in einer Welt, die noch nicht überall bebaut ist, obwohl die Geschichte in einer Großstadt spielt. Auch wenn sich manches für heutige Kinder, deren Freizeit oftmals verplant ist, seltsam anhört, so dürften die anfänglichen Unsicherheiten, die im obigen Auszug angesprochen werden, auch heute noch bestehen und es ist vermutlich keine Selbstverständlichkeit, ein Kind im Rollstuhl in eine Kindergruppe aufzunehmen, noch weniger, wenn dieses Kind „nicht so viel im Kopf hat", vielleicht nur mit Mühe sprachlich kommunizieren und nicht so genau beobachten kann, wie es Kurt kann, der damit zur Lösung einer Einbruchsserie beiträgt.

Max von der Grün schrieb im Vorwort, dass er selbst einen Sohn hat, der im Rollstuhl sitzt und der „oft warten muss, bis Nachbarjungen kommen und ihn abholen, zum Fußballplatz mitnehmen oder zum Minigolfplatz" (von der Grün 1976, 5), und appelliert an den Leser, freundlich zu Menschen zu sein, denn „Worte können verletzen – oder helfen" (ebd.). Nun entstand diese Geschichte vor vierzig Jahren und die Körperbehindertenpädagogik ist immer noch aufgefordert, ihren Beitrag zur Verwirklichung inklusiver Lebensbedingungen für Kinder und Jugendliche zu leisten. Wie derartige Beiträge aussehen können, wie sie derzeit realisiert und welche Lebensbereiche reflektiert werden müssen, wird in diesem Beitrag erörtert.

Wenn die Situation von Kindern und Jugendlichen mit körperlichen und mehrfachen Beeinträchtigungen und die sich daraus ergebenden Aufgaben hier reflektiert werden, dann werden junge Menschen im Alter von 12 bis 25 als Jugendliche (vgl. Shell Deutschland 2010) und im Alter von 6 bis 11 Jahren als Kinder (vgl. World Vision 2013) bezeichnet. Zur Situation von Kindern und Jugendlichen in Deutschland liegen einige Studien und Berichte vor. Dies sind vor allem die sog. Shell-Studien, zum anderen die von World Vision Deutschland durchgeführten Studien zu Situationen und Einstellungen von Kindern. Zudem kann auf den 14. Kinder- und Jugendbericht über die Lebenssituation junger Menschen und die Leistungen der Kinder- und Jugendhilfe in Deutschland (BMFSFJ) sowie frühere Berichte verwiesen werden. Während die beiden zuerst genannten Studien an keiner Stelle junge Menschen mit Beeinträchtigungen einbeziehen, stellt der Jugendbericht des BMFSFJ die derzeit verfügbaren Hilfen für junge Menschen dar. Demgemäß sind empirisch abgesicherte Aussagen zur Situation junger Menschen mit körperlichen und mehrfachen Beeinträchtigungen kaum bzw. nicht möglich. Erschwerend kommt, wie bei allen Darstellungen, hinzu, dass generalisierende Aussagen zur Situation „der" jungen Menschen mit körperlichen und mehrfachen Beeinträchtigungen überhaupt kaum vorstellbar sind, da sie natürlich eine ausgesprochen heterogene Gruppe darstellen, in sehr unterschiedlichen Familien und in ebensolchen Lebenslagen leben (vgl. z. B. auch Beck 2013; Markowetz 2008). Die möglichen besonderen Lebenslagen junger Menschen mit körperlichen und mehrfachen Beeinträchtigungen andererseits aber nicht anzusprechen, käme einer Nicht-zur-Kenntnisnahme gleich. So basieren die folgenden Ausführungen vor allem auf der Kenntnis der wenigen vorliegenden Studien sowie der Stellungnahmen engagierter Verbände und Gruppen, die die Lebensphase der Kindheit und Jugend begleiten und hier Angebote entwickeln.

3.1 Zur schulischen Situation

Während junge Menschen, die vornehmlich körperlich beeinträchtigt sind, derzeit in höherem Maße bereits allgemeine Schulen besuchen, bestehen immer noch große Schwierigkeiten, dort angemessene Bildungsangebote für junge Menschen mit mehrfachen Beeinträchtigungen zu entwickeln. Sie werden Schulen mit dem Förderschwerpunkt körperliche und motorische Entwicklung zugewiesen bzw. ihre Eltern wählen diese, wenn die Beeinträchtigung umfänglicher ist. Dies wird, da die entsprechenden Ressourcen und Bedingungen nicht gegeben sind, vermutlich noch für einige Jahre der Fall sein, obwohl gleichzeitig davon auszugehen ist, dass sich zahlreiche Eltern von Kindern und Jugendlichen mit mehrfachen oder komplexen Beeinträchtigungen inklusive Bildungsangebote wünschen (vgl. Lelgemann et al. 2012). Deshalb sind von Schulen oder Förderzentren mit diesem Schwerpunkt deutlich inklusionsorientierte Akzentsetzungen einzufordern und die Bildungspolitik muss deren Ressourcen so ausgestalten, dass die sonderpädagogischen Einrichtungen in die Lage versetzt werden, inklusionsorientierte systemische Beratungen, wie sie z. B. von Walter-Klose (2015) vorgestellt wurden, anzubieten und gleichzeitig das breite pädagogische Angebot für mehrfach beeinträchtigte Schülerinnen und Schüler aufrechterhalten zu können. Eine derartige, inklusionsorientierte Perspektive erfordert aber neben der eigentlich pädagogisch-didaktischen Tätigkeit ebenso die Bereitschaft, beratende Aufgaben wahrzunehmen. Eine Beratung, die nicht nur am einzelnen Kind oder seiner Lehrerin orientiert ist, sondern Hinweise zur systemischen Weiterentwicklung einer allgemeinen Schule leisten können sollte (vgl. Lelgemann et al. 2012). Hier wird zukünftig eine Weiterentwicklung bzw. Ausdifferenzierung des Lehramtsstudiums notwendig sein, denn derzeit liegt im Fokus der Studierenden vor allem die pädagogische Zusammenarbeit mit dem Kind.

Allgemeine Schulen, die Schüler mit dem Förderbedarf körperliche und motorische Entwicklung unterrichten, konzentrieren sich derzeit noch stark auf die Gruppe der vornehmlich körperlich beeinträchtigten Schüler, die recht selbstsicher sind und ihre Interessen selbst einbringen können. Therapeutische Angebote werden gegenwärtig nicht während des Schultages angeboten und, wie sich in qualitativen Interviews der von Lelgemann et al. 2012 durchgeführten Studie zeigte, es werden keine besonderen Angebote für die Gruppe der körperbehinderten Schüler im Übergang von der Schule in das Erwachsenenleben genutzt bzw. oftmals auch nicht gewünscht. Werden dagegen mehrfach beeinträchtigte Schülerinnen und Schüler durch Mitarbeiter aus den Förderschulen in der Inklusion begleitet, so berichten z. B. Palm (2015) und Grothus (2015) davon, dass zusätzliche Angebote gerne genutzt werden und von den Schülern als hilfreich erlebt werden. Hier sollten in Zukunft differenzierte Angebote entsprechend der Bedarfssituation der Schülerinnen und Schüler möglich sein.

Die Frage der im Titel des Artikels angesprochenen Qualität der sozialen Integration stellt sich gerade während der Schulzeit. Der schulische Alltag dominiert zumeist allein zeitlich das Leben der jungen Menschen. In der bildungspolitischen Debatte über die Entwicklung eines inklusiven Schullebens findet häufig eine Polarisierung zwischen „guten" inklusiven Situationen und „schlechten" exklusiven, weil segregierenden Bildungssituationen statt. Schumann (2007) argumentiert auf der Basis einer kleinen qualitativen Studie, dass Förderschulen, hier waren Förderschulen Lernen gemeint, immer als Orte der Segregation und als persönliche Kränkung durch die Schüler erlebt werden. Die inzwischen zahlreich vorliegenden umfangreicheren Studien zur sozialen Integration zeigen ein differenzierteres Bild, das hier in seiner gesamten Breite nicht dargestellt werden kann. In einer Teilstudie des Forschungsprojekts zu Gelingensbedingungen schulischer Inklusion körper- und mehrfachbehinderter Schüler im Rheinland (Lelgemann et al. 2012) wurden auch Aspekte der sozialen Integration bei Schülern, die in inklusiven Schulen lernen, sowie bei Schülern, die aus integrativen Schulen in Förderschulen wechselten, untersucht. Hierbei wurde sehr deutlich, dass ein entscheidendes Element für die Frage des Erlebens gelungener Inklusion die Qualität des sozialen Lebens in der Klassengemeinschaft darstellt. Dieses Zusammenleben muss durch Lehrerinnen aktiv gestaltend begleitet werden. Es müssen Zeiträume bestehen, in denen alle Schüler relevante Erlebnisse einbringen, Unklarheiten und Fragen, gerade auch zur Beeinträchtigung einzelner Schüler, oder zur Nutzung von Nachteilsausgleichen stellen dürfen. In Schulen, in denen diese Räume nicht bestehen, in denen die Gestaltung der sozialen Interaktion nicht immer wieder reflektiert wird, gerade auch in den nicht zum eigentlichen Unterricht gehörenden Situationen, also den Pausenzeiten und Raumwechseln, in denen Lehrerinnen und Lehrer nicht professionell mit eigenen Unsicherheiten gegenüber den Schülern mit Beeinträchtigungen umgehen können, entstehen trotz formaler Inklusion exkludierende Situationen, die häufig zu einem Wechsel an eine andere Schule, wie z. B. eine Förderschule, führen. Schüler, die diese Schulformen besuchen, dies wurde in einer schriftlichen Befragung innerhalb der gleichen Untersuchung deutlich, würden sich zu einem guten Drittel wünschen, gemeinsam mit nichtbehinderten Mitschülern zu lernen und zu leben. Eben diese Schüler benennen aber auch die sozialen Unterstützungsmöglichkeiten der Förderschule als wesentlich für inklusive Lern- und Lebensmöglichkeiten. Ebenfalls ein Drittel der befragten Schüler konnte sich aufgrund früherer Erfahrungen keinen erneuten Wechsel in integrative Lernsituationen vorstellen.

So kann nicht nur auf der Basis dieser Ergebnisse die Schlussfolgerung gezogen werden, dass die aktive Gestaltung und Begleitung des sozialen Zusammenlebens in Schulen ein wichtiger Faktor einer qualitativ hochwertigen inklusiven Bildungssituation ist. Es täte allen Schulen gut, wenn Kinder und Jugendliche nicht nur als Lernende, sondern auch als junge Menschen in Entwicklung begriffen werden würden. Auch wenn diese Perspektive in Grundschulen leichter umzusetzen ist und Jugendliche sich stärker von Erwachsenen zurückziehen, bleibt eine sensible Beachtung der sozialen Interaktion eine wichtige Aufgabe aller Pädagoginnen und Pädagogen. Die einfache Gleichsetzung, dass Inklusion automatisch ein gutes Zusammenleben zur Folge hat, kann nach dem derzeitigen Stand der inklusiven Schulentwicklung und der wissenschaftlichen Forschung jedenfalls nicht aufrechterhalten werden.

3.2 Zur Bedeutung der Eltern

Gerade bei mehrfach beeinträchtigten Jugendlichen werden die Eltern weiterhin in deutlich höherem Maße als bei nicht oder leicht beeinträchtigten jungen Menschen Bedeutung für die Qualität der sozialen Rehabilitation und Inklusion haben. Dies gilt für zahlreiche Lebensbereiche und umfasst häufig die Bereiche des Wohnens, der Arbeit und der Freizeitgestaltung, auf die in einem weiteren Kapitel noch eingegangen wird. Erkennbar wird dies ebenfalls an der hohen Zahl junger Menschen, die bis weit ins Erwachsenenalter mit ihren Eltern zusammenleben, die damit in ihren Freizeit- und umfassender Lebensgestaltungsmöglichkeiten durch ihre Eltern begleitet werden, denen damit aber, insbesondere wenn sie älter werden, die Erfahrung der Unabhängigkeit in zentralen Bereichen des Lebens fehlt. Umgekehrt bedeutet dies eine langfristige Lebensverantwortung, die die Eltern dieser jungen Menschen übernehmen und oftmals auch übernehmen müssen, wenn z. B. im ländlichen Raum keine gemeindenahen Wohn- und Lebensmöglichkeiten bestehen und Sondereinrichtungen mit zentralen Strukturen nicht in Anspruch genommen werden sollen. Begleitung und Beratung der Eltern, aber auch der jungen Menschen selbst wird deshalb weiterhin bedeutsam sein. Es ist davon auszugehen, dass Beratungsangebote außerhalb der Schulen vor allem von Eltern in Anspruch genommen werden, die Erfahrungen darin haben, ihre Interessen einzubringen und zu formulieren, die z. B. in Selbsthilfeverbänden organisiert sind. Notwendig sind aber ebenso kultursensible Beratungsangebote für Familien mit Migrationshintergrund und ohne oder mit geringen Deutschkenntnissen bzw. einfachem Bildungsniveau.

3.3 Freizeitangebote

Auch wenn inzwischen einige Initiativen zur Entwicklung von inklusiven oder inklusiveren Freizeitangeboten für junge Menschen mit körperlichen und mehrfachen Beeinträchtigungen bestehen (vgl. Landeshauptstadt München 2007; Arbeitsgemeinschaft 2015), so ist davon auszugehen, dass es in diesem Bereich noch einen bedeutenden Entwicklungsbedarf gibt und das inklusive Zusammenleben in Peergruppen, wie es von der Grün bereits 1976 beschrieb, immer noch nicht Alltag ist. Junge Menschen werden, wenn überhaupt, Freizeitangebote nutzen, die nah am Elternhaus stattfinden, die von besonderen Trägerverbänden, wie z. B. Jugendgruppen des Bundesverbandes für körper- und mehrfachbehinderte Menschen oder Behindertensportvereinen, angeboten werden oder im weiteren Sinne eine gewisse Milieugebundenheit aufweisen. Ohne diese oftmals spezialisierten Angebote droht eine Vereinsamung oder gar Isolation (vgl. Bundesverband 2015). Jugendverbände öffnen sich derzeit, wenn auch langsam, für diesen Aspekt gesellschaftlich relevanter Jugendarbeit (Bundesministerium für Familie 2013, 320), ohne dass aber bisher tatsächlich von einer inklusiven Öffnung gesprochen werden könnte (vgl. Voigts 2015). Angebote der Offenen Kinder- und Jugendarbeit könnten ebenso eine wichtige Möglichkeit der Schaffung von Peer-Kontakten bieten (vgl. Beck 2013), sind aber bislang kaum entwickelt oder dokumentiert und stellen ein Aufgabenfeld der bzw. einen Auftrag für die kommunale Förderung der Jugendarbeit dar.

3.4 Möglichkeiten der Mit- oder auch Selbstbestimmung

Möglichkeiten der Mit- oder auch Selbstbestimmung müssen frühzeitig erprobt und gerade bei Jugendlichen mit einer mehrfachen Beeinträchtigung sollten diese immer auch mit den Eltern abgesprochen werden, so eigenartig dies auch klingen mag. Schließlich ist eine Loslösung vom Elternhaus, auch wenn sie heute später als noch vor 30 oder 40 Jahren stattfindet, für diesen Personenkreis ungleich schwerer. Damit sind aber auch Erfahrungen der Selbstwirksamkeit und der Entwicklung eines eigenen Willens, Erfahrungen von Erfolgen und Niederlagen viel länger an schulische Kontexte und das Elternhaus gebunden. Wer eine barrierefreie Toilette benötigt, eine ebensolche Straßenbahn oder einen barrierefreien Jugendclub, wer möglicherweise Unterstützung beim Wickeln oder Katheterisieren benötigt, wird es sich zweimal überlegen und sich vielleicht nicht zutrauen, eigene Wünsche nach abendlichen Unternehmungen mit Freunden zu äußern oder gar einzufordern. Umso mehr sind hier Schulen und Jugendbildungsstätten gefordert, kreative Ideen, wie z. B. die SchülerpatInnen (vgl. Berliner und Brandenburger Jugendbildungsstätten 2012), zu entwickeln. Im schulischen Alltag, aber auch in den Einrichtungen der Jugendhilfe, werden Möglichkeiten der Mit- und Selbstbestimmung, letztlich auch des Empowerments vermutlich immer noch zu wenig genutzt. Gerade Schulen hätten hier ein weites Feld, in dem zum Teil sogar in den unterrichtlichen Fächern, auf jeden Fall aber in allen Bereichen, die das Gemeinschaftsleben betreffen, verstärkt Formen der Selbstbestimmung und damit Partizipation eingeübt werden können. Hier sind deutlich mehr Initiativen, die ebenfalls junge Menschen einbeziehen, die nicht oder schwer verständlich sprachlich kommunizieren, erforderlich. Derartige pädagogisch angebahnte und begleitete Initiativen sollten dabei insbesondere junge Menschen mit mehrfachen Beeinträchtigungen ermutigen und unterstützen.

3.5 Leben in einer Gemeinde

Es wurde bereits deutlich, dass eine Öffnung des Gemeinwesens und die Nutzung der dort gegebenen Möglichkeiten, seien dies alltägliche Einkäufe, jugendspezifische Treffpunkte, die Nutzung von Nahverkehrsmitteln, von Kultur- und Freizeitmöglichkeiten oder einfach Begegnungen mit Gleichaltrigen des gleichen oder anderen Geschlechts, sich gerade für Jugendliche mit mehrfachen Beeinträchtigungen nicht von selbst ergeben, sondern deutliches Engagement professioneller oder privater Assistenten, aber auch der Kommunen, letztlich der Länder als Gesetz- und Finanzgeber erfordern. Barrierefreie Grundstrukturen, die inzwischen für rollstuhlfahrende Menschen weitgehend in Städten und Gemeinden gegeben sind, sollten zukünftig immer im Diskurs mit anderen Interessengruppen erörtert und entschieden werden, um keine neuen Barrieren für andere Gruppen beeinträchtigter Menschen zu schaffen. Die Nutzung zahlreicher Angebote des Lebens in der Gemeinde wird auch zukünftig oftmals nur möglich sein, wenn private Assistenten, die in diesem Fall tatsächlich nicht professionell vorbereitet sein müssen, wie es z. B. die Selbsthilfebewegung einfordert (vgl. Lelgemann 2009), zur Verfügung stehen. Professionelle Anbieter in diesem Feld sind gefordert, für Jugendliche vom Lebensalter her möglichst gleichaltrige und vielleicht auch gleichgeschlechtliche Assistentinnen und Assistenten einzuwerben, damit gerade junge Menschen eine Chance haben, ihre Freizeit ohne erwachsene „Aufpasser" gestalten zu können.

3.6 Zur Bedeutung kommunikativer Aspekte

Insbesondere für junge Menschen mit mehrfachen Beeinträchtigungen stellen schriftsprachliche Texte ein bedeutendes Kommunikationshindernis dar. Ihre Gestaltung und die eigenen begrenzten Möglichkeiten sinnentnehmenden Lesens erschweren die Aufnahme notwendiger Informationen bei Antragstellungen, die Gewinnung geeigneter und differenzierender Informationen über alle Fragen des Zeitgeschehens, das Lesen von Romanen, ebenso aber auch die eigene Textproduktion. Dadurch können ebenfalls die schriftliche Formulierung eigener Wünsche und die Entwicklung eigenständiger Entscheidungen erschwert sein.

Angebote zur eigenen Kommunikation, z. B. mithilfe der vielfältigen Möglichkeiten der Unterstützten Kommunikation, und zum Verständnis schriftlicher Sachverhalte in Form von Texten in Leichter Sprache könnten hier eine Hilfe darstellen. Amtliche Stellen haben bereits damit begonnen, unterschiedliche Texte im Bereich der Sozialhilfe in Leichter Sprache zu entwickeln, und sollten dies weiterhin intensiv betreiben. Sinnvoll wäre zudem, wenn z. B. Sportverbände und weitere Einrichtungen des öffentlichen Lebens hier aktiv werden und auf diese Weise für ihre Angebote werben könnten. Auch öffentlich rechtliche Medien erstellen inzwischen Nachrichtensendungen und Informationsangebote in Leichter Sprache. Allerdings muss darauf hingewiesen werden, dass die Leichte Sprache es schwer macht, komplexere Sachverhalte oder auch Gefühle differenzierend einzubringen. Hier werden auch in Zukunft persönliche Ansprache und Dialog mit den Menschen im Umfeld oder auch Assistentinnen bedeutsam sein. Zudem ist es notwendig, in allen medizinischen Situationen Sachverhalte, die nicht nur durch den jungen Menschen mit einer Beeinträchtigung verarbeitet oder auch entschieden werden müssen, in Leichter Sprache abzufassen bzw. durch entsprechend geschulte Mitarbeiterinnen verständlich zu vermitteln.

Gerade wenn Menschen mit einer mehrfachen Beeinträchtigung keinen Zugang zu sprachlichen bzw. textlichen Informationen entwickeln können oder derzeit nicht entwickelt haben, ist es wichtig, dass Mitarbeiterinnen über entsprechende Fachkenntnisse der Unterstützten Kommunikation verfügen. Nur so können Menschen mit einer körperlichen oder mehrfachen bzw. komplexen Beeinträchtigung unterstützt werden, ihr Leben mitzugestalten bzw. insgesamt am gesellschaftlichen Leben zu partizipieren.

3.7 Weitere Aspekte

Lange wurde die Situation von Mädchen und jungen Frauen und ihrer besonderen Interessen innerhalb der Körperbehindertenpädagogik nur am Rande zur Kenntnis genommen. Eine der Ursachen hierfür ist sicherlich auch, dass in diesem Fachgebiet, ähnlich wie in der gesamten Heil- und Sonderpädagogik, Jungen bzw. junge Männer durchweg einen Anteil von 60–70 % ausmachen. Seit einigen Jahren engagiert sich der Bundesverband für körper- und mehrfachbehinderte Menschen in der Mädchenarbeit und organisiert jährlich an wechselnden Orten die Mädchenkonferenz für Mädchen und junge Frauen mit Behinderung. Mixed pickles e. V. ist eine weitere Initiative des gleichnamigen Vereins in Lübeck, die bereits seit 1997 Angebote für behinderte und nichtbehinderte Mädchen und junge Frauen entwickelte (vgl. Bundesverband 2015) und die Möglichkeiten bietet, frauenspezifische Fragen zu erörtern und Aktionen durchzuführen. Sinnvoll erscheint es aber auch, entsprechende Angebote für Jungen anzubieten.

Die derzeit vorliegenden Studien zum Bereich Gewalterfahrungen geben deutliche Hinweise darauf, dass zukünftig ein besonderes Augenmerk auf Gewalterfahrungen im Sinne von Misshandlung und Missbrauch gerichtet werden muss. Im Teilhabebericht der Bundesregierung wird darauf verwiesen, dass Kinder und Jugendliche mit Behinderungen zu etwa 17 % Opfer von Gewalttaten wurden (im Unterschied zu 9 % bei Kindern und Jugendlichen ohne Beeinträchtigung). Als „Täterinnen und Täter (werden) häufig [...] Familienmitglieder, [...] oder Mitbewohnerinnen und Mitbewohner in Einrichtungen" (Bundesministerium 2013, 230) benannt. Gerade wegen letzterer Tätergruppe ist eine deutlich höhere Sensibilität gegenüber derartigen Handlungen in allen Einrichtungen, auch Schulen, notwendig.

In der Zusammenarbeit mit jungen Menschen mit einer körperlichen oder mehrfachen Beeinträchtigung wird die Situation der familiären Armutserfahrungen bisher kaum berücksichtigt, obwohl nicht erst der 14. Kinder- und Jugendbericht darauf aufmerksam macht, dass es Beziehungen zwischen den gesundheitlichen Belastungen junger Menschen und der sozialen Herkunft bzw. dem sozialen Status gibt (Bundesministerium für Familie ... 2013, 142). Es ist davon auszugehen, dass insbesondere diese Familien ihre jüngeren Familienmitglieder möglicherweise in geringerem Maße unterstützen können und die derzeit möglichen Unterstützungsleistungen in geringem Maße in Anspruch genommen werden. Auch Voigts (2015, 302) verweist in ihrer Studie auf die hohe Bedeutung von Armutsbarrieren für die Nutzung von Angeboten der Jugendverbände. Zudem erfordert die Inanspruchnahme öffentlicher Unterstützungsmöglichkeiten, die durchaus auch für kommunale oder verbandliche Freizeitmöglichkeiten gegeben sind und diese ermöglichen, eine aktive Auseinandersetzung mit den zum Teil komplizierten Beantragungsmodalitäten, die durch den oftmals gegebenen funktionalen Analphabetismus (vgl. Riekmann 2012, 167) nicht bewältigt und deshalb vermieden werden. Weiterhin ist im Kontext der Bedeutung möglicher Armutserfahrungen anzunehmen, dass Kinder aus diesen Familien eher Förderschulen aufsuchen, als inklusive Bildungssituationen anzustreben und in beiden Bildungssettings wiederum weniger bildungsermöglichende Situationen eher akzeptieren, als diese zu hinterfragen.

Die Situation von Kindern und Jugendlichen mit körperlichen und mehrfachen Beeinträchtigungen und einem Migrationsstatus ist derzeit fast nicht erforscht und kaum bekannt, auch finden sich im Bundesgebiet kaum spezifische Beratungsangebote für die Eltern dieser Kinder. In einer Studie von Lelgemann und Fries zur Situation in bayerischen Förderzentren körperlicher und motorischer Entwicklung (2009) zeigte sich zwar, dass mehr Schülerinnen und Schüler mit Migrationshintergrund diese besuchten (im Schuljahr 2004/5 14,7 % zu 10,8 % in Volksschulen), doch anders als im Bereich des Förderschwerpunkts Lernen sind die damit verbundenen Lebenssituationen noch nicht erforscht. Hingewiesen werden soll deshalb zumindest auf die Veröffentlichungen des Bundesverbandes körper- und mehrfachbehinderte Menschen in inzwischen fünf Sprachen, die die Handlungsmöglichkeiten für Familien mit einem (körper-)behinderten Kind oder Jugendlichen erörtern.

Fazit

Alle hier nur knapp angesprochenen Handlungsfelder verweisen nachdrücklich darauf, wie bedeutsam es ist, dass sich die Körperbehindertenpädagogik in ihren Forschungs- und Ausbildungsschwerpunkten auf mehr als das schulische Feld einlässt und systematisch neue Forschungsfelder bearbeitet, damit deren Erkenntnisse eine Basis für die Arbeit in diesen Bereichen darstellen können. In einer Gesellschaft, die sich inklusiv versteht, werden professionelle Kenntnisse und Anstöße weiterhin notwendig sein, wenn Inklusion mehr als nur „Dabeisein" bedeuten soll oder nur von Kindern und Jugendlichen genutzt werden kann, deren Eltern sich außerordentlich engagiert einbringen können und entsprechende materielle Ressourcen aufweisen. Als Mittel der Wahl wird oftmals die persönliche Assistenz durch nichtprofessionelle Kräfte gerade auch von Selbsthilfegruppen vorgeschlagen. Doch die Situation von Kindern und Jugendlichen mit mehrfachen und komplexeren Beeinträchtigungen erfordert mehr als nur engagierte Assistenz ohne Fachkenntnisse; sie erfordert vielmehr Mitarbeitende, die professionell qualifiziert und sensibel inklusive und individuell positiv erlebte Lebenssituationen anregen, ermöglichen und dauerhaft begleiten können. Grundlage hierfür sind die in Kapitel 2 benannten Qualifikationen, Haltungen und institutionellen Strukturen. Nur wenn derartig qualifizierte Unterstützungsdienste auch zukünftig möglich sind, besteht die Hoffnung, dass inklusive gesellschaftliche Prozesse von allen Kindern und Jugendlichen mit körperlichen und mehrfachen Beeinträchtigungen so genutzt werden können, wie sie es wünschen, und keine schleichenden Exklusionsprozesse einsetzen.

📖 Literatur

Arbeitsgemeinschaft der Evangelischen Jugend in Deutschland/Aktion Mensch/Diakonie Deutschland (2015): Auftrag Inklusion – Perspektiven für eine neue Offenheit in der Kinder- und Jugendarbeit. Inhaltliche Grundlagen, Handlungsempfehlungen und Anregungen für die Praxis. Berlin.

Beck, I. (2013): Kinder und Jugendliche mit Handicap. In: Deinet, U. et al. (Hrsg.) (2013): Handbuch Offene Kinder- und Jugendarbeit. Wiesbaden. 135–141.

Berliner und Brandenburger Jugendbildungsstätten (2012): Inklusion – Herausforderung für die außerschulische Jugendbildung (in Kooperation mit Schulen). Dokumentation. Berlin.

Bundesministerium für Arbeit und Soziales (2013): Teilhabebericht der Bundesregierung über die Lebenslagen von Menschen mit Beeinträchtigungen. Teilhabe – Beeinträchtigung – Behinderung. Berlin.

Bundesministerium für Familie, Senioren, Frauen und Jugend (2013): 14. Kinder- und Jugendbericht Bericht über die Lebenssituation junger Menschen und die Leistungen der Kinder- und Jugendhilfe in Deutschland. Berlin.

Bundesverband körper- und mehrfachbehinderte Menschen e. V. (Hrsg.) (2015): Das Band – Freizeitgestaltung für Kinder und Jugendliche. 45 (1). Düsseldorf.

Grothus, A. (2015): Das LWL-Beratungshaus Münster. In: Lelgemann. R./Singer, P./Walter-Klose, C. (2015): Inklusion im Förderschwerpunkt körperliche und motorische Entwicklung. Stuttgart. 256–263

von der Grün, M. (1976): Vorstadtkrokodile. München.

Landeshauptstadt München – Sozialreferat/Stadtjugendamt (2007): Leitlinien für die Landeshauptstadt München zur kommunalen Arbeit mit Kindern und Jugendlichen mit und ohne Behinderung. München.

Lelgemann, R. (2009): Ein Leben mit Assistenz gestalten. In: Stein, R./Orthmann-Bless, D. (2009) (Hrsg.): Lebensgestaltung bei Behinderungen und Benachteiligungen im Erwachsenenalter und Alter. Hohengehren. 66–87.

Lelgemann, R./Lübbeke, J./Singer, P./Walter-Klose, C. (2012): Qualitätsbedingungen schulischer Inklusion für Kinder und Jugendliche mit dem Förderschwerpunkt Körperliche und Motorische Entwicklung. Forschungsbericht online unter: http://www.sonderpaedagogik-k.uni-wuerzburg.de/forschung/ermittlung_von_qualitaetsbedingungen_fuer_den_ausbau_gemeinsamer/

Markowetz, R. (2008): Freizeit im Leben von Menschen mit Körperbehinderung. In: Jennessen, S. (Hrsg.) (2008): Leben geht weiter … Neue Perspektiven der sozialen Rehabilitation körperbehinderter Menschen im Lebenslauf. Weinheim und München. 59–80.

Palm, M. (2015): „Barrieren in den Köpfen abbauen" – Das Kompetenzzentrum Albatros-Schule in Bielefeld. In: Lelgemann, R./Singer, P./Walter-Klose, C. (2015): Inklusion im Förderschwerpunkt körperliche und motorische Entwicklung. Stuttgart. 248–255.

Riekmann, W. (2012): Literalität und Lebenssituation. In: Grotlüschen, A./Riekmann, W. (Hrsg.) (2012): Funktionaler Analphabetismus in Deutschland. Münster. 166–186.

Shell Deutschland Holding (Hrsg.) (2010): Jugend 2010. Eine pragmatische Generation behauptet sich. Frankfurt a. M.

Schumann, B. (2007): „Ich schäme mich ja so!" – Die Sonderschule für Lernbehinderte als „Schonraumfalle". Bad Heilbrunn.

Walter-Klose, C. (2015): Die Schule vom Kind aus denken. – Ein Leitfaden für die Inklusion von Schülerinnen und Schülern mit körperlicher Beeinträchtigung. In: Lelgemann, R./Singer, P./Walter-Klose, C. (2015): Inklusion im Förderschwerpunkt körperliche und motorische Entwicklung. Stuttgart. 188–201.

Voigts, G. (2015): Kinder in Jugendverbänden. Eine empirische Untersuchung zu Strukturen, Konzepten und Motiven im Kontext der gesellschaftlichen Debatten um Inklusion. Opladen.

World Vision Deutschland e. V. (Hrsg.) (2013): Kinder in Deutschland 2013. 3. World Vision Kinderstudie. Weinheim.

EINWURF: SEXUALITÄT – EINE LEBENSLANGE LERNAUFGABE

Barbara Ortland

Die sexuelle Entwicklung ist aufgrund sichtbarer pubertärer körperlicher Veränderungen unweigerlich mit der Jugendphase verbunden. Sexualität entwickelt sich jedoch schon ab dem Lebensbeginn und endet erst mit dem Tod des Menschen. Vielfältige Erfahrungen prägen diesen Weg individueller Ausformungen der Sexualität und können zu Phasen subjektiv befriedigender Sexualität führen. Die eigene Sexualität als subjektiv befriedigend zu erleben, ist ein lebenslanger Lernprozess und dabei keineswegs an körperliche Intaktheit gebunden, wie dies exemplarisch die querschnittsgelähmte Marianne Buggenhagen beschreibt: „Zärtlichkeit und Sex gehören auch für uns Querschnittsgelähmte zum Leben. Nur eben etwas anders als bei den Nichtbehinderten. Es ist ein Lieben, das man auch lernen muss, indem man in sich und den anderen hineinhört. Ein Lieben, das Übung braucht. Dass Behinderte keine Sexualität haben oder brauchen, ist blanker Unsinn. Was sie allerdings nicht brauchen, ist die schematische Übertragung von Erfahrungen und Praktiken der Nichtbehinderten auf ihr Leben" (Buggenhagen 2001, 77). Sexualität wird ein Leben lang gelernt. Unterstützend wirkt ein offenes, vorurteilsfreies Umfeld. Neue Erfahrungen und körperliche Veränderungen erfordern weitere Entwicklungen und Auseinandersetzungen, um diese in die eigene Sexualität zu integrieren.

Es gibt keine allgemeine Norm subjektiv gelingender Sexualität und es sollte sie vor allem in der sexualerzieherischen Begleitung von jungen Menschen nicht geben, da entsprechende Bilder und Vorgaben eher den Weg eigener Erfahrungen einengen. Erschwerend und im Sinne einer anscheinend allgemeingültigen Norm können hier Medienkonsum und das in den Medien vermittelte Bild von Sexualität wirken. Von Martial (2013) stellt in ihren empirisch gestützten Ausführungen u. a. folgende Zusammenhänge dar: „Von den Medien transportierte Maßstäbe für sexuelle Attraktivität und das Zeigen von Bereitschaft zu variationsreichen sexuellen Aktivitäten können die Einstellung gegenüber dem eigenen Sexualpartner beeinflussen" (ebd., 122). Ebenso verzerrend und destabilisierend für partnerschaftliche Beziehungen wirkt die „Vorstellung der großen Liebe, die einerseits als alleinige Garantie der Faszination der Partner füreinander erscheint, andererseits aber, den Erfordernissen der Mediendramatik gehorchend, sich auch schnell verflüchtigen kann" (ebd., 123). In den Medien vermittelte Schönheitsstandards setzen Maßstäbe, denen kaum junge Leute ohne Behinderung genügen können, Jugendliche mit Körperbehinderung in der Regel noch viel seltener. Schon Weinwurm-Krause (1990) hat in ihrer Erhebung bei Erwachsenen mit Körperbehinderung auf den Zusammenhang unabhängiger Wertmaßstäbe und der Zufriedenheit mit der eigenen Sexualität hingewiesen: „Gesellschaftliche Bewertungsmuster sind für die Entwicklung des individuellen (sexuellen) Bewertungsmusters eine wesentliche Variable, besonders wenn sie in der Vermittlung mit vermeintlich ‚natürlichen' Voraussetzungen der Probanden verknüpft werden" (ebd., 208). Ihre Untersuchung zeigte, dass „die negative Bewertung von Sexualität Körperbehinderter die Behinderung zunehmend als Belastung für die Geschädigten erscheint läßt und eine objektive Auseinandersetzung mit der Behinderung nur bedingt erlaubt" (ebd.).

Für Menschen mit der Lebensbedingung körperlicher Schädigung können sexuelle Erfahrungen verändert sein (vgl. Ortland 2008). Gründe können z. B. in der eigenen körperlichen Ausgangssituation liegen, die manche sexuellen Verhaltensweisen unrealisierbar macht, in ablehnenden sozialen Erfahrungen, demütigenden pflegerischen oder medizinischen Situationen, Verunsicherungen aufgrund mangelnder Sexualerziehung oder anderen Erlebnissen.

Sexualität bei Menschen mit Behinderung als Tabu?

In der Diskussion der Sexualität bei Menschen mit (verschiedenen) Behinderungen wird Sexualität häufig als Tabu benannt (vgl. Clausen & Herrath 2013). Auch Betroffene kommen zu dieser Bewertung, wie z. B. die von Osteogenesis imperfecta betroffene Fernsehmoderatorin Zuhal Soyhan retrospektiv beschreibt:

„Weiblichkeit? Was war das? Mich als Frau zu begreifen oder zu fühlen, hatte mir niemand beigebracht, und niemand hatte mich aufgeklärt. In meiner ‚Erziehung' wurde dieser Bereich komplett ausgeblendet und mir wurde vermittelt, dass man als Behinderter ein Bedürfnis nach Nähe einfach nicht zu haben hat. Noch heute wird Behinderten ihr Anrecht auf Sexualität abgesprochen – und oft gestehen wir es uns ja nicht einmal selbst ein, weil dieses Thema in unserer Kindheit und Jugend absolut tabu war und weder im Heim noch in der Schule je darüber gesprochen wurde." (Soyhan 2012, 103)

Ein Tabu, das sich als Sprach- und/oder Handlungstabu realisieren kann (vgl. Gründer & Stemmer-Lück 2013, 18), erfüllt den gesellschaftlichen Anspruch der Regulation von Kommunikation über Sexualität bzw. sexueller Handlungen. Es hilft, im positiven Sinne Intimsphäre zu schützen, da z. B. sexuelle Handlungen in Form von Selbstbefriedigung oder Geschlechtsverkehr in den Privatbereich gehören, sie alleine oder mit IntimpartnerInnen erlebt werden, darüber in der Regel nur mit engsten Vertrauten gesprochen wird und diese in der Öffentlichkeit zudem gesetzlich verboten sind.

Sexualerzieherische Tätigkeit stellt die beteiligten Personen jedoch vor besondere Herausforderungen, da sexuelle Themen im Rahmen des erzieherischen Auftrags von Elternhaus und Schule öffentlich (z. B. im Unterricht) kommuniziert werden sollen. Manche dieser Themen unterliegen einem Kommunikationstabu, wobei entsprechende Tabugrenzen nicht eindeutig zu fassen sind, da es sich bei Tabuisierungsprozessen immer um gruppeninterne Aushandlungsprozesse handelt (vgl. Lautmann 2008). Lehrkräfte haben für diese kommunikativen „Tabubrüche" in einer für Kinder und Jugendliche entwicklungsangemessenen und verantwortbaren Form die gesetzliche Erlaubnis und Aufgabe. Dies erfordert entsprechende selbstreflexive Prozesse, entwicklungspsychologisches Wissen und sexualpädagogische Handlungskompetenzen (vgl. Ortland 2008, 2009).

Behinderungsspezifische Themen

In der Entwicklung der Lebensbedingungen körperlicher Schädigung gibt es Themen im Bereich der sexuellen Entwicklung, die von den begleitenden Lehrkräften als besonders „brisante" Themen bewertet werden und für sie demgemäß eine besondere emotionale und pädagogische Herausforderung darstellen (vgl. Ortland 2005). Dies sind vorrangig Themen, die sexuelle Inhalte mit behinderungsspezifischen Fragen verbinden – z. B. einen Partner/eine Partnerin trotz der eigenen Behinderung zu finden (vgl. ebd., 152). Zwei tabuisierte Bereiche werden miteinander verbunden – Sexualität und Behinderung – und können so zu einer Herausforderung werden, da die Überschreitung eigener Schamgrenzen erforderlich zu sein scheint. In diesem dadurch entstehenden, oft verunsichernden Spannungsfeld stehen alle Beteiligten – die Erwachsenen i. d. R. ohne Behinderung und die Jugendlichen mit Behinderung. Die Lehrkräfte, geprägt von der eigenen sexuellen Lerngeschichte und ggf. „blinder Flecken", erleben es z. B. als verunsichernd, dass sie nicht wissen, mit welchen Themen sie in die Privat-/Intimsphäre der SchülerInnen eingreifen, ob sie z. B. die Rolle, die die Behinderung bei der PartnerInnenfindung spielen kann, offen thematisieren sollen. Die Jugendlichen brauchen eher die Ermutigung, ihre (behinderungsspezifischen) Fragen zu stellen. Sie brauchen die Zusage, dass dafür Raum und Zeit und vor allem innere Bereitschaft sowie Ernsthaftigkeit des Gegenübers vorhanden sind. Im Folgenden sollen einige Themen exemplarisch erläutert und anhand autobiographischer Textauszüge dargestellt werden.

Eigene Attraktivität/Auseinandersetzung mit der eigenen Behinderung

Die pubertären Veränderungen führen Jugendliche zu neuen und anderen Auseinandersetzungen mit der eigenen Körperlichkeit, als dies im Kindesalter der Fall war. Während im Kindesalter eher Erfahrungen von eigener körperlicher Kraft, Leistungsfähigkeit und Körperbeherrschung im Vordergrund stehen, spielt im Jugendalter die Bewertung der eigenen körperlichen Attraktivität eine größere Rolle (vgl. Fend 2003, 229ff.). Die körperlichen Veränderungen werden vor dem Hintergrund kontextueller Normen interpretiert und bilden auf der Grundlage persönlicher und sozialer Ressourcen aus der Kindheit ein Konzept der eigenen Attraktivität. Je nach individueller Bewertung können Bewältigungsstrategien, wie z. B. Kosmetik, Kaschieren der Behinderung durch entsprechende Kleidung oder auch Diäten sowie soziale Strategien, die zu einer erhöhten Anerkennung in der subjektiv bedeutsamen sozialen Gruppe führen, eingesetzt werden. Je nach äußerer und innerer Stabilität der Lebenssituation können Bewertungen von außen individuell unterschiedlich verarbeitet werden. Zuhal Soyhan schreibt dazu:

„Ich wurde auf einmal sehr dünnhäutig und fing an, unter meiner Situation zu leiden, darunter, dass ich im Rollstuhl saß, und vor allem, dass ich so klein war. Mich störten die Blicke der Menschen auf der Straße, die sich regelmäßig den Hals verrenkten, bloß um mich anstarren zu können. Ich war wütend auf die Kinder, die mit ihrem Finger auf mich zeigten und noch wütender war ich auf die Eltern, die sie von mir wegzogen, als hätte ich eine ansteckende, ekelerregende Krankheit. Es störte mich nicht so sehr, dass ich nicht laufen konnte, sondern dass ich auf mein Äußeres reduziert wurde und dass das Aussehen scheinbar das einzige wichtige Kriterium zur Beurteilung eines Menschen war." (2012, 101)

Ähnlich beschreibt der Regisseur Niko von Glasow (2008) seine Erkenntnisse aus der Kindheit mit Contorganschädigung in einem Auslandsurlaub: „Die anderen Kinder zeigten auf mich, starrten mich an und stellten Fragen. Manche von ihnen waren gehässig, doch die meisten waren bloß neugierig. Aber es machte keinen Unterschied: Sie zeigten mir, dass ich anders bin, und das gefiel mir ganz und gar nicht" (ebd., 58).

Die Wahrnehmung der eigenen Person, des eigenen Körpers, der eigenen Behinderung ist häufig mit den beschriebenen abwertenden Erfahrungen verbunden (vgl. Fries 2005). Trotzdem ist dies nicht gleichzusetzen mit einer negativen Bewertung des eigenen Lebens, wie die beiden nachfolgenden Zitate zeigen:

„Dies unerschütterliche Vertrauen war eine entscheidende Konstante meines Lebens, genauso wie das hilfreiche Akzeptieren des Unausweichlichen. Daher verdamme oder verfluche ich auch nie wirklich meine Muskeldystrophie. Emotionsfrei analysierte ich den Muskelschwund als Teil der Evolution. [...] Ohne Muskeldystrophie hätte ich all die schönen und außergewöhnlichen Lebensseiten nie erfahren. Meine Muskeldystrophie war der entschiedene Schicksalsschlag, in dem meine Kraft zum Überleben schlummerte." (Stelzer 2011, 270)

Martina Schlüter schreibt in ihren autobiographischen Reflexionen über ihr Leben mit einer Infantilen Cerebralparese in Form einer Ataxie: „Mir war und ist dabei wichtig zu betonen, dass mein Leben nicht von Leid geprägt ist, sondern bei allen Kämpfen, die es durchzustehen gilt, bin ich grundlegend sehr zufrieden und glücklich" (Faßbender & Schlüter 2006, 70).

Einfinden in Geschlechterrolle/Liebeserfahrungen

Sich als junger Mann oder junge Frau zu fühlen, sich in die eigene Geschlechterrolle einzufinden und diese auch gestalten zu wollen, bekommt durch die pubertären körperlichen Veränderungen eine neue Bedeutung. Es ist ein Entwicklungsthema, das schon bei kleinen Kindern durch das Erkennen der Unterscheidung der zwei Geschlechter und die Benennung von sich selber als Junge oder Mädchen beginnt. Die Gruppe der gleichgeschlechtlichen Kinder wird im Kindesalter benötigt, um sich mit dem eigenen Geschlecht zu identifizieren. In der Jugendphase spielt bei heterosexuell orientierten Jugendlichen die eigene Attraktivität für das andere Geschlecht eine große Rolle, da man sich als potentielle/r PartnerIn erproben will. Analog gilt dies bei homosexuell orientierten Jugendlichen für PartnerInnen des eigenen Geschlechts. Die diesbezüglichen Rückmeldungen haben Auswirkungen auf das gesamte Selbstkonzept und können von Jugendlichen als belastend und abwertend erlebt werden. Jugendliche mit Behinderung stehen hier vor der Herausforderung, diese möglichen Ablehnungen als junger Mann oder junge Frau nicht auf ihr Leben mit einer Behinderung zu generalisieren. Die Frage: „Werde ich abgelehnt, weil ich als Junge/Mädchen, als Person unattraktiv bin oder werde ich abgelehnt, weil ich behindert bin?" kann dabei enorme Wichtigkeit erlangen. Dafür ist ein Angebot von Erwachsenen (z. B. Lehrkräfte) zur Auseinandersetzung mit der eigenen Lebenssituation mit Behinderung eine Reflexionshilfe (vgl. Ortland 2006, 2010).

Auch erste Liebeserfahrungen gehören zu den zentralen Themen des Jugendalters (vgl. Ortland 2008). Durch einen Freund/eine Freundin sich als junger Mann/junge Frau in seiner Persönlichkeit und Körperlichkeit anerkannt und anziehend zu fühlen, sind bedeutsame Erfahrungen. Das Vermissen dieser Erlebnisse kann als schmerzhaft und verletzend erlebt werden. Erfahrungen mit dem Versuch, (hetero-)sexuell getönte Kontakte zu Jugendlichen des anderen Geschlechts aufzunehmen, können als verunsichernd erlebt werden, wie dies der von Muskeldystrophie betroffene Hans-Joachim Stelzer beschreibt:

„Zu unserer Clique zählten natürlich auch Mädchen. Das war recht aufregend, besonders bei Partys und unbekannt-kribbelig im Bauch – die Hormone halt. Mir ging es da nicht anders als meinen Freunden. Wir wollten etwas ‚baggern', ein wenig fummeln und heimlich knutschen. Mit wachsendem Neid schaute ich auf den Erfolg meiner Freunde. Sie schafften mit Leichtigkeit, wovon ich nur träumte. [...] Sobald meine Kontaktversuche einen sexuellen Unterton erhielten, verklemmte und blockierte ich mich total. Ich fühlte mich schüchtern und irgendwie minderwertig. [...] Wie reagiert ein Mädchen darauf, von einem Rolli-Fahrer angemacht zu werden? Ist es ihr peinlich? Lacht sie mich womöglich aus, wenn ich ungeschickt und ‚behindert' versuche, meine Hand auf ihre Schultern zu legen? Habe ich überhaupt eine Chance im Konkurrenzkampf mit meinen gesunden Freunden? Bin ich mit meinem Rollstuhl und der Behinderung überhaupt attraktiv und interessant?" (2011, 119)

Andreas Meyer (2008), aufgrund von Contergan ohne Arme und Beine geboren, konstatiert dazu:

„Seitdem ich mich von der in der Pubertät häufig gestellten Frage verabschiedet habe, ob ein mir verabreichter Korb etwas mit meiner Behinderung zu tun hätte, bekam ich diese Körbe nicht mehr. Weil mich in Wirklichkeit die Fragestellung selbst oder besser die falsche Einstellung zu der Problematik belas-

tet hatte. *Nachdem ich diese Einsicht verinnerlicht hatte, bekam mich die unbeschreibliche Leichtigkeit des Daseins."* (ebd., 30)

Ronja und Matthias, zwei Erwachsene mit schwerer Körperbehinderung, die auf 24-Stunden-Assistenz angewiesen sind und aufgrund der Schwere der motorischen Beeinträchtigung wenige Möglichkeiten des Auslebens der körperlichen Beziehung haben, geben in Interviews (vgl. Schabert 2008) Eindrücke der Realisierung ihrer Liebe zueinander:

Ronja: „Wenn du dich dem anderen ganz hingibst, ganz offen bist, dann kann eine Berührung mit den Fingerkuppen schon ..." Matthias ergänzt: „... sein wie ein Orgasmus. Das haben wir beide schon so erlebt" (ebd., 125). Ronja: „Für uns ist es leichter uns zu berühren, Sexualität zu leben, wenn wir im Rollstuhl sitzen. Im Liegen kann Matthias mich sehr viel weniger berühren. Das Nebeneinander-Liegen hat eine andere Qualität. Wir haben die gleiche Körpersprache, die Stimme so nah zu hören geht tief. Ich kann auf Matthias' Bauch liegen. Dann spüre ich seinen Atem, kann entspannen" (ebd.).

Diese Interviewausschnitte sollten BegleiterInnen ohne Behinderung zu einer kritischen Selbstreflexion führen: Welches Bild habe ich von gelingender Sexualität? Wie offen bin ich diesbezüglich in der Begleitung von Menschen mit Behinderung?

Pflege

Menschen mit Körperbehinderung sind häufig auf Pflege angewiesen. In der sexuellen Entwicklung kann dies eine besondere Herausforderung darstellen, da Pflege i. d. R. einen Eingriff in die Intimsphäre bedeutet. Pflegeabhängigkeit von Geburt an kann dazu führen, dass die Jungen und Mädchen Schwierigkeiten haben, eine eigene Intimsphäre auszubilden (vgl. Ortland 2007). In institutionellen Zusammenhängen (z. B. Schule) kann eine gleichgeschlechtliche Pflege selten durchgehend gewährleistet werden (vgl. Ortland 2005, 114ff.). Menschen mit Behinderung entwickeln oft eigene Strategien, mit den Pflegesituationen und den damit verbundenen physischen und psychischen Herausforderungen umzugehen. Dazu äußert sich Ronja: „Da gibt es auch eine sehr große Verletzung des Frauseins [...] Männer pflegen erwachsene Frauen, vor allem wenn sie schwer sind und Frauen uns nicht mehr pflegen können. [...] Grundsätzlich ist es ein Problem. Bei mir ist's keins mehr. Ich lass mich waschen. Das ist, wie wenn ich ein Glas Wasser trinke. Ich habe gelernt, damit umzugehen" (Schabert 2008, 122).

Das Einbringen weiterführender Wünsche, z. B. nach einer bestimmten Person in der Pflege, ist häufig institutionell noch schwerer zu realisieren. Auch dies kann für die Betroffenen emotional herausfordernd sein, wie Matthias es beschreibt: „Und die Leute, die uns versorgen, die sehen ja alles. Die sehen praktisch meine Intimität. Und manchmal ist das ein Problem, weil das ja eine fremde Person ist, der du das ja eigentlich gar nicht zeigen willst, aber dir bleibt ja nix anderes übrig. Und meine Frau, der ich es zeigen will, die sieht es nicht. Und das ist oft ein Problem" (ebd., 126).

Abschluss

Die biographischen Schlaglichter auf ausgewählte Themen der sexuellen Entwicklung verdeutlichen, dass der Wunsch nach subjektiv befriedigender Sexualität bei Menschen mit Körperbehinderung nicht anders ist als bei Menschen ohne Behinderung. Erfahrungen mit sich selbst und mit anderen Menschen können verändert sein – sie sind aber ähnlich vielfältig wie bei allen Menschen und werden nicht in jeder Lebensphase gleich erlebt und bewertet.

In der sexualerzieherischen Begleitung von Kindern und Jugendlichen mit Körperbehinderung braucht es Erwachsene, die keine festen Bilder und Vorstellungen „richtiger" oder „normaler" Sexualität haben, sondern offen sind für jegliche individuelle Ausformungen, so dass nicht nur behinderungsspezifische Aspekte, sondern auch die Vielfalt sexueller Orientierungen (homo-, heterooder bisexuell) und Ausprägungen (trans- oder intersexuell) berücksichtigt werden. Entsprechende selbstreflexive Prozesse sind dafür unerlässlich.

„Ab und zu werde ich gefragt, woher ich all die Energie nehme und wie ich das alles geschafft habe und noch schaffe. Dann antworte ich: mit viel Unterstützung von Menschen, die keine Probleme mit meiner Behinderung hatten und mir trotzdem etwas zutrauten. Und durch meinen Glauben an mich selbst und meine Hoffnung auf ein gutes Leben, die ich nie aufgegeben habe." (Soyhan 2012, 219)

Literatur

Buggenhagen, M. (2001^2): Ich bin von Kopf bis Fuß auf Leben eingestellt. München.
Clausen, J./Herrath, F. (Hrsg.) (2013): Sexualität leben ohne Behinderung. Das Menschenrecht auf sexuelle Selbstbestimmung. Stuttgart.
Faßbender, K.-J./Schlüter, M. (2006): Perspektiven betroffener Wissenschaftler. In: Ortland, B. (Hrsg.): Die eigene Behinderung im Fokus. Theoretische Fundierungen und Wege der inhaltlichen Auseinandersetzung. Bad Heilbrunn. 68–81.
Fend, H. (2003): Entwicklungspsychologie des Jugendalters. Weinheim/Basel.
Fries, A. (2005): Einstellungen und Verhalten gegenüber körperbehinderten Menschen – aus der Sicht und im Erleben der Betroffenen. Oberhausen.
Glasow, N. v. (2008): Wann wurde mir klar, dass ich behindert bin? In: Glasow, N. v./Dabrowska, A. (Hrsg.): NoBody's Perfect. München. 58–59.
Gründer, M./Stemmer-Lück, M. (2013): Sexueller Missbrauch in Familie und Institutionen. Psychodynamik, Intervention und Prävention. Stuttgart.
Lautmann, R. (2008): Gesellschaftliche Normen der Sexualität. In: Schmidt, R.-B./Sielert, U. (Hrsg.): Handbuch Sexualpädagogik und sexuelle Bildung. Weinheim. 209–223.
Martial, I. v. (2013^2): Sexualität in den Medien – Einfluss auf Kinder und Jugendliche. Baltmannsweiler.
Meyer, A. (2008): Kann man mit einer Behinderung wirklich glücklich sein? In: Glasow, N. v./Dabrowska, A. (Hrsg.): NoBody's Perfect. München. 30–31.
Ortland, B. (2005): Sexualerziehung an der Schule für Körperbehinderte aus Sicht der Lehrerinnen und Lehrer. Bad Heilbrunn.
Ortland, B. (2006) (Hrsg.): Die eigene Behinderung im Fokus. Theoretische Fundierungen und Wege der inhaltlichen Auseinandersetzung. Bad Heilbrunn.

Ortland, B. (2007): Pflegeabhängigkeit und Sexualität. In: Faßbender, K.-J./Schlüter, M. (Hrsg.): Körperbehinderte Menschen in ihrer pflegerischen Abhängigkeit – theoretische Fundierungen und praktische Erfahrungen. Klinkhardt.

Ortland, B. (2008): Behinderung und Sexualität. Grundlagen einer behinderungsspezifischen Sexualpädagogik. Stuttgart.

Ortland, B. (2009): Die eigene Behinderung als Thema in der Sexualerziehung. Unterrichtsbausteine und -materialien. Buxtehude.

Ortland, B. (2010): „Behindert oder verhindert in der Lebensgestaltung?" – Sich mit Schülern über Behinderungserfahrungen austauschen. In: Sonderpädagogische Förderung heute 55 (2). 166–184.

Schabert, S. (2008): Versuche selbstbestimmter Lebensführung körperbehinderter Erwachsener. Konsequenzen für eine realitätsnahe Körperbehindertenpädagogik. Hamburg.

Soyhan, Z. (2012): Ungebrochen. Mein abenteuerliches Leben mit der Glasknochenkrankheit. Bielefeld.

Stelzer, H.-J. (2011): Mut zum Ich – Der sprechende Kopf. Biografische Schlaglichter eines rettungslosen Optimisten. (o. O.).

Weinwurm-Krause, E.-M. (1990): Soziale Integration und sexuelle Entwicklung Körperbehinderter. Heidelberg.

4 DAS EIGENE LEBEN GESTALTEN – ERWACHSENSEIN

Reinhard Lelgemann

Lebensphasen der Kindheit und der Jugend standen und stehen traditionell im Zentrum der Körperbehindertenpädagogik. Der Blick auf die weitaus längste Lebensphase als erwachsener Mensch wurde vorwiegend unter der Fragestellung einer Vorbereitung auf diesen Zeitraum als Aufgabe der pädagogischen Einrichtungen fokussiert. Im Vordergrund stand die Vorbereitung auf eine Tätigkeit in der Arbeitswelt. Erst im Verlaufe der letzten zwei Jahrzehnte traten weitere Perspektiven hinzu: das Wohnen, die Freizeitgestaltung, Möglichkeiten der Partnerschaft und Sexualität, Fragen der Mitgestaltung und Partizipation, der Mobilität, der aktiven Auswahl der Betreuenden und schließlich auch des Alterns. Diese Entwicklung steht sicherlich in Beziehung zur allgemeinen gesellschaftlichen Ausrichtung, in der die Arbeit eine zentrale Funktion für den weitaus größten Teil aller Gesellschaftsmitglieder hat, sie steht auch in Beziehung zur Veränderung der Personengruppe innerhalb der Schulen und weiteren Einrichtungen für körper- und mehrfachbehinderte Menschen, ebenso aber der wissenschaftlichen Diskurslinien, die nicht zuletzt durch Vertreter der Selbsthilfebewegung angestoßen und kritisch begleitet werden.

Wenn in diesem Beitrag vom Erwachsensein gesprochen wird, so zählt dazu die Lebensspanne nach der Schulzeit, also etwa ab dem 21. und 25. Lebensjahr. Zum Erwachsensein zählt das Altern ebenso wie das Alter. Altern beginnt mit der Zeugung, aber als alt werden heute Menschen ab dem 60. Lebensjahr bezeichnet, auch wenn die Gerontologie diese Lebensphase inzwischen ebenfalls in mehrere Untergruppen einteilt und vom hohen Alter erst etwa ab dem 75.–80. Lebensjahr spricht.

In diesem Artikel soll vornehmlich die Situation von Menschen betrachtet werden, die in frühen Jahren eine körperliche oder mehrfache Beeinträchtigung erworben haben. Ab dem 50. Lebensjahr nimmt die Gruppe der Menschen deutlich zu, die im Verlaufe ihrer Biographie eine körperliche Beeinträchtigung erwerben. Wenn wir die Situation dieser beiden Gruppen empirisch vergleichend betrachten, so ist dies nur sehr schwer möglich, da es zwar einzelne, auf kleinere Teilgruppen bezogene, häufig qualitative Studien zur Situation jüngerer Menschen gibt, insgesamt aber keine Untersuchungen, die die gesamte Gruppe fokussieren. Die sozialrechtlich und statistisch erfasste Gruppe der Menschen, die einen Status als schwerbehinderte Personen haben, wird dagegen differenzierter abgebildet. Da sie aber ab dem 50. Lebensjahr vorwiegend aus Personen besteht, die erworbene körperliche Beeinträchtigungen aufweisen, können die dort ermittelten Erkenntnisse, z. B. zu Einkommensgrößen, Wohnsituationen, Ausbildungsstand und vielem mehr, auf keinen Fall auf alle Personen mit einer körperlichen oder mehrfachen Beeinträchtigung übertragen werden (vgl. Lelgemann 2012).

Ein weiterer Hinweis ist zu Beginn der Erörterungen zu beachten. So wie sich die Schülerschaft in den Schulen mit dem Förderbedarf körperliche und motorische Entwicklung und in inklusiven Schulsituationen in den letzten Jahrzehnten hin zu immer größerer Heterogenität entwickelt hat (vgl. Hansen 2012; Lelgemann & Fries 2009), so verändert sich auch die Gruppe der erwachsenen Menschen, mit der Professionelle kooperieren. Doch obwohl die notwendigen Unterstützungsleistungen und persönlichen Interessen des Personenkreises und der individuellen Menschen sicherlich differieren, so ist doch davon auszugehen, dass Wünsche nach existentieller Sicherheit, Selbstverwirklichung, Mit- und Selbstbestimmung sowie einem erfüllten Leben für alle angenommen werden müssen.

Professionalität kann auch in diesem Handlungsfeld nur bedeuten, auf der Basis fachlichen Wissens über Unterstützungsbedürfnisse, die durch medizinische Beeinträchtigungen gegeben sein können, Aktivitäts- und Partizipationsbeeinträchtigungen zu erkennen, mehr aber noch aktivitäts- und partizipationsermöglichende Angebote zu entwickeln sowie Entscheidungs- und Handlungsmöglichkeiten für alle Personengruppen zu realisieren. Einige Facetten der Lebenssituation im Erwachsenenalter sowie mögliche Unterstützungsbedürfnisse im Bereich der Beeinträchtigungen werden ebenso wie aktivitäts- und partizipationsermöglichende Initiativen im Folgenden reflektiert.

Seit Ende der 1990er Jahre wurden vermehrt nicht nur die Einstellungen von Menschen mit körperlichen Beeinträchtigungen, sondern auch Personen mit mehrfachen bzw. mentalen Beeinträchtigungen sowie Angehörigen und Professionellen zu wichtigen Bereichen des Erwachsenenlebens durch geeignete Befragungsinstrumente erhoben (vgl. z. B. Lelgemann 1999; Daut 2005; Fries 2005; Schabert 2008; Ortland 2013). So liegen derzeit zu einigen relevanten Situationen des Erwachsenenlebens (Arbeit, Wohnen, Partnerschaft und Sexualität) Erkenntnisse vor, die Hinweise auf Erfahrungen, Interessen, Wunsche und Perspektiven unterschiedlich körper- und mehrfachbehinderter Personen geben können. Sie können damit Professionelle in der Körperbehindertenpädagogik ermutigen, in allen Fragen des Erwachsenenlebens nach Wegen der Beteiligung und Kooperation zu suchen, mit dem Ziel, die Verbesserung der Lebensqualität bzw. des Wohlbefindens der beteiligten Menschen mit einer körperlichen und mehrfachen Beeinträchtigung anzustreben.

4.1 Wohnen

Eigene Untersuchungen des Autors geben deutliche Hinweise darauf, dass überraschend viele Menschen mit einer körperlichen oder mehrfachen Beeinträchtigung noch bis ins hohe Alter hinein bei den Eltern leben (vgl. Lelgemann 1999; Lelgemann & Fries 2009). Oftmals scheinen die erprobten Wohnformen so vertraut zu sein, dass andere Wohnformen als weniger bequem oder gar sicher gelten. Zudem sind vermutlich in ländlichen Regionen kleinere Wohngruppen nicht bekannt oder werden nicht angeboten; die Feststellung gilt aber auch für städtische Regionen. So ergab eine Studie der Stadt München, dass von den im Jahr 2013 befragten schwerer beeinträchtigten Personen 33,4 % auch im höheren Erwachsenenalter noch bei den Eltern wohnen (Landeshauptstadt München 2014, 38).

In einem ebenfalls hohen Maß leben körper- und mehrfachbehinderte Menschen in Wohnheimen oder Wohngruppen. Während in einigen Bundesländern bereits überwiegend Einzelzimmer in diesen Wohnformen angeboten werden, gibt es ebenfalls noch Wohnangebote mit Zwei- und Mehrbettzimmern oder mehrfachbehinderte Menschen wohnen in Einrichtungen der Altenhilfe. Ambulant begleitete Wohnformen nehmen dennoch zu, müssen aber nicht immer Einzel- oder Paarwohnen bedeuten, sondern können auch im Sinne einer begleiteten Wohngemeinschaft gestaltet sein.

Obwohl die Wohnangebote immer vielfältiger werden, ist davon auszugehen, dass das Wohnen mit den Eltern auch in Zukunft in hohem Maße praktiziert wird, selbst wenn traditionelle Wohnheimangebote vermutlich zurückgehen werden. Dies liegt möglicherweise in Zeiten, in denen traditionelle Angebote im Rahmen eines inklusiven Grundverständnisses abgelehnt werden, auch daran, dass Eltern in eine Situation der vornehmlichen, wenn nicht alleinigen Verantwortung für ihr erwachsenes behindertes Kind geraten und Angebote der Träger erst aufgesucht werden, wenn die dann alten, und selbst unterstützungsbedürftigen, Eltern die Versorgung ihres dann ebenfalls älteren „Kindes" mit einer körperlichen bzw. mehrfachen Beeinträchtigung nicht mehr sichern können.

Wohnangebote unterscheiden sich je nach Träger, Region oder auch der beteiligten Bewohner. Es ist anzunehmen, dass diese in städtischen vielfältiger entwickelt sind als in ländlichen Regionen. Dies liegt nicht zuletzt daran, dass Träger miteinander konkurrieren und in Ballungsräumen Personen mit einer Beeinträchtigung und ihre Angehörigen rascher in Austausch treten und als Gruppen ihre Interessen einbringen können. Inzwischen sind gerade in städtischen Regionen die Träger selbst und ihre Mitarbeiter interessiert, Partizipationsmöglichkeiten zu eröffnen, gemeindenahe Wohnformen zu verwirklichen und kreative Gestaltungsräume auch für Menschen mit schweren und mehrfachen Beeinträchtigungen anzubieten. Die für die Bewohner nutzbaren Freiräume können die Gestaltung bzw. Einrichtung des eigenen Zimmers, die Entwicklung einer eigenen Tagesstruktur, das Ausleben persönlicher Vorlieben und viele weitere Lebensbereiche umfassen, sie können aber ebenso deutlich eingeschränkt sein, wie noch Seifert in zwei Studien feststellen musste, die erstmalig 2001 und 2010 veröffentlicht wurden. In einer Studie von Schäfers (2008) äußerten sich die befragten mehrfachbehinderten Personen eher zufrieden mit der Lebensqualität in den von ihnen bewohnten Gruppen. Kritische Anmerkungen werden vor allem zu den aus Sicht der Befragten begrenzten Freizeitmöglichkeiten gemacht.

Es ist zu vermuten, dass viele Erwachsene, die bei den Eltern wohnen, ihre Situation ähnlich einschätzen würden. Entsprechende Untersuchungsergebnisse liegen hierzu jedoch nicht vor. Aus der Binnenperspektive bietet die vertraute Situation des alltäglichen Zusammenlebens Sicherheit und eine gleichbleibende Qualität der Versorgung, insbesondere dann, wenn die Beziehung zwischen Eltern und erwachsenem Kind positiv ist. Aus einer externen Sicht erscheint dies eher als nicht angemessene Lebenssituation, die die Freiheiten des Erwachsenenlebens nicht nutzt und Wagnisse bzw. Risiken, aber auch Chancen, die durch wechselnde Mitbewohner oder auch Mitarbeiter in einer Wohngemeinschaft gegeben sein können, meidet. Wie bereits angesprochen, wird die in höherem Alter dann erzwungene Trennung von den Eltern bzw. der Auszug aus der bekannten Wohnung vermutlich negativ und möglicherweise sogar als traumatisierend erlebt. Es erscheint deshalb sinnvoll, vor allem Menschen mit einer mehrfachen Beeinträchtigung und deren Eltern auf diese Schwierigkeiten frühzeitig hinzuweisen. Gerade die Erfahrung einer Trennung von den Eltern und eines Einzugs in individuellere Wohnformen in früheren Lebensjahren bietet die Chance, diese zu erproben und erleben zu können, dass die Beziehung zwischen Eltern und erwachsenen Kindern durch neue Erfahrungen zu einer veränderten, in vielen Fällen positiven Beziehungserfahrung führen kann.

Eine nochmals komplexere Perspektive ergibt sich für Menschen mit sehr schweren oder komplexen Beeinträchtigungen und ihre Familien. Sie benötigen in allen Bereichen ihres Lebens (medizinische Versorgung im weitesten Sinne, Vitalfunktionen, Nahrungsaufnahme und Ausscheidung, Pflege und Therapie, Kommunikation, persönliche Aktivitäten, Bildungs- und Arbeitsangebote, Erleben sozialer Aktivitäten) eine vertraute und kompetente Begleitung. Eltern werden in der Gegenwart oftmals intensiv durch professionelle Kräfte unterstützt und entlastet und müssen doch ständig präsent und aufmerksam sein. Hier stellt sich auch die Frage der Wohnmöglichkeiten noch einmal neu. In den letzten zwei Jahrzehnten entwickelte Wohnmodelle im Sinne kleinerer Gemeinde- oder Dorfstrukturen, in denen Familien mit einem schwerbehinderten Familienmitglied wohnen können, gleichzeitig aber in einem unterstützenden nachbarschaftlichen und professionell abgesicherten Rahmen selber leben können, könnten hier ein mögliches Wohnmodell darstellen. Auch wenn dies als eine durchaus lokal exkludierende Wohnform bezeichnet werden kann, so ermöglicht die hier errichtete exklusive Lebenssituation eine inklusive Lebensqualität im engeren sozialen Raum, die beispielhaft sein könnte und damit auch Elemente der noch zu diskutierenden Gemeinwesenorientierung umfasst.

Angebote der Persönlichen Assistenz können eine Alternative darstellen, die es Menschen mit einer körperlichen oder mehrfachen Beeinträchtigung ermöglichen, eigene Formen der Lebensgestaltung in zahlreichen Bereichen zu erproben und zu leben. Dies betrifft die Bereiche des Wohnens, der Arbeit, der Freizeitgestaltung, ebenso aber auch der Elternschaft. Im Bereich des Wohnens kann das Modell der Persönlichen Assistenz individuelle Möglichkeiten eröffnen, die nicht mit einem Einrichtungsträger abgesprochen werden müssen, durchaus aber zahlreicher Absprachen bedürfen. Grundlage einer Persönlichen Assistenz ist das trägerübergreifende Persönliche Budget, welches seit 2008 in Deutschland beantragt werden kann. Auf der Basis einer Erhebung des individuellen Bedarfs eines Menschen mit einer körperlichen oder mehrfachen Beeinträchtigung werden die notwendigen Finanzmittel bereitgestellt, damit dieser persönliche Assistenten beschäftigen kann. Hierzu ist es notwendig, dass die beantragende Person differenziert darstellen kann, für welche Situationen eine personelle Unterstützung notwendig ist. In vielen Städten können für diese Beantragung Beratungsstellen der Selbsthilfeverbände angesprochen werden.

Ein Verwendungsnachweis wird im Idealfall mit dem Kostenträger ausgehandelt und der Assistenznehmer hat hierbei gewisse Freiräume. In der Praxis vieler Bundesländer bzw. Kommunen ist die Frage der Verwendungsnachweise immer noch ein großes Problem, da aus einer Haltung des Misstrauens heraus auch für geringe Ausgaben Belege vorgelegt werden müssen. Auch wenn es sicherlich möglich ist, dass ein Assistenznehmer Gelder für andere, zweckfremde Anliegen einsetzt oder ältere bzw. mental beeinträchtigte Menschen auch Opfer eines Betrugs werden könnten, so können intensiv kontrollierende Praktiken des Verwendungsnachweises doch erneut zu einer stark entmündigenden Situation führen. Dies gilt im Übrigen ebenfalls für die Phase der Antragstellung und die Berechnung der Höhe des zur Verfügung stehenden Persönlichen Budgets, das entsprechend der derzeitigen Vorgaben nicht über den früheren Ausgaben liegen darf und keine Beratungskosten beinhaltet. Auch wenn es in größeren Städten und Gemeinden entsprechende Beratungsangebote sowie Stellen gibt, die bei der betriebswirtschaftlichen Abrechnung der Assistenten oder auch der Gewinnung neuer Assistenten behilflich sind, so ist darauf hinzuweisen, dass die Nutzung des Persönlichen Budgets gewisse personelle und zeitliche Ressourcen erfordert. So muss der Assistenznehmer Mitarbeiter anwerben, aussuchen, einstellen, anleiten und begleiten, notfalls auch entlassen. Letztlich sind es unternehmerische Fähigkeiten, die allerdings zu einer deutlich höheren Lebenszufriedenheit führen können. Im positiven Fall bietet das in der Bundesrepublik derzeit noch wenig genutzte trägerübergreifende Persönliche Budget die Möglichkeit der selbstständigen, individuellen Lebensgestaltung. Hierzu aber wird es in den nächsten Jahren weiterer engagierter Initiativen bedürfen, die Menschen im Vorfeld beraten sowie bei der Nutzung des Persönlichen Budgets begleiten bzw. unterstützen.

Aufgabe der in der Körperbehindertenpädagogik tätigen Einrichtungen und ihrer Mitarbeiter, gerade auch in Leitungsfunktionen, wird zukünftig auch in ländlichen Regionen sein, neue vielfältige Wohnformen zu entwickeln, anzubieten und zu erproben, die den unterschiedlichen Bedürfnissen gerecht werden: dem Wunsch, alleine oder in kleineren Gruppen zu wohnen, als einzelnes Paar oder gemeinsam mit anderen Paaren; dem Bedürfnis nach persönlichem Freiraum, guten Pflegebedingungen, auch im Alter, und sicheren Wohnformen sowie vielem mehr (vgl. auch den Artikel von Westecker in diesem Band). Gerade in ländlichen Regionen sollten im Interesse der Nutzer auch institutionelle Kooperationen gesucht werden, die eine Realisierung unterschiedlicher Wohnformen ermöglichen, damit Wahlfreiheit in allen Regionen gegeben ist. In diesem Rahmen sollten auch Umzüge in andere Regionen möglich werden, auch wenn dies für die Kostenträger mit einem gewissen Aufwand verbunden ist. Eine weitere Herausforderung wird es sein, Wohnmöglichkeiten und Übergänge in diese zu entwickeln, die den Menschen mit einer körperlichen oder mehrfachen Beeinträchtigung gerecht werden, die bis ins hohe Alter hinein mit den Eltern, häufig den Müttern, zusammenleben. Auf der Basis eines ethischen Grundverständnisses, welches die Wahlfreiheit der Menschen mit einer körperlichen oder mehrfachen Beeinträchtigung zu einem zentralen Anliegen erklärt, sollten Träger von

Komplexeinrichtungen deutliche Initiativen entwickeln, mehr Ideen und Finanzmittel in die Entwicklung regionaler Wohnangebote zu investieren, als dies derzeit oftmals noch der Fall ist.

Menschen wohnen nicht nur in Wohnungen und Häusern. Entscheidend für deren bzw. unsere Lebensqualität ist auch die Einbindung in den öffentlichen Raum der Straße, des Stadtteils, des Kiezes oder des Sprengels, der eigenen Stadt. Hier setzt das Konzept der sozialraumorientierten Arbeit an, welches ermöglichen will, dass Menschen mit einer körperlichen oder mehrfachen Beeinträchtigung in ihrem Stadtteil, ihrer Gemeinde oder, weitergefasst, in ihrem Sozialraum leben und diesen nutzen können. Begreift man die ICF und die UN-Rechtskonvention mit ihrem Hinweis sowohl auf partizipationserschwerende und -eröffnende relevante Situationen als Aufgabe zur Gestaltung eines Gemeinwesens, dann ist es selbstverständlich, dass partizipationserschwerende Bedingungen erkannt und analysiert werden müssen, damit partizipationserleichternde Faktoren entwickelt werden können. Eine auf das Gemeinwesen orientierte Sicht betrachtet alle Möglichkeiten des individuellen und gemeinsamen selbst gewählten bzw. angestrebten Lebens bzw. alle Aktivitäten im Stadtteil: Möglichkeiten des Einkaufens ebenso wie sportliche und weitere kulturelle Möglichkeiten, wozu neben dem Besuch eines Fußballspiels oder eines Konzerts auch der Besuch einer Kneipe, eines Restaurants oder eines Gottesdienstes gehören können. Hierzu zählen die notwendigen Mobilitätsmöglichkeiten ebenso wie die Möglichkeiten, einen öffentlichen Spielplatz oder ein Internetangebot nutzen zu können. Hier ist Raum für zahlreiche Initiativen der jeweiligen Veranstalter und Unternehmer, seien dies Sportvereine, Supermärkte, Konzerthäuser, Kinos, Kirchengemeinden, kommunale Einrichtungen oder die Verkehrsbetriebe einer Stadt oder Gemeinde. Private Initiativen, wie die von Krauthausen initiierte Wheelmap oder die Initiative „Wheelramp", sollen hier genannt werden und neben der privaten gesellschaftlichen Initiative können und werden sich hier sicherlich auch zahlreiche Selbsthilfegruppen, Schulklassen an Förderschulen und allgemeine Schulen, aber auch Gruppen aus Einrichtungen der klassischen Behindertenhilfe einbringen können. Es hat den Anschein, als würde eine zunehmend höhere gesellschaftliche und staatliche Aufmerksamkeit in den letzten Jahren diesen Prozess unterstützen. Doch ist es notwendig, auch diese Entwicklungen kritisch zu begleiten, denn wo z. B. Aufgaben der öffentlichen Hand nur nach Kostengesichtspunkten vergeben werden, gerät die Schaffung von Barrierefreiheit leicht aus dem Blick, wenn diese Kosten verursacht, oder sie verliert an Bedeutung und wird in deutlich bescheidenerem Umfang realisiert.

Die mit dem Konzept der Sozialraumorientierung verbundene Hoffnung auf eine Verminderung professionell notwendiger Unterstützungsleistungen muss ebenfalls kritisch betrachtet werden (vgl. Dahme et al. 2011, 2012). Unsere Gesellschaft ist nicht nur sozial, sondern auch konkurrenzorientiert, sie kennt Anteilnahme und Unterstützung ebenso wie Unachtsamkeit, Schadenfreude und Kriminalität. Es ist deshalb notwendig, dass ambulante, im Sozialraum handelnde professionelle Unterstützungssysteme auch zukünftig entwickelt und betrieben werden, deren Auftrag es ist, für Menschen mit einer körperlichen oder mehrfachen Beeinträchtigung individuell gewünschte Lebensgestaltungen zu ermöglichen, ohne allerdings private Initiativen ersetzen zu können (vgl. Weber 2013). So werden neben vielen inklusiven Wohnsituationen durchaus auch Wohnformen eine Berechtigung haben, in denen Menschen mit spezifischen Beeinträchtigungen mehr unter sich leben, ohne aber von ihrer Umwelt ausgeschlossen zu werden. Die Entwicklung und Aufrechterhaltung sozialraumintegrierender Wohn- und Lebensmöglichkeiten hängen nur zu einem gewissen Teil von finanziellen Aspekten oder dem Engagement der Professionellen ab. Zumeist sind die Einstellungen aller Bewohner und an diesem Prozess Beteiligter, ihre Phantasie und Kreativität sowie die Bereitschaft, sich auf neue Begegnungen und Entwicklungen einzulassen, relevanter.

4.2 Universelles Design

Um die Nutzung der vielfältigen gesellschaftlichen Angebote zu ermöglichen, ist es notwendig, diese bewusst weiterzuentwickeln und so zu planen, dass oftmals bereits bei der Planung öffentlicher Einrichtungen oder Flächen, ebenso wie medialer Angebote, die heute einen breiten Raum einnehmen, Aspekte umfassender Barrierefreiheit reflektiert und berücksichtigt werden. Nur so können dauerhaft Menschen mit Beeinträchtigungen, unabhängig davon, ob diese durch eine Beeinträchtigung im frühen oder späteren Lebensalter auftreten, oder auch Menschen, die einen Kinderwagen schieben, in die Lage versetzt werden, Räume und Angebote zu nutzen, ohne aufwändig nach individuellen Zugangsmöglichkeiten zu suchen oder diese einfordern zu müssen. Ein derartiges Denken ist grundlegend für das sogenannte „Ambient Assisted Living"-Konzept (vgl. Driller 2009) oder das Konzept des Universellen Designs (vgl. Fisseler 2015), welche einerseits davon ausgehen, dass Professionelle, also z.B. Architekten, Informatiker und viele andere Berufsgruppen, Grundgedanken der Barrierefreiheit bereits in ihren Planungen berücksichtigen und gleichzeitig die praktischen Lebenserfahrungen der Menschen mit einem Unterstützungsbedarf aktiv im Rahmen eines gesellschaftlichen Diskurses einbezogen werden.

In diesem Kontext muss auch das Konzept der Leichten Sprache Erwähnung finden, welches eine Form barrierefreier Kommunikation ermöglichen will (Lebenshilfe Bremen 2013). Dieses in den letzten zehn Jahren immer breiter realisierte Konzept kann sicherlich verbesserte gesellschaftliche Partizipationsmöglichkeiten für zahlreiche Menschen, die sich selbst als lernbeeinträchtigt beschreiben, schaffen. Hiervon profitieren ebenso aber auch andere Personengruppen, wie z.B. Personen, die als funktionale Analphabeten beschrieben werden und in Deutschland etwa 7,5 Millionen Personen umfassen (vgl. Grotlüschen & Riekmann 2012). Rechtlich und persönlich relevante Texte, aber auch Nachrichten und viele Sachverhalte können in einfachen Sätzen so ausgedrückt werden, dass deutlich mehr Menschen diese verstehen und z.B. ihre Rechte nutzen bzw. einfordern können. Auch können Texte in Leichter Sprache einen Zugang zu zahlreichen weiteren kulturellen Ausdrucksformen eröffnen. Da das Konzept der Leichten Sprache aber z.B. Relativsätze oder sprachliche Zukunftsformen nicht benennen kann, wird diese Form der Kommunikation immer auch eine Form sein, die sprachlich erarbeitet, begleitet und umgesetzt werden muss durch sprachlich elaboriert kommunizierende Personen. Leichte Sprache ermöglicht in vielen Fällen sicherlich Partizipation, hat aber ihre Grenzen in der Darstellung komplexer Sachverhalte. Gesellschaftliche Wirklichkeit ist aber komplex und zumeist nicht umfassend in einfachen Zusammenhängen verstehbar.

Auch die Unterstützte Kommunikation muss an dieser Stelle benannt werden, die zwar nicht mit dem Ansatz des Universellen Designs verbunden wird, aber im Kontext der Leichten Sprache eine Kommunikationsmöglichkeit darstellt, die für viele Menschen mit einer körperlichen oder mehrfachen Beeinträchtigung, die nicht aktiv sprachlich kommunizieren können, eine wesentliche Möglichkeit darstellt, aktiv Kommunikation zu gestalten und nicht abzuwarten, bis eine Ansprache erfolgt (siehe hierzu zahlreiche Veröffentlichungen unter www.isaac.de).

4.3 Soziales Leben

Ein Leben in möglichst freigewählten Lebensvollzügen hängt natürlich von vielen Faktoren ab, neben eher sachorientierten Fragen wie der nach den Wohnmöglichkeiten, der Nutzung der angebotenen Freizeit- und Kulturangebote und vielem mehr hängt es für die meisten Menschen vor allem am Eingebundensein in soziale Netzwerke, seien dies Freunde, Freundeskreise, Gruppen, die sich aus persönlichen Interessen entwickeln, oder auch Verbände, denen der Einzelne bewusst beitritt. Dies sind, außer im Bereich der Familie, bewusste Entscheidungen und um diese zu treffen, erscheint es notwendig, hier für eine gewisse Transparenz der Angebote zu sorgen. Die zahlreich im Internet vorhandenen Kontaktangebote ermöglichen ebenso die Entstehung eines Gefühls der Eingebundenheit und können für manchen eine Alternative zu konkreten Kontakten, zum persönlichen Austausch darstellen. Gerade bei sehr schweren Beeinträchtigungen, die weniger mental verursacht sind, ist dies eine wichtige neue Entwicklung. Doch erscheint es notwendig, auch hier Möglichkeiten des Austauschs mit realen Personen zu eröffnen, mit der Chance, virtuellen Kontakten auch persönlich zu begegnen. Ein Angebot zum persönlichen Austausch können natürlich auch Gruppen ähnlich beeinträchtigter Menschen sein, die sich über Erfahrungen mit ihrer Umwelt austauschen, ebenso aber viele andere gemeinsame Aktivitäten planen und realisieren. Natürlich stellt eine solche Gruppenbildung eine freigewählte „Segregation" dar, aber es ist ein Trugschluss zu meinen, dass Menschen mit Beeinträchtigungen nur inklusiv leben, wenn sie sich ununterbrochen in allgemeinen Gruppenkonstellationen aufhalten. Auch Selbsthilfegruppen stellen eine Art exklusive Konstellation dar, die aber bewusst gewählt und nicht zwangsweise herbeigeführt wurde. In diesem Kontext wird es auch zukünftig wichtig sein, spezifische Angebote durch Professionelle aus dem Feld der Körperbehindertenpädagogik zu entwickeln, in denen sich Menschen mit körperlichen und mehrfachen Beeinträchtigungen austauschen können, in denen ihnen achtsam begegnet wird und sie den Raum haben, auch unterstützt zu kommunizieren, ohne den allgemeinen beschleunigten Kommunikationsregeln entsprechen zu müssen.

Neben diesen sozialen Bezügen, dem Austausch mit Freunden und Bekannten, werden sicherlich die meisten Menschen nach einem Partner oder einer Partnerin suchen, mit der sie oder er ihr oder sein Leben teilen wollen, in der intime Nähe möglich wird, Sexualität gelebt und möglicherweise sogar eine Familie gegründet werden kann. Dies ist ein Lebensbereich, der am ehesten in individuellen oder partnerschaftlichen Wohnformen, ggf. mit Assistenz, gelebt werden kann. Träger von Wohnangeboten, unabhängig davon, ob in Form kleinerer Wohnheime oder von Wohngruppen, haben hier immer noch große Probleme, derartige Angebote zu eröffnen, sind unsicher, und selbst wenn die Bereitschaft besteht, auch diese Dimensionen menschlichen Lebens zu eröffnen, wissen sie oftmals nicht, wie sie sich als Träger, aber auch als einzelne/r MitarbeiterIn verhalten können (vgl. Ortland 2013). Es ist davon auszugehen, dass die klassische Sichtweise des behinderten Menschen als asexuellem Wesen zwar zurückgegangen ist, dass aber ein neues Bild des gleichberechtigt, ggf. mit Unterstützung seine Sexualität lebenden Menschen mit einer Beeinträchtigung noch nicht Raum ergriffen hat. Hinzu kommen gerade bei religiös orientierten Trägern oftmals konservative Vorstellungen, die aufgrund von von außen nicht nachvollziehbaren Entscheidungen glauben, das Recht zu haben, anderen Menschen vorschreiben zu dürfen, wie sie ihre Sexualität leben dürfen. Andererseits ist es ebenso wichtig, sexuelle Ausdrucksformen zu kultivieren und auf eine Weise auszuleben, die sowohl für den Partner als auch den sozialen Rahmen, in dem ein Mensch sich bewegt, akzeptabel sind und befriedigende Freiräume eröffnen. Bis es zur Einrichtung eines „intimen Raumes" in Wohn- oder Pflegeheimen kommt, wie er in dem französischen Kurzfilm „Nimm mich" (Barbeau-Lavalette & Turpin 2015) mit seinen Möglichkeiten, aber auch Problemen, nicht zuletzt für die Mitarbeiter, vorgestellt wird, wird es wohl noch einige Zeit dauern. Es gilt, gerade auch in diesem Handlungsfeld neue Ideen und Möglichkeiten zu entwickeln, zu erproben und zu reflektieren, letztlich zu experimentieren. Wobei alle Beteiligten lernen müssen, ihre Gedanken einzubringen, damit nicht stillschweigend Regeln gesetzt, Anforderungen bzw. Ansprüche formuliert werden, die die Beteiligten überfordern und in Folge dessen möglicherweise stillschweigend erneut zurückgenommen werden.

Dies gilt auch für die Lebenssituation der Elternschaft von Eltern mit einer körperlichen Beeinträchtigung. Hermes konnte die Situation einiger Mütter mit einer körperlichen Beeinträchtigung dokumentieren (vgl. Hermes 2003). In ihren Studien wurde deutlich, dass die Frauen häufig auf sich alleine gestellt sind und eher kritisch durch ihre Umwelt beobachtet werden (ebd., 269f.). In einer kleineren Studie von Woyke (2015) konnten diese Ergebnisse im Jahr 2015 weitgehend bestätigt werden, doch wurde ebenso von positiven Erfahrungen berichtet. Mütter mit einer körperlichen Beeinträchtigung erzählten von wohlwollender Unterstützung und Wahrnehmung des sozialen Umfeldes sowie des Jugendamtes. Es wäre schön, wenn sich diese Erfahrungen zunehmend verbreiten würden. Sicherlich stellt die Elternrolle Menschen mit einer körperlichen und noch deutlich stärker mit einer mehrfachen Beeinträchtigung vor große Herausforderungen und sicherlich ist auch die Situation des oder der Kinder im Einzelfall differenziert zu betrachten. Die Befragungsergebnisse sowohl von Hermes als auch von Woyke verweisen jedoch darauf, dass Eltern mit einer körperlichen Beeinträchtigung ebenso hinreichend gute Eltern wie andere Eltern auch sein können, sie jedoch eine engagierte und vor allem auch in praktischer Hinsicht konkrete Unterstützung benötigen, die weit über einfache Assistenzdienste hinausgeht.

4.4 Erfahrungen im medizinischen Bereich

Das Thema der Sexualität und Schwangerschaft leitet im weiteren Sinne über zur Erörterung des medizinischen Bereichs, der sich auch im Jahr 2015 als durchaus schwierig und entwicklungsbedürftig erweist, um den in der UN-Konvention geforderten Ansprüchen an eine medizinische Behandlung, die Menschen mit körperlichen und mehrfachen Beeinträchtigungen nicht benachteiligt, gerecht zu werden (Landeshauptstadt München 2014, 33). Martin wies noch 2010 auf der Basis mehrerer Studien darauf hin, dass bei Menschen mit einer schweren körperlichen oder geistigen Beeinträchtigung Schmerzen deutlich schlechter erkannt werden (ebd., 256), und für Menschen, die nur unterstützt kommunizieren oder mental erheblich beeinträchtigt sind, stellen sich bei der ärztlichen Behandlung, im Krankenhaus oder in einer psychotherapeutischen Situation, ganz schnell Probleme der zeitlichen Begrenzung ein, die aufgrund der gegebenen durchschnittlichen Behandlungszeiten dazu führen können, dass die Behandlungen nicht angemessen sind, die Patienten keine Möglichkeit haben, ihre Interessen einzubringen oder überhaupt kein entsprechendes Angebot, z. B. in psychotherapeutischen Settings, erhalten. Die Verbesserung der Qualität der medizinischen Behandlung stellt deshalb gerade für mehrfach beeinträchtigte Menschen eine immer noch gegebene große Herausforderung für das Gesundheitswesen dar. Seit einigen Jahren aber wird in mehreren Arbeitsgruppen an der Entwicklung angemessener Standards und Finanzierungsmöglichkeiten gearbeitet. Deutlich geworden ist, dass ortsnahe, ambulante sowie stationäre Behandlungen begleitet werden müssen. Diese Begleitung sollte nicht nur durch Freiwillige, sondern auch durch fachkundige, im Sinne kommunikationsfähiger, im medizinischen System erfahrener, Begleiterinnen und Begleiter erfolgen. Derartige unbedingt notwendige Maßnahmen sollten durch alle Krankenkassen finanziell abgesichert werden. Zudem müssen zukünftig gleichermaßen regionale Unterstützungsangebote als auch spezialisierte medizinische Einrichtungen in den Bundesländern entwickelt werden, die eine anspruchsvolle Versorgung sicherstellen. Es bleibt abzuwarten, ob die gegenwärtig geplanten „Medizinischen Behandlungszentren für erwachsene Menschen mit geistiger Behinderung oder schweren Mehrfachbehinderungen", in denen auch nichtärztliche Leistungen, entsprechend der Sozialpädiatrischen Zentren im Kindes- und Jugendalter, finanziert werden sollen, im Jahr 2016 endlich realisiert werden. Dies wäre ein deutlicher Schritt hin zu einer besseren medizinischen Versorgung für Menschen mit mehrfachen Beeinträchtigungen (vgl. Bundesverband 2015, 30f.).

Ein ganz praktisches Problem ist zudem, gerade für motorisch stärker beeinträchtigte Menschen, oftmals die Frage der Erreichbarkeit bzw. Barrierefreiheit medizinischer Einrichtungen. Die individuell angemessene bzw. notwendige Versorgung mit Hilfs- und Pflegemitteln stellt ein weiteres, immer wieder auftretendes Problem von Menschen mit körperlichen und mehrfachen Beeinträchtigungen sowie ihren Angehörigen dar, die davon berichten, dass Krankenkassen immer wieder versuchen, ihre Angebote zu standardisieren, oder nicht geeignete bzw. zu geringe Mengen an Hilfsmitteln zur Verfügung stellen, um Kosten zu sparen (vgl. beatmet leben 2015).

4.5 Arbeit und Beschäftigung, Ausbildung und Studium

Ein zentraler Lebensbereich des Erwachsenenlebens wird bewusst zum Ende dieses Artikels angesprochen, obwohl er für die meisten Mitglieder unserer Gesellschaft eine zentrale Bedeutung hat, ihr Selbstbewusstsein beeinflusst und in aller Regel die materiellen Grundlagen ihrer Existenz sichert: die menschliche Arbeit, präziser die Erwerbsarbeit. Während für Menschen, die eine körperliche Beeinträchtigung aufweisen, inzwischen vielfältige Möglichkeiten einer Berufstätigkeit gegeben sind, scheinen sinnerfüllte und ein unabhängiges Lebens ermöglichende Formen der Erwerbsarbeit für mehrfach beeinträchtigte Menschen immer noch nicht möglich. Zahlreiche Studien belegen, dass Arbeit identitätsstiftend im positiven wie auch negativen Sinn sein kann und dass in der Arbeit soziale Kontakte geknüpft werden (vgl. Jahoda et al. 1975). Arbeit kann ebenso negative Wirkungen entfalten, wenn sie überfordernd ist, zu gering bezahlt wird oder die Arbeitsbedingungen zu unkollegialen Verhaltensweisen führen. Ohne Arbeit geht es den meisten Menschen eher schlecht. Arbeitslosigkeit wirkt sich auf das Wohlbefinden, den Gesundheitszustand, ja sogar die Lebensdauer negativ aus (Robert-Koch-Institut 2003, 20). Es ist davon auszugehen, dass die allermeisten Menschen mit körperlichen und mehrfachen Beeinträchtigungen einer Arbeit, am besten einer angemessen bezahlten Erwerbsarbeit nachgehen wollen. Doch ist dieses Interesse in einer vor allem am Gewinn orientierten Gesellschaft, auch wenn die Arbeitsgesetzgebung sozialrechtlich geprägt ist, nur schwer umzusetzen. Unternehmen erwarten zumeist, dass ihre Arbeitskräfte alle notwendigen Voraussetzungen mitbringen und selber erhalten, und werden aufgrund der konkurrenzorientierten Struktur des Weltmarktes in aller Regel dazu neigen, Arbeiten dort verrichten zu lassen, wo sie am wenigsten für die entsprechende Ausrüstung der Arbeitskräfte bzw. für die Versorgung gesundheitlich geschädigter Menschen zahlen müssen. Diese Darstellung ist allgemein und die 'soziale Marktwirtschaft in der Bundesrepublik Deutschland schafft Situationen, in denen die Schärfe dieses Grundkonflikts oftmals nicht hervortritt, doch letztlich besteht er auch bei uns.

Körper- und mehrfachbehinderte Menschen, die von Geburt an oder in den ersten Lebensjahren eine Beeinträchtigung erfuhren, stellen innerhalb der Bevölkerung bzw. der Arbeitnehmerschaft eine marginale Gruppe dar. Zudem unterscheiden sich die spezifischen Lebensbedingungen und konkreten Arbeitsmöglichkeiten auch innerhalb dieses Personenkreises erheblich. Obwohl generelle

Aussagen daher schwierig sind, sollen einige grundlegende Hinweise für unterschiedliche Personengruppen erörtert werden.

Körperliche Beeinträchtigungen führen oftmals dazu, dass spezifische Anpassungen notwendig sind, damit stärker beeinträchtigte Menschen beruflich tätig werden können. In akademischen Berufen ist die Schaffung derartiger Voraussetzungen oftmals leichter möglich und durch zahlreiche elektronische Hilfsmittel können Akademiker in diesem Feld interessante berufliche Perspektiven entwickeln, Arbeitsplätze finden und ein gutes, auch über dem Durchschnitt liegendes Einkommen erzielen. Schwierig stellt sich aber selbst für Personen mit einer Hochschulzugangsberechtigung derzeit noch die Organisation eines Studiums in einem gewünschten Fach an einer beliebigen Universität oder Hochschule für angewandte Wissenschaften dar. Studierende mit Beeinträchtigungen haben zwar das Recht, wenn sie das Abitur erworben haben, an jeder Hochschule oder Universität zu studieren; ob sie dies aber konkret können, hängt von zahlreichen Faktoren ab. Zu nennen sind hier Aspekte der Barrierefreiheit und Zugänglichkeit, ebenso aber der barrierefreien Mobilitätsangebote innerhalb einer Stadt oder deren Wohnmöglichkeiten, die oft genug schon von der Anzahl her begrenzt sind. Zu beachten sind ebenso Fragen einer barrierefreien Didaktik, der personellen Assistenz und im Vorfeld bereits der Beratung. Auch wenn davon auszugehen ist, dass Menschen mit einer körperlichen Beeinträchtigung, die das Abitur erworben haben, in der Lage sind, ihre Interessen einzubringen und ihr Studium strukturiert anzugehen, so macht es z. B. einen deutlichen Unterschied, ob Hochschulen und Universitäten bereits im Vorfeld eine unterstützende Beratungsstelle eingerichtet haben, die die Studieninteressierten sowie ihre Angehörigen umfassend beraten kann (vgl. Lelgemann et al. 2013).

Ist das Studium abgeschlossen und eine gut bezahlte Arbeit gefunden, stellt sich für Menschen mit stärkeren körperlichen Beeinträchtigungen, die noch weitere Hilfen der überörtlichen Sozialhilfeträger in Anspruch nehmen, eine Situation ein, in der sie nur einen begrenzten Teil ihres Einkommens behalten und Vermögenswerte nur bis zur Höhe von 2600 Euro ansammeln dürfen. Die Frage, warum jemand, außer aus persönlicher Freude am Studium, einen oftmals mühsamen beruflichen Weg gegangen ist, stellt sich dann durchaus, wenn kein Vermögen erworben und die Anschaffung eines eigenen Autos oftmals kaum möglich ist. Verstärkt gilt dies, wenn diejenige Person auch noch das Lebensglück eines Partners oder einer Partnerin erfährt, die zufällig nicht beeinträchtigt und ebenso zufällig auch einer gut bezahlten Arbeit nachgeht, denn dann wird diese(r) ebenso zur Bezahlung der entstehenden Kosten beitragen müssen, und die derzeit geltenden vermögensrelevanten Bestimmungen gelten auch für diese(n). Im Sommer 2016 liegt der Entwurf eines neuen Bundesteilhabegesetzes vor. In ihm sind deutlich höhere Freibeträge genannt. Dies ist eine der wenigen positiven Verbesserungen, die sich im Gesetzentwurf finden. Zahlreiche Veränderungen und Neuformulierungen führen zu neuen und erheblichen Erschwernissen in vielen Lebensbereichen für Menschen mit Beeinträchtigungen und ihre Angehörigen. Nach der konstruktiv erlebten Beteiligung der Menschen mit Beeinträchtigungen und ihrer Verbände im Vorfeld des Gesetzentwurfs kam es im April 2016 zur ernüchternden Feststellung, dass viele neue Regelungen eher zu einer

Schlechterstellung führen könnten. Auf die kurz vor Erscheinen dieses Buches intensiv geführten öffentlichen Diskussionen, publizierten Stellungnahmen und Aktivitäten, die durchweg im Internet dokumentiert sind, kann hier nur verwiesen werden. Die Entwicklung zeigt, wie bedeutsam die engagierte, kritische und vor allem kontinuierliche Begleitung solcher Prozesse durch alle Beteiligten ist. Sicherlich wird dies erneut bei der Ausgestaltung des im Herbst 2016 vermutlich abgeschlossenen Gesetzgebungsprozesses notwendig sein.

Ein wesentlich größerer Teil der Menschen mit einer körperlichen oder mehrfachen Beeinträchtigung wird diese Probleme allerdings nicht haben, sondern das Problem, keinen Ausbildungsplatz in einem allgemeinen Betrieb zu erhalten und die Ausbildung in einer besonderen Einrichtung, wie z.B. einem Berufsbildungswerk, absolvieren zu müssen. Ein vielleicht noch größerer Prozentsatz der Menschen mit einer mehrfachen Beeinträchtigung wird nicht einmal einen Ausbildungsplatz angeboten bekommen, sondern eine Beschäftigung in einer Werkstatt für behinderte Menschen, und eine weitere Personengruppe wird selbst diesen nicht angeboten bekommen. Wie ist diese Situation angesichts der Aussagen des Art. 27 der UN-Konvention über das Recht auf Arbeit für alle Menschen mit einer Beeinträchtigung einzuschätzen?

Aus der Perspektive der Körperbehindertenpädagogik ist einerseits zu fordern, jedem Menschen eine Arbeit zu ermöglichen, die ihm Freude bereitet, die ihm ermöglicht, an der Erstellung eines Produkts oder einer Dienstleistung beteiligt zu sein, zu erleben, dass diese wertgeschätzt wird, und dass er bzw. sie von dieser Arbeit leben kann. Doch ist ebenfalls zur Kenntnis zu nehmen, dass in Deutschland eine politische Gesetzgebung gilt, die z.B. den Wunsch nach Arbeit auch sehr schwer beeinträchtigter Menschen ernst nimmt, ihn aber nicht in Form einer Erwerbsarbeit ermöglicht, sondern eine Arbeit im Sinne einer Beschäftigung anbietet und damit soziale Partizipation abzusichern versucht. So kritisch diese Situation zu reflektieren ist, so ist sie doch ein Angebot, das sich selbst in stärker integrations- und inklusionserfahreneren Staaten oftmals nicht findet.

Die seit Ende der 1980er Jahre sich entwickelnden Initiativen zur beruflichen Integration (Integrationsfachdienste, Unterstützte Beschäftigung) beziehen bei kritischer Analyse vor allem Menschen mit einer mentalen Beeinträchtigung ein, die ihre Hände zielgerichtet einsetzen können und die mit Anleitung weitestgehend zu einer selbstständigen Lebensführung befähigt sind. Die ebenfalls seit Mitte der 1990er Jahre immer wieder entstandenen Angebote für Menschen mit körperlichen bzw. mehrfachen Beeinträchtigungen mit dem Ziel der Integration in eine Beschäftigung konnten schließlich zumeist nur recht leicht motorisch beeinträchtigte Menschen vermitteln. Auch ein Blick in den europäischen Raum zeigt, dass die dort tätigen integrativen Fachdienste oder Integrationsfirmen sich oftmals auf den gleichen Personenkreis orientieren und schwerer beeinträchtigte Menschen dann in nur beschäftigungsorientierten oder pflegenden Einrichtungen ohne Arbeitsangebote leben. Die wenigen in Deutschland tätigen Einrichtungen, die sich speziell mit der Entwicklung von Arbeitsangeboten für Menschen mit einem hohen Maß an personellem und technischem Unterstützungsbedarf beschäftigen, belegen, dass eine erfolgreiche aktive Mitarbeit möglich ist, aber ein hohes Maß an Engagement und technischem Fachwissen erfordert. Gleiches gilt ebenso für die wenigen bekannten integrativen Arbeitssituationen, in denen Personen mit einem sehr hohen Unterstützungsbedarf tätig werden (vgl. Lelgemann 1999; Lamers 2011).

Vor diesem Hintergrund ist die seit einigen Jahren bestehende Forderung nach Reduzierung oder gar Auflösung der Werkstätten für behinderte Menschen durchaus kritisch zu betrachten. Von diesen ist vielmehr mit Sackarendt, Knapp, Scheibner und Greving (vgl. 53 Grad Nord 2015) zu fordern, dass sie sich hin zum allgemeinen Arbeitsmarkt öffnen, sich als Inklusion anstrebender Teil des Arbeitsmarktes verstehen und dass sie ihre Bemühungen um eine berufliche Inklusion deutlich verstärken, indem sie individuelle Arbeitsangebote für die einzelnen Beschäftigten entwickeln und ebenso wie Berufsbildungswerke, die eine Ausbildung in einem spezialisierten Rahmen ermöglichen, ihre Außenkontakte wesentlich intensivieren und vielfältige Möglichkeiten der Kooperation im beruflichen Bildungsbereich mit Betrieben des ersten Arbeitsmarktes nutzen. Doch ist der Autor sehr skeptisch, was die berufliche Integration körperlich, vor allem aber mehrfach beeinträchtigter Menschen betrifft. Für viele wäre die Alternative zur Arbeit in der Werkstatt oder in einer Tagesförderstätte ein Leben in einer Wohngruppe oder mit Assistenz in einer Einzelwohnung, ohne Arbeitsangebot und ohne wechselnde soziale Gruppen. Ob dies ein qualitatives Mehr an gesellschaftlicher Inklusion bedeuten würde, ist sicherlich nur im Einzelfall zu beurteilen, es ist aber aus Sicht der Körperbehindertenpädagogik durchaus zu hinterfragen.

Für Menschen mit einer körperlichen und mehrfachen Beeinträchtigung wird es in den nächsten Jahren notwendig sein, die im Ausbildungs- und im Berufsbereich vorhandenen Möglichkeiten durch eine umfassende Beratung bekannt zu machen und Schwachstellen der vielfältigen Systeme systematisch zu beseitigen, damit Wahlmöglichkeiten genutzt werden können. Integrative bzw. inklusive berufliche Bildungsmöglichkeiten auf dem ersten Arbeitsmarkt ebenso wie in spezialisierten Einrichtungen müssen intensiv entwickelt werden. Vielfältige Tätigkeitsmöglichkeiten in Werkstätten und Tagesförderstätten, ebenso aber in den hier nicht angesprochen Handlungsformen der Integrationsfirmen sind auch zukünftig weiterzuführen und Übergänge durch Kooperationen zwischen Firmen des ersten Arbeitsmarktes und der besonderen Arbeitsmärkte anzustreben, vielleicht auch in zeitlich begrenzter Form. Auch hier gilt es, dass sich Fachkräfte aus dem Feld der Körperbehindertenpädagogik und zahlreicher anderer Bereiche gemeinsam mit den Menschen mit einer körperlichen oder mehrfachen Beeinträchtigung um die Entwicklung neuer Wahlmöglichkeiten bemühen und diese als Herausforderungen der täglichen Arbeit begreifen. Für die Professionellen in diesen Feldern werden demgemäß sowohl Beratung als auch Innovationen und die systematische Entwicklung neuer Arbeitsangebote wichtige Arbeitsschwerpunkte darstellen.

4.6 Perspektiven

Welchen Beitrag kann die Körperbehindertenpädagogik bzw. können Professionelle mit einer derartigen Qualifikation für die Gestaltung des Lebens als erwachsener Mensch mit einer körperlichen, vor allem aber einer mehrfachen Beeinträchtigung einbringen? Wie kann die Inklusion und Partizipation erwachsener Menschen mit einer körperlichen oder mehrfachen Beeinträchtigung unterstützt werden? Professionelle bzw. ihre Institutionen können und sollten beratend strukturelle Bedingungen mitgestalten sowie vielfältige Angebote entwickeln bzw. realisieren, die Menschen mit einer körperlichen oder mehrfachen Beeinträchtigung wahlweise zur Verfügung stehen: seien dies unterschiedliche Arbeits- und Wohnangebote, Mobilitätsangebote in einer Kommune, unterstützende Dienstleistungen im kulturellen, sportlichen, kreativen bzw. umfassend im Freizeitbereich (vgl. insb. hierzu Wilken 2015), Beratungsangebote zur Realisierung individueller Lebensentwürfe oder auch beratend bei Verbänden, Parteien oder Regierungen bzw. Ministerien.

Vornehmlich körperbehinderte Menschen werden sich vermutlich in hohem Maße in Selbsthilfegruppen organisieren, zumindest informieren. Auch sie benötigen fachkompetente Mitarbeiter bei den Kostenträgern, die sie in ihren Interessen und Anliegen unterstützen. Menschen mit einer mehrfachen oder mit einer sehr schweren Beeinträchtigung und ihre Angehörigen werden in deutlich intensiverem Maße auf fachlich kompetente und unabhängige Beratung, Unterstützung und Begleitung angewiesen sein, damit sie ihre persönlichen Perspektiven weitestgehend verwirklichen können. Neben der Beratung werden hier sicherlich auch konkrete Unterstützungsleistungen z. B. bei der Antragstellung für das Persönliche Budget, ebenso aber der Realisierung der Persönlichen Assistenz und der Assistenzleistung selber notwendig sein. Nicht zuletzt ist davon auszugehen, dass gerade in einer Zeit, in der Inklusion bedeutet, sich von Anbietern der klassischen Behindertenhilfe zu entfernen, Eltern bzw. Angehörige eine immer größere Bedeutung und Verantwortung bekommen und übernehmen. Eltern und Angehörige, so lebenserfahren sie sind, bleiben auf kompetente, unabhängige und transparente Beratung und Unterstützung angewiesen; gerade auch dann, wenn die eigenen Kräfte weniger werden, das Wohnen im Elternhaus nur noch schwer zu bewältigen ist und neue Organisationsformen entwickelt werden müssen. Die Herausforderung für die Trägerorganisationen innerhalb der Körperbehindertenpädagogik liegt in den nächsten Jahren darin, den Wunsch nach Inklusion ebenso ernst zu nehmen wie die Erfahrung von Sicherheit und stabiler Begleitung und Versorgung im Alltag. Derzeit liegen in zahlreichen Bereichen genügend praktische Beispiele vor, die es weiterzuentwickeln gilt und die in die Fläche getragen werden müssen. Bisher werden viele der in diesem Artikel skizzierten Projekte im städtischen Milieu angeboten. Es wäre eine deutliche Verbesserung der Wahlfreiheit, wenn diese vielfältigen Angebote, die ein Leben interessant und anregend machen können, zukünftig auch in ländlichen Regionen selbstverständlich möglich wären. Dies ist natürlich nicht nur ein exklusiver Auftrag an „die" Körperbehindertenpädagogik, sondern an die Gesellschaft in ihrer Breite. Da nicht davon auszugehen ist, dass derartige Prozesse der Öffnung für Menschen mit körperlichen oder mehrfachen Beeinträchtigungen bzw. Beeinträchtigungen im Allgemeinen automatisch geschehen, etwa weil unsere Gesellschaft älter wird oder weil inklusives Denken unser aller Handeln und Denken bestimmen würde, ist es weiterhin notwendig, dass Professionelle aus der Körperbehindertenpädagogik hier initiativ werden und neue Entwicklungen mit Phantasie und Kompetenz anstoßen und verwirklichen.

Literatur

53 Grad Nord (2015): Die Werkstatt neu denken. http://www.53grad-nord.com/fileadmin/dokumente/newsletter2014/14-juli-1.html (Zugriff am 08.06.2015)

Barbeau-Lavalette, A./Turpin, A. (2015): Nimm mich. Kurzfilm. Arte. http://www.arte.tv/guide/de/055152-000/nimm-mich#arte-header. Eingesehen am 08.06.2015.

Beatmet leben (2015): Wie viele Windeln braucht der Mensch? 4. Leimersheim. 24–25.

Becker, U. (2015): Die Inklusionslüge. Behinderung im flexiblen Kapitalismus. Bielefeld.

Bundesministerium für Arbeit und Soziales (2013): Teilhabebericht der Bundesregierung über die Lebenslagen von Menschen mit Beeinträchtigungen. Teilhabe – Beeinträchtigung – Behinderung. Berlin.

Bundesverband evangelische Behindertenhilfe e. V. (2015): Medizinische Zentren für erwachsene Menschen mit Behinderung. In: BEB-Informationen. Berlin. 30–31.

Bundesverband körper- und mehrfachbehinderte Menschen e. V. (Hrsg.) (2015): Das Band – Freizeitgestaltung für Kinder- und Jugendliche 45 (1). Düsseldorf.

Dahme, H.-J./Wohlfahrt, N. (2011): Sozialraumorientierung in der Behindertenhilfe: alles inklusive bei niedrigen Kosten? In: Teilhabe 4. 148–154.

Dahme, H.-J./Wohlfahrt, N. (2012): Der Sozialraum als Rettungsanker des Sozialstaats mit antikapitalistischer Durchschlagskraft? In: Teilhabe 2. 69–70.

Daut, V. (2005): Leben mit Duchenne Muskeldystrophie. Bad Heilbrunn.

Driller, E. (Hrsg.) (2009): Ambient Assisted Living: Technische Assistenz für Menschen mit Behinderung. Freiburg.

Fisseler, B. (2015): Universal Design im Kontext von Hochschule und Hochschulbildung; Forum D, Beitrag D11-2015 unter www.reha-recht.de (Zugriff am 15.04.2015)

Fries, A. (2005): Einstellungen und Verhalten gegenüber körperbehinderten Menschen – aus der Sicht und im Erleben der Betroffenen. Oberhausen.

Grotlüschen, A./Riekmann, W. (Hrsg.) (2012): Funktionaler Analphabetismus in Deutschland. Ergebnisse der ersten leo. – Level-One Studie. Münster.

Hansen, G. (2012): Aktuelle Daten zur Beschreibung der Schülerschaft an Förderschulen mit dem Förderschwerpunkt körperliche und motorische Entwicklung in Nordrhein-Westfalen. In: VHN 2/2012. 124–135.

Hermes, G. (2003): Zur Situation behinderter Eltern. Unter Berücksichtigung des Unterstützungsbedarfs bei Eltern mit Körper- und Sinnesbehinderung. Marburg, Lahn. Online veröffentlicht unter: http://archiv.ub.uni-marburg.de/diss/z2004/0099/pdf/z2004-0099.pdf.

Jahoda, M./Lazarsfeld, P./Zeisel, H. (1975): Die Arbeitslosen von Marienthal. Ein soziographischer Versuch über die Wirkungen langandauernder Arbeitslosigkeit. Frankfurt a. M.

Lamers, W. (2011): Berufliche Bildung und Orientierung von Menschen mit schwerer und mehrfacher Behinderung. In: Leben mit Behinderung (Hrsg.) (2011): Ich kann mehr! Berufliche Bildung für Menschen mit schweren Behinderungen. Hamburg. 17–44.

Landeshauptstadt München – Sozialreferat/Stadtjugendamt (2007): Leitlinien für die Landeshauptstadt München zur kommunalen Arbeit mit Kindern und Jugendlichen mit und ohne Behinderung. München.

Landeshauptstadt München – Sozialreferat/Stadtjugendamt (2014): Arbeits- und Lebenssituation von Menschen mit Behinderungen in der Landeshauptstadt München. Kurzbericht zur Studie von 2013. München.

Lebenshilfe Bremen (2013): Leichte Sprache – Die Bilder. Bremen.

Lelgemann, R. (1999): Gestaltungsprozesse im Bereich beruflicher Rehabilitation für Menschen mit sehr schweren Körperbehinderungen als Herausforderung der Werkstätten für Behinderte und Tagesförderstätten. Aachen.

Lelgemann, R. (2009): Ein Leben mit Assistenz gestalten. In: Stein, R./Orthmann, D. (Hrsg.): Basiswissen Sonderpädagogik. Baltmannsweiler.

Lelgemann, R. (2012): Teilhabe von Menschen mit Behinderungen. In: Bayerisches Staatsministerium für Arbeit und Sozialordnung, Familie und Frauen (2012): Dritter Bericht der Staatsregierung zur Sozialen Lage in Bayern. München. 413–430.

Lelgemann, R./Fries, A. (2009): Die Entwicklung der Schülerschaft an Förderzentren Körperliche und Motorische Entwicklung in Bayern – Ergebnisse einer Längsschnittuntersuchung und weiterer Untersuchungen in den Jahren 2004 bis 2008. In: ZfH. 60. 213–223.

Lelgemann, R./Rothenberg, B./Schindler, C. (2013): Inklusive Bildung in Hochschulen und die Professionalisierung der Fachkräfte. In: Weishaupt, H./Döbert, H. (2013): Inklusion professionell gestalten. Münster. 231–239.

Martin, P. (2010): Die medizinische Versorgung von erwachsenen Personen mit schwerer geistiger und mehrfacher Behinderung – Problemstellungen, Anforderungen und Entwicklungen. In: Daut, V. et al. (Hrsg.): Teilhabe und Partizipation verwirklichen. Neue Aspekte der Vorbereitung auf die nachschulische Lebenssituation körper- und mehrfachbehinderter Menschen. Oberhausen. 250–264.

Ortland, B. (2013): Sexualpädagogische/-andragogische Konzeptionen für Wohneinrichtungen für Erwachsene mit Behinderung – Erfahrungen, Bedarfe und Unterstützungsnotwendigkeiten aus der Perspektive der Mitarbeitenden. Münster. Internes Dokument.

Robert-Koch-Institut (2003): Arbeitslosigkeit und Gesundheit. Gesundheitsberichterstattung des Bundes, Heft 13. Berlin.

Schabert, S. (2008): Versuche selbstbestimmter Lebensführung körperbehinderter Erwachsener. Konsequenzen für eine realitätsnahe Körperbehindertenpädagogik. Hamburg.

Schäfers, M. (2008): Lebensqualität aus Nutzersicht. Wie Menschen mit geistiger Behinderung ihre Lebenssituation beurteilen. Wiesbaden.

Seifert, M./Fornefeld, B./Koenig, P. (2001): Zielperspektive Lebensqualität: eine Studie zur Lebenssituation von Menschen mit schwerer Behinderung im Heim. Bielefeld.

Seifert, M. (2010): Kundenstudie. Bedarf an Dienstleistungen zur Unterstützung des Wohnens von Menschen mit Behinderung. Berlin.

Weber, E. (2013): „Sozialraumgestaltung mit, für oder gegen Menschen mit Behinderung?" Vortragsmanuskript. Darmstadt.

Wilken, U. (2015): Freizeit für alle – barrierefrei. In.: Freericks, R./Brinkmann, D. (Hrsg.) (2015): Handbuch Freizeitsoziologie. Wiesbaden. 467–487.

Woyke, K. (2015): Einblick in die Lebenssituation von Müttern mit einer Körperbehinderung. Würzburg. Unveröffentlichte Zulassungsarbeit.

EINWURF: PERSÖNLICHES BUDGET

Karl-Josef Faßbender

Ende der 1990er Jahre kämpften Behindertenverbände auf unterschiedlichen Ebenen für die Aufnahme eines so genannten „Persönlichen Budgets" ins bundesdeutsche Sozialrecht. Mit der im Jahr 2001 vollzogenen gesetzlichen Verankerung des Persönlichen Budgets im SGB IX verbanden sich vielfältige Hoffnungen auf eine Verbesserung der Lebenssituation von Menschen mit Behinderung. Man ging davon aus, dass ein Persönliches Budget in Form eines Geldbetrags für sie einen Wechsel vom Hilfeempfänger zum Kunden einer Leistung bedeuten würde. Dieser sollte in allen Bereichen allein über seine Belange entscheiden. Nach Meinung der Verbände stellte ein solches Budget ein wichtiges Instrument dar, um den Budgetinhaber zu befähigen, seine individuellen Möglichkeiten durch passgenaue Hilfe optimal auszuschöpfen. Außerdem wurde gefordert, dass der Zugang zum Budget für alle Menschen mit Behinderung, unabhängig von ihrer Schädigung oder ihrem Hilfebedarf, möglich sein müsse, wenn das Persönliche Budget ihrem Anspruch auf Selbstbestimmung und Inklusion gerecht werden wolle.

Unter anderem waren die Leitgedanken der Behindertenselbsthilfeverbände Grundlage für verschiedene Modellprojekte zum Persönlichen Budget. Schon im Juli 2001 ist das Persönliche Budget als Leistungsform im Sozialgesetzbuch IX, § 17 Abs. 2 bis 4 (SGB IX) gesetzlich verankert worden. Mit Aufnahme des Persönlichen Budgets im neugeschaffenen Sozialgesetzbuch XII (§ 57), das 2003 in Kraft trat, wurden die Regelungen im Sozialgesetzbuch IX präzisiert und eine Budgetverordnung (BudgetV 2004) erlassen. Dabei kann das Persönliche Budget nicht als neue Leistungsart gesehen werden, vielmehr ist es eine neue Form der Leistungserbringung. Erst nach Inkrafttreten des Sozialgesetzbuches XII wurden, gemäß der gesetzlichen Regelungen (SGB IX, § 17 Abs. 5 und 6), bundesweit zwischen 2004 und 2007 in verschiedenen Modellregionen Persönliche Budgets erprobt. Nach Beendigung der Modellprojekte stellte man jedoch fest, dass die Teilnahme von Menschen mit Körperbehinderung an diesem Projekt recht gering war. Verschiedene Anstrengungen einer größeren Einbeziehung dieser Zielgruppe führten zwar zu einem Anstieg der Nachfrage, nicht aber zu einer stärkeren Berücksichtigung bei der Bewilligung. Ausgerechnet die ideale Zielgruppe des Persönlichen Budgets – körperlich behinderte Menschen mit hohem und umfassendem Assistenzbedarf – schienen vielfach durch die Begrenzungen des Leistungsrechts der Sozialhilfe von der Möglichkeit der Inanspruchnahme ausgeschlossen zu sein (Ministerium BaWü 2005, 41). Zudem machten Menschen mit hohem Unterstützungsbedarf nicht im erwarteten Umfang von den Möglichkeiten der Inanspruchnahme eines Persönlichen Budgets Gebrauch, da sie sich vermutlich die Frage stellten, inwieweit die benötigten Leistungen durch das Persönliche Budget im notwendigen Umfang gedeckt werden würden.

Nach Beendigung der Erprobungsphase trat 2008 endgültig eine neue Art der Leistungserbringung flächendeckend in Kraft. Das deutsche Sozialhilferecht kennt drei Formen der Hilfegewährung (SGB XII, § 10 Leistungsformen): die Dienstleistung, die Sachleistung und die Geldleistung. Unter „Dienstleistung" ist „insbesondere die Beratung in Fragen der Sozialhilfe [sowie] die Beratung und Unterstützung in sonstigen sozialen Angelegenheiten" zu verstehen (SGB XII, § 10 Abs. 2). Sachleistungen werden für Dienste finanziert, die z. B. von professionellen Einrichtungen häufig im pflegerischen Bereich erbracht werden. Diese Kosten der professionellen Dienstleister sind in der Regel recht kostenintensiv. Aufwendungen für Hilfen von Privatpersonen werden hingegen häufig durch das im Vergleich zu den anderen Leistungen viel geringere Pflegegeld (z. B. Pflegegeld aus dem SGB XI und SGB XII) entrichtet. Geldleistungen können mit Einführung des Persönlichen Budgets sowohl als festgesetzter Betrag oder als Persönliches Budget ausgezahlt werden. Über die Form der Leistungen entscheidet der Leistungsträger. Auf diese Entscheidung hat der Leistungsempfänger im Wesentlichen keinen Einfluss. In der Vergangenheit bedeutete dies, dass der Leistungsempfänger mit einer Sachleistung oder einer Geldleistung zufrieden sein musste. Seitdem es das Persönliche Budget als zusätzliche Leistungsform gibt, haben Leistungsempfänger bezüglich der Leistungserbringung ein Wahlrecht. Demnach hat der Antragsteller einer Leistung die Möglichkeit, sich für oder gegen das Persönliche Budget zu entscheiden (LAG Selbsthilfe NRW 2014).

Der Grundgedanke des Persönlichen Budgets basiert darauf, dass an Stelle von Sachleistungen bedarfsbezogene Geldbeträge direkt an einen Antragsteller überwiesen werden. Hiermit soll er in die Lage versetzt werden, erforderliche Unterstützungen nach seinen Vorstellungen selbst organisieren und einkaufen zu können. Dadurch erfolgt ein Wechsel von der traditionellen Sachleistung zur selbstverwalteten Geldleistung. Daraus resultiert wiederum eine Abkehr von der wohlfahrtsstaatlichen Unterstützung hin zum selbst verantwortlichen Nutzer der zur Verfügung gestellten Leistungen. Somit ist der Leistungsberechtigte nicht länger Objekt wohlfahrtsstaatlicher Fürsorge, der mit standardisierten Leistungen versorgt wird. Vielmehr soll er mit für ihn passenden und bedarfsdeckenden Hilfen in die Lage versetzt werden, die bewilligten Leistungen nach seinen Vorstellungen und in voller Eigenverantwortung für mehr gesellschaftliche Teilhabe und ein selbstbestimmtes und selbstständiges Leben einzusetzen (Schäfers 2013).

Leistungen für das Persönliche Budget können nicht nur von einem Leistungsträger erbracht werden, sondern auch von mehreren Trägern als trägerübergreifendes Persönliches Budget. Leistungsträger sind die einzelnen Rehabilitationsträger (die Krankenversicherung, die Bundesagentur für Arbeit, die Unfallversicherung, die Rentenversicherung, die Jugendhilfe und die Träger der Sozialhilfe nach dem SGB XII) sowie die Pflegeversicherung und die Integrationsämter (SGB IX, § 17, Abs. 4). Zur Vereinfachung des gesamten Verfahrens erhält der Antragsteller die unterschiedlichen Teilleistungen von einem Leistungsträger seiner Wahl. Dieser ist, in Vertretung der anderen Träger, für das komplette Antragsverfahren und die Durchführung aller weiteren Maßnahmen zuständig (SGB IX, § 17, Abs. 4). Anspruchsberechtigt sind Menschen mit Behinderung und von Behinderung Bedrohte, unabhängig von ihrem Alter, der Art, der Schwere und der Ursache der Behinderung (SGB IX, § 2). Dies gilt auch für Kinder und Jugendliche sowie diejenigen, die auf Beratung, auf Unterstützung und u. a. bei der Verwaltung eines Budgets z. B. auf Familienangehörige oder gesetzliche Betreuer angewiesen sind. Die Anspruchsberechtigten können Budgetleistungen der verschiedenen Leistungsträger beantragen, wie Hilfen zur Mobilität, häusliche Pflege, Krankenpflege, regelmäßig benötigte Hilfsmittel und generell Leistungen, die sich auf alltägliche und regelmäßig wiederkehrende Bedarfe beziehen (BAR 2009, 7).

Ein Persönliches Budget wird in einem Geldbetrag, bzw. in Ausnahmefällen als Gutschein, einen Monat im Voraus angewiesen. Die Höhe des Geldbetrags wird für jeden Budgetnehmer individuell auf seine speziellen Bedürfnisse hin berechnet und in einem Bedarfsfeststellungsverfahren festgelegt. Dieser Betrag darf jedoch den für eine mögliche Sachleistung erforderlichen Betrag nicht übersteigen (SGB IX, § 17, Satz 4), was wiederum als eine Deckelung der Budgets angesehen werden kann. Die im SGB IX, § 17, Satz 4 ausgeführte Formulierung führt nicht selten dazu, dass Leistungsträger sich bei der Festsetzung von Stundenumfängen und Stundensätzen an dieser Regel orientieren. Das kann bewirken, dass es für Budgetnehmer teilweise kaum möglich ist, entsprechende Mitarbeiter auf dem Arbeitsmarkt zu finden bzw. sie in einem dauerhaften Arbeitsverhältnis zu halten. In letzter Konsequenz kann dies für Budgetnutzer u. a. bedeuten, dass sie ein Leben mit ständig wechselnden Assistenten führen müssen (Zinke 2010). Bezüglich der Budgethöhe wird laut einer Untersuchung des Bundesministeriums für Arbeit und Soziales von 2012 eine Geldleistung von 600,- € als Mittelwert und 15.000,- € als monatlich höchster Betrag genannt (BMAS 2012). Solch hohe Beträge sind eher als Ausnahme zu betrachten.

Der festgesetzte Geldbetrag muss für die in der Zielvereinbarung festgelegten Hilfen verwendet werden. Prinzipiell kann ein Leistungsträger nur dann ein Antragsverfahren einleiten, wenn er von einem Antragsteller einen entsprechenden Antrag erhält oder ihm ein Hilfebedarf zur Kenntnis gebracht wird. Nach Feststellung der Leistungsberechtigung erfolgt die Bedarfsermittlung, die in der Regel alle zwei Jahre wiederholt wird. In begründeten Ausnahmefällen kann der Zeitraum verkürzt werden. Die Bedarfsermittlung erfolgt sowohl in formalisierter Form als auch in einem persönlichen Gespräch, das zur Abklärung der Art der Unterstützung, der Leistungsart und der möglichen Kosten dient. An dem Gespräch sind die möglichen Leistungsträger und der Antragsteller, der eine Person des Vertrauens einbeziehen kann, beteiligt. Wenn Einigung über den individuellen Bedarf erzielt wurde, schließen der beauftragte Leistungsträger und der Budgetberechtigte eine beidseitig rechtlich verbindliche Zielvereinbarung ab, die Grundlage für den Bewilligungsbescheid ist. In diese Vereinbarung werden Einzelheiten zum individuellen Förder- und Leistungsplan sowie u. a. Regelungen zum Nachweis der zweckentsprechenden Verwendung der Leistung aufgenommen. Nach Bewilligung des Persönlichen Budgets gilt der Anspruch gegenüber den Leistungsträgern als erfüllt und gedeckt. Der Bewilligungszeitraum beträgt in der Regel 24 Monate, wobei die Vertragspartner jedoch mindestens sechs Monate an die Vereinbarungen gebunden sind. Korrekturen bezüglich der Geldbeträge oder Bedarfsleistungen sind nicht vorgesehen, diese können nur über eine Kündigung der Zielvereinbarung etc. neu verhandelt werden (MAIS-NRW

2012). Wie zu erahnen ist, ist das Antragsverfahren recht komplex. Speziell ein erster Antrag kann tückisch sein, da es vorgekommen ist, dass beispielsweise bei Assistenzleistungen quasi minutiös aufzuschlüsseln ist, wofür die beantragte Assistenz benötigt wird. Besonders bei einem hohen Assistenzbedarf bedeutet dies einen enormen Aufwand und kann einen Antragsteller stark belasten.

Wenn man sich im Internet oder mittels Broschüren über das komplexe Procedere rund um das Persönliche Budget informiert, wird deutlich, dass man sich auf einem nicht einfachen Terrain bewegt. Generell kann festgehalten werden, dass das deutsche Sozialrecht generell kompliziert ist. Daher macht es Sinn, dass man sich z. B. durch fachkundige Personen oder Beratungsstellen unterstützen lässt. Eine solche Dienstleistung kann beispielsweise bei den einzelnen Kostenträgern und deren Servicestellen eingeholt werden, die von Amts wegen dazu verpflichtet sind. Wer aber eine unabhängige Beratung und ggf. eine an den spezifischen Bedürfnissen von Menschen mit Behinderung orientierte Unterstützung und Begleitung wünscht, findet diese z. B. bei Beratungsstellen der Behindertenselbsthilfe (MAIS-NRW 2012). Die Mehrheit der Antragsteller eines Persönlichen Budgets greift auf Unterstützung bei der Beantragung zurück (BMAS 2012). Weiterhin ist es sinnvoll, aufgrund der nicht zu unterschätzenden Anforderungen bei der Verwaltung eines Budgets für die gesamte Laufzeit des Budgets eine Budgetassistenz mit der persönlichen Unterstützung zu beauftragen. Diese Aufgabe kann sowohl ein Familienangehöriger als auch ein Freund, Betreuer oder eine andere Person wahrnehmen. Eine Budgetassistenz soll dem Nutzer, unabhängig von Art und Schwere der Beeinträchtigung, bei der Verwaltung und Verwendung des Budgets sowie der Organisationen der bewilligten Teilhabeleistungen behilflich sein (MAIS-NRW 2012). Dabei ist nicht außer Acht zu lassen, dass die Einbindung eines Budgetassistenten nicht von vornherein Bestandteil des vereinbarten Budgets ist. Darum ist es wichtig, vor und während der Budgetverhandlungen an Kosten, wie zum Beispiel die Entlohnung eines Budgetassistenten, zu denken. Für eine wachsende Zahl von Budgetnehmern müssten für die Beratung, Begleitung und Unterstützung unabhängige Beratungsstrukturen geschaffen und finanziert werden. Hierdurch könnte bei den Betroffenen die Akzeptanz für die Beantragung eines Persönlichen Budgets erhöht werden.

Wenn ein Persönliches Budget genehmigt wurde, muss sich der Budgetnutzer Assistenten oder einen geeigneten Leistungserbringer suchen, wenn er nicht schon bei der Beantragung eines Budgets im Vorfeld mit einem möglichen Leistungserbringer in Kontakt getreten ist. Hierbei hat er die Möglichkeit, zum einen bei den „traditionellen" Leistungserbringern (Diakonie, Caritas, AWO, usw.) und zum anderen bei „freien" Anbietern seine Assistenten bzw. Leistungen als Kunde einzukaufen. Da die „traditionellen" Leistungserbringer ihre Angebote bisher in Form von Sachleistungen kalkuliert haben, kann es in diesem Segment für den Nutzer eines Budgets problematisch werden, eine für ihn passende Leistung zu erhalten. Anders könnte es eventuell bei den so genannten „freien" Anbietern aussehen, da sie sich mit ihren Kalkulationsmöglichkeiten eher dem durch das Persönliche Budget neu geschaffenen Markt anpassen können. Generell muss festgehalten werden, dass es derzeit noch wenige Leistungsanbieter gibt, die budgetfähige Leistungen anbieten. Ein Grund hierfür liegt ggf.

darin, dass Budgetnehmer und -geber noch zu viele Vorbehalte gegenüber dem Persönlichen Budget haben. Es ist davon auszugehen, dass im Verlauf der nächsten Jahre wesentlich mehr persönliche Budgets beantragt und bewilligt werden. Daher ist es wichtig, dass künftig von „traditionellen" und „freien" Leistungserbringern vielfältigere Angebote zum Persönlichen Budget bereitgestellt werden. Durch die Nutzung von mehr Budgetberatung und Budgetassistenz sowie ein breiteres Spektrum an budgetfähigen Angeboten wird es künftig mit hoher Wahrscheinlichkeit einen größeren Zuspruch für Persönliche Budgets geben.

Grundsätzlich hat jede Leistungsform Vor- und Nachteile. Der Vorteil bei der Sachleistung ist, dass man sich dem Grunde nach um nichts mehr kümmern muss, wenn die Leistung bewilligt wurde. Hiermit verbunden ist allerdings der Nachteil, dass man keine weiteren Einflussmöglichkeiten auf den Erbringer und die Ausführung der Leistung mehr hat. Die Intention des Persönlichen Budgets liegt hingegen in der potentiellen Möglichkeit, selbst zu entscheiden von wem, wann und in welcher Form eine Leistung erbracht werden soll. Der Vorteil eines Budgets gegenüber der Sachleistung ist vor allem darin zu sehen, dass der Nutzer des Budgets als Auftraggeber der Leistung erheblich mehr Entscheidungskompetenzen und Mitsprachemöglichkeiten hat. Dies ist die Basis für einen Zuwachs an Eigenständigkeit und Selbstbewusstsein verbunden mit der Chance, ein selbstbestimmtes und selbstständiges Leben zu realisieren. Das verlangt aber auch, dass der Budgetnehmer, im Gegensatz zur Sachleistung, bei der er sich quasi „in den Schoß der Wohlfahrtspflege fallen lassen kann", beim Budget einen nicht zu unterschätzenden Mehraufwand und ggf. höhere Risiken auf sich nehmen muss. Ein Mehraufwand kann unter anderem darin bestehen, dass man sich mit dem beauftragten Dienstleister auseinandersetzen, Verträge selbst aushandeln, Abrechnungen kontrollieren sowie ordnungsgemäß und pünktlich Zahlungen anweisen muss. Ebenso müssen das Budget überwacht und Nachweise des Budgets für die Leistungsträger erstellt werden. Außerdem muss man sich mit den möglichen Risiken vertraut machen, die daraus resultieren, dass beispielsweise Leistungserbringer oder Assistenten Verträge kündigen. Es besteht neben der Beratung und Unterstützung durch entsprechende Assistenten auch die Möglichkeit, einen Teil der benötigten Leistungen als Sachleistung und einen anderen Teil als Budget zu beantragen. Des Weiteren können Leistungen zur Erlangung einzelner Fähigkeiten, die für die eigene Umsetzung des Budgets und des eigenständigen Lebens von Belang sind, bei den Budgetverhandlungen vereinbart werden. Damit ist das Persönliche Budget prinzipiell für jeden geeignet. Grundvoraussetzung ist, dass man sich mit den Vor- und Nachteilen eines Budgets auseinandersetzt oder dabei unterstützen lässt, die für sich persönlich geeignete Leistungsform zu wählen.

Um ein selbstbestimmtes und weitestgehend selbstständiges Leben führen zu können, kaufen sich Budgetnehmer alltagspraktische Hilfen, psychosoziale Unterstützung, Unterstützung im Bereich Freizeit, tägliche Versorgung/Pflege, Fahrdienste und/oder andere Leistungen wie Bildung und Teilnahme am Arbeitsleben usw. ein. Dabei stehen sie vor der Herausforderung, sich mit der Art der erforderlichen Hilfen, der zeitlichen Dimension der Hilfen, der Auswahl eines oder mehrerer Leistungsanbieter sowie von Personal und u. a. dem Finanzmanagement auseinanderzusetzen. Dies sind Fragen und Herausforderungen, mit denen sich Menschen ohne Unterstützungsbedarf in der Regel in ihrer Privatsphäre nicht beschäftigen müssen. Um die benannten Herausforderungen meistern zu können, benötigen Menschen mit Behinderung folgende grundlegende Kompetenzen, die von der „Selbstbestimmt Leben Bewegung" formuliert wurden:

- Finanzkompetenz (wofür Mittel verwendet werden)
- Personalkompetenz (wer Assistenz/Unterstützung leistet)
- Organisationskompetenz (wann Assistenz/Unterstützung geleistet wird)
- Anleitungskompetenz (wie Assistenz/Unterstützung geleistet wird)
- Raumkompetenz (wo Assistenz/Unterstützung geleistet wird)
- Differenzierungskompetenz (ob welche(r) und wie viele Anbieter/Personen Assistenz/Unterstützung leisten)
(Selbstbestimmt Leben im Landkreis Ludwigsburg 2015)

Es kann davon ausgegangen werden, dass sich Menschen, die auf Assistenz bzw. Unterstützung angewiesen sind, je nach eigener Sozialisation einen Teil oder sogar alle o. g. Kompetenzen aneignen müssen. Bei dem Feststellungsverfahren der einzelnen Leistungen für ein Persönliches Budget können prinzipiell zeitlich begrenzte Maßnahmen zur Erlangung unterschiedlicher Kompetenzen mit beantragt werden. In diesem Kontext geht das Konzept der Selbstbestimmt Leben Bewegung davon aus, dass nicht nur Helfer, sondern vor allem auch die Betroffenen zu schulen und zu begleiten sind. Hierbei sollen ihre Fähigkeiten unterstützt werden, die Anleitungs- bis Arbeitgeber-Funktionen gegenüber den Helfern zu erfüllen. Durch eine Schulung und Begleitung können die o. g. Kompetenzen, gemäß den eigenen Fähigkeiten und Möglichkeiten, erworben werden, was insbesondere für das Personalmanagement gilt (Schönwiese 2009).

Das 2003 vom Landschaftsverband Rheinland aufgrund Zuständigkeitsübernahme für die ambulanten Eingliederungshilfen zum Wohnen eingeführte Verfahren der Individuellen Hilfeplanung (IHP) zeigt, wie wichtig die Erlangung und die Auseinandersetzung mit den oben genannten Kompetenzen ist. Mit dem IHP soll der individuelle Hilfebedarf eines Antragstellers für Leistungen zur Teilhabe am Leben in der Gemeinschaft, zur medizinischen Rehabilitation, zur Teilhabe am Arbeitsleben und andere ergänzende Leistungen etc. erfasst werden. Neben dem Erfassungsbogen des IHPs wird der Unterstützungsbedarf, ähnlich wie beim Budget, auch in einem gemeinsamen Gespräch (Leistungsträger, mögliche Leistungserbringer, Antragsteller usw.) erarbeitet und im Hilfeplan festgehalten. Die vereinbarten Leistungen können neben den klassischen Leistungsformen auch als Persönliches Budget gewährt werden. Mit Antragsverfahren wie dem Individuellen Hilfeplan, der beispielsweise bei allen Anträgen rund ums Thema Wohnen und Pflege durchgeführt werden muss, zeigt sich wie beim Persönlichen Budget, dass das Beantragen von Leistungen zur Teilhabe am gesellschaftlichen Leben immer komplexer wird. Daher ist es wichtig, dass sich auch Förderschulen mit der Problematik des Persönlichen Budgets und dem Themenkomplex „Selbstbestimmtes Leben" auseinandersetzen und Schüler auf die künftige Nutzung von Budgets als selbstständig lebende erwachsene Menschen vorbereiten. Diesbezüglich relevante Lehr- und Lerninhalte, spezifische Unterrichtsmethoden können

Schülerinnen und Schülern im Idealfall notwendige Kompetenzen und praktische Fertigkeiten in Bezug auf die Beantragung und Inanspruchnahme von staatlichen Hilfen vermitteln und für ein selbstbestimmtes Leben zielführend sein. Alle schulischen Maßnahmen, die der Vorbereitung auf die Möglichkeit eines selbstbestimmten Lebens u. a. in Form der Inanspruchnahme des Persönlichen Budgets dienen, sollte die Schule jedoch mit den Eltern und Bezugspersonen sowie dem entsprechenden Schüler abstimmen (Bundesvereinigung 2008). „Zusammen mit den Eltern kann auch über Lebensformen gesprochen werden, bei denen sich professionelle Dienstleistungen und Hilfen aus dem privaten Umfeld ergänzen. Wichtig für die Qualität und Nachhaltigkeit solcher Gespräche ist, dass sich die Schule immer wieder um Informationen über das konkrete Dienstleistungsangebot z. B. im Bereich Wohnen in der Region bemüht" (ebd., 14).

Ein weiteres Instrument, das sowohl von der Schule als auch vom Elternhaus angewandt werden kann, ist das Konzept der persönlichen Zukunftsplanung, die im Verlauf der Jahre immer wieder mit dem Betroffenen und seinen Bezugspersonen durchgeführt werden kann. Dabei können unter anderem Wünsche, Vorstellungen und Ziele für die weitere Lebensplanung schrittweise konkretisiert werden (ebd., 13). Das Konzept setzt auf einen methodischen Ansatz, bei dem die betroffene Person in den Mittelpunkt des Geschehens gerückt wird, um mit ihr über ihre Zukunft nachzudenken. Bei diesem Instrumentarium sollen die Fähigkeiten und Stärken der planenden Person ausgelotet werden. Dabei ist die Zielrichtung aller Aktivitäten die Stärkung und Verwirklichung aller Ziele des Planenden durch das Angebot geeigneter individueller Maßnahmen, die zu den gemeinsam erarbeiteten Zielen führen (Neges 2009). Je früher sich Menschen mit Behinderung auf ein eigenständiges Leben vorbereiten können, desto mehr Erfahrungen können für die benötigten Kompetenzen gesammelt werden. Denn für ein eigenständiges und selbstbestimmtes Leben benötigen sie ein Mehr an Erfahrungen und Kompetenzen, als dies für Menschen ohne Unterstützungsbedarf nötig ist. Erziehung und Bildung stehen in der Verantwortung, sich diesen neuen Herausforderungen zu stellen. Um Menschen mit Behinderung als Expertinnen und Experten in eigener Sache zu machen, müssen sie Gelegenheit haben, sich das hierfür erforderliche Wissen anzueignen.

Literatur

BAR (2009) – Bundesarbeitsgemeinschaft für Rehabilitation (Hrsg.): Handlungsempfehlungen. Trägerübergreifende Aspekte bei der Ausführung von Leistungen durch ein Persönliches Budget. Frankfurt a. M.

BMAS (2012) – Bundesministerium für Arbeit und Soziales (Hrsg.): Umsetzung und Akzeptanz des Persönlichen Budgets – Endbericht. Bonn. Forschungsbericht 433.

BudgetV (2004): Budgetverordnung vom 27. Mai 2004 (BGBl. I S. 1055) Verordnung zur Durchführung des § 17 Abs. 2 bis 4 des Neunten Buches Sozialgesetzbuch (Budgetverordnung – BudgetV). http://www.gesetze-im-internet.de/bundesrecht/budgetv/gesamt.pdf (Zugriff am 17.1.2015)

Bundesvereinigung (2008) – Bundesvereinigung Lebenshilfe für Menschen mit geistiger Behinderung (Hrsg.): Das Persönliche Budget als Lernfeld in der Schule. Vorbereitung von Schülern mit dem Förderschwerpunkt geistige Entwicklung auf ein Erwachsenenleben in gesellschaftlicher Teilhabe (Praxis gestalten – Innovation wagen). Marburg.

LAG Selbsthilfe NRW (2014) – Landesarbeitsgemeinschaft Selbsthilfe Nordrhein-Westfalen (Hrsg.): Häufig gestellte Fragen zum Persönlichen Budget. 13. Was ist der Unterschied zwischen einem Persönlichen Budget und einer reinen Geldleistung (nach § 10 SGB XII)? http://lag-selbsthilfe-nrw.de/projekte/laufende-projekte/persoenliches-budget/haeufig-gestellte-fragen-zum-persoenlichen-budget (Zugriff am 22.11.2014)

MAIS-NRW (2012) – Ministerium für Arbeit, Integration und Soziales des Landes Nordrhein-Westfalen (Hrsg.): Persönliches Budget in Nordrhein-Westfalen. Antworten auf häufig gestellte Fragen. Düsseldorf.

Ministerium BaWü (2005) – Ministerium für Arbeit und Soziales Baden-Württemberg (Hrsg.): Modellprojekt „Persönliches Budget für Menschen mit Behinderung in Baden Württemberg". Abschlussbericht der wissenschaftlichen Begleitforschung. Stuttgart.

Neges, D. (2009): Abschlussbericht über das Projekt „Zukunft individuell planen" (ZIP). Dezember 2009. Hrsg. von der Lebenshilfe Reutlingen. Reutlingen. http://www.lebenshilfe-reutlingen.de/fileadmin/.awstats-data/downloads/ZIP-Bericht.pdf (Zugriff am 17.01.2015)

Schäfers, M. (2013): Persönliches Budget. In: Ziemen, K. et al. (Hrsg.): Inklusion Lexikon. 2013. http://www.inklusion-lexikon.de/PersoenlichesBudget_Schaefers.php (Zugriff am 29.12.2014)

Schönwiese, V. (2009): Paradigmenwechsel in der Behindertenhilfe: Von der Rehabilitation zu Selbstbestimmung und Chancengleichheit. Einleitungsreferat zur Veranstaltung „Auf dem Weg zu einem Tiroler Chancengleichheitsgesetz für Menschen mit Behinderung", Landhaus Innsbruck, 28. Jänner 2009. Wiederveröffentlichung im Internet, Stand: 06.05.2009. http://bidok.uibk.ac.at/library/schoenwiese-paradigmenwechsel.html (Zugriff am 17.01.2015)

Selbstbestimmt Leben im Landkreis Ludwigsburg (Hrsg.) (2015): Begriffsklärung, „Das Arbeitgebermodell". http://www.selbstbestimmtleben.org/index.php?option=com_content&view=category&layout=blog&id=36&Itemid=55 (Zugriff am 17.01.2015)

SGB IX (Sozialgesetzbuch Neuntes Buch): Rehabilitation und Teilhabe behinderter Menschen – (Artikel 1 des Gesetzes v. 19.6.2001, BGBl. I S. 1046). http://www.gesetze-im-internet.de/sgb_9 (Zugriff am 29.12.2014)

SGB XI (Sozialgesetzbuch Elftes Buch): Soziale Pflegeversicherung – (Artikel 1 des Gesetze vom 26. Mai 1994, BGBl. I S. 1014) http://www.gesetze-im-internet.de/sgb_11 (Zugriff am 17.01.2015)

SGB XII (Sozialgesetzbuch Zwölftes Buch): Sozialhilfe – (Artikel 1 des Gesetzes vom 27. Dezember 2003, BGBl. I, S. 3022). http://www.gesetze-im-internet.de/sgb_12 (Zugriff am 17.01.2015)

Zinke, C. (2010): „Trotz zahlreicher Hemmnisse positiv" Das Persönliche Budget – eine kritische Betrachtung. In: Soziale Psychiatrie. 01/2010. 37–40.

EINWURF: MENSCHEN MIT KÖRPERLICHEN UND MEHRFACHEN BEEINTRÄCHTIGUNGEN IM ALLTAG BEGLEITEN – SELBSTBESTIMMT LEBEN MIT BEHINDERUNG IN HAMBURG

Mathias Westecker

Ich in der Zukunft

„Ich habe meine Wohnung endlich fertig. Die neue Wohnung ist mega gut, weil auch die neue WG super ist. Ich habe eine ruhige WG. Ich hoffe, das wird auch so, wie ich mir das vorstelle. Ich hoffe, dass ich mehr Möglichkeiten habe, meine Ideen umzusetzen. Zum Beispiel möchte ich mit mehreren Leuten, die mir helfen, wegfahren. Ich möchte mir einen PC kaufen, damit ich mich mit Miriam auch mal per Skype unterhalten kann. Ich möchte mir eine Kamera kaufen, damit ich auch mal Bilder machen kann. Ich möchte mir eine andere Arbeit suchen. Ich werde mir einen Fernseher kaufen, den ich an die Wand hängen kann, damit ich mir auch Freunde einladen kann. Kaffee und Kuchen wird es auch geben" (vgl. Hansen 2014),

berichtet Dörte Hansen glücklich von ihren Plänen für die nahe Zukunft. Träume einer Frau mit 38 Jahren, die überall in Deutschland und anderswo üblich sind. Vieles davon ist in den letzten Monaten von Frau Hansen auch erreicht worden.

Frau Hansen hat 10 Jahre in einer stadtteilintegrierten Wohngruppe in Bergedorf gelebt und ist seit 18 Jahren in einer Tagesstätte beschäftigt. In einer Persönlichen Zukunftsplanung hat sie gemeinsam mit ihren Eltern und Geschwistern, mit vertrauten Mitarbeitern und befreundeten Mitbewohnern Ideen entwickelt, wie sie den Umzug in eine Hausgemeinschaft und Veränderung ihrer Arbeitsinhalte in der Tagesstätte realisieren kann. Frau Hansen äußert sich über Blicke und Mimik, neue Mitarbeiter verstehen ihre Lautäußerungen nach wenigen Wochen der Einarbeitung. Mit Unterstützung von Assistenz bringt sie ihre Gedanken und Gefühle regelmäßig in der Schreibwerkstatt Tolle Worte zu Papier, in einem Blog werden viele Geschichten von ihr veröffentlicht (Tolle Worte: http://lmbh¬h.blogspot.de/). Ihre Eltern haben die rechtliche Betreuung übernommen und sind Mitglied beim *Leben mit Behinderung Hamburg*-Elternverein. Frau Hansen lebt in einer Wohngruppe und arbeitet in einer Tagesstätte von *Leben mit Behinderung Hamburg*-Sozialeinrichtungen. Wie hängt das zusammen?

Auf Initiative von Kurt Juster wird 1956 der Hamburger *Spastikerverein* gegründet. Kurt Juster, als Jude während der Nazizeit nach Schweden emigriert, Vater von drei Kindern, davon die Jüngste mit einer spastischen Behinderung geboren, wird mit seiner Frau Pionier der Behindertenarbeit und gründet in Schweden und nach seiner Rückkehr nach Hamburg mehrere Eltern- und Selbsthilfevereine. Die Ziele und Aktivitäten für den Hamburger *Spastikerverein* entfalteten sich besonders in drei Richtungen:

a) „den Aufbau eigener Einrichtungen
b) die Vernetzung von Betroffenen und Aktivisten
c) Initiativen für gesetzliche Regelungen der Unterstützung und gesellschaftlichen Teilhabe sowie zur Gründung staatlicher und anderer Einrichtungen für behinderte Menschen"
(Schümann 2010, 53)

2014 ist der Verein, inzwischen umbenannt in *Leben mit Behinderung Hamburg Elternverein*, als Zusammenschluss von über 1500 Familien ein zentraler Ansprechpartner in Politik, Verwaltung und gesellschaftlichem Leben Hamburgs als auch Anlaufstelle für Familien in jeder Lebensphase. Der ehrenamtliche Vorstand überwacht die Aktivitäten des Vereins und hat 1976 eine gemeinnützige GmbH gegründet, um verschiedenste Dienstleistungen für Menschen mit Behinderung, vornehmlich Menschen mit Lernschwierigkeiten als auch Menschen mit schwerer und mehrfacher Behinderung zu organisieren. Die Lehren aus der Naziherrschaft und die fortschrittliche Grundhaltung der nordischen Länder prägen bis heute die Philosophie von *Leben mit Behinderung Hamburg*. Wir

„[...] sind dem Ziel verpflichtet, keinen Menschen in Hamburg als ‚unnormal' ausgrenzen zu lassen, keinen behinderten Menschen, keinen Angehörigen einer religiösen Minderheit und auch nicht die Menschen mit einem Migrationshintergrund. Im Sinne unseres Leitbildes, und nun auch mit der UN-Konvention über die Rechte behinderter Menschen, sehen wir in der Einbeziehung dieser Familien und deren behinderten Angehörigen unsere aktuelle Herausforderung". (Juers, M. und Eckert, M. im Vorwort von Schümann 2010, 9)

Stadtteilintegrierte Wohngruppen sind seit den 1980er Jahren eine gute und in der gesamten Stadt verteilte Wohnmöglichkeit für Menschen mit Unterstützungsbedarf. Acht Bewohner leben in der Regel in jeder Gruppe, beide Geschlechter sind vertreten, Einzelzimmer sind Standard und die Hilfebedarfe sind unterschiedlich ausgeprägt. In möglichst vielen Wohngruppen leben Menschen mit geringerem Hilfebedarf, die in Werkstätten oder auf dem ersten Arbeitsmarkt tätig sind, sowie 20–30 % Bewohner mit höherem Unterstützungsbedarf, die in einer Tagesförderstätte oder Tagesstätte tätig sind. Die Wohngruppen sind organisatorisch eigenständige Einheiten, jeweils eigene Teams mit Leitung, die den Alltag von Einkauf über Arztbesuche, Dienstleistungen wie Frisör bis zu Freizeitaktivitäten in der jeweiligen Nachbarschaft abdecken. Angehörige kommen nach eigenem Wunsch zu Besuch, Bewohner sind die Entscheider für den eigenen Alltag.

Seit den 2000er Jahren und dem Ausbau ambulanter Systeme sind Wohn- und Hausgemeinschaften als neue Alternative zu den kleinen Wohneinheiten in den Wohngruppen entstanden. In der Hausgemeinschaft von Frau Hansen gibt es beispielsweise zwei Wohnungen für jeweils drei bis vier Bewohner, die einen höheren Assistenzbedarf haben. Weiterhin gibt es zwei Apartments für jeweils zwei Mieter sowie acht Ein-Zimmer Appartements. Hier sind die Mieter stärker in der Eigenverantwortung, können den Dienstleister selber aussuchen, der stundenweise zur Unterstützung kommt, und entscheiden mehr über den eigenen Lebensalltag. Durch die Bindung, dass alle Mieter im Haus sich gemeinsam für den oder die Dienstleister entscheiden, ist Personal häufiger vor Ort und kann bei kurzfristigem Bedarf auch zeitnah unterstützen. Durch die stationäre Versorgung existiert auch eine Nachtbereitschaft im Haus. Gleichzeitig haben die Mieter die Möglichkeit, in ihrer eigenen Wohnung den persönlichen Lebensstil zu gestalten: Andererseits existiert auch eine offene und vertraute Nachbarschaft für spontane Freizeitaktivitäten und Freundschaften.

Leben mit Behinderung Hamburg hat 2014 über 60 % seiner Klienten im Bereich Unterstütztes Wohnen in ambulanten Wohnformen und 40 % in stationären Wohnformen. Von den Klienten in gemeinschaftlichen Wohnformen haben 45 % eine höhere Bedarfsgruppe und somit einen erhöhten Unterstützungsbedarf. Auch in den Hausgemeinschaften ist der Anteil von Menschen mit einer höheren Bedarfsgruppe mit 40 % erstaunlich hoch. Die Hausgemeinschaft als gemeinsame Wohnmöglichkeit wird zunehmend als Wohnform gewünscht. Hausgemeinschaften sind Teil von Wohnprojekten mit mehreren Häusern auf einem begrenzten Areal. Die Wohnprojekte sind mit Familien, alten Menschen oder kleinen Gewerbebetrieben gemeinsam organisiert oder sie sind ökologisch ausgerichtet wie das „Autofreie Wohnen Saarlandstraße". Die Wohnprojekte bilden oft gemeinsam eine lokale Einheit, nachbarschaftliche Aktivitäten werden von allen Seiten gewollt und unterstützt, Nachbarschaftsräume gemeinsam genutzt.

Stationär oder ambulant, eine strukturelle Unterscheidung, die im Alltag der Bewohner kaum noch eine Rolle spielt. Bewohner erhalten in allen Wohnformen die Möglichkeit, auf eigenen Wunsch das Haushaltsgeld selbstständig zu verwalten, den eigenen Alltag unabhängig von Gruppenzeiten zu organisieren und Selbstbestimmung auch bei der Auswahl von Mitbewohnern oder neuen Mitarbeitern zu praktizieren. Eine gemeinsame Interessenvertretung aller „ambulanten und stationären" Bewohner sorgt für Konfliktlösungen und Mitsprache in übergreifenden Themenfeldern.

Arbeit ist für die meisten Menschen ein zentraler Lebensinhalt. Stärken und Fähigkeiten werden ausgebaut und eingesetzt, Erfolge motivieren und eine ökonomische Unabhängigkeit wird zunehmend erreicht. Arbeit strukturiert den Tag und das Jahr, erzeugt Erholungsbedarf und Abwechslung. Menschen mit hohem Unterstützungsbedarf genau diese Aspekte zu ermöglichen, ist ein weiterer Auftrag für *Leben mit Behinderung Hamburg*. Neben den Werkstätten für behinderte Menschen, in Hamburg überwiegend in staatlicher Hand, sowie den Integrationsfachdiensten gibt es eine breite Palette von Tagesstätten in Hamburg, zehn davon für über 280 Beschäftigte im gesamten Stadtgebiet verteilt, in der Verantwortung von *Leben mit Behinderung Hamburg*. Formal sind Tagesstätten, Tagesförderstätten oder Förder- und Betreuungsbereiche für nicht werkstattfähige Menschen mit unterschiedlichsten und schweren Behinderungen organisiert, teilweise unter dem Dach einer Werkstatt oder in Hamburg, als relativ kleine Einrichtung für durchschnittlich 30–40 Beschäftigte, wohnortnah in den unterschiedlichsten Stadtteilen angesiedelt.

"Arbeit ist Teilhabe an der Gesellschaft. Wenn wir produzieren, gestalten oder organisieren, sind wir Teil des Ganzen. Arbeit macht uns selbstbewusst. Arbeit strukturiert den Alltag und zeigt, dass wir gebraucht werden. Durch die persönliche Assistenz, den Einsatz von Hilfsmitteln und eine zielgerichtete Unterstützung ist Arbeit für jeden möglich und Konzept in allen Tagesstätten. Doch nicht jeder Mensch kann jede Arbeit gleich gut ausführen. Menschen mit Behinderung haben – so wie jeder andere auch – Schwächen und Stärken, Vorlieben und Abneigungen." (Leben mit Behinderung Hamburg 2012: Arbeit für jeden)

Frau Hansen hat schon unterschiedliche Tätigkeiten in der Tagesstätte ausgeführt: vom Schreiben am PC über Kerzenziehen, in der Papiergruppe an der Herstellung von Karten beteiligt zu sein bis zu Botendiensten für eine Bücherhalle und Beteiligung an Vorlesestunden in einem Kindergarten. *Leben mit Behinderung Hamburg* hat bundesweit erstmalig ein zweijähriges Programm der beruflichen Bildung, das Konzept *Feinwerk*, in Tagesstätten eingeführt. Schulabgänger und Beschäftigte mit größerem Entwicklungsbedarf werden, ähnlich dem Prinzip im Berufsbildungsbereich einer Werkstatt, in verschiedenen Tätigkeiten praktisch angeleitet, bekommen praxisnahe Bildungsinhalte vermittelt und können nach zweijähriger Teilnahme, ausgestattet mit einem Zertifikat und einem selbst hergestellten Werkstück, besser entscheiden, in welchem Arbeitsbereich sie zukünftig tätig sein wollen. Auch im Bereich der Arbeit ist der Kontakt in die Nachbarschaft, zu Menschen ohne Behinderung im Alltag eine wichtige Möglichkeit der Teilhabe am gesellschaftlichen Leben. Ein Drittel aller Beschäftigten ist regelmäßig in kurzen Zeiteinheiten und mit Assistenz an Orten des regulären Arbeitslebens im Rahmen des Konzeptes „Auf Achse" aktiv. Ob Botengänge oder Einkäufe, Akten vernichten, Schriftstücke laminieren oder Blumen gießen, die Einsatzmöglichkeiten sind vielfältig und individuell. Der Kontakt zu Mitarbeitern und Auftraggebern an den Orten steht im Vordergrund, die Wertschätzung für die geleistete Arbeit soll möglichst direkt erfahrbar sein. Frau Hansen nutzt diese konzeptionellen Möglichkeiten, um ihre Arbeitsinhalte regelmäßig zu verbreiten und Kontakte über den eigenen Tellerrand hinaus aufzubauen.

Die Möglichkeiten der Teilhabe im Stadtteil beziehen sich auch auf die Freizeit. Ein trägerübergreifendes Freizeitprogramm wie *Stadttreiben* ermöglicht, gezielte Freizeit- und Bildungswünsche mit Freunden zu realisieren. Inklusive Sport- und Freizeitgruppen werden regional von Sportvereinen wie dem *TV Bergedorf* in Kooperation mit *Leben mit Behinderung Hamburg* organisiert. Theaterprojekte wie *Eisenhans* gemeinsam mit dem *Hamburger Thalia Theater* beziehen gezielt auch Menschen mit hohem Unterstützungsbedarf ein. Der *Hamburger Kulturschlüssel* sorgt für kostenlosen Kulturgenuss, indem Freiwillige die Begleitung von Menschen mit Assistenzbedarf übernehmen, gemeinsam Konzerte, Ausstellungen oder Veranstaltungen genießen und sich daraus auch Freundschaften entwickeln können.

Rechte einfordern, auf gesellschaftliche Prozesse einwirken und den Staat sowie die entsprechenden Institutionen nicht aus der Verantwortung zu lassen, ist die dritte wichtige Säule der Vereinsarbeit. Von Anfang an eine Schulpflicht auch für Kinder mit hohem Unterstützungsbedarf zu fordern, staatliche Schulen zur Inklusion aufzufordern, alle gesellschaftlich Beteiligten für die Idee zu gewinnen und mit Beratung und Sachverstand zur Verfügung stehen, damit Inklusion gelingt, sind die Kernaufgaben im Rahmen der schulischen Bildung. Der Betreuungsverein übernimmt eine weitere gesellschaftliche Aufgabe: die Unterstützung der rechtlichen Betreuung für Menschen mit geistiger Behinderung. Über 1300 ehrenamtliche Betreuer wie die Eltern von Frau Hansen werden jährlich beraten und unterstützt. Gleichzeitig übernehmen festangestellte Mitarbeiter rechtliche Betreuungen dort, wo kein ehrenamtlicher Betreuer gefunden wurde. Die Stärkung der Selbstbestimmung, die Vertretung von Verbraucherinteressen und der Ausbau einer stärkeren rechtlichen Stellung von Menschen mit geistiger Behinderung stehen im Vordergrund der Arbeit, auch in Fortbildungen und Vorträgen.

Personenzentrierung – der Mensch steht im Mittelpunkt in Leichter Sprache formuliert. Das Konzept ist nicht neu. *Leben mit Behinderung Hamburg* ist geprägt vom personenzentrierten Blick der Eltern auf die Bedürfnisse ihrer Angehörigen und den Aktivitäten über den Tellerrand des einzelnen Menschen hinaus für gesellschaftliche Veränderung. Persönliche Zukunftsplanungen werden für Bewohner und Beschäftigte von *Leben mit Behinderung Hamburg* auf persönlichen Wunsch durchgeführt. In einer Persönlichen Zukunftsplanung werden Menschen mit Behinderung unterstützt, über ihre Wünsche und Ziele phantasievoll nachzudenken. Gemeinsam mit Freunden, Angehörigen, Bezugsbetreuern, Mitarbeitern und anderen hilfreichen Personen entwickelt die planende Person eine eigene Vorstellung ihrer Zukunft. Mit einem Unterstützerkreis wird nach Wegen und Lösungen gesucht, um die eigenen Ziele zu erreichen. Im Mittelpunkt steht die planende Person mit ihren Stärken, Fähigkeiten und Interessen.

Der planende Mensch entscheidet selbst, welche Unterstützer ihn bei der Persönlichen Zukunftsplanung begleiten sollen. Alle planen gemeinsam. Dabei entstehen spannende und ungewöhnliche Ideen. Die planende Person bestimmt allein, welche der gesammelten Ideen umgesetzt werden. Personen aus dem Unterstützerkreis können aktiv bei der Umsetzung der Wünsche und Vorstellungen mitwirken. Die planende Person wird auch langfristig durch Menschen aus dem Unterstützerkreis begleitet. Veränderungen werden durch diese Methode, gestärkt vom sozialen Umfeld der Hauptperson, unterstützt, *Leben mit Behinderung Hamburg* als Dienstleister lernt durch diese Prozesse, Angebote für Menschen mit Behinderung zielgenau und individuell zu gestalten, die sozialen Netzwerke aktiv einzubeziehen und die Wünsche der einzelnen Klienten aktiv zu unterstützen.

Bergedorf ist ein lebendiger und bunter Stadtteil von Hamburg. Frau Hansen lebt schon viele Jahre hier und ist durch ihre unterschiedlichen Aktivitäten im Alltag bekannt. Sie wird auf der Straße beim Einkaufen begrüßt. Ihre Augen strahlen, wenn über ihre neue Wohnung gesprochen wird oder von den Plänen, eine weitere *Auf Achse*-Tätigkeit zu entwickeln. Sie ist Teil der lebendigen Kultur in Bergedorf und sie ist zufrieden.

Literatur

Franke, H./Westecker, M. (Hrsg.) (2000): Behindert Wohnen, Perspektiven und europäische Modelle für Menschen mit schweren und mehrfachen Behinderungen. Düsseldorf.

Grotemeyer, G. (2014): Jeder Mensch ist bildungsfähig. In: Klarer Kurs. 3. 6–11.

Hansen, D. (2012): Ich in der Zukunft. In: Leben mit Behinderung Hamburg, Mein Zuhause, Imagebroschüre.

Juterczenka, W. (2013): Auf Achse: Spezialisten für Hamburg, Arbeitsmöglichkeiten für Menschen mit hohem Unterstützungsbedarf, in bag ub Impulse. 67. 13–16.

Leben mit Behinderung Hamburg (Hrsg.) (2011): Ich kann mehr! Berufliche Bildung für Menschen mit schweren Behinderungen. Hamburg.

Leben mit Behinderung Hamburg (2012): Mein Zuhause, Imagebroschüre.

Schümann, B. (2010): Kurt-Juster, Kabarettist, Kaufmann, jüdischer Emigrant, Pionier der Behindertenarbeit. Düsseldorf.

EINWURF: DAS ALTER(N) ALS LEBENSPHASE ERLEBEN UND GESTALTEN

Sabine Schäper

In der Behindertenpädagogik rückt das höhere Erwachsenenalter erst allmählich in den Fokus der wissenschaftlichen Aufmerksamkeit. Mit der steigenden Lebenserwartung und dem Älterwerden der Nachkriegsgeneration wird in der Forschung das weitgehende Fehlen der Generation, die durch die „Euthanasie"-Verbrechen des nationalsozialistischen Regimes ermordet wurde, zunehmend deutlich, so dass in den letzten Jahren eine größere Zahl von Publikationen zum Thema Behinderung und Alter erschienen ist. Gleichzeitig hat sich die gerontologische Theorieentwicklung weg von einem defizitorientierten Blick auf das Alter hin zu lebenswelt- und lebenslagenorientierten Ansätzen gewandelt, die auf die Sicherung von Lebensqualität und sozialer Einbindung bis zum Lebensende ausgerichtet sind. Eine interdisziplinäre Perspektive auf das Alter als Lebensphase bei Menschen mit Behinderungen bietet sich somit mehr denn je an, steckt allerdings sowohl theoretisch wie in Bezug auf organisationale Kooperation und die Zusammenarbeit gerontologischer und pädagogischer Fachkräfte noch in den Kinderschuhen.

In diesem Beitrag wird der aktuelle Forschungsstand zum Thema Behinderung und Alter in der gebotenen Kürze überblicksartig dargestellt. Dabei ist der Fokus auf die Personengruppe der Menschen mit Körperbehinderung gerichtet. Hier ist allerdings die Forschungs- und Datenlage bisher noch sehr unzureichend, Hedderich (2003a, 11) bezeichnete die Personengruppe als in der Forschung noch „gänzlich unbeachtete Zielgruppe". So wird einerseits aufgrund des noch nicht sehr breiten spezialisierten Wissens, andererseits inhaltlich sinnvoll auch im Blick auf Menschen mit komplexen Behinderungen vielfach auf Forschungsarbeiten und Konzepte für Menschen mit geistiger Behinderung im Alter verwiesen.

Altern mit einer körperlichen Beeinträchtigung: Chancen und Herausforderungen einer neuen Lebensphase

Sozialpsychologische Zugänge zum Alter als individuell zu bewältigende Lebensphase zeigen, dass das individuelle Erleben des Alters – unabhängig von einer Behinderung – von einer Reihe von Veränderungen geprägt ist, aber auch durch die Festigung und Weiterentwicklung von Kompetenzen. Die Intersektionalitätsforschung, die wechselseitig sich verschärfende Mechanismen von (mehrfachen) Diskriminierungserfahrungen fokussiert, indem sie „kontextspezifische, gegenstandsbezogene und an sozialen Praxen ansetzende Wechselwirkungen ungleichheitsgenerierender sozialer Strukturen (d. h. von Herrschaftsverhältnissen), symbolischer Repräsentationen und Identitätskonstruktionen" analysiert (Winker & Degele 2009, 15), kann an Arbeiten anschließen, die das Altern mit einer Behinderung als „double jeopardy" beschreiben (vgl. Müller 1997, 34; Tesch-Röhmer & Wurm 2009, 17). Besonders gefährdet durch mehrfache Diskriminierung sind dabei Menschen mit schwersten Beeinträchtigungen, die im Zuge einer doppelten Dichotomisierung – „junge und aktive" versus „alte und gebrechliche Alte" auf der einen Seite, Menschen mit weniger schweren Beeinträchtigungen versus Menschen mit sehr hohem Unterstützungsbedarf auf der anderen Seite – in doppelter Weise zu den Verlierern gehören: Innovative Konzepte in der Altenhilfe richten sich eher auf die „jungen Alten", und inklusive und teilhabeorientierte Konzepte im System der Eingliederungshilfe kommen eher Menschen mit weniger schweren Behinderungen zugute. Menschen mit komplexen Behinderungen, Menschen mit herausfordernden Verhaltensweisen und nun auch Menschen mit Behinderungen im hohen Alter gehören zu den Personengruppen, die eher auf stark institutionalisierte Lebenskontexte verwiesen bleiben (vgl. Frewer-Graumann & Schäper 2015).

Die für die individuelle Lebensqualität entscheidenden Bedingungen können sich im Alter jedoch auch angleichen, sodass das Alter als nivellierender Faktor erlebt wird („age as leveler"; vgl. Tesch-Röhmer & Wurm 2009, 17). Wieder andere Ansätze betonen dagegen die besonderen – aufgrund der lebenslangen Behinderung bereits früh erworbenen und fest im Selbstbild verankerten – Bewältigungskompetenzen von Menschen mit lebenslanger Behinderungserfahrung, die die Auseinandersetzung mit zusätzlichen Kompetenzeinbußen im Alter erleichtern (vgl. Müller 1997, 36). Dabei spielen frühere Lebenserfahrungen eine wichtige Rolle: Die individuell wahrgenommene Lebensqualität und die als angemessen erfahrene Unterstützung in jungen Lebensjahren wirken sich unmittelbar auf das Erleben des Alterns aus (Bigby 2004, 19). Eine angemessene pädagogische Unterstützung im Alter kann dazu beitragen, dass Menschen mit lebenslanger Behinderung auf hilfreiche Kompetenzen für die Gestaltung sozialer Beziehungen und die Bewältigung praktischer Anforderungen im Alltag zurückgreifen und diese bis ins hohe Alter erhalten können (vgl. Kruse & Ding-Greiner 2003, 463). Ohne entsprechende Unterstützung kann ein über die Lebensspanne oftmals mühsam erarbeiteter Zugewinn an Autonomie in der Selbstversorgung im Alter wieder verloren gehen. Hedderich (2003b, 171) berichtet auf der Basis biographischer Interviews mit Menschen mit einer (lebenslangen) körperlichen Behinderung von Befürchtungen älter werdender Menschen, dass sich „das Alter insofern manifestierend auswirke, als sich durch den sukzessiven Verlust körperlicher Funktionen zunehmende Mobilitätseinschränkungen für die betroffenen Personen ergeben". Andererseits sei das subjektive Erleben von körperlichen Beeinträchtigungen und Abhängigkeit von der Unterstützung anderer für viele gerade nicht neu, so dass der Alterungsprozess, weniger als bei anderen, nicht als grundlegend neue Erfahrung beschrieben wird (vgl. ebd.).

Diese Sichtweisen zeigen, dass das Leben mit einer Behinderung im Alter individuell ausgesprochen unterschiedlich verlaufen und geprägt sein kann. Umso wichtiger ist es, in Forschung und Entwicklung auf die Risiken und Chancen hinzuweisen, um ein Höchstmaß an Lebensqualität und Teilhabe und die notwendige Unterstützung bis zum Lebensende sicherzustellen.

Gesundheitsrisiken und medizinische Versorgung

Der Weltbericht Behinderung von WHO und Weltbank (2011) unterscheidet zwischen primären und sekundären (mit einer primären gesundheitlichen Einschränkung häufig einhergehenden, aber durch frühzeitige Behandlung oder Prävention vermeidbaren) Gesundheitsproblemen und Begleiterkrankungen, die zusätzlich und unabhängig von einem primären gesundheitlichen Problem auftreten können. Diese Unterscheidung ist vor allem im Blick auf die häufig sich entwickelnde Multimorbidität im Alter von Bedeutung, um die Passgenauigkeit von Angeboten der gesundheitlichen Prävention, Versorgung und Rehabilitation sicherstellen zu können. Der tatsächliche Gesundheitszustand ist – so der Weltbericht – vor allem auch von der Zugänglichkeit von allgemeinen und spezifischen Angeboten der Gesundheitsversorgung abhängig (WHO 2011, 57). Diese Unterscheidung weist zugleich auf ein Grundproblem in der Diagnostik hin, das mit dem Alter zunehmend bedeutsam wird: Die Überlagerung von behinderungs-, krankheits- und alterungsbedingten Symptomen („diagnostic overshadowing") erschwert oft die Wahrnehmung und Einschätzung auch bei begleitenden Fachkräften, so dass es im Alter vermehrt zu Fehl- und Falschdiagnosen und inadäquaten Behandlungsstrategien kommt. Dabei ist sowohl in der Forschung als auch der medizinischen Versorgung und Unterstützung von einem Effekt auszugehen, der in der Gerontologie in Bezug auf Gesundheit und Krankheit im Alter beschrieben wird (vgl. Tesch-Römer & Wurm 2009, 12): Danach werden Erkrankungen und Risikofaktoren bei älteren Menschen häufiger übersehen, weil sie als alterungsbedingte Erscheinungen interpretiert werden. Bei einer lebenslangen Behinderung wird die Gefahr noch größer sein, dass behandlungsbedürftige Erkrankungen als Begleiterscheinung entweder des Alters oder der Behinderung wahrgenommen werden. So wird unter Umständen eine medikamentöse symptomatische Dauerversorgung eingeleitet anstelle einer gründlichen Differentialdiagnose, die die notwendige Basis für wirksamere therapeutische Maßnahmen ist. Hier zeigen sich in der Praxis auch Auswirkungen nach wie vor bestehender deutlicher Schwächen in der medizinischen Versorgung von Menschen insbesondere mit schweren und komplexen Behinderungen: Die fachliche Ausbildung von Ärzten und Ärztinnen bereitet auf die Behandlung von Menschen mit komplexen Behinderungen nur unzureichend vor, und die Strukturen in einem zunehmend ökonomisierten Gesundheitswesen berücksichtigen spezifische Bedarfe etwa in der Kommunikation sowie durch die aufwendigere Diagnostik und Behandlung nicht in adäquater Weise. Die Bundesarbeitsgemeinschaft Ärzte für Menschen mit geistiger und mehrfacher Behinderung e. V. weist seit Jahren auf diese Missstände hin und hat ein Curriculum für die Qualifizierung von Ärztinnen und Ärzten entwickelt, das begleitet von der Bundesärztekammer umgesetzt wird. Der Gesetzgeber hat mit dem § 119c SGB V die Möglichkeit zur ambulanten Behandlung in Medizinischen Behandlungszentren für Menschen mit geistiger Behinderung oder schwerer Mehrfachbehinderung geschaffen, die eine wichtige Anlaufstelle für viele Menschen werden können. Die Herausforderung, AllgemeinmedizinerInnen und FachärztInnen vor Ort und medizinisches Personal im Allgemeinkrankenhaus für die besonderen Gesundheitsrisiken bei Menschen mit Behinderungen im Alter und deren oft uneindeutigen Erscheinungsformen zu sensibilisieren, bleibt. Daneben bedarf es der Qualifizierung nichtmedizinischer und pädagogischer Fachkräfte, die Menschen mit Behinderungen im Alltag begleiten, damit diese akute Erkrankungen erkennen und eine angemessene und differenzierte medizinische Diagnostik anstoßen können.

Die Forschung zu spezifischen Gesundheitsrisiken bei bestimmten körperlichen Behinderungen im Lebensverlauf steckt noch in den Kinderschuhen. Zu den Personengruppen, deren Lebenserwartung in den letzten Jahrzehnten durch eine verbesserte medizinische Versorgung und Rehabilitation deutlich gestiegen ist, gehören Menschen mit Cerebralparesen, Spina Bifida, Muskeldystrophien, Querschnittslähmung, Polio und Polyarthritis (vgl. Sheets 2010). U. a. bei Menschen mit Querschnittslähmung ist zugleich das durch sekundäre gesundheitliche Probleme bedingte Mortalitätsrisiko deutlich gesunken, zumindest in Ländern mit hohem Nationaleinkommen (vgl. SPF 2014, 27). Das Risiko eines frühzeitigen Versterbens ist dennoch weiterhin um das Zwei- bis Fünffache erhöht (ebd.), dabei spielt die Schwere der Verletzung eine deutliche Rolle, aber auch die erhöhte Anfälligkeit und lebensbedrohliche Entwicklung von sekundären Erkrankungen (vor allem urologische Komplikationen, Atemwegserkrankungen). Die Leistungsfähigkeit und Qualität des Gesundheitssystems, insbesondere der Notfallversorgung spielen dabei eine entscheidende Rolle (ebd., 29). Umgekehrt nimmt aufgrund der Altersentwicklung der Gesellschaft die Zahl der im Alter erworbenen Behinderung durch eine Querschnittlähmung zu, vor allem aufgrund von erhöhter Sturzgefahr (ebd., 30). Die Unterstützung in Form von Physiotherapie und technischen Hilfsmitteln ist dabei in hohem Maße bedeutsam für den Erhalt der Selbstversorgungskompetenzen im Lebensverlauf (ebd., 89). Dem steht ein zunehmend auf Kosteneinsparung setzendes Gesundheitssystem gegenüber, das dem Anspruch der UN-Behindertenrechtskonvention nach einer angemessenen und inklusiv gestalteten Gesundheitsversorgung deutlich entgegensteht (vgl. Lelgemann 2010, 232f.).

Bei Cerebralparesen zeigen sich im Erwachsenenalter und im höheren Lebensalter verbreitet Veränderungen im Spontanverlauf (vgl. Jahnsen 2006). So kommt es bei ca. 40 % zum Verlust der (unabhängigen) Gehfähigkeit oder freien Sitzfähigkeit im Alter zwischen 15 und 35 Jahren. 28 % der Betroffenen leiden im Erwachsenenalter an chronischen Schmerzen und 29 % an chronischer Müdigkeit. Diese Verschlechterungen sind auf die Erkrankung selbst (Bewegungsmangel, neurologische Störungen) sowie auf sekundäre Folgeerkrankungen (Skoliose, degenerative Veränderungen) zurückzuführen. Nachteilig wirkt sich zudem aus, dass Menschen mit Cerebralparese zwar in der Kindheit relativ „engmaschig vom Gesundheitswesen kontrolliert" werden, die medizinische Betreuung einschließlich der physiotherapeutischen Förderung – u. a. aufgrund einer zunehmend restriktiven Bewilligungspraxis der Leistungsträger – aber im Erwachsenenalter deutlich abnimmt (vgl. ebd., 9). Insgesamt sind Menschen mit Cerebralparese im Alter deutlich stärker in ihrer Beweglichkeit und ihren Fertigkeiten eingeschränkt als Gleichaltrige.

Eine Studie zu altersbedingten Veränderungen bei einer Contergansschädigung (Kruse et al. 2012) zeigt eine hohe Rate an Folgeschäden an den chronisch fehl- und überbelasteten Gelenken und der Wirbelsäule. Funktionseinbußen infolge der Behinderung führen im Laufe des Lebens zu Überbelastung und zusätzlichen Schädigungen. Es kommt zu teils chronischen Schmerzen und Arthrosen, außerdem zu Muskelverspannungen und Muskelschwäche.

Neben den unmittelbaren Behinderungsfolgen und Begleiterkrankungen sind aber auch Lebensstilfaktoren und soziale Bedingungen relevant für die Gesundheit im Alter. So kann ein Bewegungsmangel das Resultat sozialer und räumlicher Bedingungen sein, etwa wenn Menschen mit Behinderungen bis ins eigene höhere Erwachsenenalter bei hochbetagten Eltern leben, die selbst in ihrer Mobilität sehr eingeschränkt sind. Die Mobilitätsbiographie von Menschen mit komplexer Behinderung unterscheidet sich deutlich von der gleichaltriger Menschen, Haveman und Stöppler beschreiben sie bei Menschen mit geistiger Behinderung als vorwiegend „passiv" (vgl. 2010, 202). Auch die Wohnform kann mit Gesundheitsrisiken einhergehen. So ist das Infektionsrisiko mit alterstypischen Infektionskrankheiten in stationären Einrichtungen erhöht (vgl. Clarke et al. 2008). Andererseits zeigen Studien aus den USA und Skandinavien, dass Menschen mit Behinderung, die vergleichsweise selbstständig in der Gemeinde leben, dazu neigen, ungesunde Lebensstile der Allgemeinbevölkerung zu übernehmen und dadurch neue Gesundheitsrisiken wie Adipositas oder Suchtgefährdung hinzukommen (vgl. Schäper et al. 2010, 45f.). Die geringere soziale Kontrolle in selbstständigen Wohnformen kann sich zudem auf die Inanspruchnahme von Vorsorgeuntersuchungen negativ auswirken (vgl. ebd., 44). Hier zeigt sich, dass eine pädagogische Begleitung wichtige Impulse für einen gesundheitsförderlichen Lebensstil und die rechtzeitige Wahrnehmung gesundheitlicher Risiken setzen und sich somit auf die Lebenserwartung positiv auswirken kann.

Biographische und psychosoziale Aspekte

Bereits in den 1980er Jahren ging die Körperbehindertenpädagogik davon aus, dass die „Akzeptierung oder Integration des behinderten Körpers ins Selbstkonzept eine lebenslange, immer wiederkehrende Aufgabe darstellt" (Leyendecker 1985, 10), die nicht bereits im Kindes- und Jugendalter als abgeschlossen betrachtet werden kann. Mit den spürbaren körperlichen Veränderungen, mit dem Älterwerden, wird die Konfrontation mit der eigenen Behinderung in höherem Lebensalter aktualisiert. Zudem beeinflussen sozio-ökonomische Bedingungen die Lebensqualität im Alter, da Menschen mit Behinderung häufig ein weniger ausgeprägtes soziales Netzwerk und einen niedrigen ökonomischen Status haben und ihre Erwerbsbeteiligung gering ist, somit auch die finanzielle Situation im Alter prekär sein kann (Bigby 2004, 74).

Soziale Kontakte sind wichtig, um die Freiräume, die mit dem Alter verbunden sind, aktiv gestalten und sich selbst in neuen sozialen Rollen erleben zu können (BMAS 2013, 363). Soziale Netzwerke ermöglichen Erfahrungen von Bindung und Solidarität, bieten Chancen der Selbstvergewisserung und Orientierung und halten Ressourcen für die informelle soziale Unterstützung im Alltag bereit. Umgekehrt können soziale Beziehungen auch belastend und konfliktreich sein und individuelle Freiheitsräume eher einschränken. Auch in Bezug auf die soziale Einbindung bestehen wiederum doppelte Risiken bei Menschen mit lebenslanger Behinderung im Alter: Diskriminierungserfahrungen beziehen sich dann nicht mehr nur auf das Behindert-Sein, sondern zusätzlich auf das Älterwerden oder Alt-Sein. Dabei hat die Ökonomisierung der Lebenswelt weitreichenden Einfluss auf solche Diskriminierungen (vgl. ebd., 79), die den Aufbau eines Netzwerks reziproker und gleichberechtigter Beziehungen erschweren. Zudem können eingeschränkte Chancen sozialer Teilhabe, die viele heute bereits ältere Menschen mit Behinderungen in früheren Lebensphasen erlebt haben, zu einem erhöhten Risiko sozialer Isolation im Alter führen (vgl. Driller et al. 2008, 111). Die soziale Unterstützung seitens der Familie nimmt bei Menschen mit lebenslanger Behinderung mit zunehmendem Alter ab. Dies liegt u. a. darin begründet, dass viele der älteren Menschen mit Behinderungen keine eigene Familie gründen konnten und nur ein kleinerer Teil in festen Lebenspartnerschaften lebt. So können bei den über 60-jährigen Menschen mit Behinderungen nur noch etwa 21 % auf soziale Unterstützung durch die Familie zählen, während im Alter von 18 bis 30 Jahren noch zwei Drittel auf familiäre Unterstützung zurückgreifen können. Ältere Menschen mit Behinderungen sind dann mehr und mehr auf die sozialen Beziehungen verwiesen, die ihnen professionell Begleitende bieten (vgl. BMAS 2013, 371). Dabei ist der Fokus bisher noch zu wenig auf die Förderung der sozialen Beziehungen von Menschen mit Behinderungen untereinander, etwa mit MitbewohnerInnen gerichtet. Das Modell familienanaloger Betreuungssettings, das lange in Konzeptionen von Wohneinrichtungen verankert war, hat die asymmetrische Kommunikation zwischen Mitarbeitenden und BewohnerInnen in der Vergangenheit eher noch verstärkt. Teilhabeförderliche Lebensbedingungen zu schaffen ist somit auch eine Frage der Haltung und der Kompetenz zu professioneller Beziehungsgestaltung auf Seiten der Fachkräfte.

Sozialrechtliche Rahmungen für die Sicherstellung von Teilhabechancen bis zum Lebensende

Die UN-Behindertenrechtskonvention verleiht dem sozialrechtlich schon seit den 1960er Jahren verankerten Grundsatz, dass Menschen mit Behinderungen einen Anspruch auf Leistungen zur Teilhabe am Leben der Gesellschaft haben, deutlichen politischen Nachdruck. Dieser Anspruch gilt unabhängig vom Lebensalter, auch bei Menschen mit schwersten Beeinträchtigungen und auch bei Menschen in sehr hohem Alter: Er endet nicht durch eine hinzutretende oder zunehmende Pflegebedürftigkeit. Die derzeitigen sozialrechtlichen Bedingungen führen jedoch zu einer Reihe von Schnittstellenproblemen, die vielfach zulasten der Menschen mit Behinderungen (scheinbar!) gelöst werden. So stellen manche Leistungsträger der Eingliederungshilfe den Anspruch auf Eingliederungshilfe in Frage, wenn der Pflegebedarf mit zunehmendem Alter steigt (vgl. Schulz 2015). Die aktuellen Reformen der Pflegeversicherung (Pflegestärkungsgesetz I und II) haben diese Abgrenzungsprobleme nicht nur nicht gelöst, sondern weiter verschärft: „Eine teilhabeorientierte Pflege lässt sich [...] von der Eingliederungshilfe nicht vernünftig abgrenzen" (Hoberg et al. 2013, 10). Die von einigen Anbietern der Eingliederungshilfe entwickelte Lösung, auf eigenem Gelände spezialisierte Pflegeeinrichtungen für ältere Menschen mit Behinderungen mit Versorgungsvertrag nach SGB XI zu errichten oder bisherige Wohnplätze in der Eingliederungshilfe in Pflegeplätze gem. SGB XI umzuwandeln – manchmal flankiert durch zusätzliche Ressourcen des überörtlichen Sozialhilfeträgers –, geht oftmals mit dem Aufgeben des Rechtsanspruchs auf Eingliederungshilfe einher. Hier besteht erheblicher Klärungs- und Entwicklungsbedarf, damit sozialrechtliche Schnittstellenprobleme nicht zulasten von Menschen mit Behinderungen im Alter verschoben werden. Hilfemix-Lösungen für eine bedarfsgerechte und teilhabeförderliche Unterstützung von Menschen mit Behinderungen im Alter und bei zunehmendem Pflegebedarf bestehen bisher nur sehr punktuell. Neben den sozialrechtlichen Rahmungen lassen sich dabei noch eine ganze Reihe weiterer Hindernisse in der Vernetzung der Hilfesysteme identifizieren, die u. a. von Putnam und Stoever (2007) anhand von Erfahrungen in der Kooperation von Anbietern von Hilfen für Menschen mit geistiger Behinderung, Menschen mit körperlicher Behinderung und Menschen im Alter beschrieben wurden (vgl. Putnam & Stoever 2007, 30–41): Für komplexe Planungs- und Unterstützungsprozesse an solchen Schnittstellen müssen personelle Ressourcen bereitgestellt werden und die beteiligten Akteure aus den unterschiedlichen, bisher getrennten Systemen müssen eindeutig für die Vernetzungsarbeit mandatiert werden, die zudem für das „Kerngeschäft" in irgendeiner Weise spürbar relevant sein muss. Interdisziplinäre Zusammenarbeit setzt weiterhin wechselseitigen Respekt gegenüber der Fachlichkeit der oder des jeweils anderen und das Wissen um eigene fachliche Grenzen voraus. Im Prozess der Arbeit in Netzwerken ist zudem ein Mindestmaß an Verantwortungsübernahme etwa für die Koordination und Moderation von Meetings und ein Mindestmaß an wechselseitiger Verbindlichkeit in der Umsetzung von Vereinbarungen und Arbeitsaufträgen notwendig, die sich auf gemeinsam geteilte Zielvorstellungen beziehen. Für all das ist Zeit notwendig – stellen Anbieter beider Seiten sie nicht zur Verfügung, werden Hilfemix-Lösungen gar nicht erst entstehen oder aber im Prozess der Kooperation schnell scheitern (vgl. ebd., 41). Hier besteht noch erheblicher Entwicklungsbedarf, damit tragfähige Hilfemix-Lösungen entstehen können.

Von der Förderplanung zur Teilhabeplanung: Anforderungen an die professionelle Begleitung von Menschen mit Behinderungen im Alter

„Eine Kultur gelingenden Alters entsteht durch Teilhabe und ist nicht ihre Vorbedingung. Der Teufelskreis aus fürsorglicher Kompetenzenteignung, Fremdheit und gesellschaftlicher Diskriminierung ist eine Nebenwirkung der gegenwärtigen umfassenden Freistellung älterer Menschen mit Behinderungen von gesellschaftlichen Aufgaben" (Wacker 2009, 8). Dieser Hinweis macht die Verknüpfung zwischen gesellschaftlichen Wertsetzungen und professionellen Haltungen begleitender Fachkräfte deutlich. Das professionelle Selbstverständnis von Heil- und SonderpädagogInnen muss sich im Blick auf die Bedarfslagen von Menschen mit Behinderungen im Alter weiterentwickeln, indem sie die gesamte Lebensspanne mit ihren je spezifischen pädagogischen Anforderungen in den Blick nehmen und passgenaue Konzepte entwickeln lernen. Multiprofessionelle Teams müssen neue Kulturen der Kooperation entwickeln, damit Unterstützungsbausteine, die unterschiedliche Fachexpertise brauchen, sinnvoll miteinander verknüpft werden können. In der Planung der individuellen Sicherung und Weiterentwicklung von Teilhabe braucht es neue Verfahren und Instrumente, die Teilhabe nicht nur zum Ziel haben, sondern sich durch echte Partizipation im Planungsprozess etwa in der Art der Durchführung von Hilfeplangesprächen auszeichnen: „Wenn Teilhabe das Ziel ist, muss auch Teilhabe der Weg sein!" (Dobslav 2012, 101).

In der Praxis zeigt sich, wie schwierig es ist, Planungskompetenzen der professionellen pädagogischen Fachkräfte weiterzuentwickeln weg von individuellen Beeinträchtigungen hin zu einem Gesamtkonstrukt der Teilhabe als Ergebnis des Zusammenwirkens von individuellen Teilhabepotentialen und strukturellen Teilhabechancen im organisationalen und sozialräumlichen Umfeld. „Insbesondere für den stationären Kontext gilt in der Praxis, dass Klient(inn)en stets mit einer institutionellen Deutung ihrer individuellen, lebensweltlich geprägten Identität rechnen müssen, diese offenbaren müssen und davon ausgehen können, dass ihnen eigene Problemdeutungen und Problemlösungen nicht selbstverständlich zuerkannt werden" (ebd., 102). Entscheidend ist dabei die Art und Weise der Strukturierung des Gesprächs, „die die Diagnose der Professionellen bezogen auf Inhalt und Interaktionsmuster zu repräsentieren und zu reproduzieren" scheint (Dobslav 2015, 118). Dagegen gilt es, kommunikative Strategien zu entwickeln, die Teilhabechancen erweitern statt begrenzen. Zudem muss individuelle Teilhabeplanung deutlicher als bisher verknüpft werden mit Formen der kommunalen Teilhabeplanung (vgl. Schäper 2015), um auf Teilhabechancen im sozialen Nahraum und die Weiterentwicklung der Unterstützungsstrukturen in der Behinderten- und Altenhilfe Einfluss nehmen zu können. Auch hier gilt wiederum der Grundsatz der Partizipation, die nicht nur Ziel sein kann, sondern auch der Weg dorthin sein muss. Die Weiterentwicklung von kommunalen Strukturen politischer Partizipation von Menschen mit Behinderungen durch die Einbindung in beratende und beschlussfassende Gremien gehört ebenso dazu wie die Befähigung von Menschen mit Behinderungen, solche Teilhabegelegenheiten für sich auch wahrnehmen zu können. Darin liegt eine wichtige Aufgabe von lebenslanger Bildung auch für Menschen mit Behinderungen.

Zusammenfassend lassen sich die Anforderungen in der Sicherung von Teilhabe im Alter in einem an der ICF orientierten Schaubild verdeutlichen, welches das Ineinandergreifen individueller und umfeldbedingter Faktoren gelingender Teilhabe sichtbar macht:

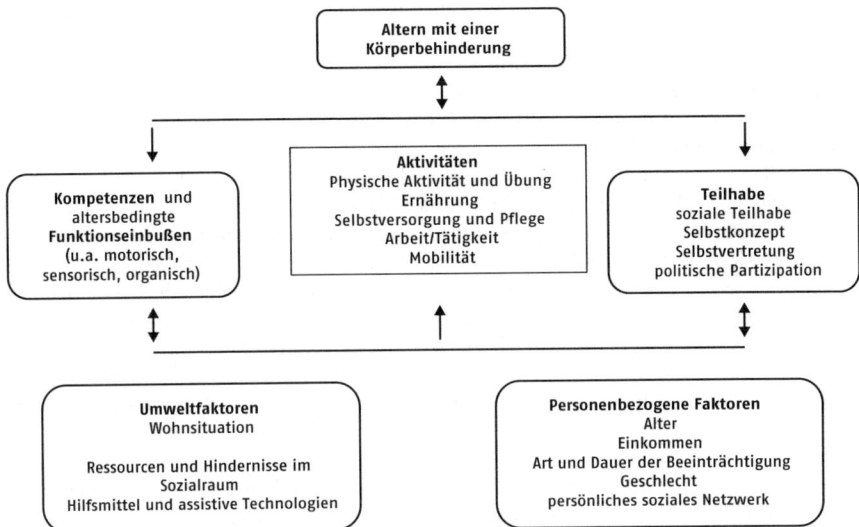

Abb. 1: Modell des Alterns mit einer Behinderung in Anlehnung an die ICF (nach Lange et al. 2010, zit. n. Sheets 2010)

Literatur

Bigby, C. (2004): Ageing with a Lifelong Disability. A Guide for Practice, Program and Policy Issues for Human Services Professionals. London.

BMAS (Bundesministerium für Arbeit und Soziales) (2013): Teilhabebericht der Bundesregierung über die Lebenslagen von Menschen mit Beeinträchtigungen. Teilhabe – Beeinträchtigung – Behinderung. Bonn.

Clarke, D./Vermuri, M./Gunatilake, D./Tewari, S. (2008): Brief report. Helicobacter pylori infection in five inpatient units for people with intellectual disability and psychiatric disorder. In: Journal of Applied Research in Intellectual Disabilities, 21. 95–98.

Dobslav, G. (2012): Wenn Teilhabe das Ziel ist, muss auch Teilhabe der Weg sein! In: Teilhabe 51 (3). 100–103.

Dobslav, G./Pfab, W. (2015): Kommunikative Strategien in Teilhabegesprächen. In: Teilhabe 54 (3). 114–119.

Driller, E./Alich, S./Karbach, U./Pfaff, H./Schulz-Nieswandt, F. (Hrsg.) (2008): Die INA-Studie. Inanspruchnahme, soziales Netzwerk und Alter am Beispiel der Behindertenhilfe. Freiburg i. Br.

Frewer-Graumann, S./Schäper, S. (2015): Die unsichtbaren Alten – Bilder über das Altern von Menschen mit lebenslanger Behinderung. In: Journal für Psychologie Bd. 23 (2015) 3. www.journal-fuer-psychologie.de/index.php/jfp/article/view/342/389 (12.10.2015).

Haveman, M. J./Stöppler, R. (2010²): Altern mit geistiger Behinderung. Grundlagen und Perspektiven für Begleitung, Bildung und Rehabilitation. Stuttgart.

Hedderich, I. (2003a): Körperbehinderte Menschen im Alter – eine begriffliche und wissenschaftliche Grundlegung. In: Hedderich, I./Loer, H.: Körperbehinderte Menschen im Alter. Lebenswelt und Lebensweg. Bad Heilbrunn. 11–24.

Hedderich (2003b): Lebenswelt und Lebensweg verstehen lernen. In: Hedderich, I./Loer, H.: Körperbehinderte Menschen im Alter. Lebenswelt und Lebensweg. Bad Heilbrunn. 167–176.

Hedderich, I./Loer, H. (2003): Körperbehinderte Menschen im Alter. Lebenswelt und Lebensweg. Bad Heilbrunn.

Hoberg, R./Klie, T./Künzel, G. (2013): Politikentwurf für eine nachhaltige Sicherung von Pflege und Teilhabe. Strukturreform Pflege und Teilhabe. Freiburg.

Jahnsen, R. (2006): Die Perspektive der Cerebralparese im Verlauf des Lebens. In: Medizin für Menschen mit geistiger und mehrfacher Behinderung 2. 8–20.

Kruse, A./Ding-Greiner, C./Becker, G./Stolla, C./Becker, A.-M./Baiker, D. (2012): Contergan. Wiederholt durchzuführende Befragungen zu Problemen, speziellen Bedarfen und Versorgungsdefiziten von contergangeschädigten Menschen (Endbericht an die Conterganstiftung für behinderte Menschen, Heidelberg). http://www.conterganstiftung.de/¬download/Contergan_Endbericht_Universitaet_Heidelberg.pdf (14.09.2015).

Kruse, A./Ding-Greiner, C. (2003): Ergebnisse einer Interventionsstudie zur Förderung und Erhaltung von Selbständigkeit bei älteren Menschen mit geistiger Behinderung. In: Zeitschrift für Gerontologie 36 (6). 463–474.

Lelgemann, R. (2010): Gegenwart und Perspektiven eines (derzeit nicht) inklusiven Gesundheitswesens. In: Jennessen, S./Lelgemann, R./Ortland, B./Schlüter, M. (Hrsg.): Leben mit Körperbehinderung. Perspektiven der Inklusion. Stuttgart. 231–240.

Leyendecker, C. (1985): Körpererfahrung und Behinderung. Ein Diskurs zur Frage der Identitätsfindung Körperbehinderter. In: Zeitschrift Sonderpädagogik 15 (15). 1–15.

Müller, B. (1997): Lebensführungsstrategien von schwerstkörperbehinderten Menschen im Altersprozess. Eine fall-rekonstruktive Untersuchung. Aachen.

Putnam, M./Stoever, A. (2007): Facilitators and Barriers to Crossing Network Lines: A Missouri Case Study. In: Putnam, M. (Hrsg.): Aging and Disability. Crossing Network Lines. New York. 19–54.

Schäper, S./Schüller, S./Dieckmann, F./Greving, H. (2010): Anforderungen an die Lebensgestaltung älter werdender Menschen mit Behinderungen in unterstützten Wohnformen (Dritter Zwischenbericht zum Forschungsprojekt „Lebensqualität inklusiv(e)"). Münster.

Schäper, S. (2015): Bedürfnisse und Bedarfslagen von Menschen mit geistiger Behinderung im Alter – Anforderungen an die Sozial- und Teilhabeplanung. In: Müller, S. V./Gärtner, C. (Hrsg.): Lebensqualität im Alter. Perspektiven für Menschen mit geistiger Behinderung und psychischen Erkrankungen. Wiesbaden. 91–119.

Schulz, U. (2015): Rechtliche Aspekte zum Thema „Alter und komplexe Behinderung". In: Maier-Michalitsch, N./Grunick, G. (Hrsg.): Alternde Menschen mit Komplexer Behinderung. Düsseldorf. 61–68.

Sheets, D. (2010): Aging with Physical Disability. In: International Encyclopedia of Rehabilitation. http://cirrie.buffalo.edu/encyclopedia/en/article/288/ (12.11.2015).

SPF (Schweizer Paraplegiker-Forschung) (Hrsg.) (2015): Querschnittlähmung – Internationale Perspektiven (von der WHO genehmigte Übersetzung der Publikation „International Perspectives on Spinal Cord Injury" der WHO, 2013). Genf.

Tesch-Römer, C./Wurm, S. (2009): Theoretische Positionen zu Gesundheit und Alter. In: Böhm, K./Tesch-Römer, C./Ziese, T. (Hrsg.): Gesundheit und Krankheit im Alter (Beiträge zur Gesundheitsberichterstattung des Bundes). Berlin. 7–20.

Wacker, E. (2009): Alter in Autonomie? Einführung in die Lebenswirklichkeit von Menschen mit Behinderung im fortgeschrittenen Lebensalter. In: Behinderung & Pastoral 12. Bonn. 3–8.

Winker, G./Degele, N. (2009): Intersektionalität. Zur Analyse sozialer Ungleichheiten. Bielefeld.

WHO (World Health Organization) (2011): Weltbericht Behinderung. Genf.

5 PALLIATIVE CARE FÜR MENSCHEN MIT KÖRPERBEHINDERUNG

Sven Jennessen

Menschen sterben. Dieses Faktum gehört so existentiell zum Menschsein wie die Notwendigkeit der Nahrungsaufnahme, der Regulierung der Körpertemperatur oder des Schlafes. Dennoch bleiben Sterben und Tod einige der letzten Tabus unserer Zeit, und zwar obwohl die Fülle an medialer Präsenz thanataler Themen suggeriert, auch der Tod werde heutzutage offen und öffentlich kommuniziert und somit enttabuisiert. Hierbei ist aber ein feiner Unterschied beobachtbar: Auf einer eher distanziert-öffentlichen Ebene scheint eine Auseinandersetzung nahezu tabulos möglich. Franco Rest spricht in diesem Zusammenhang von „Medien-Todes-Pornografie" (Rest 2006, 34). In nahezu jeden Winkel individuellen und gesellschaftlichen Sterbens wird voyeuristisch geblickt, versucht, den Übergang zum Tod fassbar, verstehbar und somit vielleicht auch kontrollierbar zu machen. Treffen schwere und unheilbare Krankheit, Sterben und Tod aber ins unmittelbare Umfeld des Menschen, ist meist von der scheinbar so entgrenzten Beschäftigung mit der Todesthematik nicht mehr viel zu spüren. Eine große Irritation, die sich meist in einer umfassenden Unsicherheit auf der Verhaltensebene zeigt, ist die Folge. Der direkte, unmittelbare Umgang mit sterbenden und auch trauernden Menschen ist nach wie vor nicht nur schwierig, sondern konfrontiert den Menschen in einer solchen Wucht mit der Begrenztheit des eigenen Lebens, dass kaum Ausdrucksformen verfügbar sind, die in irgendeiner (geschweige denn angemessenen) Form für die Interaktion genutzt werden können.

Dennoch sterben und trauern Menschen nicht ausschließlich alleine. Neben der Unterstützung durch die nächsten Angehörigen hat sich im Kontext der Hospiz- und Palliativversorgung ein aus professionellen und ehrenamtlichen MitarbeiterInnen bestehendes Unterstützungsnetz gebildet, das Menschen mit schwerer Krankheit in ihrem Sterbeprozess und ihren Angehörigen auch über den Tod hinaus in Form von Trauerbegleitung zur Verfügung steht. Bereits vor zehn Jahren stellt Rest hierzu fest: „Heute sind mit stetig steigenden Zahlen immer mehr Menschen bereit zu solidarischem Aushalten des Sterbens" (Rest 2006, 33). Ohne an dieser Stelle die Breite dieser dynamisch wachsenden Unterstützungsangebote vorstellen zu können, sollen auf der Grundlage einer kurzen Skizzierung der Grundannahmen von Palliative Care in Bezug auf die Lebensphasen der Kindheit und Jugend sowie des Erwachsenenalters dargelegt werden, welche besonderen Unterstützungsbedarfe hier jeweils für Menschen mit Körperbehinderungen vorliegen und welche jeweiligen Forschungs- und Praxiserfordernisse daraus abgeleitet werden können.

5.1 Palliative Care

"Palliative Care ist ein Ansatz zur Verbesserung der Lebensqualität von Patienten und ihren Familien, die mir den Problemen konfrontiert sind, die mit einer lebensbedrohlichen Erkrankung einhergehen, und zwar durch Vorbeugen und Lindern von Leiden, durch frühzeitiges Erkennen, sorgfältige Einschätzung und Behandlung von Schmerzen sowie anderen belastenden Beschwerden körperlicher, psychosozialer und spiritueller Art." (WHO 2002)

Die fachlichen Ursprünge von Palliative Care im Sinne von „Ummäntelung" sterbender Menschen gehen zurück bis ins 15. Jahrhundert, wo mit dem Terminus *Cura palliativa* ärztliche und pflegerische Mittel verstanden wurden, um Sterbende angemessen zu begleiten (vgl. Stolberg 2013). Dem Bild des Mantels entsprechend wird der sterbende Mensch „ummantelt, geschützt, gewärmt und umsorgt" (Kostrzewa 2013, 111). Diese Zielsetzung war seitdem Bestandteil professionellen Handelns in der Sterbebegleitung und fand ihren konsequent umgesetzten institutionellen Niederschlag in der Gründung des ersten modernen Hospizes im Jahr 1967 durch Cicely Saunders in London. Die multiprofessionelle Ausrichtung dieses ersten Hospizes prägt bis heute das grundsätzliche Verständnis von Palliative Care und findet sich auch in den zentralen Säulen des aktuellen Verständnisses von Palliative Care wieder (vgl. Borasio 2012). Zu diesen zählen:

1. (Palliativ)medizinische Betreuung
2. (Palliativ)pflegerische Betreuung
3. Psychosoziale Betreuung
4. Spirituelle Betreuung

Verschiedentlich wird als weitere Säule die kommunikative Ebene benannt (z. B. Fricke & Stappel 2011), die jedoch in der o. g. Systematik als eher querliegendes Moment zu betrachten ist.

Übergeordnetes Ziel von Palliative Care ist die Verbesserung der Lebensqualität schwer kranker und sterbender Menschen und ihrer Familien. In Deutschland existiert aufgrund der unterschiedlichen Finanzierungswege eine Parallelität der beiden Hauptstränge Hospizarbeit und Palliativmedizin, die in der Umsetzung nicht immer konkurrenzlos und unproblematisch ist. Auch wenn der Hospizbereich stark ehrenamtlich verortet ist und die Palliativmedizin sich als professioneller Zweig der Medizin versteht, ist die Verwobenheit und Interdependenz der beiden Bereiche offensichtlich und bedarf perspektivisch einer Weiterentwicklung, die eine engere Kooperation in Theorie, Praxis und auf der Ebene von Politik und Verbänden erfordert. Der originär mit der Idee von Palliative Care verbundene Anspruch an Transdisziplinarität sowie die konsequente Berücksichtigung von Ehrenamt und Hauptamt lässt sich nur in einer sukzessiven Aufhebung dieser für das deutsche Palliativsystem typischen Trennung realisieren. Als wichtig und richtungsweisend in diesem Zusammenhang ist die Erstellung der *Charta zur Betreuung schwerstkranker und sterbender Menschen in Deutschland* zu nennen, die von 2008 bis 2010 in Trägerschaft der Deutschen Gesellschaft für

Palliativmedizin (DGP), des Deutschen Hospiz- und Palliativverbandes (DHPV) und der Bundesärztekammer (BÄK) verwirklicht werden konnte. Hintergrund des deutschen Charta-Projektes ist eine internationale Initiative, die als Budapest Commitments auf dem 10. Kongress der European Association for Palliative Care (EAPC) 2007 vereinbart wurde. „Mit dem Ziel, die Betreuung schwerstkranker und sterbender Menschen zu verbessern, sollten fünf Bereiche fokussiert und in ihrer Entwicklung gefördert werden: Aus-, Fort- und Weiterbildung, Forschung, Politik, Qualitätsmanagement, allgemeine Zugänglichkeit der Versorgung mit Arzneimitteln" (DGP e. V., DHPV e. V. & BÄK 2010, 5). Von 2013 bis Ende 2016 wird ebenfalls unter Federführung dieser drei Organisationen und unter Beteiligung von ca. 150 VertreterInnen gesellschaftlich und wissenschaftlich relevanter AkteurInnen eine *Nationale Strategie* entwickelt, die beschreibt, wie die in der Charta formulierten Ziele unter Einbindung der Politik auf allen Ebenen – der Bundesebene, der Länderebene und der kommunalen Ebene – systematisch umgesetzt werden sollen. Zudem soll das im November 2015 verabschiedete Hospiz- und Palliativgesetz (HPG) zu einer umfassenden Verbesserung der Versorgung schwer kranker und sterbender Menschen beitragen. Ob dieser Anspruch einzulösen ist, wird erst seine konkrete Umsetzung in der Begleitungs- und Versorgungspraxis zeigen.

Für eine grundlegende Auseinandersetzung mit Palliative Care sei an dieser Stelle auf die Überblickswerke von Kränzle, Schmid und Seeger (2014), Rest (2006), Bausewein, Roller und Volz (2015) oder Borasio (2012) verwiesen.

5.2 Palliative Care für Kinder und Jugendliche

Im Abschnitt über Fragen der Ethik in der Körperbehindertenpädagogik wurde bereits auf die Tatsache verwiesen, dass die Lebenssituation von Kindern und Jugendlichen mit progredienter Erkrankung Bestandteil der inhaltlichen Auseinandersetzung des Faches ist. Mit Verweis auf die oben bereits thematisierten ethischen Implikationen dieser Thematik sollen hier relevante Versorgungsstrukturen im Bereich Palliative Care erläutert werden.

Dass Schule in diesem Zusammenhang den Anspruch umzusetzen hat, Teilnahme lebensverkürzend erkrankter Kinder und Jugendlicher an schulischen Bildungs- und Förderprozessen so lange wie möglich und qualitativ hochwertig zu gewährleisten, sei an dieser Stelle als unhinterfragbares Paradigma konstatiert. Andreas Fröhlich hat in Anlehnung an Palliativmedizin und Palliativpflege mit dem Begriff der *Palliativen Pädagogik* den Anspruch an Pädagogik beschrieben, sich den existentiellen Lebensthemen, zu denen auch die Begrenzung des Lebens gehört, zu stellen (vgl. Fröhlich 2012). Hierbei stellt die pädagogische Begleitung letztendlich immer eine Lebensbegleitung dar: „Es muss darum gehen, diese Zeiträume so zu gestalten, dass sie von den Betroffenen erfüllt und reich gelebt werden können" (Schlichting 2014, 58). Jennessen spricht in diesem Zusammenhang von Thanatopädagogik als „Schnittstelle von Pädagogik und Thanatologie" (2011, 19), zu deren Gegenstand unter anderem die pädagogische Begleitung lebensverkürzend erkrankter, sterbender und trauernder Menschen gehöre. Inhaltlich kann mit den drei Begriffen *Begleiten*, *Mitfühlen* und *Lehren* eine schlagwortartige Charakterisierung des die Lehrerrolle kennzeichnenden Spektrums von Aufgaben, Haltungen und Emotionen vorgenommen werden. Diese versuchen ebenfalls zu umreißen, dass die „schulpädagogische Begleitung progredient erkrankter Kinder und Jugendlicher immer zu berücksichtigen hat, dass die Themen der Betroffenen in erster Linie Lebensthemen sind, die meist von aktueller, häufig alltäglicher Relevanz sind. Eine einseitige Fokussierung auf die Tatsache des vorgezogenen Todes hätte die Pathologisierung und Exklusion der betroffenen Kinder und Jugendlichen zur Folge" (Jennessen 2009, 143; vgl. hierzu auch den Beitrag von Daut in diesem Band). Auf der Grundlage eines so verstandenen pädagogischen Begleitungsauftrags von Schule auf dem Lebensweg der Kinder und Jugendlichen, zu dem auch die Begleitung des zunehmenden Verlustes von Fähigkeiten und der schrittweise Übergang in die finale Lebensphase gehören können, kommt Schule eine wichtige Funktion im Rahmen der palliativen Versorgung zu. Sie gewährleistet ein hohes Maß an sozialer Kontinuität und Verlässlichkeit in Lebenssituationen, die von existentieller Unsicherheit und Fragilität gekennzeichnet sind, und ermöglicht die Teilhabe an der Normalität kindlicher und jugendlicher Lebenswelten, zu denen neben den Peerkontakten auch die Verwirklichung eines auf individuelle Bedarfe zugeschnittenen Bildungsangebotes gehört. In Bezug auf den adäquaten Förderort sei an dieser Stelle lediglich angemerkt, dass Teilhabe an allen gesellschaftlichen Bezügen als ein Menschenrecht gilt und somit Gültigkeit für *alle* Menschen besitzt. Dies bedeutet auch, dass menschliche Lebensthemen, Wünsche und Bedürfnisse sowie deren Verwirklichung nicht an die Schwere einer Behinderung oder eine möglicherweise reduzierte Lebenserwartung gekoppelt werden dürfen. „Hierfür einzutreten ist zweifelsohne eine elementare Aufgabe von Palliative Care im Schulterschluss mit den Betroffenen selbst, ihren Familien und den PädagogInnen, die für die Bearbeitung dieser spezifischen pädagogischen Fragen alltagsnahe Unterstützung und kontinuierliche Weiterbildung benötigen" (Jennessen 2015, 13). Die hier für den Bereich Schule getätigten Aussagen sind uneingeschränkt auf die Institution Kindergarten bzw. Kindertagesstätte übertragbar, wenn Kinder schon im Vorschulalter erkranken bzw. die Diagnose einer lebensverkürzenden Erkrankung gestellt wird.

Für den Bereich der wissenschaftlichen Auseinandersetzung mit Fragen der pädagogischen Begleitung der erkrankten Kinder und Jugendlichen ist in der Systematik der Pädagogik bislang vorrangig die Körperbehindertenpädagogik zuständig, wobei hier aufgrund des Personenkreises mit einer schweren Behinderung eine deutliche Schnittmenge zur Geistigbehindertenpädagogik gegeben ist. Dies zeigt, dass die Systematik der Einteilung in bestimmte Förderschwerpunkte trotz der notwendig vorzuhaltenden Expertise in vielen Fällen nicht mit der Lebenswirklichkeit einzelner Menschen und Personengruppen kongruiert.

5.3 Pädiatrische Palliativversorgung

In Anlehnung an die *Association for Children with Life-Threatening or Terminal Conditions and their families* definiert Zernikow palliative Versorgung als eine „aktive und umfassende Versorgung, welche physische, emotionale und spirituelle Elemente beinhaltet. Ziel ist die Verbesserung der Lebensqualität des Kindes und die Unterstützung der Familie. Dies beinhaltet die Behandlung von belastenden Symptomen und die Bereitstellung von Unterstützung und Versorgung am Lebensende sowie Trauerbegleitung nach dem Tod des Kindes" (Zernikow 2008, 4). Hier finden sich die oben genannten Säulen der Palliativversorgung auch im Bereich der Pädiatrie wider. Somit wird auch in der Palliativversorgung für Kinder ein multidisziplinärer Ansatz vertreten, der sowohl in der Basispalliativversorgung als auch in der Versorgung durch spezialisierte Kinderpalliativteams Anwendung findet, wenn auch von einer durchaus zu hinterfragenden Dominanz der Professionen der Medizin und Pflege in diesen Bereichen auszugehen ist. So sind auch die von Zernikow (ebd., 5f.) beschriebenen palliativen Aufgaben des Hausarztes/der Hausärztin sicherlich nur in Ausnahmefällen von MedizinerInnen zu erfüllen, wenn es beispielsweise um die psychosoziale Unterstützung der Familie eines erkrankten Kindes (einschließlich der Geschwister!) oder die Betreuung von Eltern und Geschwisterkindern nach dem Tod eines Kindes geht. Hier scheint es angemessen, auf psychosoziale und thanatale Themen spezialisierte VertreterInnen anderer Professionen (z.B. Soziale Arbeit, Heilpädagogik oder Psychologie) in die Versorgung einer betroffenen Familie zu integrieren.

Die Nationale Akademie der Wissenschaften Leopoldina stellt in ihrer Stellungnahme zur Palliativversorgung in Deutschland fest, dass Kinder und Jugendliche einer speziellen Versorgung bedürfen, „die sich an ihrem Entwicklungsstand, dem vorherrschenden Krankheitsspektrum sowie an ihrer familiären Eingebundenheit orientiert" (2015, 7).

Die pädiatrische Palliativversorgung für Kinder und Jugendliche mit lebensverkürzenden Erkrankungen ist in Deutschland auf der wissenschaftlichen Ebene vor allem durch derzeit zwei Professuren in Witten-Herdecke und München vertreten, in der Versorgungspraxis jedoch erheblich breiter und differenzierter aufgestellt. So existieren im ambulanten Versorgungsbereich folgende Angebotsstrukturen:

- Ambulante Kinderkrankenpflegedienste
- Klinikgestützte, multiprofessionelle Brückenteams (Verbindungsstruktur zwischen stationärer und ambulanter Versorgung)
- Ambulante Kinderhospizdienste
- Bunte Kreise (mit dem Fokus auf die sozialmedizinische Nachsorge)
- Spezialisierte Ambulante Palliativversorgung – SAPV für Kinder (vgl. GKV-Spitzenverband 2013)
- Sozialpädiatrische Zentren (SPZ)

Für den stationären Bereich stehen derzeit palliativmedizinische Abteilungen in Kinderkliniken sowie vereinzelte Kurzzeit- und Dauerwohnangebote zur Verfügung. „Für die medizinische und psychosoziale Stabilisierung von Kindern und ihren Familien in medizinischen sowie psychosozialen Krisensituationen könnten stationäre kinderpalliativmedizinische Einrichtungen wertvolle Dienste leisten" (ebd., 27), stellt Zernikow mit Verweis auf die bislang nicht etablierten Palliativstationen für Kinder und Jugendliche fest. Da sich der Auftrag der ambulanten und stationären Angebote der Kinder- und Jugendhospizarbeit von der eher medizinisch-pflegerischen Ausrichtung der pädiatrischen Palliativversorgung unterscheidet, wird diese nachfolgend separat skizziert.

5.4 Kinder- und Jugendhospizarbeit

1982 eröffnete Frances Dominica, Ordens- und Krankenschwester, in Oxford das weltweit erste Kinderhospiz „Helen House". Inspiriert durch die temporäre Pflege des onkologisch erkrankten Mädchens Helen entwickelte sie die Idee, einen Ort der Entlastung und Unterstützung für Familien mit Kindern, die lebensverkürzend erkrankt sind, zu schaffen. In Deutschland ist die Kinder- und Jugendhospizarbeit noch ein recht junges Feld. Sie entstand 1990 durch den Zusammenschluss und das gemeinsame Interesse von sechs Familien mit lebensverkürzend erkrankten Kindern. Dies war die Geburtsstunde des Deutschen Kinderhospizvereins e. V. (DKHV). Seitdem hat sich die Bewegung äußerst dynamisch entwickelt. Neben den derzeit 118 (Stand 01/2015) ambulanten Kinderhospizdiensten in Deutschland zeigt Tabelle 1 eine Übersicht über die 14 stationären Kinderhospize, an die zum Teil auch ein Jugendhospiz angegliedert ist.

Tab. 1: Stationäre Kinder- und Jugendhospize in Deutschland (Stand 02/2016)

Stationäre Kinderhospize	Gründungsjahr	Jugendhospiz
Bad Grönenbach: St. Nikolaus	2007	
Berlin: Sonnenhof	2002	
Bielefeld: Bethel	2012	seit 2012
Hamburg: Sternenbrücke	2003	seit 2010
Düsseldorf: Regenbogenland	2004	in Planung
Dudenhofen: Sterntaler	2009	
Gelsenkirchen: Arche Noah	2001	
Leipzig: Bärenherz	2002	
Olpe: Balthasar	1998	seit 2009
Syke: Löwenherz	2003	seit 2013
Tambach-Dietharz: Mitteldeutschland	2011	
Wiesbaden: Bärenherz	2002	
Wilhelmshaven: Angelika Reichelt Kinder- und Jugendhospiz Joshuas Engelreich	2014	seit 2014
Wuppertal: Kinderhospiz Burgholz	2015	

Das spezielle Ziel der Kinder- und Jugendhospizarbeit ist die Begleitung der gesamten Familie ab dem Zeitpunkt der Diagnose einer lebensverkürzenden Erkrankung, auch über den Tod des Kindes hinaus – über zum Teil sehr lange Zeiträume. Stationäre Kinder- und Jugendhospize bieten neben psychischer, sozialer und spiritueller Begleitung auch Angebote der Palliativmedizin und Entlastungspflege für die Familien an. Zu dem breiten Angebotsspektrum gehören beispielsweise Unterstützung bei der psychischen Bewältigung von Krankheit und Sterben, die Begleitung der Angehörigen, Krisenintervention sowie Sterbe- und Trauerbegleitung. Die stationären Einrichtungen bieten den erkrankten Kindern und Jugendlichen und bei Bedarf auch deren Familien die Möglichkeit eines so genannten Pflegeentlastungsaufenthaltes von jährlich vier Wochen. In der finalen Phase der Erkrankung ihres Kindes können Familien die Angebote zeitlich unbegrenzt nutzen und jederzeit die Begleitung und Unterstützung im Sterbe- und Trauerprozess durch die Fachkräfte in Anspruch nehmen (vgl. Jennessen et al. 2011, 54f.). Das Hauptanliegen ambulanter Kinder- und Jugendhospizdienste ist die individuelle und bedarfsorientierte Unterstützung der Familien in deren häuslichen Alltag. Die Begleitung kann mit der Diagnose einer lebensverkürzenden Erkrankung oder auch später beginnen und endet, wenn die Familie dies möchte. Die Angebote eines ambulanten Dienstes sind für die begleiteten Familien kostenfrei.

Als aus der Selbsthilfe entstandene und in den vergangenen Jahren äußerst dynamisch gewachsene Bewegung bündelt die Kinder- und Jugendhospizbewegung eine Vielzahl unterschiedlicher Expertisen und Fachlichkeiten. Qualitativ gute Kinder- und Jugendhospizarbeit im Sinne einer bestmöglichen Begleitung und Versorgung lebensverkürzend erkrankter Kinder und ihrer Familien zeichnet sich demnach durch die transpersonale und transdisziplinäre Kooperation unterschiedlicher Beteiligtengruppen aus, die aus divergierenden Perspektiven, mit unterschiedlichen Motiven und fachlichen wie persönlichen Hintergründen in die Begleitungsprozesse involviert sind (vgl. Jennessen & Hurth 2015a). Das dynamisch wachsende Feld der Kinder- und Jugendhospizarbeit setzt sich in seiner weiteren Ausdifferenzierung mit ständig neuen inhaltlichen Aspekten (z. B. Jugendhospize, Verhältnis zur SAPV) auseinander. Dies stellt hohe Ansprüche an die qualitative Absicherung und Weiterentwicklung der Begleitungsangebote, wofür mit dem Reflexions- und Planungsinstrument QuinK (Qualitätsindex für Kinder- und Jugendhospizarbeit) (ebd. 2015b) ein für die Einrichtungen individuell einsetzbares und auf die Einbeziehung aller AkteurInnen abzielendes Medium zur Qualitätsentwicklung vorliegt.

Um die palliative Versorgung von Kinder und Jugendlichen dauerhaft den tatsächlichen Bedarfen anzupassen, sind sowohl Erhebungen zur tatsächlichen Anzahl, den Altersgruppen und Symptomen der Kinder und Jugendlichen erforderlich. Auch die Frage nach den Orten der Betreuung und Versorgung, den beteiligten Personengruppen und Berufsgruppen sowie nach den Versorgungsstrukturen sind noch nicht hinreichend beantwortet und sollten auch die Rolle und Situation der Familien, die Bedeutung von FreundInnen, Lehrkräften und anderen Bezugspersonen erfassen (vgl. Nationale Akademie der Wissenschaften Leopoldina 2015, 58).

5.5 Palliative Care für Erwachsene

Der demographische Wandel lässt für die kommenden Jahre einen „deutlichen Anstieg der Patienten erwarten, die einer Palliativversorgung bedürfen" (Nationale Akademie der Wissenschaften Leopoldina 2015, 23). Diese Feststellung lässt sich auf der Grundlage der Ausführungen von Sabine Schäper zur Bedeutung der Lebensphase des Alters in diesem Band selbstverständlich auch für Menschen mit Körperbehinderungen aufrechterhalten, auch wenn hier zumindest für Menschen mit schwerer Behinderung von einer reduzierten Lebenserwartung ausgegangen werden muss. Insofern stellt sich die Frage der palliativen Versorgung und Begleitung von Menschen mit Körperbehinderung nicht als primäre Frage des Alters dar, sondern ist von Lebensphasen übergreifender Relevanz, wie bereits der vorangegangene Abschnitt zeigen konnte. So stellt Nicklas-Faust (2011) in Bezug auf Kinder, Jugendliche und Erwachsene mit schweren Behinderungen, die eine dauer- oder phasenhaft fragile bzw. lebensbedrohliche Gesundheitssituation bedingen, unter Bezug auf verschiedene internationale Studien eine dreifach erhöhte Mortalitätsrate – vor allem für die Altersgruppe der 20- bis 29-Jährigen – fest, die vermutlich in Verbindung mit der fehlenden Gehfähigkeit und der stark eingeschränkten Fähigkeit des selbstständigen Essens zu sehen ist. Als häufigste Todesursachen gelten angeborene Fehlbildungen, Atemwegserkrankungen und Erkrankungen des Harn- und Verdauungstrakts. Fragen der Palliative Care können somit in allen Altersstufen relevant sein und bedürfen entsprechend individueller und den jeweiligen Lebenskontext konsequent berücksichtigender Antworten.

Zudem sollen hier einige behinderungsspezifische Aspekte erwähnt werden, die neben der körperlichen Ebene vor allem spezifische Sozialisationserfahrungen und biographisch relevante institutionelle Lebensbedingungen umfassen. So ist es möglich, dass bestimmte Behinderungsbilder einen verfrühten Eintritt von Alterungsprozessen und altersbedingten Erkrankungen – z. B. Demenz – mit sich bringen (vgl. Kostrzewa 2013, 31). Diese bedingen einen erhöhten Pflegebedarf und spezifisches Begleitungs-Know-how, zu dem auch palliatives Wissen, beispielsweise zur Schmerzkontrolle oder zur Kommunikation über thanatale Themen, gehören kann. Auch der Aspekt der Selbstbestimmung in palliativen Situationen spielt eine gravierende Rolle für den Erhalt von Lebensqualität und das subjektive Erleben der eigenen Selbstwirksamkeit auch in Bezug auf das individuelle Gesundheits- und Krankheitsverhalten. Wicki, Meier und Franken stellen in ihrer Untersuchung zu Entscheidungen am Lebensende in Wohnheimen der Behindertenhilfe in der Schweiz fest, dass im Alltag Selbstbestimmung häufig als Aushandlungsprozess mehrerer Beteiligter verstanden wird und dieser sich zum Lebensende hin zu einer radikalen Betroffenenorientierung wandeln müsse (ebd. 2015, 385). So sehr die Forderung in sich auch nachvollziehbar und richtig ist, umso mehr ist jedoch zu hinterfragen, ob Menschen, die im institutionellen Alltag und oft über Jahrzehnte aufgrund der institutioneninternen Macht- und Hierarchiegefüge nicht selten als Verlierer aus diesen Aushandlungsprozessen hervorgehen, überhaupt befähigt sind, am Ende des Lebens konsequent selbstbestimmt zu entscheiden und zu handeln. Aus dieser Perspektive wirft die Frage nach der Selbstbestimmung im Sterben immer auch den Blick auf die Selbstbestimmung im Leben als prägende Erfahrung und aus dieser resultierenden Selbstkompetenz. Die Untersuchungen von Bruhn und Straßer (2014) und Franke (2011) zeigen jedoch zumindest, dass Menschen mit geistiger Behinderung in ihren auf Sterben und Tod bezogenen Wünschen und Ängsten eine große Heterogenität aufweisen, die sich aber letztendlich nicht von denen von Menschen ohne Behinderung unterscheidet. Hierzu gehören auch potentielle Krisen in palliativen Situationen, die nicht selten als Verhaltensauffälligkeiten interpretiert werden, statt sie aufgrund divergierender Ausdrucksmöglichkeiten als Symptome von Not, Angst und Hilflosigkeit wahrzunehmen. Auch die Berücksichtigung der spirituellen Ebene in der palliativen Begleitung von Menschen mit Behinderung kann dazu beitragen, die todbezogenen Ängste zu kommunizieren und in der letzten Lebensphase Sicherheit, Vertrautheit und Zutrauen zu entwickeln und zu stärken. Hier können sowohl religiöse als auch sinnbezogene Aspekte im Vordergrund stehen. Hierfür stellt eine gelingende, die individuellen Wünsche hinreichend beachtende Kommunikation die entscheidende Voraussetzung zwischen sterbendem Menschen und BegleiterIn dar. Diese bedarf adäquater zeitlicher Ressourcen zur Gestaltung der kommunikativen Situation und die Bereitschaft, nonverbalen Kommunikationsformen eine gegenüber der verbalen Kommunikation mit zunehmendem Verlust von Fähigkeiten stetig wachsende Bedeutung zuzumessen. So kann beispielsweise eine bedürfnisorientierte Anwendung des Konzeptes der Basalen Stimulation eine angemessene Form körpernaher Begleitung sterbender Menschen darstellen (vgl. Walper 2012). Aber auch musik- und kunsttherapeutische Zugänge sowie körpersprachliche und Unterstützte Kommunikation (UK) können durch vertraute Bezugspersonen eingesetzt werden und dazu beitragen, die Gestaltung interpersoneller Beziehungen am Lebensende nahe an den Bedürfnissen des sterbenden Menschen auszurichten.

Grundsätzlich kann davon ausgegangen werden, dass körperbehinderte Menschen an ihrem Lebensende an dem Ort leben, der ihnen der vertrauteste ist. Schwere Pflegebedürftigkeit und die Notwendigkeit der palliativen Versorgung sollten nicht dazu führen, dass ein Umzug in eine spezialisierte Einrichtung erforderlich ist, der zusätzlichen Stress durch den Abbruch sozialer Beziehungen und sozialer Orte verursacht – auch wenn dies in der Praxis häufig noch der Fall ist. Auch für diese Personengruppe gilt der Grundsatz „ambulant vor stationär" und die Möglichkeit der Inanspruchnahme sämtlicher ambulanter Unterstützungsmöglichkeiten aus dem Spektrum von Palliative Care. Nicht selten leben gerade Menschen, die sich heute in einem eher höheren Lebensalter befinden und zudem einen hohen Unterstützungsbedarf aufweisen, in Wohneinrichtungen der Eingliederungshilfe. Je jünger ein körperbehinderter Mensch und je geringer sein Unterstützungsbedarf ist, umso häufiger ist ein selbstbestimmtes und von Assistenz unterstütztes Leben in einer eigenen Wohnung möglich. Für diese Menschen ist es relevant, dass die AkteurInnen der pflegerisch-medizinischen Versorgung gemeinsam mit dem Betroffenen selbst die Möglichkeiten einer gezielten Unterstützung durch ambulante Hospizdienste oder SAPV ausloten und diejenigen Angebote auswählen und initiieren, die den Bedarfen des sterbenden Menschen entsprechen. Dies trifft auch auf die nicht unerhebliche Anzahl derjenigen Menschen zu – bei Menschen mit geistiger Behinderung wird von ca. 60 % aller Erwachsenen ausgegangen –, die auch im Erwachsenenalter noch bei ihren z. T. ebenfalls hochbetagten Eltern leben. Hier ist von einem deutlich erhöhten Unterstützungsbedarf auszugehen, da sowohl bürokratische Hürden zur Inanspruchnahme der Angebote bestehen als auch gerade die häufig noch von Eltern geleistete Pflege bei wachsendem Pflegebedarf an professionelle Pflegekräfte delegiert werden muss.

Anders stellt sich die Situation in Wohneinrichtungen der Eingliederungshilfe dar, bei denen es sich sowohl um Komplexeinrichtungen als auch um Wohngemeinschaften und Außenwohngruppen handeln kann. Auf Grundlage des in der UN-Konvention zur Gleichstellung von Menschen mit Behinderung, § 25 (Gesundheit) ratifizierten Rechts, „Menschen mit Behinderungen eine Versorgung von gleicher Qualität wie anderen Menschen angedeihen zu lassen" (http://¬www.behindertenrechtskonvention.info/gesundheitssorge-3910/), muss auch die palliative Versorgung von Menschen in Wohneinrichtungen an diesem Ziel ausgerichtet sein. In Deutschland sind bislang keine Daten verfügbar, die Rückschlüsse darauf zuließen, wie viele Menschen mit (Körper)Behinderungen in Wohneinrichtungen sterben, wie die Begleitungsprozesse durch die Einrichtungen gestaltet werden, welche Wünsche und Bedarfe die sterbenden Menschen, ihre MitbewohnerInnen und die MitarbeiterInnen der Wohneinrichtungen haben. Es existieren lediglich kleinere Erhebungen (z. B. Jennessen & Voller 2009; Kuhn-Dümmler 2015), ohne dass repräsentative Erkenntnisse zur palliativen Situation der verschiedenen Betroffenengruppen verfügbar wären. Die oben bereits zitierte Studie zu Palliative Care in Wohneinrichtungen für Menschen mit Behinderung in der Schweiz kann zusammenfassend feststellen:

> *„In etwas mehr als der Hälfte aller Wohnheime für Erwachsene sind in den letzten fünf Jahren Personen gestorben, aber nur in einem Drittel der Wohnheime können die Personen auch dann bis an Lebensende bleiben, wenn sie über eine längere Zeit stark pflegebedürftig werden. In den Wohnheimen sind nur wenige Leitlinien zu Palliative Care vorhanden. Instrumente zur Erfassung der Entscheidungsfähigkeit fehlen weitgehend. So werden die betroffenen Personen bei Entscheidungen am Lebensende häufig kaum einbezogen. In Wohnheimen, die über Leitlinien zu Palliative Care verfügen, wird den Personen mit Behinderung von den Befragten eine höhere Selbstbestimmung bei Entscheidungen am Lebensende attestiert als in Wohnheimen, in denen keine solchen Leitlinien vorliegen."* (Wicki, o. J.)

Es ist zu vermuten, dass die Erkenntnisse auch auf die bundesdeutsche Situation übertragbar sind. Jennessen und Voller (2009) stellen auf der Grundlage ihrer qualitativen Befragung von MitarbeiterInnen von Wohneinrichtungen fest, dass Sterbebegleitung als Teil einer ganzheitlichen Lebensbegleitung anzuerkennen sowie eine angemessene thanatopädagogische Einrichtungskultur zu entwickeln, zu implementieren und zu evaluieren sei. Zudem sei es dringend erforderlich, auch die BewohnerInnen selbst zu ihren Wünschen in Bezug auf ihr Lebensende zu befragen. Auch Kuhn-Dümmler (2015) stellt aufgrund ihrer Befragung von

97 MitarbeiterInnen aus vier Wohneinrichtungen fest, dass zwar in vielen Einrichtungen Sterbebegleitung praktiziert wird, dies aber häufig konzeptlos und somit situativ geschehe. Um Palliative Care als wichtigen Bestandteil des Aufgabenfeldes zu verankern, bedarf es der spezifischen Qualifizierung des pädagogisch-pflegerischen Personals, der Entwicklung und Verankerung von Leitlinien für den Umgang mit sterbenden und trauernden Menschen in den Einrichtungen sowie des Einbezugs externer AkteurInnen aus dem medizinisch-pflegerischen sowie hospizlichen Bereich. Ehlers (2014) formuliert dies folgendermaßen: „Bei guter professioneller Begleitung und Bildung eines multiprofessionellen Teams und Netzwerkes kann das Sterben in Wohneinrichtungen gelingen" (2014, 104). Dass ein selbstbestimmtes und würdevolles Sterben in Einrichtungen der Eingliederungshilfe möglich ist und immer mehr Einrichtungen sich auf den Weg begeben, Sterben, Tod und Trauer in ihre Einrichtungskultur und ihr Aufgabenspektrum zu integrieren, zeigt eine wachsende Anzahl von Beispielen (z. B. Dingerkus & Uhlmann 2014; Ehlers 2014; Schalk 2014), die Mut machen, dass sich diese Herausforderung sowohl für die Lebensqualität der Sterbenden selbst als auch im Hinblick auf die Möglichkeit eines bewusst gelebten Abschiednehmens für die trauernden MitbewohnerInnen und MitarbeiterInnen lohnt.

Literatur

Bausewein, C./Roller, S./Volz, R. (2015^5): Leitfaden Palliative Care. Heidelberg.
Bruhn, R./Straßer, B. (2014): Palliative Care für Menschen mit geistiger Behinderung. Stuttgart.
Borasio, G. D. (2012^2): Über das Sterben. München.
DGP e. V./DHPV e. V./BÄK (2010^3): Charta zur Betreuung schwerstkranker und sterbender Menschen in Deutschland. Berlin.
Dingerkus, G./Uhlmann, B. (2014): Sterben in der jeweiligen Lebenswelt – ein Projekt der von Bodelschwinghschen Stiftungen Bethel. In: Bruhn, R./Straßer, B. (2014): Palliative Care für Menschen mit geistiger Behinderung. Stuttgart. 299–303.
Ehlers, M. (2014): Berichte aus der Praxis und Thesenversuche. In: Maier-Michalitsch, N./Grunick, G. (Hrsg.): Leben bis zuletzt – Sterben, Tod und Trauer bei Menschen mit mehrfachen Behinderungen. Düsseldorf. 98–106.
Franke, E. (2012): Anders leben – anders sterben: Gespräche mit Menschen mit geistiger Behinderung über Sterben, Tod und Trauer. Wien.
Fricke, C./Stappel, N. (2011): In Würde bis zuletzt. Hospizliche und palliative Versorgung von Menschen mit geistiger Behinderung. Augsburg.
Fröhlich, A. (2012): Schmerzen bei Kindern mit schwerster Behinderung. In: Zeitschrift für Heilpädagogik. 4. 136–141.
GKV-Spitzenverband/DGP/DHPV (2013): Empfehlungen zur Ausgestaltung der Versorgungskonzeption der Spezialisierten ambulanten Palliativversorgung (SAPV) von Kindern und Jugendlichen. Berlin.
Jennessen, S. (2009): Begleiten, Mitfühlen, Lehren. Ethische und pädagogische Aspekte der Rolle von Lehrkräften in der schulpädagogischen Arbeit mit progredient erkrankten Kindern und Jugendlichen. In: Deutscher Kinderhospizverein e. V. (Hrsg.): Leben mit Grenzen. Wuppertal. 142–152.
Jennessen, S. (2011^5): Schule, Tod und Rituale. Systemische Perspektiven im sonderpädagogischen Umgang mit Sterben, Tod und Trauer. Oldenburg.
Jennessen, S. (2015): Schulische Inklusion von Kindern und Jugendlichen mit lebensverkürzender Erkrankung. In: Die Hospiz-Zeitschrift. 4. 9–13.

Jennessen, S./Hurth, S. (2015a): Der Qualitätsindex für Kinder- und Jugendhospizarbeit. Hospiz-Verlag: Gütersloh. Ludwigsburg.
Jennessen, S./Hurth, S. (2015b): Kinder- und Jugendhospizarbeit. Aktueller Stand und qualitative Weiterentwicklung. In: pädiatrische praxis. 329–336.
Jennessen, S./Voller, W. (2009): Sterbebegleitung in Wohneinrichtungen von Menschen mit geistiger Behinderung. In: Empirische Sonderpädagogik. 2. 62–76.
Jennessen, S./Bungenstock, A./Schwarzenberg, E. (2011): Kinderhospizarbeit. Konzepte, Erkenntnisse, Perspektiven. Stuttgart.
Kostrzewa, S. (2013): Menschen mit geistiger Behinderung palliativ pflegen und begleiten – Palliative Care und geistige Behinderung. Bern.
Kränzle, S./Schmid, U./Seeger, C. (2014[5]): Palliative Care. Berlin.
Kuhn-Dümmler, R. (2015): Sterbebegleitung als Herausforderung in stationären Wohneinrichtungen für Menschen mit geistiger Behinderung. Unveröff. Diplomarbeit. Landau.
Nationale Akademie der Wissenschaften Leopoldina (2015): Palliativversorgung in Deutschland. Halle.
Nicklas-Faust, J. (2011): Schwere und mehrfache Behinderung – medizinische Aspekte. In: Fröhlich, A./Heinen, N./Klauß, T./Lamers, W. (Hrsg.): Schwere und mehrfache Behinderung – interdisziplinär. München. 61–86.
Rest, F. (2006[5]): Sterbebeistand, Sterbebegleitung, Sterbegeleit. Stuttgart.
Schalk, G. (2014): Stiftung Attl – Palliativbegleitung und Hospizkultur in einer Komplexeinrichtung für Menschen mit Behinderung. In: Bruhn, R./Straßer, B. (2014): Palliative Care für Menschen mit geistiger Behinderung. Stuttgart. 318–322.
Schlichting, H. (2014): Palliative Pädagogik – die Aufgabe von Schule in der Begleitung von SchülerInnen mit schwerer Behinderung. In: Maier-Michalitsch, N./Grunick, G. (Hrsg.): Leben bis zuletzt – Sterben, Tod und Trauer bei Menschen mit mehrfachen Behinderungen. Düsseldorf. 58–69.
Stolberg, M. (2013[2]): Die Geschichte der Palliativmedizin – Medizinische Sterbebegleitung von 1500 bis heute. Frankfurt a. M.
UN-Konvention zur Gleichstellung von Menschen mit Behinderung (o. J.): URL: http://¬www.behindertenrechtskonvention.info/gesundheitssorge-3910/ (Letzter Zugriff: 07.12.15)
Walper, H. (2012): Basale Stimulation in der Palliativpflege. München.
WHO (2002): Definition of Palliative Care. URL: www.dgpalliativmedizin.de/images/stories/WHO_Definition_2002_Palliative_Care_englisch-deutsch.pdf (Letzter Zugriff: 27.11.2015)
Wicki, M. T./Meier, S./Franken, G. (2015): Zwischen Schutz und Selbstbestimmung – Entscheidungen am Lebensende in den Wohnheimen der Behindertenhilfe in der Schweiz. In: Zeitschrift für Heilpädagogik 66. 379–387.
Wicki, M. T. (o. J.): PALCAP – Palliative Care in Wohnheimen der Behindertenhilfe. URL: http://www.hfh.ch/de/forschung/projekte/palcap_palliative_care_in_wohnheimen_der_b¬ehindertenhilfe/(Letzter Zugriff: 07.12.15)
Zernikow, B. (2008): Palliativversorgung von Kindern, Jugendlichen und jungen Erwachsenen. Berlin.

6 PERSPEKTIVEN FÜR WISSENSCHAFT UND PRAXIS

Reinhard Lelgemann

Im Vorwort wiesen wir bereits darauf hin, dass wir in diesem Band den Bereich der professionellen Arbeit in der Schule nicht prominent behandeln, sondern den Schwerpunkt der Erörterungen ganz bewusst auf all die anderen Bereiche legen, die in der Historie der Körperbehindertenpädagogik eher am Rande behandelt wurden. Dies bedeutet nicht, dass die Ermöglichung bestmöglicher Bildungsprozesse an allen Bildungsorten keine bedeutende Aufgabe wäre; es bedeutet einfach, den Blick bewusst auf all die anderen Handlungsfelder und vor allem Lebensphasen und Lebenssituationen zu lenken, die weniger oder nicht unterrichtlich bzw. didaktisch geprägt sind.

War es gerade für Menschen mit einer schweren körperlichen oder mehrfachen Beeinträchtigung in den letzten vierzig Jahren oftmals so, dass der Lebensweg recht institutionell vorgeschrieben war, so ist in einigen Regionen der Bundesrepublik inzwischen zu erkennen, dass es echte Wahlangebote in der Frühförderung, der schulischen Bildung der Wohn- und Arbeitsmöglichkeiten gibt und dass diese fachlich kompetent begleitet werden. Dies gilt noch lange nicht für alle Regionen und es wird eine Aufgabe der Träger der entsprechenden Angebotsstrukturen sein, derartige Wahlmöglichkeiten in den kommenden Jahren systematisch im ganzen Bundesgebiet zu entwickeln. Noch viel zu oft werden derartige Überlegungen seitens der Träger erst vorgenommen, weil die eigene Einrichtung in eine strukturelle oder finanzielle Schieflage zu geraten droht. Es ist wünschenswert, dass Einrichtungen bzw. ihre Träger im Wissen um die Bedeutung wählbarer Alternativen neue Entwicklungen in allen Bereichen mutig planen, erproben und evaluieren.

In einem derartigen, möglichst gemeinsamen Reflexions-, Diskurs- und Handlungsprozess von Praxis und Wissenschaft sollten zukünftig immer auch die Interessen und Wünsche der Menschen mit schweren körperlichen bzw. mehrfachen Beeinträchtigungen sowie ihrer Angehörigen besondere Beachtung finden. Nicht zuletzt Eltern und Geschwister stehen möglicherweise vor neuen Anforderungen, wenn die Qualität der Bildungs-, vor allem aber Lebenssituationen nicht hohen Ansprüchen genügt. Für die unmittelbare Einbeziehung in Planungs- und Evaluationsprozesse werden geeignete Strategien und methodische Arrangements zu entwickeln sein. Beteiligende Forschungsmethoden werden derzeit bereits in einigen sonderpädagogischen Bereichen erprobt (z. B. Forschungsprojekt ReWiKs der Universität Koblenz-Landau, der KatHo NRW und der EFH Bochum) und sollten von der Körperbehindertenpädagogik in Forschung und Praxis aktiv mitgestaltet werden.

Die in diesem dritten Kapitel bearbeiteten Themen reflektieren zahlreiche Lebensbereiche und Situationen, die für die nahe Zukunft genügend Aufgaben beinhalten, die wissenschaftlich bearbeitet und in der Praxis entwickelt, erprobt und realisiert werden wollen. Die Lebensphase des alternden Menschen stellt hier ein noch kaum bearbeitetes Themengebiet bzw. Handlungsfeld dar, welches sowohl die Wissenschaft als auch die Praxis vor zahlreiche Aufgaben stellt, die derzeit, so zeigte es auch der Kongress der Stiftung Leben pur im Jahre 2014, erst in den Anfängen erforscht sind. Wie können individuell möglichst frei wählbare Optionen für Lebensperspektiven sehr schwer körperlich beeinträchtigter Menschen geschaffen werden? Wie können diese Optionen für Menschen im hohen Alter aussehen? Ist davon auszugehen, dass hochbetagte Menschen, die erst in hohem Alter die Erfahrung umfassender Abhängigkeit machen, ähnliche Interessen haben, wie Menschen, die diese Erfahrungen ein Leben lang geprägt hat? Wie können inklusiv gestaltete Lebenssituationen und individuell bedeutsame Lebensentwürfe auch in diesem Lebensabschnitt realisiert werden? Wird die Bedeutung des spezifischen Blicks der Körperbehindertenpädagogik in dieser Lebensphase geringer? Wird eine besondere Fachkenntnis noch benötigt oder können bzw. sollen sich Professionelle des Fachgebietes hier eher zurücknehmen?

Abschließend soll erneut auf die Situation von Menschen mit sehr komplexen Unterstützungsbedürfnissen hingewiesen werden. Während wir im Bereich der Unterstützten Kommunikation erleben dürfen, dass hier in einem recht hohen, wenn auch sicherlich immer noch nicht genügendem Maße geforscht und neue Techniken und pragmatische Zugänge entwickelt werden, stellt die Gestaltung von Lebenssituationen, in denen auch Menschen mit sehr komplexen Unterstützungsbedürfnissen eine Möglichkeit des Einbringens, Mitgestaltens und Mitentscheidens als Form der sozialen Teilhabe finden, immer noch eine Herausforderung für die Praxis und die wissenschaftliche pädagogische Forschung dar, an der sich eine inklusive Gesellschaft ebenso wie die Fachwissenschaft der Körperbehindertenpädagogik messen lassen muss.

AutorInnenverzeichnis

Dr. Volker Daut, Julius Maximilians Universität, Institut für Sonderpädagogik, Lehrstuhl Körperbehindertenpädagogik, Wittelsbacherplatz 1, 97074 Würzburg

Prof. Dr. Andrea Dlugosch, Universität Koblenz-Landau, Fachbereich 5, Institut für Sonderpädagogik, Pädagogik bei erschwertem Lernen und auffälligem Verhalten, Xylanderstraße 1, 76829 Landau

Dipl.-Päd. Karl-Josef Fassbender, Universität zu Köln, Humanwissenschaftliche Fakultät, Klosterstraße 79, 50923 Köln

Prof. Dr. Andreas Fröhlich, ehemals: Universität Koblenz-Landau, Fachbereich 5, Institut für Sonderpädagogik, Geistigbehindertenpädagogik, Xylanderstraße 1, 76829 Landau

Prof. Dr. Sven Jennessen, Universität Koblenz-Landau, Fachbereich 5, Institut für Sonderpädagogik, Pädagogische und soziale Rehabilitation, Xylanderstraße 1, 76829 Landau

Dipl.-Päd. Dorothee Kienle, Julius Maximilians Universität, Institut für Sonderpädagogik, Lehrstuhl Körperbehindertenpädagogik, Wittelsbacherplatz 1, 97074 Würzburg

Prof. Dr. Reinhard Lelgemann, Julius Maximilians Universität, Institut für Sonderpädagogik, Lehrstuhl Körperbehindertenpädagogik, Wittelsbacherplatz 1, 97074 Würzburg

Nicole Nordlohne, Referentin für Behindertenhilfe, Landes-Caritasverband für Oldenburg e. V., Neuer Markt 30, 49377 Vechta

Prof. Dr. Barbara Ortland, Katholische Hochschule Nordrhein-Westfalen, Münster, Heilpädagogische Methodik und Intervention, 48147 Münster, Piusallee 89

Prof. Dr. Sabine Schäper, Katholische Hochschule Nordrhein-Westfalen, Münster, Heilpädagogische Methodik und Intervention, 48147 Münster, Piusallee 89

Dr. Martina Schlüter †, Universität zu Köln, Humanwissenschaftliche Fakultät, Körperbehindertenpädagogik, Klosterstraße 79, 50923 Köln

Dipl. Päd. Philipp Singer, Julius Maximilians Universität, Institut für Sonderpädagogik, Lehrstuhl Körperbehindertenpädagogik, Wittelsbacherplatz 1, 97074 Würzburg

Petra Stuttkewitz, Deutsche Kinderhospizstiftung, Bruchstr. 10, 57462 Olpe

Dr. *Christian Walter-Klose*, Julius Maximilians Universität, Institut für Sonderpädagogik, Lehrstuhl Körperbehindertenpädagogik, Wittelsbacherplatz 1, 97074 Würzburg

Mathias Westecker, Leben mit Behinderung Hamburg, Sozialeinrichtungen gGmbH, Geschäftsführung Sozialeinrichtungen, Südring 36, 22303 Hamburg

Tobias Bernasconi
Ursula Böing

Pädagogik bei schwerer und mehrfacher Behinderung

2015. 289 Seiten
Kart. € 40,-
ISBN 978-3-17-023436-9

Kompendium Behindertenpädagogik

Die Pädagogik bei schwerer und mehrfacher Behinderung versteht sich als Theorie und Praxis der Erziehung und Bildung von Menschen mit schwerer und mehrfacher Behinderung und thematisiert dabei alle Lebensphasen und Lebensbereiche. Als Teildisziplin der Allgemeinen Pädagogik tritt sie entschieden für das Recht auf Leben, Teilhabe und Bildung von Menschen ein, die bis in die jüngste Vergangenheit als vermeintlich „bildungsunfähig" aus allen pädagogischen Handlungsfeldern ausgeschlossen waren. Das Lehrbuch führt ein in die Grundfragen und Grundbegriffe der Disziplin, skizziert die Strukturmerkmale der Profession im Kontext der professionellen Handlungsfelder und aktueller Konzepte und Methoden und reflektiert schließlich kritisch die Chancen und Risiken aktueller institutioneller Behindertenarbeit entlang der unterschiedlichen Lebensbereiche und Lebensphasen. Unter Bezugnahme auf pädagogisch-anthropologische und sozialwissenschaftliche Erkenntnisse identifiziert der Band Figuren einer nicht ausgrenzenden Pädagogik in Theorie und Praxis.

Dr. Tobias Bernasconi und **Dr. Ursula Böing** sind Studienräte im Hochschuldienst am Departement Heilpädagogik der Universität zu Köln.

W. Kohlhammer GmbH
70549 Stuttgart
vertrieb@kohlhammer.de